Morden zwischen den Meeren

Leuchttürme, Schafe, Möwen, Strände, Marzipan, ne Buddel Korn, Matjes oder Labskaus. Nirgendwo erholt man sich so gut wie an der Nord- und Ostsee. Aber das Idyll ist trügerisch. Gilt der Norddeutsche als Eigenbrötler, der sich nur um seinen Kram kümmert, so wird der Leser überrascht sein, welch fiese Verbrechen im hohen Norden begangen werden. Ob an Förden oder auf den Inseln, im Watt oder an der Elbe – überall ist Gänsehaut garantiert. Und natürlich machen die Mörder auch nicht vor der Landeshauptstadt Kiel und der Hansestadt Lübeck halt. Es wimmelt nur so an norddeutschen Unikaten, spannenden Stories und einer gehörigen Portion Lokalkolorit. An der See weht ein rauer Wind, dem nur der Stärkste zu trotzen vermag!

Moin!, sagt der Norddeutsche und meint „Guten Tag". Dass nicht immer alles gut ist in der schleswig-holsteinischen Provinz, zeigen hochkarätige Krimi-Preisträger und Krimi-Legenden, die diese Anthologie zu einem „Reiseführer" der besonderen Art machen. „Morden zwischen den Meeren" vereint all das, was den Norden ausmacht. Bodenständigkeit, Gelassenheit und eine gehörige Portion Liebenswürdigkeit.

Mit 27 spannenden Geschichten von Eva Almstädt, Horst Bieber, Dietmar Bittrich, Anke Clausen, Nina George, Gunter Gerlach, Frank Göhre, Henrike Heiland, Regine Kölpin, Michael Koglin, Carmen Korn, Sandra Lüpkes, Susanne Mischke, Hannes Nygaard, Gisa Pauly, Reinhard Pelte, Jobst Schlennstedt, Kirstin Warschau, Klaus-Peter Wolf u.v.a.

Die Tatorte sind Amrum, Bad Oldesloe, Bargteheide, Büdelsdorf, Bredstedt, Fehmarn, Flensburg, Föhr, Glücksburg, Glückstadt, Helgoland, Kappeln, Kiel, Lauenburg, Lübeck, Niendorf, Nordstrand, Plön, Sylt, Travemünde und Wacken.

Günther Butkus / Jobst Schlennstedt (Hg.)

Morden zwischen den Meeren

PENDRAGON

Pendragon Verlag
gegründet 1981
www.pendragon.de

Gedruckt auf holz- und säurefreiem Naturpapier

4. Auflage

Originalausgabe
Veröffentlicht im Pendragon Verlag
Günther Butkus, Bielefeld 2010

Lektorat: Eike Birck, Ralf Rissmann
Umschlag & Herstellung: Baltus Mediendesign
Umschlagfoto: Jobst Schlennstedt
Satz: Pendragon Verlag auf Macintosh
Druck: Aalexx Buchproduktion, Großburgwedel
ISBN 978-3-86532-193-0
Printed in Germany

Inhalt

Susanne Mischke

Schwere See

„Wie viel Grad hat wohl das Wasser?“, fragte Hilde.

„Neun.“

Seit sie hier waren, seit acht Tagen, führte Olaf Buch über die Wetterdaten. Er schrieb sie in seinen Kalender, neben die Blutdruckwerte.

„Hast du gewusst, Olaf, dass man im kalten Wasser gar nicht zwingend an Unterkühlung stirbt?“

„Sondern?“

„Am Kälteschock.“

„Klar. Darum soll man ja immer langsam ins Wasser gehen“, sagte Olaf, während sie in ihren Gummistiefeln über den Sand schlurften. „Hoffentlich sehen wir überhaupt Seehunde, bei diesem Nebel“, murmelte er.

Sie waren bei nahezu klarem Himmel aufgebrochen, aber nun senkten sich Nebelschleier über das Watt. Die Hotels an der Promenade verschwammen zu diffusen, grauen Gebilden, die Strandkörbe zu kleinen Würfeln, die schließlich ganz verschwanden.

„Wir liegen doch gut in der Zeit, oder?“, fragte Hilde.

„Sicher.“

Selbstverständlich hatte Olaf vor ihrem Marsch zur Seehundsbank den Tidenkalender gründlich studiert. Denn nur bei ablaufendem Wasser, wie man hier die Ebbe bezeichnete, war die weitläufige Sandbank passierbar.

„Warum waten wir dann gerade durch Wasser?“

„Das ist ein Priel“, erklärte Olaf. „Das ist ganz normal.“

Ein paar Möwen erhoben sich mit hämischem Gelächter aus dem Sand.

„Gleich prescht der Schimmelreiter aus dem Nebel“, phantasierte Hilde.

„Sei nicht albern."

„Wusstest du, Olaf, dass man in zehn Grad kaltem Wasser nur noch etwa zehn Sekunden die Luft anhalten kann?"

„Tatsächlich?"

„Ja. Dadurch bekommt man Panik, die Herzfrequenz und der Blutdruck steigen an und im schlimmsten Fall kommt es zum Herzstillstand."

„Ah, ja", machte Olaf. Er fröstelte.

Sie hatten den Priel durchquert. Ab und zu warf Hilde einen prüfenden Blick zurück auf das gurgelnde Wasser.

„Und wusstest du, dass ein Grad Temperaturabfall im Muskel einen Kraftverlust von drei Prozent bewirkt?", fragte Hilde.

„Nein."

„Drei Prozent", sinnierte sie, „das klingt so harmlos. Aber wenn die Temperatur der oberflächennahen Muskeln zwanzig Grad beträgt, dann bedeutet das schon einen Kraftverlust von fünfzig Prozent."

„Was rechnest du denn da?", fragte Olaf gereizt.

„Todesarten in kaltem Wasser."

„Und woher weißt du das alles?"

„Aus den *Nautischen Nachrichten.* Habe ich gelesen, während du beim Bewegungstherapeuten warst, wegen deiner Bandscheiben."

Olafs Blick glitt nachdenklich über den geriffelten Sandboden, während Hilde dozierte: „In kaltem Wasser kommt es nämlich früher oder später zum Verlust des Streckvermögens der Muskeln. Man kann seine Schwimmbewegungen nicht mehr koordinieren und ertrinkt. Das passiert selbst geübten Sportlern."

Hilde wischte sich über die Stirn. Das Laufen im Sand war anstrengend. Ihre Stiefel quatschten bei jedem Schritt, und trotz des kühlen Windes war ihr heiß unter ihrer *Jack-Wolfskin*-Jacke.

„Lauf doch etwas langsamer", keuchte Olaf. „Hast du vergessen, dass ich erst kürzlich eine schwere Bronchitis hatte?"

„Wie könnte ich?", seufzte Hilde gegen die steife Brise. Ein Dutzend Nächte neben dem bellenden Olaf die Gedanken oszillierend zwischen Mitgefühl und Mordlust, heller Wut und dumpfer Verzweiflung.

Danach, als die Bronchitis abgeklungen und von Hämorrhoiden abgelöst worden war, war Olaf der Meinung gewesen, dass Föhrs Reizklima für seine Rekonvaleszenz das Beste sei. Besser als Teneriffa oder Lanzarote, wohin Hilde hatte fliegen wollen. Doch Olafs Sorge um seine Gesundheit hatte, wie immer, Vorrang vor ihren Wünschen.

„Wusstest du, Olaf, dass man das Gleichgewichtsgefühl verlieren kann, wenn kaltes Wasser in die Ohren eindringt? Man taucht dann unter, anstatt auf."

„Interessant."

„Was meinst du, Olaf, wie lange braucht ein Rettungsboot, vom Liegeplatz in Wyk bis ... na, sagen wir, bis zu uns hier?"

Olaf blieb stehen und sah seine Frau an. „Weißt du was, Hilde? Von mir aus können wir gerne umkehren, wenn es dir hier draußen nicht geheuer ist. Wir haben noch nicht einen Seehund gesehen, und es macht immer mehr zu."

„Jetzt sind wir schon so weit draußen, jetzt laufen wir noch ein bisschen", entschied Hilde. „Denk an die Seeluft. All die Mineralien!"

Sie stapften weiter. Ab und zu hob Olaf das Fernglas an die Augen und linste ins Grau.

„Schau, da ist schon wieder so ein Priel. Hoffentlich ist es nicht tiefer als unsere Gummistiefel."

„Er", verbesserte Olaf. „Es heißt *der* Priel."

Sie wateten stumm durch die glucksende Wasserrinne.

„Ich denke, so zwanzig, dreißig Minuten", sagte Olaf.

„Was?"

„Braucht der Seenotkreuzer."

„Wenn er einen gleich entdeckt. Aber bei so einem Nebel ..."

„Hilde, du hast doch das Handy aufgeladen, ja?"

Hilde tastete an sich herum. „Ähm, Olaf ...“

„Was?!“

„Ich glaube, ich habe es auf dem Tisch in der Pension liegen lassen. Es hängt wohl noch am Ladegerät.“

„Hilde!“

„Na, weißt du, zwischen all den Arzneien und dem Blutdruckmesser, dem Inhalator und der Infrarotlampe ... da ist es irgendwie untergegangen.“

Olaf tat einen schweren Atemzug.

„Es tut mir leid. Aber wir haben doch noch massenhaft Zeit, bis das Hochwasser kommt und hier alles überflutet, nicht wahr, Olaf?“

Er sah auf die Uhr. „Ja, sicher. Laut Tidenkalender ist jetzt Stauwasser. Aber trotzdem ...“

„Du hast ja recht, es kann immer was passieren. Man kann unglücklich stürzen, einen Schwächeanfall bekommen, einen Kreislaufkollaps oder gar einen Herzinfarkt.“

„Hilde, es reicht.“

„Warum? Sonst kannst du doch nicht genug bekommen von dem Thema. Seit zwanzig Jahren schaust du dir jede Gesundheitssendung an und studierst diese ganzen medizinischen Ratgeberzeitschriften.“

Das Fatale daran war, bei ihrem Gatten wirkte der Placebo-Effekt umgekehrt – Olaf brauchte nur in der Apothekerzeitung über eine Malaise zu lesen, schon verspürte er erste Symptome.

„Mir ist kalt, lass uns umkehren.“

„Meinetwegen. Du bist sicher noch geschwächt von deiner Bronchitis. Hoffentlich hat sie den Herzmuskel nicht angegriffen. Also, das Ganze kehrt, marsch!“, rief Hilde fröhlich und drehte sich auf der Stelle um.

Der Boden war schlammig geworden, ihre frischen Spuren waren nur noch unförmige Dellen. Der Wind schnitt kalt in ihre Gesichter. Ab und zu wandte sich Olaf um und schaute mit dem Fernglas dorthin, wo er den Strand vermutete, während Hilde bemüht war, ihn zu unterhalten: „Dieses kältebedingte Schwimmversagen erklärt, warum Leute oft nur wenige Meter vor einem Rettungsboot oder dem Ufer ertrinken", erläuterte sie. „Die Kälte vermindert nämlich die Feinmotorik der Handmuskeln und Nerven. Die armen Menschen können sich nicht mehr an zugeworfenen Rettungsringen oder Leinen festhalten. Bei der *Estonia* konnten die Retter das gut beobachten. Die Opfer versanken buchstäblich vor ihren Augen in der eiskalten Ostsee. Welche Windstärke haben wir wohl, Olaf?"

„Keine Ahnung", brummte Olaf missgelaunt.

„Ich würde sagen: fünf. Die Wellen da hinten, die haben schon weißen Schaum obendrauf. Das könnte sogar ..."

„Hilde!"

„Was ist, Olaf?"

Er war stehen geblieben, sein Gesicht war verzerrt. „Ich glaube, ich habe einen Wadenkrampf."

„Hast du heute Morgen deine Magnesiumtablette vergessen?"

„Das ist nicht witzig!"

„Stütz dich auf meiner Schulter ab und versuche das Bein zu strecken."

„Tut das weh!"

Seine Hand krallte sich in Hildes Schulter.

„Geht's wieder?", fragte Hilde nach einer Weile, geduldig und mitfühlend, wie sie es sich mit den Jahren angewöhnt hatte.

Olaf ließ ihre Schulter los, nickte und setzte sich wieder in Bewegung. Mit der Miene des stumm Leidenden lahmte er über das Watt. Dann blieben beide stehen.

„Dieser Priel da ist schon viel größer und breiter als vorhin, Olaf."

„Aber da müssen wir durch."

„Aber da werden wir nass."

„Was du nicht sagst!"

„Das ist schlecht, wegen der Unterkühlung. In dem Artikel war nämlich recht anschaulich beschrieben, auf welche Faktoren es beim Tod durch Hypothermie ankommt. In erster Linie natürlich auf die Strömung und den Seegang. Dann natürlich auf die Kleidung. Auch die Dicke des Unterhautfettgewebes ist wichtig. Da hast du leider nicht viel zu bieten. Die körperliche Fitness, das ist dein Pluspunkt – obwohl – so eine Bronchitis wirkt oft lange nach."

Olaf griff sich unwillkürlich an die Brust. Er musste husten.

„Hast du eigentlich gut gefrühstückt? Das spielt bei der Unterkühlung nämlich auch eine Rolle. Du hättest heute Morgen besser das Ei essen sollen, trotz des Cholesterins."

„Wenn du nur das Handy dabei hättest! Bei dem Nebel sieht uns doch vom Ufer aus kein Mensch."

„Ich glaube, das ist doch eher Windstärke sechs, heute. Oder, Olaf?"

„Kann sein."

„Übrigens: Bei einer Wassertemperatur von zehn Grad verliert man nach spätestens zwei Stunden das Bewusstsein. Aber da müssen schon optimale Bedingungen herrschen, nicht so ein strammer Wind und so ein Seegang wie heute."

„Warum musst du mir das jetzt erzählen?", fauchte Olaf.

„Weil es so ist, Olaf. Das Hochwasser läuft schon seit über einer Stunde auf. Schau dich um! Wir stehen im Wasser, wo vorhin noch keines war."

„Das kann nicht sein", widersprach Olaf heftig. „Im Tidenkalender stand doch ..." Er stockte und machte eine hilflose Geste mit den Armen. Braunes Wasser schmatzte gierig um ihre Stiefel.

Hilde hob ihr Bein. „Spürst du das auch, wie die Strömung an den Beinen zerrt?"

„Was glaubst du denn?“, schrie Olaf. Er zitterte wie ein Aal.

„Du solltest deinen Müsliriegel essen, sonst unterzuckerst du“, mahnte Hilde.

„Das ist momentan meine geringste Sorge“, entgegnete Olaf. Seine Worte waren durch das Klappern seiner Zähne kaum zu verstehen. Er begann, sich mit den Armen über Kreuz auf die Schulterblätter zu schlagen.

„Dir muss ganz schön kalt sein. Die Haut an deinem Hals sieht aus wie bei einem Suppenhuhn.“

„Hilde! Wie kannst du so was Taktloses sagen? Und was gibt es zu grinsen?“

„Ach, weißt du, ich glaube, zum ersten Mal seit zwanzig Jahren hat die Sorge um deine Gesundheit eine gewisse Berechtigung.“

Olaf sah seine Gattin verdutzt an. Natürlich hatte er keine Ahnung, wovon sie redete. „Hilde, wir werden hier ersaufen, weil du das Handy vergessen hast!“

„Das Wasser steigt jetzt immer schneller. Oder bilde ich mir das nur ein, Olaf?“

„Laut Tidenkalender hätten wir jetzt Niedrigwasser, ich versteh das nicht! Ich versteh das einfach nicht!“, schrie Olaf verzweifelt in den Wind.

„Der Kalender war vom letzten Jahr.“

„Was?“

„Der Brandfleck in der oberen Ecke, wo die Jahreszahl gestanden hat. Erinnerst du dich? Du hast mich gleich am ersten Tag eine dumme Pute genannt, weil ich mit dem Teelicht drangekommen bin.“

Seine Lippen waren blau, ansonsten war die Farbe aus seinem Gesicht gewichen. Er packte ihre Hand. „Los, Hilde, wir müssen da durch.“

Sie machte sich los. „Geh du zuerst.“

Wild entschlossen machte sich Olaf daran, die Rinne zu durchqueren. Die See leckte an seinen Knien, den Hüften, dann zog ihm die Strömung die Beine weg. Er ruderte mit den Armen, aber er bekam keinen Boden mehr unter die Füße. Langsam aber unaufhaltsam wurde Olaf von Hilde weggetrieben. Seine Rufe waren nicht zu verstehen, denn der Wind pfiff unangenehm in den Ohren. Hilde bemerkte, wie die Strömung nun auch im flacheren Wasser immer stärker wurde. Höchste Zeit!

Das Handy ruhte sicher in einer Plastiktüte in der Brusttasche ihrer Schlechtwetterjacke. Mit klammen Fingern wählte Hilde den Notruf.

Hilde kletterte mit wackeligen Knien aus der Kajüte, in der sie sich umgezogen hatte. Sie kuschelte sich in den viel zu großen Trainingsanzug und in die warme, kratzige Decke. In Gegenwart der beiden Seebären fühlte sie sich sicher und geborgen. Beinahe hätte sie gelächelt.

„Mein Mann?“, fragte sie stattdessen mit ängstlich aufgerissenen Augen.

Der ältere der beiden Seenotretter, der hinten am Ruder saß, kratzte sich den Bart und erklärte ausweichend:

„Das Tochterboot sucht selbstverständlich weiter. Aber wir haben schlechte Sicht und schwere See.“ Seine Miene verriet das Unausgesprochene.

„Sie sollten lieber wieder nach unten in die Wärme gehen, gute Frau!“

„Es geht schon wieder“, sagte Hilde tapfer und wischte sich eine Träne aus dem Augenwinkel, die der kalte Fahrtwind hervorgelockt hatte.

„Trotzdem“, meinte nun auch der jüngere Retter bestimmt. „Sie müssen sich warm halten. Das kalte Blut aus Armen und Beinen fließt jetzt zurück in den Körper. Trinken Sie so viel Tee, wie Sie können.“

Folgsam ging Hilde zurück in die Kajüte und goss noch etwas von dem brühend heißen Tee aus der Thermoskanne in die

Tasse. Sie liebte das Knistern der Kluntjes. So ein Nordseeurlaub, fand sie, hat auch seine schönen Seiten.

Sie kam erst wieder an Deck, als das Boot Kurs auf den Hafen in Wyk nahm. In einem unbeobachteten Moment warf sie die Tüte, in die sie ihre nassen Kleider gestopft hatte, ins Wasser. Eigentlich schade, dachte Hilde, um diesen sündteuren Kälteschutzanzug.

Jobst Schlennstedt

Wir lagen vor Travemünde …

… und hatten das Virus an Bord, brummte Andresen mit Galgenhumor.

Es roch nach Noro. Auf dem gesamten Schiff. Vielleicht auch nach Rota. Selbst Salmonellen konnten nicht ausgeschlossen werden. *L'odore del mare* bekam eine völlig neue Bedeutung an Bord der *MS Bellissima.*

Noch immer waren sich die selbstgefälligen Ärzte uneins. Die Symptome seien kaum zu unterscheiden, hieß es. Klar war nur, dass sie das volle Programm hervorriefen: Magen und Darm. Fieber mit Schüttelfrost. Entsetzliche Kopf- und Gliederschmerzen. Bestimmt hatten sich die Halbgötter in Weiß bereits selbst angesteckt. Ob sie die eigentlichen Multiplikatoren waren?

Heute war der achte Tag ihrer Reise. Traumhafte Tage lagen hinter Kriminalhauptkommissar Birger Andresen und seiner Freundin Wiebke Hennings. Sie waren durch Tallinns pittoreske Altstadt geschlendert, durch die Schärenlandschaft vor der finnischen Küste geschippert, hatten den Prunk der alten Zarenstadt St. Petersburg bewundert und die Kneipen Stockholms kennengelernt. Alles war perfekt gewesen. Doch kurz nach dem Auslaufen aus Helsinki hatte Wiebke plötzlich über Unwohlsein geklagt. Anfangs hatte sie noch befürchtet, es sei etwas nicht in Ordnung. Sie war im siebten Monat, vielleicht hatte sie die Aufregung der stressigen Reisevorbereitungen doch nicht so einfach weggesteckt. Seekrankheit konnte sie jedenfalls ausschließen. Das Meer war spiegelglatt, der August zeigte sich von seiner besten Seite. Außerdem war sie Seglerin und so einiges gewohnt. Doch hinter Gotland – nachdem sie den Hafen Stockholms verlassen hatten – war klar gewesen, dass ihre Übelkeit nichts mit Marlene, ihrer ungeborenen Tochter, zu tun hatte. Immer mehr der 1.800 Passagiere und 500 Besatzungsmitglieder klagten über dieselben Beschwerden.

Es kam so schnell, dass Wiebke es nicht einmal mehr bis in ihre Kabine geschafft hatte. Ein geschniegelter Stewart hatte die Reste des Erbrochenen von der Reling gewischt. Binnen Minuten hatte sie sich so schlecht gefühlt, dass es ihr noch nicht mal peinlich war. Erst als sie spürte, dass plötzlich auch ihr Darm nachzugeben schien, nahm sie ihre letzten Kräfte zusammen und rannte zurück auf Deck 8, wo ihre Backbordkabine lag.

Birger Andresen saß auf der Kante ihres gemütlichen einsachtzig breiten Bettes mit Meerblick und reichte Wiebke eine Tasse Kamillentee. Sie nippte vorsichtig, drückte Andresen die Tasse wieder in die Hand und ließ ihren Kopf erschöpft auf das Kopfkissen fallen. Es dauerte eine halbe Minute, ehe sie aufsprang und an ihm vorbei in die Nasszelle stürmte.

Andresen machte sich schwere Vorwürfe. Das Ganze mit dieser idiotischen Kreuzfahrt war seine Idee gewesen. Bevor die Kleine zur Welt käme und sich ihr Leben verändern würde, wollte er Wiebke eine ganz besondere Freude machen. Ihr und auch sich selbst den Luxus einer Ostseekreuzfahrt gönnen. Kopenhagen, Tallinn, St. Petersburg, Helsinki, Stockholm, Gdansk, Lübeck, Kopenhagen. Außenkabine. Für schlappe 3.000 Euro. Er konnte sich nicht daran erinnern, schon einmal so viel Geld für einen Urlaub ausgegeben zu haben. Sein letzter „richtiger“ Urlaub lag allerdings auch schon eine halbe Ewigkeit zurück. Mit Rita, seiner Exfrau, hatte er zwei Wochen in einem All-Inklusive-Hotel in Agadir verbracht. Bereits am zweiten Tag hatte er angefangen, diese Art Urlaub aus tiefstem Herzen zu hassen und fadenscheinige Gründe zu suchen, den Aufenthalt vorzeitig zu beenden.

Und diese Kreuzfahrtreise? War sie nicht auch nur ein All-

Inklusive-Urlaub in einem riesigen schwimmenden Hotel? Mit all den schlechten Angewohnheiten der Gäste. Dem Horten der Speisen am Buffet, den gestreckten Getränken an den Bars und dem missmutigen Personal, das noch niemals etwas davon gehört hatte, dass der – zugegebenermaßen anstrengende und bisweilen unverschämte – Kunde König war.

Nein, musste Andresen zugeben. Dies hier war anders. Eine andere Qualität, ein anderer Anspruch. Und durchaus abwechslungsreich. Vor allem die Landgänge, die sie individuell, fernab der großen Gruppen, verbracht hatten, waren die Reise wert gewesen. Nicht unbedingt Andresens Traum von einem Urlaub, aber doch etwas, an dem er von Tag zu Tag mehr Gefallen gefunden hatte. Wenn nur nicht dieses beschissene Virus dazwischen gekommen wäre. Bei dem Gedanken an das „beschissene" Virus verzog er seinen Mund zu einem sarkastischen Lächeln.

Ob er selbst schon infiziert war? Die Wahrscheinlichkeit war hoch, hatte er doch seit dem Ausbruch der Krankheit fast ununterbrochen an Wiebkes Bett gewacht. Einer der Bordärzte, ein italienischer Ladykiller mit stahlblauen Augen, war kurz in ihrer Kabine gewesen und hatte Entwarnung gegeben. Ein Magen-Darm-Virus würde dem ungeborenen Kind nicht schaden, solange Wiebke sich absolute Bettruhe verordnete.

„Sie sind ja witzig!", hatte sie herausgepresst. „Ich bin froh, wenn ich es bis zur Toilette schaffe."

Dottore Zambrotta hatte wortlos eine Infusion gelegt, die verhindern sollte, dass Wiebke dehydrierte, und war gegangen. Der nächste Patient in einer der benachbarten Kabinen wartete bestimmt schon.

Am Abend spürte Andresen, dass es auch ihn in Kürze erwischen würde. Seine Beine fühlten sich schwer an und sein Bauch blähte sich unnatürlich auf. Wiebke war endlich eingeschlafen. Ihr Magen hatte sich ein wenig beruhigt, lediglich die Tritte der kleinen Marlene sorgten für etwas Aufruhr in ihrem Bauch. Andresen wanderte durch die geräumige Kabine und dachte darüber nach, wie es wohl weitergehen würde. Vor einer halben Stunde hatte es eine Durchsage gegeben, dass sich das Schiff auf dem Weg von Gdansk nach Lübeck befand, wo man vorerst auf Reede liegen würde und darauf hoffte, schon bald anlegen und die Passagiere von Bord lassen zu können.

Das schummrige Licht machte ihn müde. Er hatte Hunger, ahnte aber, was folgen würde, wenn er sich jetzt den Bauch am Buffet vollschlagen würde. Er trat auf den kleinen Balkon und sah auf das friedlich daliegende Wasser der Ostsee. Wenn schon nicht das Meer tobte, dann wenigstens die Mägen der Menschen. Sie hatten zwar im Laufe ihrer geistigen Evolution einen Weg gefunden, das Wasser trockenen Fußes zu überqueren – und das auch noch auf luxuriöse Art und Weise – doch gegen einen Virus in ihren Körpern konnten sie kaum etwas ausrichten.

Es klopfte an der Tür. Wahrscheinlich der zuvorkommende Zimmerservice. Oder der schmierige Arzt. Er schlüpfte wieder ins Innere und bewegte sich in Richtung Kabinentür. Ein weißer Zettel war unter der Tür hindurch geschoben worden. Bevor er ihn aufhob, riss er die Tür auf und sah hinaus auf den Gang. Es war niemand zu sehen. Die Kabine lag nicht allzu weit vom Atrium entfernt, in dem es von Menschen, – zumindest dann, wenn kein Virus auf dem Schiff grassierte – Treppenaufgängen und Fahrstühlen nur so wimmelte. Der unbekannte Türklopfer war offenbar bereits wieder in den Weiten des Schiffes verschwunden.

Andresen ging kopfschüttelnd zurück in die Kabine und bückte sich nach dem zusammengefalteten Zettel. In dem Moment spürte er ein schmerzhaftes Reißen im Unterleib und ein deutlich hörbares Gluckern schallte aus seinem Bauch. Vorsichtig richtete er sich auf. Bemüht, keine falsche Bewegung zu machen, die für ein Unglück gesorgt hätte …

Noch war es das Grummeln vor dem großen Sturm. Kein Land in Sicht. Er atmete tief durch und faltete gespannt den Zettel auseinander. Sein erster Blick fiel auf die schwer leserliche Signatur, die unter der handgeschriebenen Nachricht herausragte. Andresen rieb sich die Augen, glaubte im ersten Moment, sich verlesen zu haben. Dann folgte sein Blick den Zeilen erneut:

Komm bitte schnell an Deck! Wir müssen dringend reden!
Willi

Willi? Er kannte nur einen Willi. Und das war Kriminaloberkommissar Willi Wibel, sein ehemaliger Kollege, der vor fast zwei Jahren aus gesundheitlichen Gründen in Vorruhestand gegangen war. Der schmächtige Willi mit der Halbglatze, den er noch nie in etwas anderem als seinem anthrazitfarbenem Pullover und der hellgrauen Flanellhose gesehen hatte. Der Willi, der es so gut wie kein anderer im Präsidium verstanden hatte, sich um Arbeit herumzudrücken, und dennoch aufgrund seiner freundlichen Art bei allen beliebt gewesen war. Konnte es tatsächlich sein, dass er an Bord war? Nur warum hatte er ihn in den vergangenen sieben Tagen nicht gesehen? So groß das Schiff auch war, Willi wäre ihm doch aufgefallen. Und weshalb tat er jetzt so geheimnisvoll und wollte, dass er an Deck kam?

Andresen setzte sich wieder auf die Bettkante und befühlte Wiebkes Stirn. Ihr Fieber hatte nachgelassen, sie schlief noch immer tief und fest.

Warum wollte Willi mit ihm reden?, fuhr es ihm durch den Kopf. Willi! Ausgerechnet Willi. Er konnte nicht so recht glauben, dass er an Bord war.

Andresens Magen ächzte. Sollte er in diesem Zustand wirklich an Deck gehen?

Komm bitte schnell an Deck! Wir müssen dringend reden!

Willis Worte waren ernst gemeint. Und je länger Andresen auf den weißen Zettel in seinen Händen blickte, desto beunruhigter war er. Er biss auf die Zähne, überwand die schmerzenden Glieder und den lädierten Magen, und raffte sich auf. Ohne dass Wiebke wach wurde, stahl er sich aus der Kabine und lief in Richtung Atrium. Im nächsten Moment wurde ihm die Unsinnigkeit seines Vorhabens deutlich. Die *MS Bellissima* maß mehr als 230 Meter in der Länge, 30 Meter in der Breite und besaß zudem mehrere Freidecks sowie einen eindrucksvollen Poolbereich. Hinzu kam, dass die Sonne mittlerweile untergegangen war und sich eine dunkle wolkenverhangene Nacht über die Ostsee gesenkt hatte. Wie um alles in der Welt sollte er Willi finden? Was hatte er sich bloß dabei gedacht, ihm diese unkonkrete Nachricht zu hinterlassen? Andresens Zögern schlug in Unverständnis für den ehemaligen Kollegen um.

Zwanzig Minuten später hatte Andresen das große obere Promenadendeck einmal komplett umlaufen, ohne Willi Wibel oder irgendeinem anderen Willi begegnet zu sein. Überhaupt war er nur einer Handvoll Menschen über den Weg gelaufen. Die meisten hatten sich in ihren Kabinen verbarrikadiert: die Gesunden, in der trügerischen Hoffnung, sich nicht anzustecken. Die Kranken, weil ihnen das Virus sämtliche Lebenskräfte geraubt hatte.

Im Heckbereich des Schiffes verliefen die Deckaufbauten leicht stufenförmig. Er stand an der Reling und betrachtete das wie ein Entenschwanz langgezogene Heck im Schatten der riesigen Aufbauten. Dann fiel sein Blick in das dunkle Wasser und er sah, wie das Schiff durch die flachen Wellen glitt. Mit einem Mal spürte er die Bewegung des Stahlklotzes. Kraftvoll, aber elegant. Das leise Rauschen des Wassers und das dumpfe Brummen der Maschinen klangen in seinen Ohren. Unter normalen Umständen hätte er sich noch stundenlang den angenehm frischen Wind um die Nase wehen lassen können, doch heute waren das Gefühl der Bewegung und jedes noch so kleine Schaukeln die Höchststrafe für seinen Magen.

Plötzlich horchte er auf. Schritte auf dem mit Holzplanken

verkleideten Stahl vor den Schwimmbecken und Whirlpools waren zu hören. Offenbar schien auch auf dem Sonnendeck unter ihm jemand die Abendluft genießen zu wollen. Vielleicht Willi?

Andresen lehnte sich über die Reling und versuchte zu erkennen, was unter ihm auf dem Sonnendeck vor sich ging. Er meinte, jemanden in gebückter Haltung sehen zu können. Die Person schien nicht mehr die Jüngste zu sein, zumindest deuteten die schwerfälligen Bewegungen darauf hin. In der Dunkelheit war es Andresen jedoch unmöglich, Einzelheiten auszumachen.

„Willi, bist du es?", rief Andresen ohne lange zu überlegen. Die dunkel gekleidete Person schrak hoch und richtete sich rasch auf. Dann verschwand sie, indem sie mit wenigen Schritten unter einen Vorsprung schlüpfte und schließlich ins Innere des Schiffes flüchtete, wie es das leise Zufallen einer Tür verriet.

Andresen zögerte. Er sah hinunter und versuchte seinen Blick in der Dunkelheit weiter zu schärfen. Dort, wo er eben noch den oder die Unbekannte in gehockter Position gesehen hatte, lag jemand bäuchlings auf den Holzbohlen. Die Person schien sich nicht zu bewegen.

„Willi!", rief er erneut.

Wieder keine Antwort.

„Willi, bist du das?"

Nichts.

Einen Moment lang überlegte Andresen, über die Reling zu klettern und einfach auf das Deck unter ihm hinunterzuspringen, doch Dunkelheit und Höhe hielten ihn davon ab. Er nahm die erstbeste Tür ins Innere des Schiffes, lief in Richtung eines Treppengangs und befand sich schon wenige Augenblicke später vor einer Glastür, die hinaus auf das Sonnendeck führte. Normalerweise war das Sonnendeck selbst in den Abendstunden ein beliebter Treffpunkt für badelustige Nachtschwärmer. Doch heute erinnerte es an ein Geisterschiff aus einem amerikanischen Endzeitfilm.

Der reglose Körper lag in der Nähe einiger Liegestühle. Andresen ging langsam auf ihn zu, während er seinen Blick über den Rest des Außenbereichs gleiten ließ. Noch bevor er sich zu der Person hinunter gebeugt hatte, war er sich sicher, dass der Mann, dessen Kopf eine klaffende Platzwunde aufwies, tot war. Und er wusste, dass er mit seiner Vermutung richtig gelegen hatte. Vor ihm lag sein ehemaliger Kollege Willi Wibel.

*

Dottore Zambrotta hatte den Tod von Willi offiziell um kurz nach neun festgestellt. Zwanzig Minuten waren vergangen, seitdem Andresen die unbekannte Person vom Sonnendeck hatte flüchten sehen und er anschließend die grausige Entdeckung gemacht hatte. Noch grauenhafter war jedoch das, was ihm jetzt bevorstand. Er atmete tief aus und klopfte mit dem rechten Zeigefinger an die Kabinentür. Eine schlanke, hochgewachsene Frau um die 60 öffnete unmittelbar. Ihr modischer Pagenschnitt, die elegante Kleidung und der auffällige Schmuck an Hals und Armen ließen sie jünger erscheinen. Andresen war überrascht, denn optisch schien sie so gar nicht zum unscheinbaren Willi zu passen. Sie sah gehetzt aus, offenbar hatte sie sich noch nicht zu Bett gelegt.

„Kommissar Andresen mein Name, entschuldigen Sie die späte Störung“, stellte er sich vor. „Sind Sie Gudrun Liebert? Wir kennen uns nicht. Ich habe viele Jahre mit Ihrem Mann zusammengearbeitet.“

„Ist etwas mit Willi?“, fragte die Frau mit nervöser Miene.

„Darf ich hereinkommen?“

Gudrun Liebert nickte und trat einen Schritt zur Seite. Andresen sah sie mit ernstem Blick an und suchte nach den richtigen Worten. „Ihr Mann ... ich meine Willi ... er ist tot“, brachte er schließlich hervor. „Wir haben ihn vorhin auf dem Außendeck gefunden. Er ist über die Reling des Panoramadecks gestürzt. Ich glaube, er war sofort tot."

„Mein Gott!" Ihre Mundwinkel verzogen sich. Es war, als ob sie lache und gleichzeitig zuckte. Dann liefen auch schon die Tränen.

„Wie ist das passiert?"

„Das wissen wir noch nicht", antwortete Andresen ehrlich. „Wahrscheinlich ein tragischer Unfall, vielleicht hat er sich zu weit über die Reling gebeugt."

„Wir wollten doch morgen von Bord gehen ...", rang Gudrun Liebert nach Worten. „Was mache ich denn jetzt ohne meinen Willi?"

„Es tut mir wirklich leid für Sie", sagte Andresen hölzern. „Wann haben Sie ihn denn zuletzt gesehen?" Andresen zog ein Taschentuch hervor und reichte es ihr.

„Weiß nicht", schluchzte sie. „So vor einer Stunde, glaube ich. Er wollte frische Luft schnappen, weil er es hier nicht mehr ausgehalten hat."

„Hatte er das Virus?"

„Nein, wir beide waren sehr vorsichtig."

Andresen nickte. „Frau Liebert, sind Sie damit einverstanden, dass der Bordarzt sich kurz mit Ihnen unterhält? Wahrscheinlich müssen Sie Ihren Mann identifizieren."

Sie schluckte schwer und kämpfte wieder mit den Tränen.

„Eine Sache noch ..." Andresen kramte den Zettel, den ihm Willi Wibel unter der Tür durchgeschoben hatte, hervor und hielt ihn seiner Frau hin. „Ist das die Handschrift Ihres Mannes?"

Sie beugte sich vor und sah kopfschüttelnd auf den Zettel. „Ja, kann sein. Was hat denn das zu bedeuten?"

„Das weiß ich auch noch nicht, aber ich werde es herausfinden", antwortete Andresen und drängte sich an Gudrun Liebert vorbei aus der Kabine. Die unbekannte Person, die sich über Willis Körper gebeugt hatte, erwähnte er nicht. Dafür war es noch zu früh.

*

Um halb acht wurde Andresen durch das Geräusch seines gluckernden Magens geweckt. Trotz der Turbulenzen in seinem Körperinneren, schien das Virus bei ihm nur in abgeschwächter Form sein Unwesen zu treiben. Zumindest hatte er bislang noch alles bei sich halten können. Wiebke schlief noch immer. Sie hatte sich ein paar Mal hin und her gewunden. Mehr aber auch nicht. Das Virus in ihr schien allmählich schwächer zu werden.

Seit einigen Stunden lagen sie nun schon in der Lübecker Bucht vor Travemünde auf Reede. Der Bug der MS Bellissima zeigte direkt auf das MARITIM-Hotel. Das Schiff stand noch immer unter Quarantäne, obwohl die Zahl der Neuinfizierten über Nacht gesunken war und viele der Erkrankten bereits auf dem Weg der Besserung waren. Andresen hatte bis spät in die Nacht mit dem Kapitän und dem ersten Offizier des Schiffes zusammengesessen und über den Tod seines ehemaligen Kollegen und seine seltsame Beobachtung gesprochen. Noch war er unschlüssig. Natürlich konnte es sich bei der unbekannten Person um jemanden gehandelt haben, der Willi zufällig gefunden und nach seinem Pulsschlag gefühlt hatte. Nur, warum war die Person dann sofort geflüchtet, als Andresen Willis Namen gerufen hatte? Und außerdem diese Nachricht, die Willi ihm unter der Tür hindurch geschoben hatte – weshalb hatte er so dringend mit ihm reden wollen, nachdem sie sich sieben Tage lang an Bord nicht über den Weg gelaufen waren?

Noch in der Nacht hatte Andresen versucht, Kontakt zu seinen Kollegen im Lübecker Polizeipräsidium aufzunehmen, doch außer der Einsatzleitung der Schutzpolizei hatte er niemanden erreichen können. Die Wasserschutzpolizei war gegen halb zwei – kurz nachdem sie geankert hatten – zusammen mit zwei jüngeren Technikern der Spurensicherung an Bord gekommen, um Fotos von Willis Leichnam zu machen und eventuelle Spuren auf dem Sonnendeck oder an der Reling zu sichern. Um kurz vor halb drei war Andresen endlich eingedöst. Ein merkwürdiges, noch nicht greifbares Gefühl, dass Willis Tod vielleicht kein Unfall gewesen war, hatte ihn in den Schlaf begleitet.

Was war es gewesen, das er in Gudrun Lieberts Augen gesehen hatte?, sinnierte er, als er auf dem kleinen Balkon stand und auf die in der Morgensonne so anmutig daliegende Ostsee blickte. Irgendetwas an ihr war sonderbar gewesen, als sie vor ihm gestanden hatte. *Dringend mit dir reden*, ging es ihm wieder durch den Kopf. Was hatte Willi ihm sagen wollen? Und warum war seine Frau bereits so aufgelöst gewesen, noch bevor er die Todesnachricht übermittelt hatte?

Andresens Handy klingelte. Endlich hatte er wieder Netz und war nicht mehr auf das Bordsatellitentelefon angewiesen. Das Präsidium war ebenfalls erwacht.

„Hallo Julia", sagte er leise, um Wiebke nicht zu wecken. „Weißt du schon, was passiert ist?"

„Ja, Sibius hat mich heute Morgen aus dem Bett geklingelt", antwortete Kriminalkommissarin Julia Winter. „Ausgerechnet Willi, ich saß anfangs doch sogar mit ihm in einem Büro. Schrecklich! Erzähl, was hat es mit dieser unbekannten Person auf sich, die du gesehen hast?"

Andresen berichtete ihr in aller Kürze von seiner Beobachtung und der Nachricht von Willi. Dann kam er auf Gudrun Liebert zu sprechen: „Irgendwie wirkte sie seltsam, einerseits geschockt, andererseits aber auch merkwürdig unbeteiligt. Hat Willi in deiner Gegenwart mal von ihr gesprochen?"

„Nein, jetzt wo du mich fragst, er hat sie nie erwähnt. Er hat immer nur von seinem Hobby erzählt."

„Was war denn das noch gleich?", hakte Andresen ein.

„Er wollte doch eines Tages seine Memoiren herausbringen, weil er glaubte, dass es Leute geben würde, die das interessieren könne. Nicht einmal das ..."

„Hat er eigentlich noch seinen Spind?", unterbrach Andresen seine Kollegin.

„Ich glaube schon. Soll ich nachsehen?"

„Ja, bitte. Ich würde gerne mehr über seine Frau erfahren."

„Du glaubst nicht an einen Unfall, oder?", fragte Julia.

„Keine Ahnung", antwortete Andresen entschieden.

„Diese Nachricht und die dunkel gekleidete Person ... irgendwas stimmt da nicht."

„Denkst du an Mord?"

„Ich denke an alles Mögliche. Wer weiß, wie es um ihn stand? Vielleicht war seine Krankheit wieder zurück."

„Krebs?", fragte Julia überrascht. „Mir hat er nie gesagt, was der wahre Grund für sein Ausscheiden war."

„Prostata", sagte Andresen betroffen.

„Meinst du, er hat ...?"

„Wir brauchen seine Memoiren, um darauf eine Antwort zu finden", ließ Andresen seine Kollegin nicht aussprechen. „Vielleicht findest du in seinem Spind etwas. Ich spreche gleich nochmal mit seiner Frau. Meld dich, sobald du etwas weißt." Andresen legte auf und ließ seinen Blick erneut über das Meer und den Ostseestrand gleiten. Da lag sie, Lübecks schönste Tochter. So schön fand Andresen sie gar nicht. Der Strand zu breit und künstlich, die Dünen nicht vorhanden, die Gebäude zu wuchtig und die Menschen zu alt.

Dringend mit dir reden.

Was war es nur, das Willi ihm sagen wollte? Plötzlich überfiel Andresen ein Gefühl der Schuld, nicht schnell genug reagiert zu haben. Was, wenn er Willi von einem Sprung über die Reling hätte abhalten können? Oder was, wenn er die unbekannte Person daran hätte hindern können, Willi hinunterzustürzen?

„Guten Morgen."

Eine vertraute Stimme drang in seine Ohren. Wiebke war aufgewacht. Er drehte sich zu ihr um und trat ans Bett. „Wie geht es dir?", fragte er besorgt.

„Besser."

Sie räkelte sich und sah schon wieder etwas gesünder aus. Es war so, wie Zambrotta es gesagt hatte. Das Virus ging so schnell wie es kam.

„Wie lange habe ich denn geschlafen?"

Andresen sah auf seine Armbanduhr und schmunzelte. „Fast 15 Stunden, ordentliche Leistung."

„Habe ich etwas verpasst?"

Er schluckte und wandte sich von ihr ab. Sollte er ihr sagen, was passiert war?

„Sag nicht, dich hat es auch erwischt", deutete sie sein Verhalten fehl.

„Doch, aber nicht so schwer." Andresen atmete durch. „Die Nacht war dennoch kurz." Er erzählte Wiebke, was geschehen war, und führte sich ein weiteres Mal vor Augen, dass Willi tot war. Je länger er darüber nachdachte, desto weniger konnte er sich vorstellen, dass es ein tragisches Unglück gewesen war. Mord oder Selbstmord? Nur diese beiden Möglichkeiten blieben. Er musste es herausfinden.

*

Gudrun Liebert hatte offenbar auch kaum geschlafen. Ihr Blick war glasig, die Ringe unter den Augen mattgrau. Die Pupillen wanderten nervös hin und her, als sie Andresen gegenüberstand.

„Ich muss noch einmal mit Ihnen reden", kam Andresen sofort zur Sache. „Der Tod Ihres Mannes lässt einige Fragen offen."

„Warum denn?", fragte sie unwirsch. „Ich meine, er ist doch gestürzt, oder nicht?"

„Genau“, antwortete Andresen, „er ist gestürzt. Wir wissen allerdings noch nicht, warum er gestürzt ist.“

„Ich verstehe nicht, wovon Sie reden.“

„Wie stand es um Willis Krankheit?“ Andresen verzichtete auf eine Erklärung, er wollte wissen, was tatsächlich passiert war.

„Hören Sie, Willi hat immer gut von Ihnen geredet, aber das geht nun wirklich etwas zu weit. Haben Sie denn keinen Anstand? Mein Mann ist vor nicht einmal zwölf Stunden verstorben.“

„War der Krebs wieder ausgebrochen?“, fragte Andresen unbeeindruckt.

„Nein!“, entgegnete sie entrüstet. „Wie kommen Sie denn darauf? Willi erfreute sich bester Gesundheit.“

„Was wissen Sie über seine Memoiren?“, ließ er nicht locker.

„Nichts, er hat nie darüber gesprochen“, wiegelte sie ab.

„Sie wollen mir sagen, dass Willi Ihnen ...“

Sein Handy klingelte erneut und unterbrach das Gespräch. Er entschuldigte sich und verschwand im Badezimmer, als er sah, wer ihn anrief.

„Hast du etwas herausgefunden?“, fragte er leise.

Gespannt lauschte er Julias Worten. Andresen war nervös, erhoffte er sich doch eine Erklärung für Willis Tod. Nach ein paar Sekunden veränderte sich seine Miene. Er schüttelte den Kopf, verneinte energisch ihre Behauptungen und wiederholte immer wieder die Worte „Du musst dich vertun! Das ist unmöglich!“

„Das ist noch nicht alles“, hörte er Julia sagen. „Es wird noch unheimlicher.“

Andresen setzte sich auf den Klodeckel und versuchte zu verstehen. Mit mäßigem Erfolg. Zu unglaubwürdig klang das, was ihm Julia da gerade über seinen Ex-Kollegen und dessen Leben erzählte.

Als schlügen ihm die Informationen auf den Magen, verkrampfte er plötzlich und spürte ein Reißen. Gerade noch rechtzeitig sprang er auf, riss den Deckel hoch, zog seine Hosen herunter und ließ geschehen. Er bemerkte, dass die Badezimmertür nur angelehnt war, doch sie war außer seiner Reichweite. Es war längst zu spät für Schamgefühle.

„Was ist denn da los bei euch? Was sind das für Geräusche?"

Andresen schwieg, jede Erklärung wäre sinnlos gewesen.

„Ich muss mit ihr reden", lenkte er das Gespräch stattdessen zurück auf Wibel und seine Frau. „Wenn es stimmt, was du sagst, dann ..."

„Bist du sicher, dass du in der Lage dazu bist?", unterbrach ihn Julia.

„Ich hoffe ..."

Fünf Minuten später stieß Andresen die Badezimmertür vorsichtig auf und lugte in die Kabine. Gudrun Liebert war nicht zu sehen. Die Balkontür stand ein Stück weit offen und ein angenehmer Wind blies herein. In seinem Magen rumorte das Virus. Er musste ernüchtert feststellen, dass es auch vor ihm nicht Halt gemacht hatte.

Auf halbem Weg in Richtung Balkon hielt er inne. Gudrun Liebert stand seitlich zum Glasgeländer und fixierte regungslos einen Punkt am Horizont, der nur für sie sichtbar zu sein schien. Er musste an Julias Worte denken. Mit einem Mal verselbständigten sich seine Gedanken und er verstand, was in dem Mann, den alle Willi genannt hatten, wirklich vorgegangen war. Und er begriff, welche Rolle Gudrun inne gehabt hatte.

Sie starrte noch immer aufs Meer und schien Andresen nicht zu bemerken. Plötzlich machte sie eine seltsame Bewegung mit dem linken Bein, zog es mühevoll hoch und versuchte, über die Balkonreling zu klettern. Andresen reagierte geistesgegenwärtig, stürzte auf den schmalen Balkon und zog sie unsanft von der Brüstung weg. Gudrun Liebert zitterte jetzt. Ihr stierer Blick war gewichen. Mit ängstlichen Augen drehte sie sich zu ihm um. Tränen flossen. Andresen reichte ihr seine

Hand und geleitete sie zurück ins Innere der Kabine. Erschöpft ließ sie sich aufs Bett fallen. Es war, als ob plötzlich etwas von ihr abfiele. Eine große Last. Eine Schuld.

Andresen setzte sich neben sie und wartete einige Minuten, bis sie zur Ruhe gekommen war. Doch dann war seine Geduld am Ende. Er musste wissen, ob das, was Julia ihm vorhin mitgeteilt hatte, tatsächlich der Wahrheit entsprach. Schonungslos eröffnete er das Gespräch.

„Theo Levsen, schon mal gehört?“

Ihre Pupillen weiteten sich, dann verzog sich ihr Mund zu einem unnatürlichen Lächeln. „Mein Mann, natürlich kenne ich ihn.“

„Jetzt ist er wirklich tot. 31 Jahre nach seinem ersten Abschied.“

„Niemand hätte es jemals erfahren, wenn das hier nicht passiert wäre“, seufzte Gudrun Liebert. „Willi wäre weiterhin Willi geblieben.“

„Ja, wahrscheinlich“, antwortete Andresen. „Wer erinnerte sich schließlich noch an Theo? Keiner. Und die Versicherung hat ja auch brav mitgespielt.“

Gudrun Liebert schwieg. Sie zupfte mit den Fingern an einem Taschentuch herum und vermied es, Andresen anzusehen.

„Sagen Sie mir bitte, was tatsächlich geschehen ist.“ Andresen war jetzt noch näher an sie herangerückt. „Wir beide wissen, dass es kein Unfall war.“

„Ich weiß nicht, wovon Sie sprechen“, versuchte sich Gudrun Liebert unter Schluchzen herauszureden. „Sie glauben doch nicht etwa, dass …?“

„Selbstmord?“, fragte Andresen. „Wäre denkbar.“

„Nein!“, entgegnete sie. „Niemals!“

„Er war schwer krank“, sagte Andresen nachdenklich.

„Unmöglich! Er hätte mich nie im Stich gelassen.“

„Was ist wirklich passiert?“, drängte Andresen. „Sie wissen genauso gut wie ich, dass ich Sie gesehen habe, wie Sie sich über Willi gebeugt haben. Als Sie mich dann Willis Namen rufen hörten, sind Sie geflüchtet. Haben Sie ihn etwa …?“

„Nein!“, rief sie erneut. „Nein! Es war ein schrecklicher Unfall!“

Andresen zog seine Augenbrauen hoch und sah sie gespannt an. Es schien so, als wolle Gudrun Liebert reden.

„Theo … ich meine Willi … Er … er wollte nicht mehr.“

Andresen nickte und murmelte kaum verständlich „Also doch“.

„Die Krankheit war der Auslöser, er glaubte nicht mehr daran, sie besiegen zu können. Er war der Meinung, der Krebs sei Gottes Strafe, wenn es so etwas gibt.“ Sie hielt inne und schnäuzte sich. Andresen hatte den Eindruck, als sei sie erleichtert darüber, nach all den Jahren endlich über ihr Geheimnis reden zu können.

„Theos fingierter Tod war unsere gemeinsame Idee. Wir waren damals total abgebrannt, Theo hatte Spielschulden, der Gerichtsvollzieher war Stammgast in unserer Wohnung.“

„Wie ist er denn damals zu Tode gekommen?“, hakte Andresen ein.

„Auf einem Schiff“, lachte sie betroffen. „Ist das nicht zynisch? Wir hatten an alles gedacht. Es sollte wie ein tragischer Unfall aussehen. Sie konnten seinen Leichnam nicht finden. Das Ganze geschah auf einer Fähre zwischen Helsinki und Stockholm.“

„1978“, sinnierte Andresen.

„Ja, die Zeiten waren anders. Ausweise zu fälschen war damals noch ein wenig leichter. Theo ist ein halbes Jahr untergetaucht, in unserem Schlafzimmer. Dann sind wir von Bremen nach Lübeck gezogen. Niemand hat gemerkt, dass Willi Theo ist. Die Versicherung zahlte und wir haben unsere Schulden nach und nach in den Griff bekommen.“

„Und dann ist Willi beziehungsweise Theo auf die dreiste Idee gekommen, zur Kripo zu gehen?“

„Ja, er hat sich beworben und wurde genommen. So ein gefälschter Lebenslauf bewirkt manchmal Wunder."

Andresen schüttelte den Kopf. Er konnte noch immer nicht glauben, dass sein ehemaliger Kollege nicht der gewesen war, der er vorgegeben hatte zu sein. Willi Wibel, der zwar eigenbrötlerische, doch immer freundliche Kriminaloberkommissar ein schwerkrimineller Versicherungsbetrüger – unvorstellbar.

„Theo war ein gebrochener Mann. Er kam mit seiner Lebenslüge nicht zurecht. Und dann der Krebs. Er wollte Schluss machen."

„Und dann ist er letzte Nacht gesprungen?", fragte Andresen. „Warum hat er mir diese Nachricht unter der Tür durchgeschoben?"

„Er hatte herausgefunden, dass Sie an Bord waren. Wahrscheinlich wollte er sich von Ihnen verabschieden. Ich habe ihn die ganze Zeit gesucht und schließlich auf dem Panoramadeck gefunden. Er stand an der hinteren Reling und blickte über das Heck aufs Meer. Ich wusste sofort, was er vorhatte."

„Was dann?"

„Ich wollte ihn abhalten, habe versucht ihn wegzuzerren. Aber er war schon mit beiden Beinen über das Geländer geklettert. Es war so schrecklich ..." Sie brach ab.

„Ist er gesprungen?"

„Nein!" Jetzt weinte sie bitterlich. „Er wollte zu mir zurückkommen, ich habe es in seinen Augen gesehen. Aber als er sein rechtes Bein anhob, ist er mit dem anderen weggerutscht. Es ging so schnell, dass ich ihn nicht halten konnte. Es war ein Unfall. Das müssen Sie mir glauben."

Andresen nickte und erhob sich langsam vom Bett. Wieder rumorte sein Magen verdächtig. „Wir werden Willi vermissen", sagte er schließlich und nickte ihr zu. „Ich hoffe, er war auch dieses Mal gut versichert." Dann verließ er im Eilschritt ihre Kabine.

Carmen Korn

Nur eine Dichterin

Warum dachte sie an Heine? Zeilen eines seiner Gedichte hingen ihr im Kopf. *Sie saßen und tranken am Teetisch. Und sprachen von Liebe viel.*

Die vier, die am großen Tisch im Erker des Fensters saßen, sprachen von ganz anderen Dingen. Dessen war sich Telse sicher. Und sie tranken nicht einmal Tee.

Tod und Verderben. Darum ging es in den Gesprächen da drüben. Wer sprach nicht von Tod und Verderben, seit die Leiche des Jan Asmus auf einem Acker nahe der Engelbrechtschen Wildnis gefunden worden war. Gepflegtes Land. Bauernhand. Das stand auf der Stellwand, unter der er erschlagen gelegen hatte. Telse hatte ihn gut gekannt. Ihre Söhne waren mit ihm zur Schule gegangen. Damals.

Die zweite Kanne Kaffee wurde am großen Tisch im Erker serviert. Dazu eine neue Schüssel Sahne. Die Flasche Rum leerte sich. Einen ordentlichen Schuss gaben die vier in die Tassen. Telse schaute dem seit Tagen zu. Seit dem Tod von Jan Asmus. Saß nachmittags ab halb fünf am kleinen Tisch in der Ecke, aß lange an ihrem Stück Torte herum und hielt die vier Alten im Visier.

Keinen Blick schenkten sie ihr. Die zwei Frauen. Die zwei Männer. Obwohl sie doch wussten, wer Telse war. Nicht einmal, wenn Telse vor sich hin sprach, Gedichtzeilen und anderes aufsagte, schauten sie.

Die Verrückte aus Husum hatte einer mal gesagt. Husum schien hier unten an der Elbe schon weit genug weg zu sein von allem Vertrauten und Guten. Eine Verrückte, die dichtete und nicht mal eine Heimatdichterin war, und die sich zwei Kinder hatte andrehen lassen von Daases Sohn, der dann auf und davon gegangen war. Damals.

„Wollen Sie noch eines?"

Telse schreckte hoch und sah in die Augen der Serviererin. Hatte sie zu schnell gegessen? Sie konnte sich nicht täglich zwei Stücke Torte leisten.

„Ich bringe Ihnen noch ein Stück. Ist mir vom Tortenheber gekippt. Das kostet nichts."

Telse nickte. Nur keine Tränen in die Augen kriegen. Nicht für jede Freundlichkeit.

Die eine der Frauen am großen Tisch im Erker hob die Hand, und zeigte auf die Kanne, kaum dass sie die Aufmerksamkeit der Serviererin hatte. Noch mehr Kaffee. Dabei litten sie alle an Bluthochdruck, und die Röte war ihnen schon bis zum Hals gekrochen. Sollten sie doch tot umfallen. Telse hätte eine kleine Freude gehabt.

Draußen vor dem großen Erkerfenster blieb wieder einer stehen und grüßte zum Tisch der vier hin. Verbeugte sich. Die Alten nahmen es gnädig hin.

Darum saßen sie doch da. Vor dem großen Fenster, das von gerafften Gardinen eingerahmt war. Sichtbar genug für jeden, der draußen vorbeiging. Die Paten von Glückstadt.

Hatten die Finger überall drin. Einer war ein Freund des alten Daase gewesen. Hatte der Telse nicht immer gehasst?

Der Großvater ihrer Kinder. Die mach ich kaputt, hatte er einmal gesagt und Telse gemeint. Nun lag er längst unter einem steinernen Engel begraben, unter dem die Daases seit Generationen lagen.

Telse dachte an Jan Asmus, der auch nicht viel Glück gehabt hatte, obwohl er aus einer der wohlhabenden Familien kam. Vieles war zu Bruch gegangen in seinem Leben. Immer Leichtsinn dabei. Bis hin zu der großen Leichtsinnigkeit, sich erschlagen zu lassen.

Die Fahrradtour zum Balksee, die sie mit den Jungen und Jan gemacht hatte. Jan. Zwei Jahre älter als ihr Großer. Vier Jahre älter als der Kleine. Ein ewiger Sitzenbleiber, dieser Jan

Asmus. Zum Schluss war er in der Klasse des Kleinen gelandet und auch da gescheitert.

Der Balksee. Reiche Vogelwelt. Erst mit der Fähre über die Elbe. Dann die Tour durch die Vingst hin zum See. Neben dem Weg waren die feuchten Löcher. Das alte Moor. Jan war gern ganz zufällig abgekommen vom Weg. Hatte Spaß an ihrem Schrecken gehabt, wenn er schon mit einem Fuß im Sumpf versank und den Kleinen mit sich zog.

Die Herren waren ästhetisch. Die Damen von zartem Gefühl.

Schon wieder dieser Heine. Nein. Da war nichts zart und ästhetisch an dem großen Tisch im Erker. Laut ging es dort jetzt zu. Viel Rum. Viel Kaffee. Viel Angabe. Alles an den vieren strotzte.

Warum war sie hier hängen geblieben? Sie hätte zurück nach Husum gehen können oder den Sprung nach Hamburg wagen. Was sollten diese Gedankenspiele? Sie wusste es doch. Der Jungen wegen blieb sie da.

Längst schrieb sie keine Gedichte mehr. Die Worte fingen an, ihr zu fehlen. Als gäbe es danach nichts mehr zu sagen. Nur noch anderer Leute Gedichte fielen ihr ein. Heinrich Heine und Paul Celan. Die Todesfuge.

Draußen vor dem Erkerfenster senkte einer den Kopf und ging eilig vorbei. Grußlos. Vielleicht einer, der nichts mehr zu verlieren hatte. Kein Haus. Kein Hof. Kein Land. Nichts, was noch für einen Appel und ein Ei aufgekauft werden konnte, um Baumärkte darauf zu stellen oder ein Autohaus.

Telse hatte die Geschäfte der vier Alten nie durchschaut, wenn auch ihr Großer einiges zu erzählen wusste während seiner Arbeit im Autohaus. Nach der Schule. Als er noch auf seinen Studienplatz wartete. Damals.

Die Verrückte. War das drüben im Erker gesagt worden? Telse glaubte, es gehört zu haben. Doch. Die eine der Frauen hatte sich kurz zu ihr umgedreht. Die vom Autohaus.

Jan Asmus war der Sohn ihrer Kusine gewesen. Die Trauer

schien nicht allzu groß zu sein. In dieser Familie stand keiner dem anderen nahe.

„Die hat sich doch immer schon lächerlich gemacht."

Das hatte jetzt einer der Männer gesagt. Telse zuckte zusammen. Nun kamen sie ihr zu nah. Weiter durften sie nicht gehen. Sonst war sie zum Handeln gezwungen.

Bisher war sie ihnen nur nachgegangen. Der einen. Dem anderen. Ein kurzes Stück des Weges gingen die zwei Frauen und die zwei Männer gemeinsam. Dann trennten sie sich. Ein jeder trat allein in die Dunkelheit.

Heute waren sie noch später dran als sonst. Draußen wartete schwarze Nacht.

Telse stand auf, als sie das Scharren der Schuhe unter dem Erkertisch hörte. Die vier hatten es immer eilig, wenn sie sich dann zum Gehen entschlossen.

Telse legte die abgezählten Münzen für Torte und Kaffee auf den Tisch und ein Trinkgeld dazu. Sie war nett, die Serviererin.

Kalt würde es draußen sein. Keinem konnte der dicke alte Wollmantel auffallen, den Telse anzog. Die aufgesetzten großen Taschen machten ihn noch voluminöser.

Sie stand schon im Toreingang, der zu den Sträßchen der Altstadt führte, als die vier aus dem Kaffeehaus kamen. Viel zu viel Hitze in ihnen, um die Kälte wahrzunehmen. Nur ihr Atem stand in kleinen Nebelschwaden.

Wie gut, dass die Sinne der zwei Frauen, der zwei Männer vom Rum ertränkt waren.

Jan Asmus hatte auch vieles im Alkohol ertränkt. Hätte sie mitleidiger sein sollen?

Am Tische war noch ein Plätzchen. Mein Liebchen, da hast du gefehlt.

Schluss mit dem Heine. Sie sollte sich konzentrieren. Gleich teilten sich die Wege der vier. Telse entschied, der aus dem Autohaus nachzugehen.

Sie erinnerte sich noch an den Abend, an dem Jan mit dem tiefgelegten Auto vorfuhr. Geld hatte Jan immer in den Taschen. Wer wusste woher. Doch das Auto hatte ihm die Kusine seiner Mutter zu einem guten Preis überlassen. War nicht mehr neu, der Wagen, wenn das hochglänzende Rot des Lackes auch alle alten Schäden vergessen ließ.

Die Jungen staunten. Sie besaßen nur die Fahrräder.

Eine kleine Spritztour, hatte Jan gesagt. Telse hatte sich von ihm anhauchen lassen, doch er hatte nichts getrunken.

Trotzdem war sie dankbar gewesen, als ihr Großer und ihr Kleiner wieder heil vor der Tür gestanden hatten.

Die Alte da vorne drehte sich um. Ihre Schritte beschleunigten sich. Hatte sie Telse bemerkt?

Telse griff in die Tasche ihres Mantels, der aussah wie aus zwei Pferdedecken genäht. Die bronzene Marienfigur hing schwer in der Manteltasche. Die Bronze fühlte sich noch warm an trotz der Kälte.

Warum blieb die Alte stehen? Dort, wo tiefste Dunkelheit herrschte?

Männer müssen das abkönnen. Hatten sie das nicht gesagt, als sich die Volltrunkenheit von Jan Asmus herausstellte? Waren sie nicht diejenigen gewesen, die Jan immer nachgeschenkt hatten? Keine Pharisäer. Nur Köm.

Die Alte aus dem Autohaus und ihre Kumpane.

Wer hätte gedacht, dass Telse so beweglich war in ihrem schweren Mantel. Maria hervorzog und zuschlug.

Ein zweites Mal, als die Alte schon auf dem kalten Boden lag und keinen Laut von sich gab.

Mussten Männer es abkönnen, totgefahren zu werden auf Fahrrädern, denen ein volltrunkener Fahrer in einem tiefer gelegten Auto entgegen kam? Männer, die doch noch Jungen waren. Ihr Großer. Ihr Kleiner.

Jan Asmus hatte gewusst, wie sentimental Telse war. Dass sie immer wieder Johanneslichter aufstellte an dem Kreuz aus schlichtem Holz, das am Straßenrand stand. Dort, wo die Jungen gestorben waren.

Er war bereit gewesen, sie zu begleiten. Zwei Töpfe Erika hinzustellen. Zwei Lichter. Jan hatte nicht gewusst, wie stark Telse war und wie hart. Der Schlag der Marienfigur hatte ihn getroffen, und sie hatte sein Erstaunen gesehen.

Nur wenige Meter waren es gewesen zum Fundort seiner Leiche. Die Stellwand. Gepflegtes Land. Bauernland.

Telse machte sich keine Illusionen. Sie würde es nicht schaffen, die drei anderen zu töten.

Sie würde diesen Ort verlassen müssen. Trotz der Jungen. Die nicht weit von dem steinernen Engel lagen.

Kirstin Warschau

Zelten

Ich bringe ihn um, ich werde ihn töten.

Hatte sie das damals wirklich gedacht?

Sie hatte nur noch eine vage, immer blasser werdende Erinnerung an die warme, nördliche Nacht vor zehn Jahren, in der das Unfassbare geschehen war. Nur an das Gefühl, für das sie keine Worte hatte, erinnerte sie sich genau, denn das konnte sie nicht vergessen.

Als Mathilda eine Woche nach Mittsommer auf dem Campingplatz ankam, standen auf der großen Wiese hinter den Wohnwagen nur wenige Zelte. Langsam schlenderte sie umher, um sich einen Platz für ihr kleines Zweipersonenzelt auszusuchen. Die Wiese hatte schon einige helle Flecken an Stellen, an denen andere unbeschwerte Urlaubstage verbracht hatten. Sicher hatte keiner der Camper einen einzigen Gedanken daran verschwendet, dass man mit Luftmatratze oder Isomatte auf einem Zeltboden aus wasserundurchlässigem Kunststoff die Grasnarbe unter sich langsam zu Tode drückte. Mathilda konnte das nicht mehr passieren, denn in der Nacht vor zehn Jahren hatte sie die Unterseite ihres Zeltes mit ein paar Messerstichen aufgeschlitzt und später kurzerhand abgetrennt. Seitdem war sie beim Campen auf gutes Wetter angewiesen und fuhr deshalb meist in Länder, in denen es nicht regnete. Aber in diesem Sommer war ihre Sehnsucht, doch wieder einmal in den Norden und wie damals an das östliche Ufer der Kieler Förde zu fahren, so übermächtig geworden, dass sie ihr Fahrrad aus dem Keller geholt, es mit Campingutensilien beladen hatte und losgefahren war. Sie hätte das alte Zelt längst ersetzen sollen, aber nirgendwo war die Erinnerung an Martin so konserviert wie zwischen diesen vertrauten Stoffbahnen. Auf dem Rücken liegend konnte sie die verblichene Plane den ganzen Urlaub über stundenlang betrachten und sich vorstellen, in Martins blass-blaue Augen zu schauen. Das Zelt war ihr geblieben. Ein weiterer Vorteil ihrer zugigen Behausung war, dass sie im Gegensatz zu allen anderen Campern bei ihrer Abreise keine Spuren hinterließ.

Sie erreichte die niedrige Hecke, die die Wiese von den angrenzenden Feldern trennte. Dies war ein guter Ort. Das Gras wuchs kräftig und grün, die Hecke schützte vor Wind, die Camperfamilien in ihren Wohnwagen waren außer Hörweite, und die beiden anderen Zelte auf der Wiese duckten sich in angemessener Entfernung in eine Senke neben den Mülltonnen. Sie würde ganz ungestört sein. Sie schob ihr Fahrrad mit dem Gepäck bis an die Hecke, leerte die Satteltaschen, baute das Zelt auf und richtete sich ein. Anschließend nahm sie ihren Aluminiumtopf, eine Tüte Nudeln und einen Würfel Gemüsebrühe und machte sich auf den Weg zum Waschhaus, in dem sich eine Gemeinschaftsküche befand. Bevor sie das flache Backsteingebäude erreichte, musste sie an einem einzeln stehenden Campingwagen vorbei, in dessen Vorzelt ein älteres Paar saß. Sie nickte hinüber, erhielt aber keine Reaktion.

In der Küche war nicht viel los. Zwei Frauen säuberten Fisch, ein Mann wusch Abendbrotgeschirr, während zwei kleine Kinder um seine Beine strichen. Mathilda stand vor einer der zahlreichen Herdplatten und rührte im Topf, bis die Nudeln gar waren. Dann trug sie das Gekochte an dem schweigend starrenden Paar vorbei, hockte sich in ihr Zelt und aß langsam Nudel für Nudel, bis die Sonne hinter der Hecke versank. Als es ganz dunkel geworden war, ging sie zum Waschhaus, fuhr sich mit den Fingern durch die Haare, putzte Zähne und schob sich ihre Beißschiene in den Mund. Die Beißschiene bestand aus einem Stück durchsichtigem Plastik, das sie davon abhalten sollte, im Schlaf mit den Zähnen zu knirschen, eine Angewohnheit, die Martin immer gestört hatte. Mathilda hatte stets erwidert, dass es auch keine große Freude sei, mit einem schnarchenden Mann wie ihm das Kopfkissen zu teilen. Aber als Martin nicht mehr da war, hatte sie ohne sein Schnarchen nicht einschlafen können.

Am nächsten Morgen brach Mathilda früh auf, um mit dem Fahrrad die Umgebung zu erkunden. Sie fuhr über Landstraßen und einsame Feldwege und kam durch kleine Dörfer, die wie ausgestorben in der Mittagshitze schlummerten. Im Hafen von Laboe, in dem dicht gedrängt die Sommersegeljachten lagen, steuerte sie einen Kiosk an und aß Pommes Frites mit Senf. Auf dem Rückweg hatte sie eine Reifenpanne. Sie musste schieben und kam völlig verschwitzt auf dem Zeltplatz an. Das Camperpaar saß in seinem Vorzelt und aß Abendbrot. Der Mann kaute an einem Hähnchenbein, die Frau trank Bier. Mathilda hatte den Eindruck, dass sich die beiden Camper ein wenig in ihren weißen Plastikstühlen nach vorne beugten und sie unverwandt ansahen. Weil ihre Zähne schmerzten, legte sie sich nach der Reparatur ihres Reifens in ihren Schlafsack und schlief sofort ein.

Beim Aufwachen spürte sie ihre Kiefermuskeln. Leise stöhnend massierte sie sich die Wangen und spähte durch den Spalt am Boden nach draußen. Dunkle Wolken zogen über den Himmel. Sie fuhr trotzdem an den Strand und schwamm solange, bis ihre Zähne vor Kälte aufeinander schlugen. Auf dem Rückweg begann es zu regnen.

Den ganzen Nachmittag saß sie in eine Plane gehüllt auf der Matratze und versuchte zu verhindern, dass die feinen Tropfen, die herein wehten, alles durchnässten. Am Abend ging sie zum Waschhaus, um Reis zu kochen. Die Frau und der Mann saßen wie immer in ihrem Vorzelt. Diesmal war sich Mathilda sicher, dass sie zu ihr herübernickten, aber sie duckte sich in ihre Regenjacke und stapfte mit gesenktem Kopf durch das nasse Gras an ihnen vorbei.

In der Nacht regnete es ununterbrochen. Das Wasser sammelte sich auf dem Rasen und floss in schmalen Bächen an Mathildas Matratze entlang. Im Morgengrauen wurde sie von Gewittergrollen geweckt. Als sie über den Platz zur Toilette rannte, sah sie, dass das Camperpaar bereits in seinem Vorzelt saß und Kaffee trank. Im Waschraum beugte sich Mathilda über eines der Waschbecken und betrachtete ihre Zähne im Spiegel. Etwas in ihrem Mund schien sich verändert zu haben. Sie konnte nicht genau sagen, was es war. Es zog und pochte und einen kurzen, erschreckenden Moment lang glaubte sie, die unteren Schneidezähne hätten sich ein wenig zusammen geschoben, während zwischen den oberen Zähnen eine Lücke klaffte.

Durch strömenden Regen rannte sie zurück zum Zelt. Sie sah den Mann hinter den Folienfenstern im Vorzelt stehen, sah, wie er lachte, sich umdrehte und im Wohnwagen verschwand.

Zurück auf ihrer feuchten Matratze nickte Mathilda zwischen den Donnerschlägen des weiter ziehenden Gewitters immer wieder ein. Jedes Mal, wenn ein fernes Krachen sie aus dem Schlaf riss, kehrte etwas in ihr Bewusstsein zurück, es war die Gewissheit, dass sich das Camperpaar im Wohnwagen an Mathildas Unglück freute. Ohne darauf zu achten, schob sie die Kiefer übereinander und schliff an ihrem Zahnschmelz.

Spät am Vormittag erwachte sie. Die Sonne brannte vom Himmel und in der Luft stand Wasserdampf. Es war Samstag. An diesem Tag begannen die Schulferien. Sie befürchtete, dass sie auf ihrem Zeltplatz nicht so einsam und ungestört bleiben würde wie bisher. Und tatsächlich, als sie an diesem Abend vom Strand zurückkehrte, das Rad zu ihrem Zelt schob, das Wohnwagenpaar ihr freundlich zunickte und Mathilda allein deswegen schon ein ungutes Gefühl bekam, stockte ihr das Blut in den Adern, als sie die Wiese sah. Drei neue Zelte waren hinzugekommen, Kinder sprangen herum und spielten mit großen Hunden, die laut kläfften. Doch das war nicht das Schlimmste. Das Unerhörte war, dass sie an ihrer Hecke nicht mehr allein war. Direkt neben ihrem Zelt parkte ein großer roter Wagen und daneben, nur wenige Meter von ihrer Behausung entfernt war ein kleines tonnenförmiges Etwas aufgebaut, aus dem zwei Paar Füße ragten. Vor Aufregung bekam sie Schluckauf.

Sie schob das Rad bis zur Hecke und warf es hinein. Sie wollte, dass es ein Geräusch gab, das ihre Wut zum Ausdruck brachte. Wer wagte es, so an sie heranzurücken, obwohl ein Teil der Wiese noch frei war? Sie kletterte unter die Zeltbahnen und sammelte laut hörbar das Kochgeschirr zusammen. Aus dem Nachbarzelt kam leises Kichern. Sie lauschte. Zwei helle Stimmen unterhielten sich leise, ein Mann und eine Frau. Sie mussten sehr jung sein. Sicher eins dieser lächerlichen Liebespaare, die einen Sommer lang aneinanderklebten und spätestens nach den Ferien wieder auseinander gingen. Sie waren mit diesem absurd großen Papa-zahlt-alles-Auto losgebraust, um anderen auf die Pelle zu rücken und ihnen den Urlaub zu versauen: mit ihrem Liebesgeflüster, ihrer Jugend, ihrer Rücksichtslosigkeit. Auf dem Weg zum Waschhaus schlug Mathilda das Geschirr aneinander.

Während sie darauf wartete, dass sich das Wasser für die Tütensuppe erwärmte, sah sie den Fliegen zu, die dem Fliegenfänger, der im Fenster hing, zu nahe kamen und an dem klebrigen Leim hilflos zuckend ihr Leben ließen. Sie musste an Martin denken. An ihre letzte gemeinsame Nacht. Eine warme Sommernacht, in der bis kurz vor Mitternacht ein heller Streifen am Horizont sichtbar gewesen war. Frösche hatten gequakt, das Lärmen der Heuschrecken die Luft erfüllt. Wärme, Salz und feiner Strandsand hatten Haut und ihre Lippen samtweich werden lassen. Sie hatte nur daran denken können, bald ins Zelt zu schlüpfen, um ihn im Arm zu halten und seinen Atem zu spüren. Aber noch hatten sie mit den Schultern aneinander gelehnt dagesessen und Rotwein getrunken. Es war kurz vor Martins zwanzigstem Geburtstag gewesen. Er hatte an seiner Zigarette gezogen, den Rauch durch die Nase ausgestoßen und mit geschlossenem Mund ein Lied gesummt. Wahrscheinlich hatte seine Stimme jung und weich geklungen, aber für Mathilda war es einfach die schönste Stimme der Welt gewesen. Dann, mitten in der Nacht, hatte sich alles aufgelöst. Plötzlich war er nicht mehr da gewesen. Für alle Zeiten. Ausgelöscht. Sie hatten nur ein paar Monate zusammen gehabt, in denen sie beide neunzehn gewesen waren.

Sie streute Kartoffelpüree in die Suppe, rührte das Mus um, setzte sich hinter dem Waschhaus auf den Boden und aß direkt aus dem Topf. Fast wagte sie nicht, zum Zelt zurückzugehen und ärgerte sich darüber. Als sie doch zurückkam, saßen ihre Nachbarn, ein schlaksiger Junge und ein dünnes Mädchen, im Gras und sahen sich an. Der Junge hatte eine Gitarre aus dem Zelt geholt und spielte „House of the rising sun". Am liebsten hätte Mathilda laut los geschrien. Dass dieser Lagerfeuermist immer noch nicht ausgestorben war! Statt eine passende Bemerkung zu machen, schlüpfte sie in ihren Schlafsack und suchte nach den Ohrstöpseln, die sie für den Notfall immer dabei hatte. Nach einer Ewigkeit hörte das Geklimper auf. Mathilda nahm die Stöpsel aus den Ohren und lauschte. Sie hörte das nächtliche Blöken der Kühe auf den Weiden und ihren eigenen Pulsschlag, der leise und ungleichmäßig in ihren Ohren klopfte. Manchmal meinte sie, Lippen zu hören, die sich leise schmatzend umeinander schlossen. Sonst hörte sie nichts. Auch nicht, wenn sie aufwachte, weil ihre Zähne schmerzten. Sie hoffte, dass sie sehr laut knirschte, so dass die anderen sich gestört fühlten und abreisten.

Im Morgengrauen lag sie im Zelt und wartete, dass die beiden aufstanden. Sicher würden sie bald aufbrechen, zum Frühstücken, an den Strand oder in die Dünen beim Naturschutzgebiet Bottsand, um ungestört herumzuturteln. Aber aus dem Zelt war nichts zu hören, und schließlich musste Mathilda auf die Toilette.

Erst im Laufe des Vormittags – sie packte gerade ihre Satteltaschen für einen unfreiwilligen Tagesausflug, denn sie hätte eigentlich viel lieber auf der Wiese gelegen und gelesen – hörte sie, wie der Reißverschluss des Nachbarzeltes aufgezogen wurde. Der Junge krabbelte heraus und streckte sich, so dass sein Bauch hell und flach unter dem zerknitterten T-Shirt leuchtete. Er gähnte.

„Morgen", sagte Mathilda und spürte, wie ihre Wangen rot wurden. Er grinste und zündete sich eine Zigarette an, während das Mädchen hinter ihm in der Zeltöffnung hockte und sich die Haare kämmte.

Mathilda trat in die Pedalen und raste den Weg zum Strand entlang. In den Zahnhälsen ihres Unterkiefers pulsierte der helle Schmerz. Sie fluchte über das jugendliche Pack. Sie konnte sich nicht daran erinnern, je so wütend gewesen zu sein, außer vielleicht damals, als Martin verschwand. Zum ersten Mal dachte sie ernsthaft daran, abzureisen und den Pärchen, Familien und Hunden den Platz zu überlassen. Zornig schluckte sie bitteren Schleim. Nein, so leicht war sie nicht zu schlagen. Sie würde sich wehren. Ihr würde schon etwas einfallen.

In der folgenden Nacht lag sie auf dem Rücken und wartete, bis das Flüstern und Kichern im Zelt nebenan endlich verstummt war. Da fing sie laut und vernehmlich zu schnarchen an. Augenblicklich ertönte nebenan lautes Gegacker, und Mathilda biss sich wütend auf die Unterlippe.

Später in der Nacht kletterte sie ins Freie. Sie hatte keinen Blick für den Himmel, an dem Millionen Sterne funkelten. Ihr Herz schlug kräftig, als sie sich hinunterbeugte und die Heringe des Nachbarzeltes aus dem Boden zog. Die Zeltstangen wankten, das Vordach sackte zusammen, das Zelt blieb trotz allem stehen. Ratlos kroch Mathilda in ihren Bau zurück.

Am nächsten Morgen – sie saß neben ihrem Zelt und studierte eine Straßenkarte – krabbelte das Pärchen aus seiner Behausung.

„Die Hunde“, sagte das Mädchen, „sie haben heute Nacht ums Zelt getobt“, lachte und umarmte den Jungen. Sie küssten sich lange. Dann steckten sie die Heringe wieder fest.

Am Abend, Mathilda war den Tag über rastlos in der Gegend herumgefahren, hatte das ältere Camperpaar vor seinem Wohnwagen einen Grill aufgestellt, auf dem Holzkohle glühte. Zusammen mit einem weiteren Pärchen saß es im Vorzelt, die Männer tranken Bier, die Frauen rauchten. An einer Zeltstange hing ein Radio und spielte Volksmusik. Mathilda ging vorbei, Lachen erscholl.

Im Waschhaus sah sie in den Spiegel. Ihre Haut war von der Sonne gerötet. Um die Augen und die Nasenwinkel zeigten sich helle Fältchen. Sie öffnete den Mund und stellte erschrocken fest, dass sich die Eckzähne in ihrem Unterkiefer quergestellt hatten. Vorsichtig tastete sie daran herum, doch der leiseste Druck ihrer Fingerkuppen tat weh. Durch die offene Tür drang der Geruch von gegrillten Würstchen. Plötzlich war da ein lange nicht beachtetes Gefühl, es war ein schmerzhaftes Ziehen in ihrer Magengegend, Hunger, der aus der Tiefe ihres Inneren kam und ihre Knie flau werden ließ. Sie schlich an dem Wohnwagen entlang. Es kostete sie Kraft, nicht an den Grill zu treten, um sich ein Stück davon herunter zu stehlen, aber ein großer schwarzer Hund, der zu den Gästen gehörte, ließ sie nicht aus den Augen. Selbst der Hund schien zu wissen, was sie letzte Nacht angerichtete hatte. Alle schienen es zu wissen. Ihr wurde schwindlig. Sie hatte heute noch nichts gegessen. Sie war zu verwirrt gewesen, um an etwas anderes zu denken als daran, dass dieser Urlaub völlig misslang Sie nahm die Plastikflasche, die im Gras vor ihrem Zelt lag und trank einen Schluck Wasser. Gleißend helle Sterne blitzten an den Rändern ihres Gesichtsfeldes und stürzten augenblicklich auf sie nieder. Sie durchwühlte ihre Taschen, zog ein Messer heraus, klappte es auf und rannte auf das Nachbarzelt zu. Mit schnellen Schnitten durchtrennte sie die Nylonbänder, die das Dach hielten. Das Zelt roch nach dem Parfüm des Mädchens, nach moderigem Keller und irgendwie nach Speckschwarte. Da biss sie zu. Sie biss sich in der Zeltplane fest und versuchte vergeblich ein großes Stück daraus herauszureißen.

Sie wollte das Paar sehen, wie es dalag, die Augen vor Schreck aufgerissen und sie anstarrte. Sie wollte diesen Blick von ihnen. Aber das Zelt war leer. Die beiden waren zum Sonnenuntergang an den Strand gefahren.

Als man Mathilda drei Tage später in den Dünen vorne auf der Spitze der Halbinsel fand, war sie so schwach, dass sie nur noch stammelte. Es waren Sätze ohne Zusammenhang. Immer wieder ging es um einen Mann namens Martin, den sie angeblich vor zehn Jahren beseitigt hatte. Mathilda wurde in ein Krankenhaus eingeliefert, und die Polizei überprüfte alle Angaben. Aber man fand weder einen entsprechenden Vermisstenfall noch gab es Hinweise, dass in jenem Jahr auf einem der Campingplätze ein Verbrechen stattgefunden hatte.

Mathilda lag im Krankenhausbett und sah immer wieder dasselbe Bild. Er hatte auf der Decke vor dem Zelt gesessen, sich mit der Schulter an sie gelehnt, hatte die Weinflasche an seine Lippen gesetzt, getrunken und dann diesen Satz gesagt, dessen Melodie sie genau wie den hohen, samtenen Klang seiner Stimme immer noch im Ohr hatte.

„Nach den Ferien ziehe ich zu ihr", hatte er gesagt. „Sie kriegt ein Kind. Es ist von mir."

Dann war er in den Wagen gestiegen und einfach weggefahren. Mathilda hatte im Zelt gesessen und in die Dunkelheit gestarrt. Bis ihr das Messer eingefallen war, mit dem sie auf den Zeltboden eingestochen hatte, um ihn abzutrennen. Saubere Schnitte waren das gewesen, die sie jederzeit wiederholen würde.

Dietmar Bittrich

Eine Verbeugung gen Mekka

Das alte Reetdachhaus, das sich Katharina und Helmut Sprengel Ende der achtziger Jahre zum Landsitz ausbauten, liegt in einer Landschaft, deren höchste natürliche Erhebungen Maulwurfshügel sind. Eingezäunte Weiden mit Knicks und spiegelnden Gräben dehnen sich bis zu einem Strich am Horizont, von dem behauptet wird, es sei ein Deich, hinter dem aber wieder nur Marschwiesen liegen, bis abermals ein Deich kommt, hinter dem möglicherweise das Meer rauscht.

Das Fremdenverkehrsamt lockt mit dem Versprechen, der Himmel hier sei höher und größer als irgendwo sonst. Doch die Städter, die auf der Suche nach Weite und unverbaubaren Blicken einen Resthof erwerben, verfallen bald der Gewohnheit der Marschleute, das Gemüt mit klaren Flüssigkeiten ruhig zu stellen. Sie sitzen hinter doppelt verglasten Sprossenfenstern, während der Wind ihre Terrasse fegt, betrachten die gleichgültigen Kühe, in deren Hufspuren ewig das Wasser steht, und sehen hinter geduckten Bäumen die Windkrafträder und Hochspannungsmasten wachsen, die einzigen, die sich gegen diesen gepriesenen Himmel behaupten.

Das Wochenendhaus der Sprengels liegt in der Schleife eines morastigen Flüsschens. Für diejenigen, die wissen, was sich unter seinem Reetdach ereignet hat – und in den Dörfern zwischen Meldorf und Niebüll wissen es alle – haftet dem Haus ein unauslöschlicher Schrecken an. Als ich im Spätsommer des vergangenen Jahres mein Fahrrad über die hölzerne Brücke schob, war ich ahnungslos. Ich hatte Helmut Sprengel einige Jahre lang nicht gesehen und war auch keineswegs überrascht, als nicht er die Tür öffnete, sondern ein Mann von bäuerlicher Statur mit listigen Augen. Ich hielt ihn für den Verwalter; dann stellte er sich als der neue Besitzer vor.

Sein Name war Boysen. Nach dem Genuss einer Spezialität, die sich für ein Säureattentat geeignet hätte, erinnerte ich mich, ihn früher schon einmal gesehen zu haben. Er hatte im Black Jack gesiegt auf einem der betulichen Spieleabende, die Katharina in ihrem Stadthaus ausrichtete. Damals hatte es geheißen, er sei ein Geschäftsfreund, wenn auch aus keiner ganz seriösen Branche. Offenbar hatte er mit Spielautomaten zu tun und wohl mit noch trostloseren Geschäftszweigen; ob Helmut Sprengel viel mit ihm zusammengearbeitet hat, weiß ich nicht. Ein Geschäft zwischen den beiden hat jedoch zweifellos stattgefunden: Boysen hat Sprengel das Haus in der Marsch zu einem abenteuerlich günstigen Preis abgekauft.

„Und trotzdem war es ein reiner Freundschaftsdienst", beteuert er. „Das Haus wurde ein halbes Jahr lang vergeblich inseriert; die Makler der Gegend hatten sich von Beginn an mit Grausen abgewandt, und Interessenten aus der Stadt bekamen bald Wind von der Sache. Da habe ich mich schließlich erbarmt."

Die mildtätige Geste bildete den Abschluss eines unbarmherzig kalkulierten Unternehmens. Mit der Planung muss Boysen im Frühjahr 1994 begonnen haben. Im flackernden Licht eines schäbigen Spielsalons hatte er damals einen Bekannten aus vergangener Zeit erkannt. Der wollte sich eilig davonmachen, denn er hatte einst bei einem gemeinsamen Coup die Beute nicht ganz gerecht verteilt.

Doch Boysen gab sich nachsichtig und wohlwollend. Es gelang ihm nicht nur, den Argwohn des einstigen Komplizen zu zerstreuen. Er konnte ihn sogar, alte Abenteuer beschwörend, zu einem neuen Geschäft überreden, das absolut sicher sei. Sicher war daran freilich nur der Tod des Komplizen. Boysen beschrieb ihm das Landhaus der Sprengels, die erlesenen Bilder und Antiquitäten, die darin verborgen seien.

„Es gibt allerdings nur einen einzigen Durchschlupf, um die Alarmanlagen zu umgehen. Und diesen Durchschlupf kann nur ein schlanker Mann passieren. Deshalb habe ich alter Fettsack bislang nichts unternommen. Es ist ein Glücksfall, mein Lieber, dass ich dich treffe."

Sie besiegelten das Unternehmen mit dem Handschlag ehrenwerter Männer. Boysen würde Logistik und Sicherung übernehmen und für den Notfall bereitstehen.

Als der Notfall dann tatsächlich eintrat, in einer regnerischen Nacht Ende Juni, eilte Boysen jedoch keineswegs zur Hilfe. Vielmehr kappte er das Seil, das den Festgeklemmten noch hätte emporziehen können, besiegelte dessen Schicksal durch einen Deckel auf dem Schornstein, stieg vom Dach, zurrte die Leiter wieder aufs Auto, lauschte noch einen Moment den schwächer werdenden Rufen und fuhr im Morgengrauen zur Wohnung des Komplizen. Gelassen holte er dessen Wertsachen aus dem Tresor, räumte einige Tage später das Geld von den Konten und setzte sein Leben in der beglückenden Gewissheit fort, eine offenstehende Rechnung endgültig beglichen zu haben, und zwar samt Zinsen.

Der schlanke Mann wurde lange nicht vermisst. Genau genommen wurde sein Verschwinden erst registriert, als er wieder zum Vorschein kam. Und das geschah drei Wochen später.

Die Art seines Wiedererscheinens, die dem Haus auf ewig den Makel aufdrückte, hat mir zuerst Boysen geschildert, als handele es sich um eine gelungene Inszenierung. Helmut Sprengel hat später alles bestätigt; übrigens in Abwesenheit seiner Frau. Sie redet bis heute nicht darüber, es sei denn im Sessel des Therapeuten, den sie seither regelmäßig besucht.

An jenem Abend im Juli also vernahm Katharina ein Geräusch, dessen Herkunft ihr vollkommen unerklärlich schien. Der Abend war noch warm. Um einen unappetitlichen Geruch zu vertreiben, der von einem verendeten Marder auf dem Dachboden herrühren mochte oder von einer Maus im Fachwerk, standen Fenster und Türen offen. Doch das Geräusch war unbezweifelbar aus dem Inneren des Hauses gekommen.

Die Sprengels hatten den Sommer an freundlicheren Orten verbracht und waren nur ein einziges Mal im Haus gewesen, und auch damals nur für ein paar Stunden. Nun prüfte Helmut die eingegangenen Mitteilungen der Gemeinde und durchforstete den Stapel lokaler Wochenblätter, um für Gespräche im Dorf gerüstet zu sein. Er hatte das Geräusch, das ein Schaben gewesen war oder ein Kratzen, nicht gehört und zeigte deshalb auch keine Reaktion, als Katharina ihn beunruhigt anblickte.

Er setzte gerade an, ihr einen Artikel über den Protest gegen eine Salatfabrik vorzulesen, deren nächtliches Leuchten das Nachbardorf zur Schlaflosigkeit verdammte, als das Geräusch zum zweiten Mal vernehmbar wurde, und diesmal auch für ihn.

Er ließ die Zeitung sinken und spähte nach oben. Das Dach war im Frühjahr für eine ruinöse Summe neu gedeckt worden. Die Arbeiten hatte er mit dem Staunen des Unkundigen beobachtet. Jetzt beschlich ihn der Verdacht, man habe ihm Pfusch aufgeladen.

„Das Dach!“, murmelte er. Seine Frau konnte das Geräusch nicht einordnen, wusste aber, dass es weder vom Dachboden kommen konnte noch vom Gebälk oder vom Dach selbst. Nur blieb ihr keine Zeit mehr, ihn davon in Kenntnis zu setzen. Es war auch überflüssig. Denn jetzt ertönte es mit solcher Deutlichkeit, dass beide gebannt in dieselbe Richtung blickten.

Wie ein archaischer Nikolaus, umschwärmt von einer Wolke heiligen Rußes, kam durch den Kamin ein schwarzer Mann hernieder, Füße voran, dann Beine und Rumpf. Mit dumpfem Ton setzte er in der kalten Asche auf, so abrupt und hart, dass sie hochstäubte und seine Knie nachzugeben drohten. Doch er kam bebend zum Stehen und war nun bis zum Bauchnabel sichtbar: berußte Jeans, geschwärztes Hemd. Der Oberkörper blieb vom Rauchfang verdeckt, der Kopf musste noch im Abzugsrohr stecken.

Katharina schrie und wollte aufspringen und blieb vollkommen starr, wie gelähmt in einem bleiernen Traum. Helmut krallte sich an den Lehnen des Sessels fest.

Der Mann im Kamin stand einen Augenblick regungslos, als habe ihn der Schrei irritiert. Nun aber beugte er die Knie, ganz langsam, als sei er unschlüssig, ob diese Geste der Demut hier am Platz sei. Dann jedoch knickte er umso rascher nach vorn, kniete jetzt wie ein Betender und war ganz und gar sichtbar in seiner entsetzlichen Rußigkeit.

Wieder schien er für einen Moment in tiefer Versunkenheit zu verharren, bevor er ganz langsam den Oberkörper nach vorn beugte, so als wolle er sich muselmanisch gen Mekka verneigen. Und tatsächlich ging die Richtung nach Osten, was ein Grund dafür gewesen sein mag, dass Katharina wenig später, als sie aus dem Haus lief, in unfassbarer Panik schrie, ein Türke sei durch den Schornstein gekommen, wogegen der Mann in Wahrheit aus dem Emsland stammte.

Dann gab der in zwanzig Sommertagen geschrumpfte, gedunsene und wieder gedörrte Körper endgültig nach und stürzte, eine Wolke pestilenzartigen Gestanks ausstoßend, in ganzer Länge auf die in Rautenmustern angeordneten Terrakotta-Fliesen.

„Wenn Sie genau hinschauen, können Sie noch die eine oder andere Spur entdecken“, erklärte Boysen, während ich dringend um ein weiteres Glas der betäubenden Spezialität nachsuchte. „Mich stört das nicht. Das Gruselige gehört zu dieser Gegend. Entweder man mag es, oder man darf hier nicht wohnen. Sehen Sie: Wirklich erschreckend ist so etwas!“

Er wies aus dem Fenster in den dämmerigen Himmel, an dem gerade das grüne Licht der Saatfabrik zu gleißen begann. „Zweitausend Natriumhochdrucklampen, damit der Salat im Rekordtempo wächst. Myriaden von Faltern kommen zu Tode. Vogelschwärme werden vom Lichtkegel irritiert und flattern in die Drähte. Das ist es, was uns alarmieren muss! Aber es scheint, die Profitgier einiger Herrschaften ist stärker als ihre Demut vor der Schöpfung!“

Als ich nach Hause radelte, vorbei an schwarzen Gräben mit umgestürzten Weiden, an Gehöften ohne Licht, knisterte in meiner Jackentasche das Beitrittsformular zu einer naturschützenden Bürgerinitiative, die von Boysen angeführt wird. Ich bin ihr nicht beigetreten. Doch will ich nicht verschweigen, dass er inzwischen manchen wichtigen Sieg für sie errungen hat. Seit Ende des vergangenen Jahres trägt er das Bundesverdienstkreuz.

Eva Almstädt

Schaben im Paradies

Stormarn zum Verlieben! Versteckt zwischen Knicks und Kuhweiden gelegen ... Knicks und saftigen Kuhweiden oder besser zwischen Knicks und morastigen Kuhweiden?

„Schreib doch, es ist das Paradies", schlug ihr Kollege Benno Holtenau vor, der sich hinterrücks an ihren Schreibtisch herangeschlichen hatte. Alice warf ihren Kugelschreiber auf die Tischplatte. *Knicks und Kuhweiden*, das klang bescheuert. Wie w*ogende Wälder* oder *romantischer Raps*. Früher hatte sie sich beim Schreiben ihrer Makler-Exposees nicht so schwer getan. Aber da hatte ihr Benno Holtenau auch noch nicht eine Immobilie nach der anderen vor der Nase weggeschnappt. Alice griff demonstrativ nach ihrer Zeitung: *Schlagerstar mit einem halben Kilo Koks erwischt!* Das war doch unterhaltsamer als Bennos Gelaber. Aber von ein paar simplen Bögen Zeitungspapier zwischen sich und seinem Opfer ließ sich ihr neuer Kollege nicht von seinen Angebereien abhalten. „Ich habe vorhin ein Reihenhaus im Musikerviertel vertickt", kam es prompt. „Die Leute sind überglücklich. Am liebsten hätten sie mich adoptiert." Er schwenkte seinen Kaffeebecher haarscharf an ihrem Kopf vorbei und sah sie Beifall heischend an.

„Gratuliere." Merkte er nicht, dass sie das gar nicht hören wollte? Nein, aussichtslos. Also ein Gegenangriff: „Und ich habe gleich einen Termin mit einem sehr interessierten Paar aus Hessen. Die suchen kurzfristig ein Haus in Bargteheide."

„Denkst du an das im Eckhorst?"

„Nein. Sie suchen ein Einzelhaus mit großem Grundstück. Etwas Außergewöhnliches!", erklärte Alice triumphierend.

Benno runzelte die Stirn, doch kurz darauf hellten sich seine Züge auf. „Alice, sag nicht, du zeigst ihnen das Schabenhaus?" Er stellte seinen Kaffeebecher auf ihrer Zeitung ab. Der

Kaffee schwappte über. Das würde einen braunen Rand geben, mitten auf dem spannendsten Artikel: *Grauenhafter Fund in Schlüchtern: Leichenteile vermisster Frauen in Garten ausgegraben! Von den Hausbesitzern und ihrem erwachsenen Sohn fehlt bisher jede Spur.*

„Das Objekt im Tremsbüttler Weg passt optimal", sagte sie. „Und nenn es nicht immer das Schabenhaus. Es ist eine renovierungsbedürftige Jugendstilvilla in bester Bargteheider Wohnlage."

„Ich wette, da wird wieder nichts draus! Aber ruf mich an, wenn ich mich irren sollte." Benno zog sein Mobiltelefon hervor und ließ es vor ihrem Gesicht auf- und wieder zuschnappen. „Meine Nummer ist ja bei dir eingespeichert!"

„Die Wette gilt", sagte Alice lächelnd. Gab es Optimismus auch auf Rezept?

Als sie eine Viertelstunde später in ihr Auto stieg, um zum Schabenhaus aufzubrechen, schien noch die Sonne. In der Rathausstraße sah sie dann, dass aus Richtung Hammoor eine dunkle Wolkenwand heraufzog. Vor der Coffee Lounge neben dem Rathaus flüchteten die Gäste schon in das Innere des Cafés und im Tremsbüttler Weg riss ein heftiger Windstoß an den Zweigen der hohen Linden und erste Regentropfen klatschten auf ihre Windschutzscheibe. Das war nicht gut. Bei Sonnenschein präsentierte sich Bargteheide als heiterer, ländlich geprägter Ort. Beliebt vor allem bei Leuten, die in der Nähe einer Großstadt und trotzdem im Grünen wohnen wollten. Und der Tremsbüttler Weg war eines der Sahnestücke: Eine Allee, gesäumt von gepflegten Villen, die man in den ersten zwei Jahrzehnten des vorigen Jahrhunderts erbaut hatte. Doch die Regenwolken ließen die Häuser mit ihren schattigen Gärten momentan eher finster aussehen.

Ihre Interessenten erwarteten sie an der Gartenpforte. Grete und Harald Kuse, rief sich Alice ins Gedächtnis. Beide Anfang sechzig, spießig bis nachlässig gekleidet – unscheinbar.

Dem Autokennzeichen nach waren sie mit dem hellblauen Ford gekommen, der auf der anderen Straßenseite parkte. Das Modell löste in Werkstätten bestimmt schon nostalgische Erinnerungen aus. Aber Autos oder Kleidung sagten nichts über die finanzielle Situation der Leute aus, dachte Alice. Gerade die, die sie im Maklerbüro als die typischen drei Gs bezeichneten – Hübsche Familie mit Geländewagen, Golfausrüstung und gelbem Hund – konnten sich oft nicht mal einen Gartenschuppen leisten.

„Die Villa ist Baujahr 1908", erklärte sie nach einer reserviert ausgefallenen Begrüßung. „130 Quadratmeter auf zwei Ebenen plus Keller. Das Grundstück ist fast 1.400 Quadratmeter groß und gärtnerisch angelegt. Im hinteren Teil gibt es ein Gewächshaus und einen Tee-Pavillon." Sie beobachtete, wie die Kuses reagierten. Dass ihnen der Garten wichtig war, hatte sie schon am Telefon herausgehört.

„Sind das wirklich 1.400 Quadratmeter? Die Nachbarhäuser stehen ziemlich dicht." Harald Kuse starrte misstrauisch in das grüne Dickicht.

„Wir sind gern ungestört", erklärte Grete Kuse.

„Wenn Sie die Rhododendren und Tannen stehen lassen, ist der Garten vollkommen uneinsehbar, und das mitten in der Stadt", sagte Alice. „Von hier aus sind Sie in fünf Minuten am Bargteheider Bahnhof und mit der Regionalbahn in einer halben Stunde in Lübeck oder in Hamburg. Sie finden hier Einkaufsmöglichkeiten, Ärzte verschiedener Fachrichtungen und alles zu Fuß oder mit dem Rad zu erreichen." Keine Reaktion.

Im Haus empfing sie der typische Geruch nach Gammel und Verwesung, den alte Gebäude so schnell annehmen, wenn niemand mehr darin wohnt. Alice klapperte mit ihren hohen Absätzen über den Terrazzoboden, um die jetzigen Bewohner, Spinnen, Küchenschaben, Mäuse, Ratten und Marder, in die Löcher und Zwischendecken zu treiben. Bei einer früheren Besichtigung waren einer von Bennos Interessentinnen ein paar wohlgenährte Küchenschaben über den Fuß gelaufen. So war das Haus zu seinem Namen gekommen.

„Bis auf Diele, Bad und Küche finden Sie in allen Räumen Eichenparkett. Hier, in der so genannten Beletage, gibt es drei ineinander übergehende Räume. Die Decken sind über drei Meter fünfzig hoch. Echter Stuck, doppelte Schiebetüren ..." Alice ging von Raum zu Raum. Ihr Blick fiel auf die Wasserflecken an den Zimmerdecken, Einfachverglasung und uralte Heizkörper. Die Kuses folgten ihr schweigend. Nicht mal der wunderschöne Kachelofen entlockte ihnen einen Kommentar. „Wollen wir jetzt ins Obergeschoss gehen?", fragte Alice nach einer Weile fast verzweifelt.

„Meinetwegen", sagte Grete Kuse. „Oder ist es für dich schon gestorben, Harald?" Alices Magen zog sich zusammen. Sollte dieser Besichtigungstermin wieder zu nichts führen? Das Obergeschoss sah, wenn möglich, noch deprimierender aus und der Anblick des Badezimmers war eine körperliche Strafe.

„Bedenken Sie, wie günstig Sie das alles bekommen", argumentierte Alice, als sie die Tür zu der verkalkten Nasszelle öffnete. „Allein das Grundstück ist den Kaufpreis wert."

„Ich glaube nicht, dass es mir besonders gefällt", mäkelte Grete Kuse. „Wer will das heizen? Und was ist, wenn wir mal ein neues Dach brauchen?"

Das pittoreske Walmdach besaß zwei Erker und ein Türmchen und war nicht isoliert. Der Heizöltank fasste 6.000 Liter. Details, die Alice nicht erwähnenswert fand.

„Lassen Sie uns noch einen Blick in den Keller werfen", schlug Harald Kuse vor. Alice nickte ergeben. Sie hatte zwar ihre Taschenlampe im Büro vergessen, aber da unten gab es sowieso nichts, was bei Licht besser ausgesehen hätte. Wahrscheinlich wollten die Kuses nur den uralten Heizkessel begutachten, um sich dann von ihrem Traum, in einer Jugendstilvilla zu wohnen, zu verabschieden. Und von ihr als Maklerin.

„Früher, da hat man noch richtige Keller gebaut", sagte Harald Kuse beim Anblick der unterirdischen Räumlichkeiten. „Heutzutage sparen die Leute ja an der falschen Stelle."

„Schau, Harald. Richtig solide Türen!", bemerkte seine Frau. „Haben alle Kellerräume ein Fenster nach draußen?"

Die Kuses begutachteten interessiert den Heizkeller, Waschkeller, Vorratskeller, eine Werkstatt und ein Gelass unter der Treppe, das nur ein vergittertes Fensterchen in der Tür besaß. Er hatte eine Taschenlampe hervorgezogen und ließ den Lichtfinger durch die unterirdischen Räume gleiten. Beim Anblick des verrosteten Werkzeugs, das nach Größen sortiert über einer wuchtigen Werkbank hing, pfiff er anerkennend durch die Zähne. Alice sah nur einen Haufen Schrott. Na ja, die monströse Säge wäre vielleicht etwas für die ortskundliche Sammlung des Bargteheider Museums.

„Also, Grete", flüsterte Harald Kuse, nachdem Alice sich aus taktischen Gründen in den Gang zurückgezogen hatte. „Was sagst du nun?"

„Jetzt, wo wir alles gesehen haben, gefällt mir das Haus doch sehr gut", wisperte sie. „Und es liegt in unserem Limit."

„Schön. Dann lass uns endlich Nägel mit Köpfen machen."

Alice, die neugierig die Ohren gespitzt hatte, lächelte erleichtert. Der Kaufpreis betrug zwar nur 173.000 Euro, aber sie hatte endlich mal wieder ein Erfolgserlebnis vorzuweisen und außerdem winkte ihr eine hübsche Provision. Harald Kuse trat zu ihr und räusperte sich. „Wir sind schon interessiert. Aber das Haus hat doch eine Menge Schwachstellen." Jetzt versucht er noch, den Boden für die Verhandlungen zu bereiten, dachte Alice.

„Das Entscheidende ist die Lage", entgegnete sie lächelnd. „Sie kennen Bargteheide noch nicht. Es ist das Paradies." War sie schon so tief gesunken, dass sie Bennos Sprüche klaute?

Auf Alices Vorschlag hin fuhren sie zum Restaurant „Utspann", um sich auf ein Glas Wein zusammenzusetzen. Die Gaststätte lag direkt an der B 75, und Alice stellte sich seit ihrer Kindheit vor, wie früher die Pferdewagen auf dem alten Handelsweg von Hamburg nach Lübeck hier ausgespannt hatten. Hinter den Fenstern des Fachwerkhauses mit dem tief gezogenen Reetdach brannte Licht. Es strahlte etwas aus, das Alice in einem Exposee *charmant und urgemütlich* genannt hätte. Im Sommer konnte man unter alten Bäumen im Biergarten sitzen und drinnen brannten Kerzen auf polierten Holztischen.

Von Rotwein und Kutscherpfanne korrumpiert, gaben die Kuses schnell jegliches Taktieren auf. Sie wollten das Haus im Tremsbüttler Weg unbedingt haben und akzeptierten den vollen Kaufpreis. Das Paar hatte es sogar ausgesprochen eilig, den Kauf abzuwickeln. Das passt wunderbar, dachte Alice, denn dann konnte ihr trotz ihres geplanten Urlaubs keiner der Kollegen die Provision streitig machen.

Als sie sich von den Kuses verabschiedet hatte, fiel ihr ein, dass Benno seine Wette verloren hatte. Alice zog ihr Mobiltelefon aus der Tasche. Benno hatte seine eigene Nummer auf die Kurzwahl 1 gelegt, als er ihr Handy vor einiger Zeit mal in die Finger bekommen hatte. Ein albernes, kleines Manöver, aber da er ihr auch alle anderen Geschäftsnummern einprogrammiert hatte und Alice wenig Lust verspürte, sich mit solchen Dingen zu beschäftigen, hatte sie es so belassen. Sie drückte die Kurzwahl 1 und Benno war sofort in der Leitung. Sein Klingelton war nur ein leises, einmaliges „Pling“, das er überall heraushörte wie eine Fledermaus.

„Benno. Ich habe gerade das Schabenhaus verkauft“, sagte sie. „Es zu sehen und es zu lieben war eins bei meinen Interessenten. Sie kaufen es zum vollen Preis. Es kann ihnen gar nicht schnell genug gehen.“

*

Freitag war Markttag in Bargteheide. Alices Urlaubsbräune verblasste schon, während ihr Konto noch unter den Nachwehen ihrer Mallorca-Reise litt. Sie stand am Gemüsestand und schwankte zwischen Kohlrabi und Möhren zum Abendessen, als sie die Kuses am Fischstand stehen sah. Sie war nicht in Stimmung für Höflichkeiten und ihr erster Impuls war, sich hinter den Zweigen einer Trauerweide am Rande des Marktplatzes zu verbergen. Doch Harald Kuse hatte sie schon entdeckt. Er stieß seine Frau in die Seite. Eilig, als hätte ihre Beute noch den Hauch einer Chance, ihnen zu entkommen, kam das Paar auf sie zugestürzt. Nur ein Sprung in den Teich vor dem Stadthaus hätte sie jetzt noch retten können.

„Herr und Frau Kuse. Wie schön, Sie zu treffen! Wohnen Sie schon im äh ... in dem Haus im Tremsbüttler Weg?“

„Oh, schon lange! Es war nicht nett von Ihnen, dass Sie sich nach dem Verkauf so schnell aus dem Staub gemacht haben“, sagte Harald Kuse in vertraulichem Ton „Wir sind doch so gut miteinander ausgekommen.“

„Tut mir leid. Ich hatte meinen Urlaub schon gebucht. Aber es ist doch sicherlich alles zu ihrer Zufriedenheit abgewickelt worden?“

„Na ja. Dieser junge Mann, dieser Holtenau ... Das war nicht so, als wenn Sie uns bis zuletzt betreut hätten.“

Das hörte Alice allerdings gern. Wo doch sonst immer alle nur von Benno schwärmten.

„Der junge Mann wollte zur Übergabe gar nicht erst reinkommen“, beschwerte sich Grete Kuse. „Das stellt man sich doch anders vor, wenn man so viel Geld ausgibt.“

„Keine Blumen, keinen Sekt?“, fragte Alice. War klar, dass Benno ihre Kunden schlecht behandeln würde, während er seinen noch den Hintern abwischte.

„Nichts. Und das bei der happigen Maklergebühr“, klagte Grete Kuse. Alice sah sich verstohlen um. Sie wollte hier, mitten auf dem Markt, kein Aufsehen erregen.

„Dafür kann ich mich nur entschuldigen. Sie wissen ja, wie das ist. Wenn man sich nicht persönlich um alles kümmert ...“

„Wir machen Ihnen natürlich keinen Vorwurf!“, sagte Harald Kuse mit säuerlicher Miene. Und ob, dachte Alice. Ein schlechter Ruf, Gerede über unfreundlichen oder unprofessionellen Service, das brauchte sie gar nicht.

„Also, ich finde, Frau Lauter hätte schon darauf achten können. Immerhin hat Sie uns das Haus vermittelt, und nicht dieser Holtenau ...“, sagte Grete Kuse mit schmalen Augen.

„Ich sehe, da ist etwas schief gelaufen“, bekannte Alice mit einem Lächeln, dass ihre Gesichtsmuskulatur schmerzen ließ. „Vielleicht kann ich es wieder gut machen?“

„Hmm.“ Er zierte sich noch.

„Wir müssen dringend nach Hause. Der Fisch muss in den Eisschrank“, sagte Grete Kuse herausfordernd.

„Wenn es Ihnen recht ist, komme ich gleich noch auf einen Sprung bei Ihnen vorbei.“ Ein großer, nein, ein verschwenderisch üppiger Blumenstrauß war hier gefragt.

Der Strauß, mit dem Alice sich freizukaufen gedachte, verdiente das Adjektiv *gigantisch.* Außerdem hatte sie im Feinkostladen noch eine Flasche Champagner besorgt. Nicht bedacht hatte sie, dass sie heute mit dem Fahrrad unterwegs war. Den Blumenstrauß unter den Arm geklemmt, die Flasche in einer Tüte am Lenkrad baumelnd, fuhr Alice noch einmal zum Schabenhaus. Das letzte Mal, dachte sie. Als sie die Eisenbahnbrücke überquerte, raste unter ihr der Schnellzug in Richtung Lübeck durch und sie kam ins Schwanken. Beinahe wäre ihr Handy aus der Jackentasche auf die Fahrbahn gefallen. Sie verstaute das Telefon in einer kleinen Tasche mit Reißverschluss, die sich in Kniehöhe an ihrer Cargohose befand.

Der rostige Wagen der Kuses parkte im Vorgarten des Schabenhauses und die Fenster im Erdgeschoss waren mit scheußlichen Vorhängen versehen. Ansonsten wirkte das Haus unverändert. Seufzend stieg Alice die Steinstufen zur Eingangstür hinauf. Harald Kuse öffnete ihr, bevor sie klingeln konnte.

„Immer hereinspaziert. Blumen! Das wäre doch nicht nötig gewesen!“

Grete Kuse tauchte hinter ihm im Zwielicht der Diele auf. „Frau Lauter. Dass Sie uns wirklich in unserem neuen Heim besuchen. Wir sind ja so zufrieden mit diesem Haus. Und die schöne Umgebung. Neulich haben wir schon im Tremsbüttler Schloss Kaffee getrunken. Das war ganz bezaubernd.“

Wer hatte den Schalter in ihrem Kopf umgelegt? Vom Triezen zum Schleimen in fünf Minuten? „Das freut mich“, sagte Alice.

Harald Kuse nahm ihr die Jacke, den Blumenstrauß und die Flasche ab. Er schnalzte anerkennend mit der Zunge. „Sie stoßen doch mit uns auf unser schönes neues Zuhause an?“

Soweit Alice es sehen konnte, war es immer noch dasselbe, heruntergekommene Schabenhaus. Die Kuses hatten nicht einen Handschlag daran getan. „Nein danke. Ich habe gleich noch einen Termin.“

„Wir würden es Ihnen übel nehmen, wenn Sie nicht fünf Minuten Ihrer kostbaren Zeit für uns erübrigen. Kommen Sie mit ins Wohnzimmer. Meine Frau setzt wenigstens einen Kaffee für uns auf, nicht wahr?“ Sie wurde in ein abgedunkeltes Wohnzimmer geschoben. „Nehmen Sie Platz!“, befahl er. Die Kuses waren wohl nicht an gesellschaftlichen Umgang gewöhnt, dachte Alice. Sie hockte sich auf die vorderste Kante eines Sessels. Harald Kuse setzte sich ihr gegenüber auf den dazugehörigen Hocker.

„Ihre Möbel passen gut zu diesem Haus“, bemerkte sie. „Alles antik.“

„Wie nett, dass Sie das sagen.“ Er leckte sich über die Lippen. Alice sah weg, doch da war nichts, auf dem ihr Blick verweilen wollte. „Wie gefällt Ihnen Bargteheide?“

„Man lebt sich ein. Eigentlich sind wir hier, weil unser Sohn seit einiger Zeit hier wohnt. Nach meiner Pensionierung hat uns nichts mehr in Schlüchtern gehalten, wissen Sie. Da beschlossen wir, dass die Familie wieder näher zusammenrücken sollte."

Sie schwiegen. Alice fühlte sich an etwas erinnert, das sie nicht benennen konnte, und es war nichts Gutes. Es kribbelte in ihrem Rücken. Kein Wunder, dachte sie. Einmal Schabenhaus, immer Schabenhaus. Sie räusperte sich und sah auf ihre Armbanduhr.

„Warten Sie! Meine Frau kommt gleich mit dem Kaffee."

„Ich muss jetzt wirklich los."

Sein Gesicht verzog sich ärgerlich. „Grete!", rief er laut. „Unser Gast will schon wieder gehen."

Alice hörte Schritte hinter sich, stemmte sich aus dem Sessel hoch und wollte sich gerade umdrehen, als ein scharfer Schmerz in ihrem Kopf explodierte. Sie sah das Gesicht von Harald Kuse näher kommen, verzerrt wie durch ein Fischauge, dann wurde ihr Blickfeld enger ... und dann war alles schwarz.

*

Alice erwachte in eiskalter Dunkelheit. Unter sich fühlte sie rauen, feuchten Steinboden. Sie tastete hektisch um sich. War sie blind geworden? Angstvoll riss sie die Augen auf und starrte, bis sie schräg über sich einen schwachen Lichtschein erkennen konnte. Ein graues Rechteck, von Quer- und Längsstreifen durchzogen. Alice versuchte sich aufzusetzen, doch ein dumpfes Pochen im Hinterkopf ließ sie zurückzucken. Dann erinnerte sie sich, wo sie gewesen war, bevor der Schmerz sie in die Bewusstlosigkeit katapultiert hatte. Im Wohnzimmer der Kuses ... im Schabenhaus. Und nun befand sie sich im Keller desselben, und zwar in dem kleinen Raum, der nur ein vergittertes Fenster in der Tür besaß. Bei dieser Erkenntnis wurde ihr noch kälter.

Was war passiert? War sie gestürzt? Oder hatte man sie niedergeschlagen, in den Keller geschleift und in diesem Raum auf dem Boden liegen lassen? Hatten die Kuses, denen sie das Haus verkauft hatte, das getan? Damit würden sie niemals durchkommen! Alle im Büro wussten, an wen sie das Schabenhaus verkauft hatte. Die wussten doch auch, dass sie den Kuses noch einen Blumenstrauß vorbeibringen wollte, oder? Nein, es war eine spontane Idee gewesen. Sie hatte ihr schlechtes Gewissen beruhigen wollen, weil sie in den Urlaub gefahren war, bevor sie den Verkauf abgeschlossen hatte. Aber der Frau am Blumenstand hatte sie es erzählt? Oder nicht? Verdammt! Irgendjemand musste sie zusammen mit den Kuses gesehen haben. Bargteheide war ein Dorf, was den Klatsch betraf. Aber heute ... Sie jedenfalls hatte niemand Bekanntes zu Gesicht bekommen. Alice raffte sich trotz des pochenden Schmerzes im Kopf langsam auf und schleppte sich zur Tür. Sie tastete nach der Klinke, rüttelte daran, warf sich gegen die Tür. Nichts.

Das musste ein Alptraum sein! Man sah solche Szenen in Horrorfilmen im Spätprogramm, oder man las davon in der Zeitung. In der Zeitung? Da war was gewesen ... Aber in der Realität? Im 21. Jahrhundert sperrte niemand Leute ungestraft in seinem Keller ein. Und ihr, Alice Lauter, passierte so etwas schon gar nicht. Apropos heutige Zeit. Wo war ihr Telefon? Die Jacke hatte Harald Kuse ihr abgenommen, aber ihr Handy steckte ja in der kleinen Tasche ihrer Cargohose. Sie tastete danach. Da, auf Höhe ihres Knies! Sie fühlte es!

Mit bebenden Fingern zog Alice ihr Telefon hervor und hielt es in den schwachen Lichtschein, der durch das Fenster zum Gang fiel. Das Display leuchtete auf. Gott sei Dank, der Akku war noch voll. Ihr Finger schwebte über der Tastatur. Die Polizei: Sie musste nur die Einsatzleitstelle über die 110 anrufen. Ein Geräusch ließ sie erstarren. Jemand kam die Kellertreppe herunter. Nicht einer, sondern mehrere. Sie hatte nur noch Bruchteile von Sekunden für einen Anruf. Ihre Gedanken rasten. 110 wählen und dann so etwas rufen wie „Hilfe, man hält mich gefangen in einem Keller im Tremsbüttler Weg Nummer ...“? Die Schritte kamen näher. Ein Riegel wurde zurückgeschoben. Alice wich zurück. Die Tür schwang auf und ein Umriss zeichnete sich vor dem helleren Hintergrund ab. Schnell, sie musste schnell sein! Sie drückte die Kurzwahl eins. Benno ging immer sofort an den Apparat. „Hilfe, ich bin im Schabenhaus!“, schrie sie, als er abhob und noch bevor Harald Kuse ihr das Telefon aus der Hand reißen konnte. Die wesentliche Information musste bei Benno angekommen sein. Er würde die Polizei verständigen oder selbst herkommen. Er würde sie retten! Aber etwas stimmte nicht. Da war ein seltsames Geräusch gewesen im Kellergang. Ein einmaliges, leises „Pling“. Genau wie Bennos Klingelton. Wie war das möglich?

Benno Holtenau ließ mit einer ihr vertrauten Geste sein Handy zuschnappen, als er hinter den Kuses im Kellerraum auftauchte. „Also Alice, dieser Anruf wäre jetzt wirklich nicht nötig gewesen“, sagte er tadelnd.

„Was machst du hier?“

„Als du im Urlaub warst, bin ich wieder bei meinen Eltern eingezogen. Das müsstest du eigentlich wissen, aber du interessierst dich ja nicht für meine Angelegenheiten.“

„Die Kuses sind ... deine Eltern?“

„Mal abgesehen davon, dass wir natürlich unseren Nachnamen ändern mussten, seit sie in unserem Haus in Schlüchtern den Garten umgegraben haben, ist das korrekt.“

„Ich versteh das nicht!“

„Wir brauchten ein neues Haus: mit Keller und großem Grundstück. Für unsere ... Hobbys. Du hattest recht: Das Schabenhaus ist perfekt. Vor allem die komplett ausgestattete Werkstatt.“

Alices Blick fiel auf die handliche kleine Axt in seiner Hand. Dann sah sie den seltsamen Ausdruck in seinem Gesicht. Panische Angst schnürte ihr den Hals zu. „Lass mich sofort gehen!“, flüsterte sie.

„Aber warum denn Alice?“ Er lächelte böse. „Du bist jetzt im Paradies.“

Heinrich Stefan Noelke

Trutz nu, Blanke Hans

Der Lorenbahnhof der Uthländer liegt nur ein paar Gehminuten vom Touristenbüro am Fährhafen entfernt, aber dort kennt man den Weg nicht. So ist es ein rauer Ort geblieben mit krummen Gleisen und Haufen von Lahnung für die Deiche. Der Mann, der hier wartete, war groß und hager, Anfang fünfzig und hatte dunkles, kräftiges Haar. Die tief liegenden Augen ließen an Südeuropa denken, seine Haut schien jedoch auffallend hell. Ohne jegliche Körperbehaarung. Josef Mehrich, Privatermittler aus Flensburg. Seit Langem schon hatte er seinen Dienst als Kriminalbeamter quittiert, weil er sich nicht an den Gedanken gewöhnen wollte, einen Menschen getötet zu haben.

Punkt achtzehn Uhr kam von der See her eine Lore über den Deich gefahren. Ein dieselbetriebenes Schienenfahrzeug mit dem Aussehen einer Seemannskiste. Das Vehikel war aus Aluminium gefertigt. Eine junge Frau saß darauf. Sie kam von der Hallig Neeß herüber, um den Mann vom Festland zu holen.

Sie stellte sich als Margarete vor, ohne ihren Nachnamen zu nennen. Mehrich wusste, dass sie van Ast hieß. Am Telefon hatte sie jünger gewirkt, gerade zwanzig vielleicht. Ihr Gesicht war rund und voll, die schwarzen Augen standen ganz leicht schräg und glänzten vor Neugier und Argwohn. Sie trug froschgrünes Ölzeug, Gummistiefel und eine Wollmütze bis über die Ohren. Sie betrachtete den Privatermittler, lächelte schließlich und schüttelte ihm die Hand. Sie erschien ihm etwas seltsam.

Mehrich würde bei ihr wohnen, deshalb holte sie ihn ab. Ein Privileg, wie er feststellte. Anders kommt man nur zu Fuß nach Neeß – bei Ebbe über das Watt. Oder mit der MS Rungholt bei Flut.

Ende Mai war Mehrich in der Landschaft ein kräftiges Grün

gewohnt, wucherndes Leben. Hier am Wattenmeer jedoch blieben die Farben blass, wie mit Kalk besprüht. Trotzig. Die Bremsen der Lore machten einen fadenscheinigen Eindruck. Die Koffer muss man gut festhalten, wenn man fährt, es gibt keinen Halt für sie. Mehrich setzte sich neben Margarete an die Seite und sah zu den Schafen zurück, die bei seinem Jaguar blieben. Er besaß ein zehn Jahre altes Modell in Silber, das er sich nun kaum noch leisten konnte. Er war froh, überhaupt Arbeit zu haben.

„Der Blanke Hans", rief Margarete in den Wind, als sie den Deich überschritten. „Wir duzen uns." Sie lachte laut und wies auf die Nordsee hinaus, die sich friedvoll zurückgezogen hatte. Man sah das Watt, das schlammige Bett der See. Dies war einst ein weites Marschenland, bis das Meer es sich nahm, das in der Warmzeit immer höher stieg.

Letzte Woche hatte man Margaretes Mutter Christine dort unten tot im Schlamm gefunden.

„Bei der großen Flut, da war ich drei Jahre alt." Sie sei das Mädchen, das man in den Zeitungen sehen konnte, wie es mit dem Dreirad durch das Wasser in der Küche fuhr. „1981 war das", plauderte sie munter weiter. Man musste ihr die Geschichte so oft erzählt haben, dass sie sich zu erinnern glaubte. „Wir stammen aus Flensburg, genau wie du. Ein paar Jahre vorher erst waren wir hierhin gezogen. Morgens um zehn plötzlich das Gerenne auf der Warft. ‚Wo will denn das viele Wasser hin?', hat meine Mutter gesagt. Hochwasser war erst später. Mein Vater war der einzige Mensch, der dabei ums Leben kam."

„Wo genau hat man Ihre Mutter gefunden?", wollte Mehrich wissen, schließlich war er zum Arbeiten hier. Margarete hatte ihn engagiert, um ein Dokument zu finden, das im Nachlass fehlte.

„Dort", sagte die junge Frau mit einer sehr tiefen Stimme, in der das Staunen eines kleinen Mädchens klang. Sie wies weit voraus. Die Gleise lagen voller Seegras, sodass Mehrich und Margarete zweimal absteigen mussten, um es beiseite zu räumen. Die Schienen waren an vielen Stellen auf Stelzen verlegt, das schwarze Watt lag gut drei Meter tiefer.

„Ist das dort die Insel?", wollte Mehrich wissen. Sie schien über der Kimm zu schweben. Ein schmaler Streifen Licht trennte sie von der Erdkugel.

„Hallig", sagte Margarete. „Eine Warft. Keine Insel."

Von hinten kam eine weitere Lore und holte schnell auf, da die Schienen freigeräumt waren. Sie musste sich dann jedoch zügeln, weil die Strecke eingleisig ist. Ein großer vierschrötiger Mann saß darauf, auch er in Ölzeug gekleidet. Unter der Mütze quoll ihm das weiße Haar hervor und fiel bis auf die Schultern. Er fuhr ein anderes Modell als Margarete. Seines glich einem Krankenhausbett mit Motor.

„Das ist Josef!", schrie die Uthländerin ihm fröhlich über den Wind entgegen und stellte Mehrich vor. Der Mann hob eine Hand und nickte.

„Bist du nur wegen mir gekommen?", wollte Margarete wissen.

Mehrich bejahte das. Ihm kam der Gedanke, dass es ein merkwürdiger Beruf war, für andere Leute zu ermitteln. Seine Mandantin lächelte glücklich und rückte etwas näher an ihn heran. Eine dritte Lore kam von der Hallig her. Auf halber Strecke gibt es eine Weiche. Die beiden seewärts fahrenden Maschinen bogen auf ein kurzes paralleles Gleis ab und ließen das entgegenkommende Fahrzeug passieren. Die Uthländer grüßten sich, dann ging es weiter.

„Hier war es. Hier hat man sie gefunden", sagte Margarete und zeigte auf eine Stelle, an der jemand einen Blumenkasten seitlich an den Gleisen befestigt hatte.

„Ich habe Klatschmohn und Kornblumen gepflanzt, wie bei uns zuhause. Leon ...", sie wies mit dem Kopf zurück auf die Lore hinter ihnen, „... er hat mir geholfen. Er ist mein Onkel und kommt jetzt von der Arbeit. Küstenschutz. Auf der Warft ist er Wirt. Dort isst du heute zu Abend."

Mehrich nickte. Beide starrten auf den Schlick tief unten. Der Damm war stabil gebaut, die Lore hielt sich sicher in den Schienen. Man konnte es sich kaum vorstellen, dass in ein paar Stunden das Wasser bis hierhin reichen würde. Margarete sah sich um. Ihr Onkel fuhr dicht hinter ihnen, deshalb traute sie sich nicht, anzuhalten.

„Sie glauben nicht an einen Unfall?"

Margarete schüttelte den Kopf. „Der Brief wird es beweisen, wenn wir ihn finden. Meine Mutter nennt dort den Mörder meines Vaters. Das hat sie immer wieder gesagt, bevor sie starb."

Bald war Vieh zu sehen, das auf den eingezäunten Fennen graste. Kühe und Schafe. „Pensionsvieh", sagte die Uthländerin. „Man bringt es Anfang Mai mit der MS Annemarie hierher und holt es im Oktober aufs Festland. Bei ‚Land Unter' treiben wir erst das Vieh auf die Warft, danach kommen die Loren. Das wird dann richtig eng bei uns."

Seegras wehte in den Stacheldrahtzäunen der Hallig, vor allem in der obersten Reihe. Gut einen Meter über dem Boden hing ein Vogel festgenagelt, die Flügel blank zum Himmel gestreckt. Margarete nannte seine Gattung.

Wie eine Burg ragte die Warft vor ihnen auf. Betonierte Wege quollen daraus hervor, beim Ersten hielt Margarete an. Mehrich half ihr, die Lore mit einem langen Eisenhebel aus den Schienen zu heben. Der Fahrer hinter ihnen kümmerte sich um sein eigenes Fahrzeug. Der Mann lächelte breit, als Mehrich ihn per Handschlag begrüßte.

„Margarete, sagen Sie, besitzt jeder hier seine eigene Lore? Oder werden die gemeinsam genutzt?"

„Ach Gott", sagte sie, „dann wären sie ja nur kaputt." Sie lachte auf dem Weg zur Warft hoch und schüttelte den Kopf. Die wasserfesten Reisetaschen, die Mehrich nutzte, gefielen ihr und sie half tragen.

Das Dorf hat man um den Fething gebaut, die Viehtränke, die heute als Löschwasserteich genutzt wird. Rund dreißig Menschen leben auf Neeß in siebzehn Häusern. Es gibt eine Kirche, ein Gemeindehaus mit Schule, zwei Kneipen, einen Leuchtturm, einen Supermarkt und die Post mit Fernsprecher. Margarete zeigte ihm das Haus, das sie erben würde. Klatschmohn und Kornblumen wuchsen meterhoch und wurden von einem Zaun mühsam gehalten.

„Ich wohne jetzt alleine hier", sagte sie und zog ihr Ölzeug aus. Ihr Gast bestaunte sein Zimmer.

Das Abendessen im Gasthaus stand schon dampfend auf dem Tisch, als er eintrat. Scholle mit Bratkartoffeln, die ganze Stube roch danach. Die Wirtin hieß ihn, sich zu setzen, und brachte ein Alster. Das Radio spielte Musik von den Beatles, dann Schlager. Die Tische waren viel zu hoch für die Stühle.

Der Wirt trat ein und sagte etwas zu seiner Frau.

„Bitte?", blaffte sie ihn an. Sie stand am Spültisch. Mächtige Arme ragten aus einem ärmellosen Kittel hervor. Sie stotterte. Sylter Krabbensuppe könne man ja mal machen. Der Wirt gab ihr einen Kuss auf die Wange und lachte. Seine Frau erschreckte das.

„In Westfalen", sagte sie, „dauern die Ferien dieses Jahr bis November."

„September", entgegnete ihr Mann.

„Ach ja, bis September."

Leon setzte sich zu Mehrich und lachte ihn an. Es saßen noch zwei ältere Uthländer an Tischen hinten im Raum.

„Aus Flensburg?", fragte Leon. „Und Ermittler sind Sie?"

Für niemanden schien das neu zu sein. Man lächelte Mehrich freundlich an.

„Die Margarete ist ja etwas zurückgeblieben, wissen Sie."

Mehrich nickte.

„Jetzt sagen Sie mir, wie beginnt man so eine Untersuchung?

Das interessiert mich. Reden Sie zuerst mit den Leuten? Wie ermittelt man?"

Mehrich nickte. „Ich suche ein Dokument für sie. Mehr nicht."

„Ich nehme Sie gerne mit auf eine Bootsfahrt ins Wattenmeer, wenn es Sie interessiert. Morgen um elf, dann kommt ja die Flut. Ist Ihnen das recht? Haben Sie die Zeit dazu?"

Mehrich nickte erneut. „Sie sind ihr Onkel?"

„Wir kümmern uns um sie. Nicht wahr, Nele?" Der Wirt winkte seiner Frau zu, die hinter dem Tresen blieb. „Onkel ist nicht richtig. Ihr Vater kam bei der Novemberflut ums Leben, ich habe ihn nicht kennen gelernt. Wir haben den Gasthof ja erst vor zehn Jahren erworben, waren bei der Flut nicht dabei. Stammen beide aus Osnabrück. Margarete dagegen wurde in Flensburg geboren. Ihr Vater hat das Haus gekauft. Dankers hieß der Mann. Jetzt hat die See auch ihre Mutter geholt."

„Die Sturmflut 1981. Morgens um zehn kam das Wasser", sagte Mehrich. „Sie ist jetzt Vollwaise, wenn man das in ihrem Alter sagen darf."

„Es kam am Abend", sagte der Wirt und blickte in die Runde, die ihm zunickte. „Das Wasser."

„Sehen Sie", sagte Mehrich, „so fängt man mit dem Ermitteln an."

Man sah ihm nach, als er die Kneipe verließ. Die anderen Gäste traten nur ein paar Minuten später in die raue Luft. Mit der Flut hatte sich ein scharfer Wind erhoben. Nele schloss hinter ihnen die Tür zu. Es war vor zwanzig Uhr, die Tagesschau hatte noch nicht begonnen. Die Wege zwischen den Häusern waren menschenleer, schon bevor die Sonne unterging. Mehrich stellte sich an den nördlichen Rand der Warft und begriff, dass hier Ebbe und Flut den Rhythmus bestimmen, nicht das Licht oder Nachrichten vom Festland. Zwei Schuten schwammen auf, sie begannen, sich aus dem Schlick zu lösen. Ein Ast steckte im Wasser. Ein schwerer Greifvogel saß darauf und störte sich nicht daran, dass ihm die Flut bis zu den Krallen stieg.

Das Rumpeln der Loren weckte ihn früh am nächsten Morgen. Er hatte unruhig geschlafen, die Stille bedrückte ihn. Unten auf dem Rasen stand Margarete und wartete. Mehrich winkte. Es war noch nicht sieben Uhr durch. Er bereitete sich ein Frühstück, der Kühlschrank quoll über von Lebensmitteln, die er vor seiner Ankunft telefonisch bestellt hatte. Mehrich bewohnte ein Zimmer im ersten Stock. Er trat schließlich vor das Haus und bat Margarete, das Grab der Mutter sehen zu dürfen.

Die Kirche ist von West nach Ost gebaut, wie es üblich ist. Aus diesen Richtungen jedoch muss man das schlimmste Wetter erwarten, deshalb gibt es nur einen einzigen Eingang seitlich nach Süden hin. In den Rasen hatte man Grabsteine eingelassen, wie es drüben in England üblich ist. Weit mehr jedoch standen aufrecht gegen die Kirche gelehnt.

Es wunderte ihn, dass die Uthländerin so fröhlich wirkte, obwohl man gerade ihre Mutter begraben hatte. Sie schien gut zurechtzukommen. „Hier liegt sie begraben", sagte Margarete und wies auf den Rasen. Das Grab war frisch, den Stein hatte noch der Steinmetz in Arbeit. „Mein Vater ist nicht ertrunken", sagte sie. „Man hat ihn erschlagen. Auch meine Mutter ist nicht von alleine ins Watt gegangen. Sie hat zu reden begonnen. In dem Brief, den ich suche, hat sie den Mörder genannt. Niemand weiß, wo sie ihn versteckt hat."

Margarete wies auf die Grabsteine an der Kirche und erklärte, dass bei der Novemberflut die Särge in den Gräbern aufgeschwemmt seien. Nur die Steine sind zurückgeblieben.

„Allein mein Vater blieb im Zaun hängen. Man fand ihn dort am nächsten Morgen."

„Warum hat ihre Mutter geredet? Was hat sich geändert?"

„Sie wurde krank im Kopf", sagte Margarete. „Sie stand abends auf und dachte, es sei morgens. Sie wollte bei Flut über den Damm fahren. Man hat sie nicht mehr verstehen können. Das Sozialamt kam und sagte, man werde uns nach Niebüll holen, um dort in einem Heim zu wohnen."

Sie schüttelte sich und wies nach Osten auf das nordfriesische Watt. Mächtige Wolken zogen über die beiden hinweg und noch mehr kamen von Südwesten herangezogen. Auf dem Festland regnete es in grauen Schleiern. „Dort liegt die Welt, die von uns beschützt wird", sagte Margarete. „Da will ich niemals hin. Die Menschen dort machen mir Angst."

Der Wirt wartete am Hafen auf Mehrich. Die Flut war fast so weit aufgelaufen, dass die kleinen Schiffe frei schwammen. Leon besaß eine Sloep holländischer Bauart, ein offenes Boot mit eingebautem Dieselmotor. Es sei das erste Mal in diesem Jahr, dass er den Motor laufen lasse, sagte Leon. Er rauchte eine Zigarette. Starker, französischer Tabak. Eine recht angenehme Erinnerung an eine vergangene Großzügigkeit stieg in Mehrich auf. Der Wirt blies Kringel in die Luft, bis sein Gast lachte.

„Josef Mehrich aus Flensburg", sagte Leon. „Ich kenne den Namen aus der Zeitung. Sie waren Polizist und haben ein Mädchen erschossen. Dann mussten Sie ihren Dienst quittieren?"

„Das Mädchen hat eine Kollegin von mir mit dem Messer attackiert und um ein Haar getötet. Wir mussten ein Haus durchsuchen. Die Beamtin wollte nicht auf Verstärkung warten. Sie war leichtsinnig, deshalb musste ich das Mädchen erschießen. Man hat mich rehabilitiert. Es war mein eigener Wunsch, zu gehen. Ich will so etwas nicht ein zweites Mal erleben. Jetzt bin ich Privatermittler und arbeite nur noch allein. Keine Fehler mehr."

Leon startete den Motor und löste die Festmacher. Er wendete das Boot geschickt und lenkte es die Pricken entlang in das Fahrwasser. Vom Festland her kam die Rungholt und brachte Tagesgäste. Noch stand das Wasser im Hafen nicht tief genug für so ein großes Schiff.

Mehrich fragte nach Margarete und ihrer Mutter.

„Christine?“, sagte der Wirt und öffnete zwei Flaschen Bier. „Christine ist ins Watt gelaufen. Ein Unfall. Arme Margarete. Hat sie Ihnen von ihrem Vater erzählt?“

Mehrich nickte. „Sie sagt, er wurde erschlagen und ihre Mutter habe den Mörder in einem Brief genannt.“

Der Wirt steckte sich eine weitere Zigarette an und schützte die Glut in der hohlen Hand. Mittel- und Zeigefinger waren gelb vom Tabak. Mehrich fragte, ob er die Hallig gekannt habe, bevor er das Gasthaus kaufte. Ob er früher schon als Gast hierher gekommen sei. Als junger Mann. Im November 1981 vielleicht?

Der Wirt lachte. „Sie glauben, dass ich ihren Vater erschlagen habe?“ Er erzählte Mehrich von der See im Herbst, die manchmal grün leuchtet wie eine Wiese. Und von seiner Frau, die unter Angstzuständen litt.

„Nele hat noch nie ein anderes Haus auf der Warft betreten als unseren Gasthof, so sehr fürchtet sie sich. Sie leidet an einer ganz unbestimmten Angst. Ich kenne den Grund nicht, aber hier hält sie es aus. Nur hier ist sie ruhig. Sie kann keinen Tag ohne mich sein.“

Er steuerte eine Sandbank an, die nur knapp über Wasser lag und im Gegenlicht silbern schimmerte. Leon ließ Mehrich aussteigen. Der Wirt gab ihm ein Seil, an dem das Boot hing.

„Sie sind hier sicher“, lachte Leon und schubste ihn zum Spaß. „Die Flut steigt jetzt nur noch langsam, sie kippt bald. Vor einer Stunde noch kam das Wasser schneller, als sie laufen können. Das Wasser scheint aus dem Boden zu fließen. Plötzlich ist da ein Priel, den es vorher nicht gab. Er liegt nun genau in ihrem Weg und wird immer breiter, immer tiefer.“

Sie gingen in die Mitte der Sandbank, das graue Salzwasser leckte ihnen nach. Der Wind nahm stetig zu. Weitere solcher Bänke glänzten wie Reptilien in der Ferne, dazwischen floss das Wasser in kräftigen Strömen. Nach Westen ging das Watt hinter einer Linie weißer Brecher in die offene See über. Die salzhaltige Gischt blieb im Gesicht und in den Haaren kleben. Leon wies auf das Boot.

„Daran hängt unser Leben. Sehen Sie: Um uns herum tobt die Welt, aber hier sind wir ja sicher. Solange wir auf uns Acht geben, natürlich. Christine hatte sich verirrt."

„Wie auch immer ihr Vater ums Leben kam ... vermutlich ist es lange verjährt, solange es kein vorsätzlicher Mord war. Es macht wenig Sinn, Christine zu töten."

Leon lachte und stellte Mehrich ein Bein, so dass dieser in den feuchten Sand fiel. Der Wirt drohte mit dem Finger. „Festhalten, das Seil. Sonst sind wir ja verloren! Immer festhalten."

Er stieß Mehrich zu Boden, ins Wasser, als der sich aufrichtete. Der Ermittler kam schließlich auf die Füße und nahm eine Kampfstellung ein. Dies schien ein Spiel zu werden. Eine Rauferei unter Kerlen. Auf das Seil kam es an. Mehrich hielt es krampfhaft fest.

„Was hat Margarete erzählt? Was will sie von Ihnen?"

„Ich soll den Brief suchen, was sonst?"

„Den Brief!", rief der Wirt und richtete sich auf. „Da kümmern wir uns drum. Das geht Sie nichts an. Die Christine, die hatte Angst davor, dass sie was verraten könne. Deshalb ging sie ins Watt. Eine großartige Frau, bis sie krank wurde. Kommen Sie, Josef, das Wasser. Nun müssen wir wirklich weg."

Mehrich war nass geworden. Er war froh, als sie den Hafen erreichten. Die Rungholt hatte festgemacht und die Touristen liefen auf der Hallig umher. Die Wirtin hatte ein Barbecue vorbereitet. Zwei Uthländerinnen wanderten mit ihren Kinderwagen die Wege auf und ab und ließen sich bestaunen. Das Postamt wurde von einer dicken Frau geführt, die ein quer gestreiftes Fischerhemd von den Ausmaßen eines Zeltes trug. Ein Hund kam gelaufen, als sie sich mit den Müttern unterhielt, und schnüffelte an ihrem Bauchnabel, ohne dass die Frau es bemerkte.

Die Tür zum Postamt war aufgebrochen und notdürftig repariert worden. Als sie dort vorbeigingen, sah Mehrich, dass jemand alle Schließfächer aufgehebelt hatte.

Die beiden Männer nickten sich zu, der Ermittler lief, um sich umzukleiden. Er wollte wissen, wo Margarete nach dem Schreiben gesucht hatte.

Am Hafen, sagte die junge Frau, da habe sie schon alles abgesucht. In den beiden Kneipen, in der Kirche, im Gemeindehaus, der Post. Überall.

Sie trug eine beige Hose, die unten an den Fesseln eng geschnitten war. So wie früher die Skihosen. Ihr Pullover war knallgrün und die Weste rot. In ihren weißen Turnschuhen lief sie gestelzt wie ein Mädchen. Sie schlang die Arme um den Körper, um sich zu wärmen. Mehrich spürte den Drang, sie zu beschützen.

„Josef", sagte sie, „du hast noch gar nicht gesucht."

Er ging mit ihr die Papiere durch, die die Mutter hinterlassen hatte, half ihr, alles grob zu ordnen. Einen Brief fanden sie nicht. Christine habe ihn nur mündlich erwähnt, erklärte Margarete.

Sie ging mit ihm zum Barbecue. Leon lachte hinter seinem Grill, als er sie sah. Sie wählte einen Platz möglichst weit vom Wirt entfernt und zeigte eine Angst vor ihm, die neu und wenig glaubhaft war. Auch Nele schien ihrem Mann auszuweichen. Es saßen nur die Tagesgäste auf der Terrasse, keine Uthländer. Die beiden Frauen mit den Kinderwagen liefen auf und ab, als ob es ihre Aufgabe sei, sich zu zeigen. Bald stieß die Rungholt ihren Ruf aus, und die Gäste erhoben sich, um an Land zurückzufahren. Das Wasser floss wieder ab. Bis Ebbe blieben die Uthländer nun von der Welt getrennt. Jetzt kamen die Leute aus ihren Häusern und setzten sich zu Leon auf die Terrasse. Sie grüßten freundlich, tranken Bier, aßen Würste und Nackensteaks. Margarete sprach mit diesem oder jenem, nur kurze Sätze. Ein paar Worte. Man nahm Anteil, munterte sie auf. Mehrich wurde neugierig gemustert. Jeder schien zu wissen, was er hier tat, nur er selber nicht.

Um achtzehn Uhr läuteten die Glocken der Kirche und der Ermittler erkundigte sich nach dem Grund. Es sei Samstag, sagte Margarete. Morgen sei Messe wie alle vierzehn Tage, das müsse man einläuten. Sonst vergessen es die Leute. Die Loren begannen zu fahren und jemand holte den Pfarrer auf die Hallig. Er setzte sich zu den Uthländern, trank ein Bier mit ihnen und ging dann in Richtung Kirche, um sich vorzubereiten. Ein hagerer und dunkler Mann mit kurzem, grauem Haar.

Mehrich entschuldigte sich bei Margarete und lief dem Pfarrer nach. In der Kirche umarmten sie sich herzlich.

„Es ist schön, dich zu sehen, Josef", sagte der Geistliche. „Kannst du uns helfen? Es ist genug geschehen."

„Ich habe noch keinen Brief gefunden. Ich bin erst gestern angekommen."

„Du musst Nele fragen. Sie war Christines beste Freundin."

Mehrich nickte. Die Frau des Wirtes war ihm gar nicht eingefallen.

„Wie geht es deinem Vater?"

Mehrich nickte wieder. Der Pfarrer und er waren gute Freunde, seit sie in Flensburg zur Schule gegangen waren.

„Ich habe gleich an dich gedacht, als Christine ums Leben kam. Ich selbst habe ihr vor langer Zeit geraten, den Brief zu schreiben, als ihr Gewissen sie plagte. Ich hatte ihr eine schriftliche Beichte empfohlen, die sie gut verstecken sollte. Es ist schrecklich, dass ihr das nun den Tod gebracht haben könnte. Ich habe Margarete geraten, dich als Ermittler für die Suche einzustellen."

„Ich danke dir, aber nun sag mir ... worum geht es?"

„Wenn sie getötet wurde", sagte der Pfarrer, „dann kann der Täter nur von hier kommen, von Neeß. Ebbe und Flut lassen keine andere Lösung zu. Es muss jemand von hier sein und das zerstört unsere Ordnung."

Die beiden sprachen noch eine Weile miteinander. Mehrich erzählte von dem Mädchen, das er hatte töten müssen und wie schwierig es war, als Ermittler sein Geld zu verdienen. Schließlich gaben sie sich die Hand und Mehrich eilte zum Gasthof. Dort war bereits geschlossen. Er hörte Leon mit seiner Frau streiten, aber niemand öffnete auf sein Klopfen.

Eine Lore war zu hören, etwa auf halbem Weg zum Festland. Die Flut kam erneut, aber es mochte noch etwas dauern. Mehrich holte sich die Stiefel und eine Jacke und stieg ins Watt hinunter. Es gibt eine Leiter wie in einem Schwimmbad. Bis zu den Schuten war es eine Viertelstunde zu laufen. Sie schienen ihm ein gutes Versteck für einen Brief zu sein.

An der Steuerbordseite der Kähne gab es jeweils ein Fallreep, das bis ins Watt hinunterreichte, damit man an Bord steigen konnte. Eine Schute besitzt keinen Antrieb. Man kann sie mit einem Anhänger vergleichen. Die beiden Lastkähne waren bis über das schmale Gangbord hoch gefüllt mit Ästen und Zweigen, um Deiche auszubessern. Mehrich ging rund herum und suchte nach etwas Auffälligem, das ein Versteck verraten könnte, aber auch auf der anderen Schute fand er nichts. Er sah aufs Watt hinaus und hörte das Wasser kommen. Ein schwerer Anker steckte im Schlick. Mehrich erkannte, dass dies der Greifvogel war, den er am Tag zuvor hatte untergehen sehen. Von Nahem sah hier Vieles anders aus.

Er musste sich sputen und einen Umweg laufen, da sich mit auflaufendem Wasser Priele gebildet hatten, die ihm jetzt den Weg versperrten. Im Hintergrund rauschte die See in ihrem steten Rhythmus. Der Boden schien sich aufzuweichen und seine Stiefel blieben stecken. Er erschrak und bemerkte nun die Gefahr, in der er sich befand. Die Stiefel zog er aus und ließ sie zurück, so war es einfacher. Die bloßen Füße sanken bis über die Knöchel ein, er trat auf Muscheln und anderes Getier. Wenn er sich umsah, konnte er im schwindenden Licht die weißen Schaumkronen sehen, die bald bis an die Hallig reichen würden.

Auf der Warft begann der Leuchtturm seine Arbeit. Ein Festfeuer, das bis dreizehn Seemeilen Richtung Norden auf die See hinausstrahlt, um Schiffen das Fahrwasser zu zeigen. Mehrich sah es mal grün, dann weiß. Er lief genau auf der Grenze der Farbsektoren. Am Ufer sah er eine Gestalt, die ihm winkte, so entschloss er sich, mitten durch einen breiten Priel zu laufen. Das Wasser reichte ihm bald bis zur Hüfte, aber dies schien der richtige Weg zu sein. Ein kühler Hauch strich über das Watt und brachte leichten Nebel hervor.

Schließlich erreichte er völlig durchnässt und barfuss den Rand der Warft und kletterte die Leiter hoch. Jemand reichte ihm eine Hand, es war die einer kräftigen Frau.

„Das hätte Sie das Leben kosten können. Sie dürfen nicht so spät ins Watt gehen."

Dort stand Nele und wartete. Sie setzte sich auf eine Bank und winkte ihn zu sich. Mehrich fror entsetzlich. Die Frau trug noch die Schürze, aber sie hatte eine Jacke darüber gezogen.

„Sie haben mit dem Pfarrer gesprochen", sagte sie. „Was meint er?"

„Dass ich mit Ihnen reden soll. Er weiß Bescheid, aber er darf nicht reden."

Nele nickte zögernd. „Ja, er muss wissen, was geschehen ist. Christine hat es ihm gebeichtet. Ich selbst war dabei, als mein Mann diesen Dankers erschlug. Wir reden nicht darüber."

Mehrich konnte sich schwer konzentrieren. Die Zähne schlugen ihm aufeinander. Er achtete nicht darauf.

„Erzählen Sie mir von Dankers. Was wollte er hier?"

Sie sprach leise und sah ihn nicht an. „Er war aggressiv. Keine Kontrolle, wie sehr er sich auch bemühte. Es heißt, er habe das Haus gekauft, damit Christine und das Kind sicher seien vor ihm selbst. Man achtet hier aufeinander und weiß, was vor sich geht. Man beschützt sich. Dankers kam nur selten. Er war in Flensburg verheiratet, nicht mit Christine. Es heißt, er habe sie verprügelt, als sie schwanger war. Deshalb ist Margarete so zurückgeblieben. Dankers hat beide im Testament bedacht. Sie sind versorgt."

„Und an dem Abend? Was passierte während der Flut?"

„Man bat uns, ihr zu helfen. Wir wohnten in dem Gasthaus, das uns nun gehört. Dankers hatte sie schrecklich verprügelt. Alle anderen sicherten das eigene Hab und Gut und baten uns, ihr zu helfen. Es gab viel zu tun, da man wusste, dass die Flut sehr hoch steigen würde. Christine konnte sich kaum bewegen, so hatte er sie verprügelt. Ein Handgelenk war gebrochen. Wir haben alle ihre Möbel auf den Dachboden gehoben, aber irgendetwas fiel um und versperrte die Luke. Dort gab es also keinen Schutz mehr für uns. Das Wasser kam, und wir retteten uns auf einen Heuhaufen, den man im Windlee des Hauses aufgeschichtet hatte. Dankers stand die ganze Zeit stocksteif am Rande der Warft und starrte auf das steigende Wasser. Er schaffte es schließlich bis zum Heuhaufen und wollte zu uns hoch, nur gab es keinen Platz. Leon hat ihn immer wieder zurückgestoßen, aber Dankers hörte nicht auf. Unter dem Dach hatte sich ein kantiges Stück Holz gelöst. Ich reichte es meinem Mann. Er hat Dankers nicht den Schädel einschlagen wollen. Niemand hat uns einen Vorwurf gemacht, als man ihn am nächsten Morgen fand. Es war alles in Ordnung. Keine Zeugen, bis Christine zu beichten begann."

„Dann wissen Sie, wo dieser Brief versteckt ist?"

Nele nickte.

„Weiß noch jemand davon?"

Sie verneinte. „Niemand hat je gefragt."

„Haben Sie Angst vor ihm? Verraten Sie mir deshalb, wo der Brief ist? Er wird Ihren Mann belasten, auch wenn es Notwehr war."

Nele schüttelte den Kopf und wies auf den Leuchtturm, dessen Licht schwer auf dem Nebel lag.

Mehrich stand auf. „Da drin?"

Nele nickte und gab ihm Zeichen, still zu sein.

„Gehen Sie vor“, sagte er und wunderte sich, dass es so einfach sein sollte.

Nele zuckte zusammen und wand sich unter seinem Blick. „Ich kann da nicht rein.“

Mehrich begriff ihre Angst. Sie fürchte sich vor jedem Haus, hatte der Wirt gesagt. Sie sprachen nicht über die Novemberflut. Nele wusste, wo der Brief steckte, aber sie konnte ihn nicht erreichen.

„Hat Christine Ihnen davon erzählt?“

Nele nickte. Sie wies auf eine Tür, die sich zum Inneren des Turms öffnete. Eine hölzerne Stiege führte die vier Wände entlang nach oben. Eine nackte Glühlampe leuchtete den Raum aus. Werkzeug und Ersatzteile lagerten im Erdgeschoss. Mehrich kletterte die Treppe hoch.

„Es gibt ein altes Wandschränkchen, oben beim Leuchtfeuer“, rief Nele von unten.

Das Schränkchen war fast durchgerostet. Es fiel kaum auf. Die Lampe wurde regelmäßig gewartet. Früher oder später würde jemand das Schreiben finden. Christine hatte auf Gottes Willen vertraut und vor ihm fühlte sie sich schuldig. Der Brief steckte in einem alten Leuchtfeuerverzeichnis. Er nahm ihn an sich und stieg nach unten.

„Geben Sie ihn mir“, sagte Nele und streckte Mehrich eine Hand entgegen.

Da trat Margarete ins Licht. Eine sehr erregte, laute Margarete. „Nein“, rief sie. „Nicht ihr geben. Sie will ihn nur zerreißen.“

„Und du?“, fragte Mehrich. „Was wirst du damit tun?“

„Der Brief gehört mir. Leon hat meinen Vater getötet.“ Sie wies in Richtung auf das Gasthaus. „Der Brief beweist das. Nele will ihn schützen, dabei soll er büßen. Er hat auch meine Mutter ins Watt geführt, damit sie dort ertrinkt und nichts erzählen kann.“

„Nele, soll ich Margarete den Brief geben? Soll Leon ins Gefängis gehen?“

„Zerreißen“, sagte Nele leise und senkte ihren Blick.

Er überflog rasch das Papier. „Das ist besser, Sie haben recht“, sagte Mehrich und zerriss den Brief. Er warf die Fetzen hoch in den Wind.

„Ich weiß, was drin stand“, sagte Margarete.

„Du hast es immer gewusst. Weshalb jetzt plötzlich dein Interesse? Leon hat dich und deine Mutter beschützt. Das nennt man Notwehr. Dafür kommt man nicht ins Gefängnis.“

Margarete begann zu weinen und lief zum Haus, um sich einzuschließen. Mehrich führte Nele zum Gasthof. Leon stand in der Tür. Er nahm seine Frau in die Arme.

„Es gibt keinen Brief mehr“, sagte Mehrich und zitterte vor Kälte. „Nele hat ihn vernichtet.“

„Sie sind ja ständig nass“, sagte der Wirt. „Kommen Sie zu uns. Margarete wird Sie nicht reinlassen. Ich habe ein Zimmer frei, trockene Sachen und Schnaps habe ich auch.“

Am Sonntag schlief Mehrich lange. Es regnete leicht. Margarete hatte ihr Haus nicht verschlossen, er zog sich um. Ein Fernsehteam war auf die Insel gekommen und drehte einen Film für den NDR. Sie liefen über frisch eingesäten Rasen. Die Postbeamtin kam auf Puschen in den Kirchhof geschlurft, der Hund an ihrer Seite. Man fragte sie nach dem Leben auf der Hallig. Ob es beschaulich sei.

„Sie machen das wie ein Profi“, lobte der Reporter. Die Frau lächelte entzückt.

Margarete stand am Grab ihrer Mutter, seufzte und hatte die Hände gefaltet. Sie blickte auf, als Mehrich sich neben sie stellte.

„Sie wird dir verzeihen“, sagte er und legte einen Arm um sie.

„Glaubst du wirklich?“

Mehrich nickte. Er nahm ihr den Kummer ab, den sie zeigte. Während der Messe saßen sie nebeneinander. Margarete versuchte, lauter zu singen als der Pastor, sie schien bereits mit völlig anderen Dingen beschäftigt als mit dem Tod ihrer Mutter. An einem Stab wurde ein Klingelbeutel durch die Bänke gereicht, an dem sich tatsächlich eine Klingel befand, mit der man Schlafende wecken konnte. Die letzte Kollekte habe 37,80 Euro gebracht. Mehrich fügte fünf Euro hinzu, wartete nach der Messe auf seinen Freund und erzählte ihm, was in der Nacht geschehen war.

„Josef", sagte der Pfarrer, „hältst du es für möglich, dass Margarete ihre Mutter ins Watt geführt hat? Sie folgt einer merkwürdigen Wahrnehmung. Sie fühlt sich sicher auf der Hallig. Sie könnte ihre Mutter als Bedrohung empfunden haben. Christine war dement und es wurde immer schlimmer. Das Sozialamt war mehrmals hier und Margarete musste befürchten, mit der Mutter in ein Heim in Niebüll gewiesen zu werden."

„Mach dir keine Sorgen", sagte Mehrich. „Niemand würde uns das glauben."

Der Pastor nickte. Mehrich betrachtete einen Hund, der sein Bein an der Kirchenmauer hob, und fragte sich, ob ihm so ein Begleiter gefallen könne. Er blieb ein paar Tage lang als Gast auf der Hallig und half Margarete, ihre Papiere zu ordnen, doch schließlich zog es ihn zurück an Land. Der tote Vogel hing noch im Zaun und drohte mit seinen Flügelknochen. Dort wird er hängen bis zum nächsten Hochwasser. Mehrich ließ sich von Leon aufs Festland bringen und bestieg seinen alten Jaguar, der völlig unversehrt zwischen all den Schafen am Lorenbahnhof stand.

P.S. Die Hallig Neeß ist vor langer Zeit von der See zerstört worden. Der Autor nutzt den Namen, um den Ort, der hier beschrieben wird, nicht preiszugeben.

Nina George

Des Teufels Kutscher

Hamburg, Krümmel, Paris. 1865 – 1896

Ein eigenes Leben zu haben ist Illusion. Erst recht, wenn man einen Beruf hat wie ich. Dann gehört man sich nicht mehr. Man gehört einem anderen Mann. Wie ein Möbelstück, wie eine Frau, wie seine Alpträume. Man weiß nie, wann man zurück nach Hause kehrt. Das Zuhause ist dort, wo man besessen wird.

Der Mann, der mich am 4. Oktober 1865 vor dem Zippelhaus der Bardowicker Gemüsemädchen in Besitz nahm, hatte Alpträume, die ihn sein Leben lang die Nächte durchwandern ließen wie am Grunde des Meeresbodens gefangen. Er war 31 Jahre, trug sein gewelltes, dunkles Junkerhaar nach Stockholmer Mode gescheitelt und einen Gehrock zu Langbinder und Weste. Er schüttelte drei Männern die Hand, ich erkannte in ihnen die Gebrüder Winkler, zwei Schwedenkaufmänner, die in den Nordländern Steinbrüche unterhielten, und den jüdischen Advocat Christian Eduard Bandmann. Ein geschickter Assessor wie Kaufmann, der 35 Kuxe einer Erz- und Silbermine am Wetterstein hielt. Die drei stiegen in das Reisecoupé vor dem meinigen.

„Nun gen Geesthacht", befahl der Mann mit den sanften, indigoblauen, von endloser Seelenpein kündenden Augen.

Sein Name lautete Alfred Bernhard Nobel. So stand es auf dem Billet, welches mir Schirrmeister Begemann ausgehändigt hatte.

Ich bestieg den Bock und trieb die Ardenner an. Wir verließen Hamburg durch das Deichtor auf die neue Reichsstraße 5.

Als wir an den Ufern der Elbe entlang über das frische Pflaster fuhren, klopfte Alfred Nobel an die Innenseite des Coupés.

„Wie ist Euer Name, Kutscher?", rief er.

„Kutscher, gnädiger Herr."
„Tatsächlich? Herr Kutscher?"
„Verzeiht, Herr. Ich wurde geboren als Bentz, Herr, John Bentz. Aber es ist ausreichend, mich Kutscher zu nennen, Gnädiger Herr, denn das bin ich, und sonst niemand."
Ich trieb die Pferde an.
Nach einer Weile klopfte Alfred Nobel erneut an die Trennwand.
„Kutscher?"
„Ja, gnädiger Herr."
„Ich werde Sie John Bentz nennen."
Ich kehrte 31 Jahre lang nicht nach Hause zurück.

*

Das Herrenhaus auf dem Krümmel war eine Festung des Geistes. Niemand wagte den Hügel zu betreten, der nicht von meinem Herren dazu eingeladen war. Es besaß eine dem Tesperhuder Hafen zugewandte Front mit weißen Pfeilern, die eine Veranda stützten und in den Sommermonaten kühlen Schatten spendeten. Mein Herr mied die Sonne, sie verursachte ihm Schmerzen.

Die schmalere Seite gab den Blick auf die Sprengstofffabrik frei, die mein Herr auf dem ehemaligen Altsitz der Geesthachter Lohgerberei hatte bauen lassen. Fünf preußische Hube groß und mit Erdwällen umsäumt wie die Wiege eines Riesenkindes.

Der bretonische Traîteur Victor schlief in der Küche, zusammen mit seinen Messern, die er auch nachts nicht ablegte. Mein friedfertiger Ratteyer Jaan, der die Ardenner versorgte und das Reisecoupé und den Landauer pflegte, teilte sich mit den Pferden eine Abseite. Desweiteren gab es einige Hausknechte und Laufburschen aus der hiesigen Dorfschaft, einen Wirtschafter, einen Tischler und Nobels Valet Coleman, ein britischer Pikör, der bei einer Jagd ein Auge aus seinem levantinischen Gesicht verloren hatte. Und auch wenn dies völlig ohne Belang ist, so mochte ich Coleman nicht. Er redete über den Herrn, als sei er sein Bruder. Er erzählte, als hätte er auch nur das Geringste damit zu tun, dass Alfred Nobel niemals eine Schule besucht habe, aber bereits mit 17 fünf Sprachen beherrschte und bisher 191 Patente angemeldet habe. Den Akkumulator an meiner Kutsche für die Scheinwerfer und das Telefon, mit dem sich Nobel mit mir auf dem Bock austauschte, nicht mitgerechnet. Coleman liebte es, mit dem Geld seiner Herrschaft zu prahlen und wurde nicht müde zu erzählen, wie Alfred Nobel mit 27, als er einst einen Zug verpasste, sich für 4.000 Kronen einen kaufte, der zehn Minuten später bereit stand und ihn nach Christiana brachte. Er erzählte auch von der Pistole, mit der mein Herr schlief.

Als ich ihm verbat, in meiner Gegenwart nur ein persönliches Wort über den Herrn zu verlieren, spuckte er vor mir aus.

„Hundsmensch! Ein Köter ist stolzer als du!"

Coleman empfand seinen Aufenthalt in Preußen als Schande, und erst Recht in Lauenburg, dem Spielball zwischen Dänemark, Wien und Preußen. Coleman hasste auch den Schwedenkönig, der nach einer Explosion der Nobel-Werke in Heleneborg, die Herstellung von Sprengöl in bewohntem Gebiet untersagte. Aus diesem Grund war Nobel ins herzogliche Lauenburg ausgewichen, die königliche Regierung beschied ihm hier völlige Forschungsfreiheit. Coleman wäre gern in Nobels Kontor in Hamburg geblieben, um die Annehmlichkeiten der Hafenstadt zu genießen; es war ihm jedes Mal eine peinliche Freude, wenn wir in die Bergstraße fuhren, wo mein Herr die Vorführungen seiner kontrollierten Schausprengung auf dem Exerzierplatz des Heiliggeistfelds vorbereitete.

Man liebte meinen Herrn, und auch auf Gut Gülzow wurde er vom Grafen von Kielmannsegg unermüdlich geladen, um den Fortgang des Baus an Palmenhaus und Mausoleum zu bewundern; es war, als genoss man die Bewunderung eines Mannes, vor dem man sich gleichermaßen graute.

Denn das, was mein Herr der Welt schenkte, war das „Zaubermittel der Ausweglosen“, wie Coleman es nannte: Die Welt brauchte Sprengstoff, um die Diamantminen zu erobern, die in Russland und Afrika entdeckt worden waren. Sie brauchte Platz für Schienen, um die neuen Waren aus exotischen Ländern zu transportieren, und diese Schienen brauchten Tunnel. Es war Nobels Sprengöl, das das Land aufspaltete; seine Erfindung veränderte das Antlitz der Natur – wie ein Instrument Gottes.

Man erkannte Nobels Coupé auf all unseren Wegen; er hatte die Umreifung der Kutsche als auch die Hufe der Ardenner mit Gummi ummanteln und das Holz mit Klavierlack behandeln lassen. Nahezu lautlos, wie ein schwarzer Schatten, wie im Traum, so kreuzten wir durch das Land. Menschen sahen uns nach, Furcht und Frömmigkeit im Antlitz.

Als wir einmal durch Paris fuhren, flankierte das Volk sogar die Straße und applaudierte uns stehend.

Aber das war später, sehr viel später, in den Jahren als Alfred Nobel ein Mann wurde, der nicht mehr nur den Frieden der Welt erringen wollte, sondern das Herz einer Frau, die einem anderen gehörte. Doch in diesen Tagen auf dem Krümmel wusste niemand, was die Zukunft an Tod und Demütigung bereit hielt.

Die Dienerschaft hatte Räume weit weg von dem Kellerlabor, in dem mein Herr allnachts zu arbeiten pflegte. Frauen gab es keine, mein Herr wollte kein weibliches Geschöpf in der Nähe des Sprengöls haben.

Mein Herr wünschte allerdings mich, zu meiner tiefsten Freude, in seiner Nähe, und dass ich im Gelass unter der Treppe schlief, die zu seinem Nachtgemach führte.

„Ich vertraue Ihnen mein Leben an, John Bentz“, hatte er gesagt.

„Hören Sie einen Schuss, eilen Sie. Ich werde Ihnen auftragen, einzuspannen und einen Doktor zu holen. Hören Sie auf Ihrem Weg einen zweiten Schuss, so legen Sie sich wieder hin, dann gibt es keinen Grund zur Hast."

„Sehr wohl, Herr."

„Sie fragen nicht, warum?"

„Gewiss, Herr, wenn Ihr dies wünscht?"

Alfred Nobel hatte aufgelacht, ohne wirklich zu lachen.

„Ihr nennt mich ‚Ihr' und einen Herren ... als ob Ihr keiner seid. Das kann ich nicht dulden, John Bentz." Er hatte gelächelt. „Ein Du wäre mir genauso angemessen wie Euch ein Ihr."

Die Würde, die er mir antrug, erschien grenzenlos süß. Beinahe hätte ich es ausgesprochen, was wahr ist und was gut: „Ich aber bin, was ich durch Euch bin, gnädiger Herr."

Doch ich sagte stattdessen: „Gewiss, Herr."

Nobel schüttelte den Kopf. „Nun gut. Auch wenn ich meine Herrlichkeit in Zweifel ziehe ... Es sind die Schmerzen, John Bentz. Schmerzen, die aus dem Hinterhalt kommen ... eine Schule des Schmerzes im Leben, mit dem Tod als Ziel. Ich trage stets eine Pistole mit mir, um sie zu empfangen. Der erste Schuss ist die Hoffnung. Der zweite, wenn sie verloren ist."

Ich gelobte meinem Herrn, sein Leben zu hüten, immer, und sei es um den Preis des meinigen.

Am 1. April wurde die „Chemische Fabrik zur Herstellung von Nitroglycerin und Zündhütchen – Alfred Nobel & Co." eröffnet. 50 Chemikanten, Ingenieure, Werksfeuerwehrmannen, Packer und Laboranten nahmen die Arbeit auf.

In diesen Wochen fuhren wir nach Österreich-Ungarn, Italien und Frankreich, dort gründete mein Herr weitere Fabriken und ließ mir Anzüge schneidern. In Paris besuchten wir das Palais des Turiner Chemikers Ascenio Sobrero, einst der Lehrmeister meines Herrn und Erfinder des Nitroglycerins. Alfred Nobel sicherte ihm ein lebenslanges Gehalt zu, da Sobrero es war, der seinem einstigen Laborgehilfen die Formel des gefährlichsten Stoffs der Menschheit übereignet hatte. Einem Stoff, den sich der gewandte Meister nicht zutraute, zu beherrschen, nachdem es ihm das Gesicht zur Fratze zerstört hatte – selbst der Schlag der Flügel einer Stubenfliege konnte eine verheerende Explosion auslösen. Alfred Nobel traute es sich zu. Er wollte es zähmen.

Am 14. April 1866 ließ ein argloser Portier in New York ein Paket mit Probeflaschen Sprengöl, das aus Krümmel an einen Leonard Camden geschickt worden war, aus seinen Händen rutschen. Die Explosion riss ihm den Schädel vom Rumpf.

Am 18. April kam auf dem Dampfer Sea Cloud eine Ladung Sprengöl-Fässer ins Rutschen. 20 Minuten später war das Schiff mitsamt 47 Menschen vor der Küste Panamas gesunken.

Die Journale empörten sich über meinen Herren als Todsdiener, die ersten Landknechte verließen den Krümmel.

Am 19. April explodierte die European vor Aspinwells und brachte fünf wachhabenden Seemännern das Ende. Hamburg sagte die Vorführungen von Nobels Sprengkunst ab.

Am 29. April flog ein Lagerhaus in Sydney in die Luft.

Es waren schlimme Zeiten, in denen sich Menschen von meinem Herren abwandten, die ihn vorher so gut hatten kennen wollen; er schlief kaum noch, er konnte nur Erholung finden, wenn er in der Kutsche fuhr, also fuhr ich ihn des Tags und bei Nacht durch das dunkle Land. Ich sorgte für ihn, da ihn ein jeder verließ.

Am Morgen des 1. Mais hörte ich etwas, was ich in Halbwachheit als den ersten Schuss aus dem Nachtgemach meines Herrn zu identifizieren glaubte. Ich rollte mich aus der Kemenate, in der ich stets in meinem Kutschergewand dem Ruf des Herrn harrte, und eilte, das Herz vor Kummer stumm, den Weg hinauf. Auf einmal barsten die Fenster der schmalen Herrenhausseite.

Einige Lidschläge lang war es still. Dann folgte das Inferno, der Himmel verdunkelte sich unter schwarzgrauen Wolken, die durch tobende Feuerblitze erhellt wurden.

Die Fabrik brannte nicht – sie platzte wie eine Scheibe, die durch einen Schrotschuss gespalten wurde.

Das Werk wurde, ausgelöst durch den Fall einer Flasche Sprengöl im Lager, bis auf die Grundmauern zerstört. Der Werksleiter und 29 weitere Personen fanden den Tod.

Am nächsten Tag verließen die restlichen Landsknechte und der Tischler das Haus meines Herren.

Als Coleman und ich Alfred Nobel zwei Tage später zu der langsam auskühlenden Ruine begleiteten, wartete man auf ihn.

Weinende Frauen mit wachsweißen Gesichtern, die bei seinem Anblick aufheulten. Burschen, die Knuten schwangen. Die gesamte Dorfschaft Geesthachts schien sich versammelt zu haben, kein Einheitspolizist und nicht mal ein Weddemeister ließen sich blicken. Es war der Wadwart Claas Coep, der es wagte, meinen Herren anzuspucken. Ich hob die Langpeitsche.

„Lass ab, Kutscher!“ Nobels Stimme war scharf.

„Ihr ... Mörder!“, rief Claas Coep. Mein Herr stand einfach da und ließ sich bespucken. Es brach mir das Herz. Er hatte meinen Namen nicht genannt, ich musste etwas falsch gemacht haben; ich hatte sein Leben und sein Ansehen nicht gut genug behütet.

„Seht nur ... verkohlte Knochen und Fleisch-Asche! Von Menschen, die sich für den Profit eines Mörders zu Opfern machten!“ Coeps Gesicht glühte.

„Verzeiht mir“, sagte Alfred Nobel.

Dieser Mann war ein wahrer Mann. Ein Denker, ein Dichter, ein Mensch, bitter und gut, unglücklich und heiter, mit genialem Gedankenflug und schlimmem Misstrauen ... ein Mensch, der alles versteht und nichts erhofft. Aber dieser Mann bat einen Pöbler um Verzeihung?

Ich sah Coleman lächeln, als ob er sich an der Demut meines Herren weidete; ich hätte ihm seine Visage zerschneiden wollen!

Coep wandte sich müde ab. Die Aufruhr der Dorfschaft war in sich zusammengesackt und einem stillen Grauen gewichen.

Als wir zum Herrenhaus kamen, war der Wirtschafter gegangen. In Ermangelung des Dieners brachte ich meinem Herrn den Tee.

„Alfred Nobel – erbärmliches Halbgeschöpf – hätte bei seinem Eintritt in dieses Leben von einem menschenfreundlichen Arzt erstickt werden sollen."

Mein Herr hielt eine Ausgabe von Byrons Werk in der Hand. „Hauptverdienste: Er hält seine Nägel sauber und fällt der Öffentlichkeit nicht zur Last. Hauptfehler: ohne Familie, heiter und ein Vielfraß. Größte und einzige Bitte: nicht lebendig verbrannt zu werden. Größte Sünde: betet den Mammon nicht an. Bedeutende Ereignisse in seinem Leben: keine."

„Gnädiger Herr", unterbrach ich seine Litanei.

„John Bentz ... da seid Ihr also. Zusammen mit einem Mörder."

„Ihr seid kein Mörder, gnädiger Herr. Es ist ... ein Unfall gewesen. Ihr habt nicht die Waffen geführt, Ihr ... Ihr wolltet das Beste!"

„Das Beste ... ja, das sagen Massenmörder auch, dass sie das Beste für ihre Opfer wollen. Wenn Ihr Euch sicher wäret, für den Frieden zu sterben, würdet Ihr es tun, John Bentz?"

„Gewiss, Herr", flüsterte ich.

„Vielleicht werden meine Fabriken die Kriege beenden! Denn wenn sich zwei Armeen eines Tages in einer Sekunde gegenseitig auslöschen können, ob mit Sprengöl oder Schwarzpulver, auf beiden Seiten dieselbe Menge – da werden alle zivilisierten Nationen ihre Truppen sofort zurückziehen."

„Ja, Herr."

„Ja, Herr, ja, Herr – grober Unfug, John Bentz, ist es so oder träume ich es nur? Es muss so sein! Ich möchte einen Stoff oder eine Maschine schaffen von so fürchterlicher, massenhaft verheerender Wirkung, dass Kriege überhaupt unmöglich würden!“

Seine Augen waren geweitet, wie bei dem letzten Brabanter, den ich hatte; das Vieh war an Hirnkoller krepiert.

„72 ... Nur in meinen Fabriken. Dazu die ungezählten Toten, die nicht für mich arbeiteten. Und mein Bruder, ach, mein Bruder ... auch er. Ich habe mehr als 100 Seelen auf dem Gewissen, John Bentz. Ihr seid der Kutscher des Teufels, der sich für Gott hält!“

Ich sank vor meinem Herren auf die Knie. Er war mir Vater und Herr, Vorbild und Kompass, Heim und Gesicht. Er war Gott.

„Gott gibt, was wir haben, auf dass wir geben ...“, begann ich ein Gebet, ohne zu wissen, was ich sagen wollte, und ohne am Ende zu wissen, was ich gesagt hatte. Ich weiß nur, dass ich weinte und Nobel anflehte, dass ich alles wieder richten würde, für ihn.

Der Tee war kalt geworden und mit einem Häutchen überzogen, als Alfred Nobel mich bei den Schultern fasste und aufrichtete. Wir sahen einander an, mein Herr und sein Diener.

„Wenn Ihr meint, John Bentz“, sagte er leise. „Wenn Ihr meint.“

In dem Moment wusste ich, dass er mir die Order gegeben hatte, alles zu vertilgen, was ihm Böses wollte oder gewollt hatte.

Im Sommer 1866 war es, als ob die Welt keinen anderen Namen kannte als den Alfred Nobels. In Pamphleten wurde er als der Totmacher, als Stockholmer Schand, als Menschenteufel bezeichnet. Man warf ihm Eiseskälte vor, dass er nach dem Tod seines Bruders nicht mit der Produktion von Nitroglycerin innegehalten habe; man warf ihm seinen Vater vor, der Tretminen herstellte – Nobel, das hieß Sterben, Verderben und Scham.

Niemand wollte das Sprengöl mehr transportieren. Die Dorfschaft von Geesthacht war in Protestbereitschaft. Doch mein Herr verließ das Land nicht, und Coleman wütete jeden Tag giftiger, in der Lauenburgschen Enklave gefangen zu sein und den Hass auf den Herren zu empfangen, gleich wo er hinkam; er fürchtete, eines Tages erschlagen zu werden für den Namen seines Herren.

Nobel borgte sich einen Lastkahn, den er auf der Elbe verankerte, und richtete dort ein schwimmendes Labor ein. Nur der Leibkoch Victor und ich durften es betreten. Mein Herr experimentierte dort mit Sägespänen, Ziegelstaub, Kohle, Zement und Gips, um das Sprengöl zu zähmen. Nichts gelang.

Sommerfrischler gafften von der Reling des Burmestrischen Schaufelraddampfers alltäglich zu Nobels Kahn hinüber oder richteten sich vorfreudig auf ein tödliches Ereignis in den Schenken ein, die wie Pilze am Elbufer aus dem Boden schossen. Jedes dritte Haus ein Bierfass.

Coleman, anstatt dem nun verlassenen Herrenhaus als Wache vorzustehen, verbrachte seine Tage in den Bierfässern, mit suspektem Weibs- und anderem incorrigiblen Gesindel.

„Der Hundsmensch!“, rief er aus, als er meiner gewahr wurde. Ich riss ihn vom Busen eines pikierten Hausmädchens fort.

Draußen vor der Schenke zog ich ihn in eine Ecke vor den Aborten.

„Immer noch treu ergeben, der Hundsmensch“, lallte der Pikör, „dem Totmacher von Lauenburg.“

Ich schlug Coleman mit der flachen Hand mehrmals ins Gesicht.

„Wenn ... wenn wir hier weg sind, was wirst du dann machen, Hundsmensch? Dich verkriechen wie ein Köter?“

Wieso er denke, dass mein Herr wegginge, zischte ich.

„Noch eine gescheiterte Fabrik verträgt der Totmacher nicht ... beim zweiten Mal erwische ich ihn gleich mit, den Deibel!“

Ich verstand die Dimension dessen, was Coleman da lallte, nicht sofort. „Ein Wurf mit dem Hammer ... das reichte, Hundsmensch, und es machte BUMM." Er lachte, er hörte nicht auf, er lachte.

Ich schleppte ihn in die Schatten, stemmte die Pforte eines Aborts auf und wuchtete Coleman mit dem Kopf voran in die Grube. Mit dem Stiefel trat ich in sein Genick und hielt ihn unten, bis seine Füße aufhörten, Dreck aufzuwirbeln.

Zum Schluss hievte ich die Leiche den Abort hinunter. Wenn man ihn fand, würde man zufrieden sein, dass wenigstens einer von uns für die Toten des Krümmel hatte büßen müssen.

Ich richtete meinen Umhang. Auf dem Weg zum Landauer kam mir das Hausmädchen entgegen, auf ihrem baren Busen war noch der rötliche Abdruck von Colemanns Hand. „Wo isser, mein Pirat?", neckte sie. Ich steckte sie zu dem Pikör in die Jauche.

Am nächsten Tag hatte mein Herr Geburtstag, am 21. Oktober.

Als ich über die Planke des Kahns schritt, erwartete mich Nobel auf dem Vorderdeck.

„Wenn Ihr Euch sicher wäret, für den Frieden zu sterben, würdet Ihr es immer noch tun, John Bente?", rief er.

„Ja, Herr."

„Ich auch", rief er, und mit den Worten warf er eine Flasche Sprengöl zu Boden.

Ich erwartete, nun meinem Vater gegenüber zu treten, der im Deutsch-Dänischen Krieg gefallen war.

Ich schloss die Augen.

Als ich sie öffnete, sah ich in Nobels lachendes Gesicht. Ich sah ihn zum ersten Mal lächeln, seit sechs Monaten.

„Ich glaube, ich werde meinen Bart stehen lassen. Frauen mögen das doch, oder? Es gibt Kulturen, da dürfen Männer nicht mal heiraten, wenn sie keinen Bart haben!"

Ich wusste nicht, was mich mehr bestürzte: Die Tatsache, dass mein Herr heiraten wollte, oder dass das Nitroglyzerin nicht explodiert war! Nobel drückte mir die Blechkanne in die Hand.

„Schütteln Sie es, es wird nichts passieren! Es ist das Kieselgur. Pulver aus den Panzern von versteinerten Algen. Es liegt hier, überall am Ufer! Drei Teile Sprengöl, ein Teil gebrannter Kieselgur, etwas Soda."

Nobel legte mir die Hände auf die Schultern, wie damals im Mai.

„Es ist Medizin ... voller Kraft ... dynamisch ... und sicher! Ich werde es Dynamit nennen, John Bentz. Das Nitroglycerin ist tot. Es lebe das Dynamit! Nie wieder wird ein Mensch für Dynamit sterben müssen, das schwöre ich!"

Er umarmte mich. Es ging zu schnell vorbei.

„Haben Sie übrigens Coleman auffinden können, John Bentz?"

„Ja, Herr."

„Er möge auf den Kahn kommen, ich brauche eine Rasur."

„Er wird nicht kommen, Herr. Er war es, der Eure Fabrik zerstört hat, als er mit einem Hammer nach einer Flasche Sprengöl warf."

Mein Herr wich zurück.

„Was sagst du da?", keuchte er.

„Er wollte auch Euch dem Ewigen Gericht anheim bringen, Herr, so gestand er es mir eben."

Alfred Nobel vermaß mich mit seinen sanften, blauen Augen. „Und er wird nicht mehr kommen, sagst du?"

„Nein, Herr. Er hat ihn fortgebracht, Herr. Der Kutscher hat Coleman fortgebracht."

Alfred Nobel ließ sich auf ein Fass sinken und umklammerte die Reling mit beiden Händen. Lange schwieg er.

„Spann ein", sagte er schließlich.

Innerhalb der nächsten Jahre gründete Nobel 90 Dynamit-Fabriken in 20 Ländern. Ich sah die ganze Welt, sogar Amerika. Das Kieselgur, das das unzähmbare Nitroglycerin zu kontrollierbarem Dynamit machte, bekam mein Herr preiswert überall zwischen Lüneburg und Celle. Alfred Nobel wurde zum reichsten Mann der Welt, gleichauf mit Rockefeller und Rothschild.

Glücklich wurde er nicht.

Und er heiratete auch nicht.

Er hielt sich für abstoßend, glaubte keine Sympathie einflößen zu können; fürchtete immer, dass man ihn nur seines ungeheuren Reichtums wegen umschmeichelte, ihn aber aus tiefstem Herz verachtete.

Ich kutschierte ihn deshalb selten zu Frauen. Frauen, die es zwar mochten, dass der Privatmensch Alfred Nobel ein Schriftsteller und Poet war, und dass er diskret für sie sorgte. Doch keine wollte sich mit dem öffentlichen Alfred zeigen, nicht das Blumenmädchen Sofie in Wien, dem er endlose Briefe schrieb, die das gierige Ding nicht verstand, nicht die Mathematikerin Sonja aus Russland, die mit ihren 21 Jahren nicht wusste, was sie mit einem großen Mann wie ihm anfangen sollte. Keine Frau würde jemals meinen Herren freien Herzens lieben, wie er es verdiente, da war ich mir sicher.

Eine Welle terroristischer Anschläge rollte schließlich über den Kontinent, Tausende Attentäter aus der Arbeiterklasse erhoben sich gegen die Regierung. Man nannte sie Dynamitarden, die Männer mit den Dynamitbomben. Mit dem deutsch-französischen Krieg 1871 wurde das Dynamit zur Waffe, das von Nobel erfundene Ballistit machte aus Gewehren Tötungsmaschinen.

Wir reisten unablässig. Es gab kaum drei Nächte in derselben Stadt. „Die Kutsche ist mein Gefängnis“, vertraute mein Herr sich in Stockholm Alarik Liedbeck, seinem einzigen Freund an. Liedbeck hatte auf mich geschaut.

„Und John Bentz ist dein Wächter.“

„Weil er der einzige ist, der mich nicht behandelt, als sei

ich ein Monster, gutwillig, aber letztlich ein Monster", sagte mein Herr.

„Vielleicht ist er selber eins?", fragte Alarik.

Mein Herr und ich hatten uns angesehen. Zwei Monster. Zwei Mörder. Er hatte Colemans Namen nie mehr erwähnt.

Wenn wir nicht reisten, erfand mein Herr Gutes für die Welt. Falsches Leder, etwas, was er Batterie nannte, ein Holzgewirk, was er Sperrholz betitelte – ja, er ließ sogar gelenkte Drachen aufsteigen, um mit ihnen das Land von oben zu fotografieren.

Es war ein Leben wie in einem Traum, und ich war ein Teil davon. Ich war glücklich.

Bis sie kam. Die Gräfin.

Es war 1876, als wir in Paris lebten. Alfred Nobel war nun 43. Er war vorschnell gealtert, er ging schief und hatte sich einen trippelnden Gang zu eigen gemacht, um das Rheuma in den Hüften zu schonen; sein Bart war mit grauen Wolken durchwirkt, er kleidete sich wie ein alter Mann. Er ging selten zu Banketten, und wenn er ging, hielt er sich im Hintergrund und sprach mit niemandem. Sein Antlitz war gestempelt von Traurigkeit, seine Augen waren noch milder geworden.

Immer noch schlief er mit der Pistole. Immer öfter hatten wir Besuch von Ärzten, die ihm Pillen hinterlegten, dazu gedacht, die Arterien frei zu sprengen, deren Verschluss ihm unendliche Pein bereitete. Ausgerechnet sprengen – mein Herr konnte sehr wohl Hass und Abscheu ertragen, Spott jedoch nicht!

So sehr ich ihn versuchte zu zerstreuen, mit Ausfahrten zu seinen neuen Bekannten Victor Hugo und Émile Zola – es war die weibliche Reinheit, nach der es ihn immer mehr verzehrte.

„John Bentz ... ich habe uns ausgeschlossen. Dich, und auch mich. Ich habe uns ferngehalten von Liebe. Von Freude. Von einem pulsierenden, lebendigen Leben, von Sorgen und Umsorgtwerden. Von Zärtlichkeit. Es tut mir leid."

Mir bebte das Herz. Zum ersten Mal verstand ich nicht, was ihm fehlte – ich, der es immer gewusst hatte, noch bevor er es wusste. Mein Herr sprach von Liebe, von Freude, von Sorgen und Umsorgtwerden – hatten wir denn nicht genau das?

Er deutete im Palais in der Rue Malakoff umher: „Sieh nur, John Bentz! Stünde hier nicht ein Klavier, sähe es aus wie ein Hotel! Bankettsaal, Bibliothek, Wintergarten, Blumen, die Journale des Tages, teure Gemälde – hier wohnt kein Mensch, nur sein Geist!"

„Ein großer Geist, Herr, der die Zukunft verändern wird."

„Ich habe keine Frau, John Bentz. Ein Mann ohne Frau ist ein Mann ohne Zukunft."

Auf und ab war er in der Bibliothek getrippelt. „Ich werde mir eine suchen müssen. Die Pariserinnen schmeicheln dem Auge. Ein Gespräch mit ihnen ist aber ständige Provokation! Russische Frauen sind brillant, gebildet, ein Gespräch mit ihnen Balsam. Dummerweise haben sie keine Ahnung, wie man Seife benutzt. Aber man kann nicht alles haben, nicht wahr?"

Er ließ sich mutlos in das Fauteuil sinken. „Jeder Mann außer mir scheint es leicht zu finden, eine Frau zu haben. Sieh nur, sogar unser Laufbursche Jean und unsere einzige Zugehfrau haben es geschafft. Nun werden wir auch das letzte Weib verlieren!"

Als dieses letzte Weib heiratete und mein Herr sie fragte, was sie sich zum Hochzeitstag wünsche, sagte das freche Ding keck: „Das, was der Herr an einem Tag verdient."

Es waren 40.000 Franc. Und sie bekam sie.

Zu meiner tiefen Verzweiflung gab mein Herr danach eine Anzeige im Pariser Diarium auf: „Wohlhabender, gebildeter älterer Herr sucht reife Dame, die mehrere Sprachen spricht, als Sekretärin und Leiterin seines Haushalts."

Ich betete, dass niemand diese Zeilen las. Ich betete vergeblich.

Ich ließ Zuschriften von Damen, die sich bewarben, in den

Küchenkamin sinken. Ich fing jene, die es geschafft hatten, sich einen Termin zu erschleichen, an der Pforte des Palais ab und schickte sie weg.

Und dann kam sie, an einem Frühmorgen aus Wien.

Die Gräfin Bertha Kinsky, 31 Jahre jung, naiv, unbeugsam, schön und unglücklich.

Als ich ihr aus dem Zugabteil half und sie Alfred Nobels gewahr wurde, sah ich ihr an, dass der „ältere Herr“, den sie erwartet hatte, ihr als junger Mann, der er trotz allem noch war, gefiel.

Bertha Kinsky blieb im Grand Hotel am Boulevard des Capucines. Später kutschierte ich beide über die Champs-Élysées, und schließlich ins Palais, wo die Gräfin bis zum Abend blieb.

Bertha Kinsky kam nun jeden Tag, sechseinhalb Tage lang.

Mein Herr war wie verwandelt. Er wusste so fesselnd zu plaudern, zu philosophieren, dass seine Unterhaltung den Geist der Gräfin gefangennahm. Er war ihr gegenüber voll Vertrauen in das Ideal einer kommenden höheren Menschheit – „wenn einmal die Leute mit höher entwickelten Gehirnen zur Welt kommen werden“, hörte ich ihn ausrufen, als ich es nicht länger aushielt und, für was ich mich schäme, an der mir seit neuestem verschlossenen Tür lauschte. Ganz genau erklärte er ihr, dass der Frieden der Welt mit Abschreckung durch Massenvernichtungswaffen das Ziel seines Wirkens sei.

Er gestand dieser Frau sein Leben, das er bisher nur mit mir teilte.

Am sechsten Tag dann die Worte, die in mir etwas zerbrachen.

„Sind Sie freien Herzens?“, fragte er die Gräfin, sie hielten sich bei den Händen.

„Nein“, antwortete sie nach kurzer Bedenkzeit.

Die Gräfin erzählte die Geschichte einer unerfüllten, entsagten Liebe zu einem jüngeren Mann. Sie war vor der Sehnsucht nach ihm, einem Arthur, nach Paris geflohen.

„Sie haben tapfer gehandelt; aber seien Sie ganz mutig, brechen Sie den Briefwechsel ab! Dann lassen Sie nur einige Zeit vergehen. Ein neues Leben, neue Eindrücke und Sie werden beide vergessen. Er vielleicht noch früher als Sie."

Zwei Tage später verließ Alfred Nobel Paris und fuhr nach Schweden, der König selbst hatte ihn berufen.

Mich hatte er nicht in Anspruch für die Fahrt nehmen wollen. „Leben Sie! Lieben Sie! Es ist das Beste, was Männer tun können ... ich werde Sie frei lassen, John Bentz. Meine Zukunft habe ich gefunden. Ich brauche Sie nicht mehr, um mich zu trösten – der Trost ist diese Frau."

Diese Frau!

Es gab nur eine Möglichkeit, dieses vorzeitige Ende meines Lebens zu verhindern.

Ich fand die Gräfin nach Nobels Abreise aufgelöst im Salon.

„Oh, Monsieur Bentz!", rief sie aus, als sie mich sah; sie flog in meine Arme wie ein Vögelchen, als ob ich der Vertreter ihrer Hoffnungen sei. „Was soll ich ... was soll ich nur tun? Er hat Recht, wenn er sagt, man solle die Vergangenheit vergessen ... aber es ist, als rede er zu sich selbst! Ich würde es tun, wenn ich wüsste, dass Alfred es ernst meint, wenn er sagt, er wolle die Kriege beenden ... ich bin Pazifistin, ich werde und kann nicht damit leben, dass er tut, was er tut – auch wenn ich es so sehr verstehe ..."

„Man gehört nur einmal im Leben zu einem Menschen", antwortete ich. Wie zart ihr Leib war. Wie zerbrechlich ihr Genick.

Sie sah auf, ihre köstlichen Locken wirbelten um ihr erhitztes kleines Gesicht. Das Gesicht, was mein Herr lieber sehen wollte als das meinige. Wie es wohl aussehen würde, wenn es in einen Abort tauchte?

„Sie meinen ... ich soll Paris verlassen? Alfreds Antrag nicht annehmen? Auch wenn es das Beste und Klügste wäre, was ich je im Leben tat?"

„Zu lieben ist nicht unklug", antwortete ich.

„Aber wenn ich ... wenn ich ihn dazu bringen kann, aufzuhören! All das, was er tut, die Waffen, der Sprengstoff ... er würde auf mich hören, oder, John?"

„Ist Euch Euer Leben lieb?", fragte ich sie leise. Meine Hände in den schwarzen Handschuhen glitten um ihren weißen Hals.

Sie wurde blass wie eine Kerze.

„Geht. Heiraten Sie Ihren fernen Geliebten Arthur, es scheint mir das Beste zu sein. Schreiben Sie einen Brief nach Stockholm, in dem Sie sich erklären. Mein Herr wird darüber hinwegkommen."

Ich streichelte ihren glatten Hals. Sie erzitterte; wohl nicht vor Wollust, sondern vor Angst.

Sie ging noch in derselben Nacht und wurde wenig später die Baronin von Suttner.

Als Alfred Nobel aus Schweden zurückkehrte, war es wie früher. Wir fuhren jeden Tag stundenlang durch Paris, mein Herr und ich, vereint im Schweigen. Nur einmal fragte er, ob Bertha je mit mir über ihre Absichten gesprochen hatte. Ich verneinte.

Nachdem sie gegangen war, gab es keine Frau mehr, der Alfred Nobel je sein Herz anvertraut hatte. Er nahm das Verhältnis zu Sofia wieder auf, doch sie war weit genug weg, um ihn und mich nicht zu stören.

Doch die Gräfin verschwand nie wirklich aus unserem Leben. Mein Herr verschenkte nun heimlich – wie er dachte – jährlich Unsummen seines Geldes, Abertausende Francs. An Bettler, an pazifistische Bewegungen, wie auch an Bertha von Suttner und ihre Anti-Kriegs-Bewegung. Sie beide blieben in steter Correspondenz, Chère Baronne et Amie – Chèr Monsieur et Ami, als ob sie nie aufgehört hätten, sich zu unterhalten.

Über Jahre hinweg stritten sie wie Seelenverwandte über das, was im Salon der Rue Malakoff seinen Anfang genommen hatte: Nobels Absicht, der Welt das Dynamit als Abschreckung zu geben, und Berthas Ausruf, dass nur niedergelegte Waffen Frieden brächten.

Mein Herr gedachte schließlich, sein unermessliches Vermögen anzulegen und von den Zinsen einen Preis zu spenden; „für die Eifrigsten im Kampf um den Frieden und für jene, die eine Entdeckung machen, die der Menschheit Gesundheit, Wissen, hohe Literatur und Erkenntnisse gebracht haben", so erklärte er mir, als er 1885 die erste Fassung seines Testaments schrieb. Und ich begriff, dass er den törichten Wunsch besaß, etwas gutmachen zu wollen. Die Vergangenheit vergessen, unser gemeinsames Leben aus seiner Seele tilgen.

Er war der Mörder, der seine Reue in Kronen und Francs, Thalern und Dollars auszahlte; ich indes blieb ein gemeiner Hund, ein Hundsmensch nur.

Zu meiner Traurigkeit überlebte ich meinen Herrn um Jahre; als er 1896 starb und ich nach Hamburg zurückkehrte, wo mich niemand erwartete, war es endgültig so, als hätte ich niemals ein eigenes Leben gehabt und nur vergessen zu sterben.

„Des Teufels Kutscher" ist weitestgehend eine Fiktion, die auf dem wahren Leben des Chemikers Alfred B. Nobel beruht. Er erfand 1866 das Dynamit in Krümmel, dort wo heute das AKW errichtet wurde; die Pazifistin Bertha von Suttner geb. Kinsky gilt als die wahrscheinlichste Anstifterin zu Nobels Idee des Friedensnobelpreises. Von Suttner erhielt ihn 1905.

Frank Göhre

Tod bei Tempo 100

Er stand wie angewurzelt im Bad, den Arm zur Decke hin ausgestreckt.

Einige unverständliche Laute kamen über seine Lippen. Es war einfach lächerlich.

Regina schlängelte sich gelassen an ihm vorbei und bückte sich nach dem feuchten Aufwischtuch. Wortlos streifte sie ihre Schuhe ab und stieg auf den Toilettendeckel. Ihre Bewegungen waren ausgesprochen anmutig.

Sie war eine hübsche, dunkelhaarige Frau mit schmaler Taille und langen, wohlgeformten Beinen. Aber Klaus sah nichts davon. Er hatte die Augen geschlossen und hoffte, gleich den erlösenden Schlag zu hören. Es dauerte ungewöhnlich lange, und als er endlich kam, zuckte er heftig zusammen.

Regina schlug noch einmal zu.

„So, das war's", hörte er sie dann aus weiter Ferne sagen. „Willst du sie dir nicht einmal ansehen?"

Klaus schüttelte nur den Kopf. Er kämpfte noch immer gegen die aufkommende Übelkeit an, hatte das Gefühl, als schwanke der Boden unter ihm. Es schien ihm eine Ewigkeit, bis das alles vorüber war.

„Ich bin der Meinung, dass dir das unter Umständen helfen würde", fuhr Regina fort. „Es ist ja wirklich beängstigend, dass allein der Anblick einer harmlosen Spinne dich dermaßen in Panik versetzt."

Sie war nun dicht neben ihm, und er spürte ihre Hand auf seiner Schulter. Zurückschreckend entzog er sich ihr.

„Schaff sie weg!", stieß er hervor, und Regina musste unwillkürlich lächeln.

Es war ein spöttisches Lächeln und es lag eine Spur Verachtung darin. Ihr sonst so forscher Mann! Eine winzige Spinne an der Wand genügte und er machte eine solch erbärmliche Gestalt.

Mit hoch erhobenem Kopf verließ sie das Bad, das Tuch locker in der Hand.

Klaus brauchte noch einige Zeit, bis er sich wieder völlig unter Kontrolle hatte. Er atmete mehrere Male tief durch und wischte sich dann den Schweiß von der Stirn. Schließlich straffte er sich und ging mit bewusst festen Schritten nach vorn in die Küche. Beim zweiten Schluck Kaffee kam Regina von draußen zurück.

„Bist du sie los?“, fragte er.

„Es war ein ungemein schönes Exemplar“, sagte Regina.

„Bitte!“, sagte er und hob abwehrend die Hand. „Ich möchte nichts weiter wissen, als dass sie in der Mülltonne gelandet ist.“

Regina breitete den Lappen aus. Er war frisch ausgewaschen.

„Ich habe dir bei der Gelegenheit gleich die Wagenscheiben gesäubert“, sagte sie.

Klaus winkte leicht ab.

„Danke“, sagte er. „Ich frage mich, ob es nicht doch einen wirksamen Schutz gegen diese Viecher gibt. Ein Spray für die Räume.“

„Du solltest froh sein, dass es überhaupt noch Spinnen gibt. Sie verkörpern einen Teil unserer Natur ... „

„Ja, ja“, unterbrach Klaus sie. „Du und deine heile Natur! Aber ich muss nicht noch dieses Ungeziefer haben. Nicht im Haus. Ich finde es eklig, schlicht und einfach widerlich!“

„Das hat ausschließlich mit dir zu tun.“

„Natürlich“, sagte er ironisch. „Ein einschneidendes Kindheitserlebnis, die unbewusste Angst, eingewoben zu werden, in einem klebrigen Netz zu zappeln. Oder wie hättest du es gern?“

„Du bist nahe dran.“

„Unsinn!“ Er wandte sich ab und trat ans Fenster.

Es war ein strahlend schöner Morgen. Sein Blick ging über das weite, flache Land. Sie wohnten ruhig hier, keine Frage. Wesselburen war eigentlich nur ein Kaff. Aber er liebte diese Abgeschiedenheit. Zeitweise zumindest. An den Wochenende, wenn man im Garten grillen konnte, mit ein paar Bekannten kühles, herbes Bier trank. Sommerabende im Freien, mit sirrenden Leuchten, die diese Scheißviecher abschreckten.

Klaus zündete sich eine Zigarette an und schaute dabei flüchtig auf seine Uhr. Es wurde langsam Zeit, in die Gänge zu kommen. Um 14 Uhr hatte er den Termin in Hamburg, und wenn alles glatt ging, konnte er schon am späten Nachmittag bei Beate sein. Ein erfreulicher Abend stand ihm bevor.

In Beates kleinem Apartment gab es mit hundertprozentiger Sicherheit keine grässlichen Spinnen, und er würde auch keine spitzen Bemerkungen in Bezug auf seine Psyche erdulden müssen. Beate war an gänzlich anderen Dingen interessiert. Er grinste genüsslich.

„Wie du meinst", klappte Regina nach. „Es ist letztlich dein Problem."

„Allerdings. Ich bin aber nicht geneigt, mich deswegen deiner scharfsinnigen Analyse auszusetzen."

Er glaubte, damit das Thema endgültig abgeschlossen zu haben. Der Wagen stand verheißungsvoll vor dem Haus. Klaus tastete nach den Schlüsseln und drehte sich nach seiner Frau um.

Regina hatte sich an den Tisch gesetzt und rückte das Frühstücksgeschirr zurecht.

„Na schön", sagte sie. „Lassen wir das für heute. Wie lange wirst du diesmal unterwegs sein?"

„Nur heute. Aber es kann unter Umständen spät werden. Vielleicht bleibe ich über Nacht in Hamburg."

„Rufst du mich dann an?"

„Selbstverständlich. Du musst nicht fürchten, dass ich dich unerwartet mit einem deiner zahlreichen Verehrer überrasche. Der Ladenschwengel aus dem Sparmarkt ist ja offenbar ganz heiß auf dich. Wie rufen sie ihn gleich – Paule? Paule Pausbäckchen!" Er lachte fröhlich über seine Bemerkung und Regina musterte ihn nachdenklich.

„Auch das lässt tief blicken", sagte sie.

„Aber sicher doch", entgegnete er. „In Wirklichkeit will ich damit nur von meinen eigenen Affären ablenken. Ich kann einfach nichts vor dir verheimlichen. Komm, gib deinem Klaus zum Abschied einen Kuss."

Es gefiel ihm, in die Offensive zu gehen. Das tat gut nach der kleinen Schwäche, die er im Bad gezeigt hatte. Er fühlte sich jetzt wieder ganz obenauf. Mit ausgebreiteten Armen stolzierte er auf Regina zu.

Sie hielt ihm die Wange hin.

Nachdem er das Haus verlassen hatte, führte sie ein kurzes Telefongespräch. Eine halbe Stunde später stand der schlaksige Paul in der Tür.

„Geil!", begrüßte er sie. „Du hast nichts drunter."

Regina schmiegte sich eng an ihn. Seine kräftigen Hände umfassten ihren Hintern.

„Wie viel Zeit haben wir?", flüsterte er heiser.

„Eine Ewigkeit", hauchte Regina und nestelte an seiner Hose.

Paul schob sich mit ihr in die Stube. Regina beugte sich tief über die Sofalehne und Paul packte sie an den Hüften. Sie seufzte tief. Als sie zum ersten Mal kam, drehte er sie um und sie klammerte sich heftig atmend und vor Glück juchzend an ihn.

Paul blies seine Backen auf.

Paule Pausbäckchen.

„Schläfst du noch mit ihm?", fragte er.

Er presste sie an die Wand und stützte seine Arme ab.

„Ja", keuchte sie. „Ja ... nein. Nein ... nicht mehr, nie ... nie mehr!" Und plötzlich lachte sie wie irre, während Paul immer kräftiger zustieß.

Sie sah Klaus vor sich, wie er den Wagen lenkte, den Zubringer zur Autobahn nahm. Er hatte das Radio eingeschaltet und nestelte eine neue Zigarette aus der Packung, und die Sonne zog über ihm ihre Bahn. Bald würde sie ihm voll ins Gesicht strahlen. Vielleicht war es schon jetzt soweit, dass er zur Sichtblende griff und sie hinunterklappte.

Paul löste sich erschöpft von ihr. Sie schwankte ein wenig.

„Kannst du ruhig", meinte Paul jetzt. „Bist ja schließlich seine Frau."

Er lachte ein kleines, albernes Lachen.

Regina schüttelte den Kopf.

„Nein", sagte sie mit nun ruhiger Stimme. „Nein, ich bin frei. Du hast mich jetzt völlig allein."

„Hä?" Er sah sie verständnislos an.

„Schau!" Sie krümmte ihre Finger zu einer Kralle und hielt sie ihm vors Gesicht. „Eine Spinne! Eine schöne, schwarze Spinne. So einfach ist das. Sie hinterlässt keine Spuren. Sie seilt sich vor seinen Augen ab, bei Tempo 100, und er ist starr vor Schreck. Er kann nichts dagegen machen. Er hat sich nie ernsthaft damit konfrontiert."

„Was ...?"

„Ich hab sie ihm vorhin in den Wagen gesetzt und jetzt ..."

Sie schloss die Augen und kostete die Szene, die sich in ihrer Vorstellung abspielte, voll aus: Klaus hatte keine Kontrolle mehr über den dahinrasenden Wagen, fuhr auf oder krachte an irgendeine Begrenzung. Das auslaufende Benzin entzündete sich und es war mit ihm vorbei. Aus die Maus, aus mit Klaus. Sie würde erschüttert die Nachricht entgegennehmen, wahrscheinlich zusammenbrechen müssen.

Lächelnd sah sie Paul wieder an.

Paul schluckte. Er wusste nicht so recht, was er sagen sollte.

„Trinken wir was", sagte Regina. „Auf die Spinne am Morgen und auf uns. Du kannst in Zukunft kommen, wann du willst, und die trauernde Witwe ein bisschen trösten. Am besten jeden Tag. Wir können später auch mal was anderes unternehmen. Hauptsache, du besorgst es mir weiter so gut. Denn wenn ich einmal frustriert bin ..." Sie ließ offen, was dann sei

Pauls Pausebäckchen fielen sichtlich ein. Und nicht nur die.

Regina blickte warnend an ihm herunter.

Katja Brügger

Böses Erwacken

Es sah ganz so aus, als wäre Simons Frage doch berechtigt gewesen.

„Mensch Mama, was willst du dir mit dieser Aktion eigentlich beweisen?"

Sie war wütend und verletzt gewesen, als ihr halbwüchsiger Sohn ihr diese Worte mit einem überheblichen Grinsen an den Kopf geworfen hatte.

„Jetzt erst recht", hatte sie sich geschworen und die letzten leisen Zweifel, die sie selbst hegte, kurzerhand verdrängt.

Selbst die heftigen Stiche im Unterleib, die sie ausgerechnet am Vorabend wie aus heiterem Himmel zu quälen begonnen hatten, waren nicht heftig genug gewesen, um sie von ihrem Entschluss abbringen zu können.

Was sie nun mit jeder weiteren Kurve, jeder weiteren Unebenheit auf der holprigen Landstraße, die sie unsanft im Kreuz verspürte, immer mehr bereute.

Noch taten die starken Schmerztabletten, die sie vor dem Schlafengehen und gleich am Morgen vor der Abfahrt genommen hatte, ihre Wirkung. Der Bauch war im Augenblick ihr geringstes Problem. Dafür war das Hämmern unter ihrer Schädeldecke inzwischen fast unerträglich geworden. Der Helm presste ihren Kopf zusammen, wie ein Schraubstock. Er war definitiv ein paar Nummern zu klein.

Sie hatten inzwischen bestimmt weit mehr als die Hälfte der Strecke hinter sich und es gab keinen Zweifel daran, dass Tom ein guter Fahrer war: forsch, aber durchaus besonnen. Er ging keine unnötigen Risiken ein. Trotzdem gelang es ihr nicht, sich zu entspannen. Ihre Arme, die sie fest um seinen Körper geklammert hielt, fühlten sich schon ganz taub an. Von der Landschaft um sie herum bekam sie kaum etwas mit –

ihre Augen waren starr auf seinen breiten Rücken geheftet.

Hatte sie es wirklich nötig, sich das anzutun? Nur weil sie ihm – aber vor allem sich selbst – beweisen wollte, dass der Altersunterschied zwischen ihnen keine Rolle spielte?

Als er sie vor einigen Wochen gefragt hatte, ob sie Lust hätte, ihn auf das Heavy Metal Festival in Wacken zu begleiten, hatte sie spontan ja gesagt.

Sie hatte ein wenig im Internet recherchiert und herausgefunden, dass alljährlich, seit nunmehr 20 Jahren, in einem 1.800-Seelen-Dorf in Schleswig-Holstein das größte Heavy Metal Open Air Festival der Welt veranstaltet wurde. Überrascht las sie, dass die Einwohner des kleinen Ortes mit dem Spektakel kein Problem hatten. Im Gegenteil. Sie freuten sich, dass die rund 75.000 Fans aus der ganzen Welt einmal im Jahr in ihr Dorf einfielen, ihre Äcker zertrampelten, eine Unmenge Müll produzierten und einen ohrenbetäubenden Lärm veranstalteten.

In ihren Ohren hatte dieses Heavy Metal-Zeugs herzlich wenig mit Musik zu tun. Aber was tat man nicht alles aus Liebe? Und dass sie sich in Tom verliebt hatte, daran gab es jetzt nichts mehr zu deuteln. Warum sonst saß sie mit schlotternden Knien und pochendem Herzen auf dem Rücksitz eines Motorrades, das mit rasender Geschwindigkeit auf ein Ziel zubrauste, das ihr genau so wenig geheuer war, wie die nervenaufreibende Fahrt dorthin.

Endlich – nach ein paar besonders halsbrecherischen Kurven – kam das Motorrad zum Stehen und sie riss sich mit einem Seufzer der Erleichterung den viel zu engen Helm vom Kopf.

„Und?“, fragte er mit diesem unwiderstehlichen Lächeln. „War’s so schlimm?“

„Im Gegenteil“, log sie tapfer. „Es war toll. Ein irres Gefühl!“

Ihre Knie zitterten, als sie vom Rücksitz herunterkletterte.

„Da scheint sich was zusammen zu brauen“, bemerkte Tom

mit einem Blick zum Himmel, der sich bedrohlich verdunkelt hatte. „Lass uns rasch unser kleines Nest aufbauen."

„Hier?", fragte sie mit entsetztem Blick auf die vielen hundert anderen Autos und Motorräder, von denen sie umringt waren.

„Wir können froh sein, dass wir überhaupt noch ein freies Plätzchen erwischt haben", entgegnete er fröhlich und zog das winzige Zelt aus der Schutzhülle.

Na toll, dachte sie nicht sehr begeistert und schenkte dem jungen Paar, das nur wenige Schritte neben ihnen auch mit dem „Nestbau" beschäftigt war, ein verkrampftes Lächeln.

Sie hatten kaum den letzten der wenigen Heringe in dem sandigen Ackerboden verankert, als es wolkenbruchartig zu regnen begann. Die schweren Tropfen prasselten mit einer solchen Wucht auf das Zeltdach, dass man kaum mehr sein eigenes Wort verstehen konnte. Aber irgendwie hatte das durchaus etwas Gemütliches. Immerhin wurden sie nicht nass, und da sie zwangsläufig ganz nah beieinander sitzen mussten, war es auch mollig warm.

„Okay. Dann lass es uns mal wagen! Es geht bestimmt jeden Moment los!"

Sie starrte Tom ungläubig an.

„Du willst da jetzt wirklich raus? Bei diesem Sauwetter?", fragte sie irritiert.

„Na klar. Deswegen sind wir doch hier", gab er gutgelaunt zurück. „Guck nicht so entgeistert! Du bist zwar unheimlich süß, aber nicht aus Zucker! So ein bisschen Wasser ist völlig ungefährlich für deinen Luxuskörper."

Er lächelte sie entwaffnend an und drückte ihr einen Kuss auf die Nasenspitze. Und dann kroch er doch tatsächlich zum Eingang, zog den Reißverschluss auf und krabbelte aus dem Zelt hinaus in den strömenden Regen.

Na toll, dachte sie erneut und immer weniger begeistert. Insgeheim hatte sie wohl irgendwie gehofft, dass der plötzliche

Wetterwechsel ihr ein gemütliches Tête-à-tête mit Tom bescheren und sie darum herumkommen würde, ihn mit einer Horde betrunkener Metal-Fans teilen zu müssen. Aber es sah nicht danach aus. Und da sie ihn auf gar keinen Fall enttäuschen wollte, kroch sie kurzerhand ebenfalls aus dem schützenden Zelt.

Binnen Sekunden war sie bis auf die Haut durchnässt.

„Wow“, stieß er hervor und musterte sie mit einem schelmischen Grinsen. Seine Augen waren auf ihren Oberkörper geheftet und es dauerte ein paar Sekunden, bis sie den Grund dafür verstand. Dann allerdings hob sie blitzschnell die Hände und hielt sie schützend vor die Stelle, die ihn offensichtlich so begeisterte.

„Du siehst unglaublich sexy aus“, flüsterte er mit rauer Stimme. „Meine kleine Miss Wet-T-Shirt!“

Behutsam löste er ihre Hände, die notdürftig ihren Busen bedeckten, der durch das nasse, weiße Shirt deutlich zu sehen war.

„Kein Grund, sich für diese beiden Prachtexemplare zu schämen“, fuhr er zärtlich fort und machte gerade Anstalten, ihre Brust zu berühren, als der harte, metallische Sound einer E-Gitarre ihre aufkeimende Hoffnung, ihn vielleicht doch auf ein kleines, erotisches Intermezzo zurück ins Zelt locken zu können, mit einem Schlag zunichte machte.

„Es geht los“, rief er begeistert, packte sie am Handgelenk und zog sie hinter sich her, vorbei an unzähligen Menschen, die alle in ein und dieselbe Richtung strömten und denen es offenbar vollkommen gleichgültig war, dass der Regen unablässig auf ihre zumeist sehr sommerlich bekleideten Leiber herab prasselte.

Genau wie all die anderen Fans schien Tom wild entschlossen, sich so nah wie möglich an den gigantischen Bühnenaufbau heran zu kämpfen. Dies verursachte unweigerlich ein ziemliches Gedränge und Geschubse. Sie konnte dem Lärm, den die martialisch aussehenden Typen in ihren langen, schwarzen Ledermänteln auf der Bühne veranstalteten, schon aus der Entfernung wenig abgewinnen. Das tiefe, dumpfe Wummern der Bässe dröhnte in ihrem Kopf, der sich gerade erst von der Höllenfahrt mit dem viel zu engen Helm erholt hatte. Aber Tom zog sie gnadenlos immer weiter hinter sich her.

Direkt vor einer überdimensionalen Box blieb er schließlich stehen und während sie das Gefühl hatte, ihre Trommelfelle müssten jeden Moment platzen und ihr Körper würde von dem Vibrieren eines Presslufthammers hin und her geschüttelt, begann er im Rhythmus der schrägen Klänge begeistert auf und ab zu springen und grölte die Texte, von denen sie kaum ein Wort verstand, aus vollem Halse mit.

Die Menschen, die dicht um sie herum gedrängt standen, verhielten sich in ähnlicher Weise. Sie spürte angesichts dieser offensichtlichen Gruppenhysterie eine mittelschwere Panik in sich aufkommen.

Das Dröhnen der Bässe verursachte außerdem eine leichte Übelkeit in ihr, und zu allem Überfluss schien die Wirkung der Tabletten, die sie gegen die unangenehmen Schmerzen im Unterleib eingenommen hatte, schlagartig nach zu lassen. „Bitte nicht auch das noch“, flehte sie verzweifelt, als ein heftiger Schmerz sich wie ein Messerstich in ihren Bauch bohrte und sie zusammenkrümmen ließ.

„Wo kann man denn hier mal für kleine Mädchen“, brüllte sie Tom ins Ohr. An seiner Reaktion sah sie, dass er ihre Frage nicht verstanden hatte.

„Ich dich auch“, war die Antwort, die sie von seinen Lippen abzulesen glaubte, bevor er sich mit einem entrückten Lächeln wieder dem chaotischen Geschehen auf der Bühne zuwandte.

Kurz entschlossen begann sie, sich einen Weg durch die euphorisierte Masse zu bahnen. Was sich allerdings schon nach den ersten Versuchen als beinahe aussichtsloses Unterfangen erwies. Wildfremde Menschen fielen ihr um den Hals, packten sie an den Armen und zwangen sie, in ihrem Rhythmus auf und nieder zu hüpfen. Eine kaum zu ertragende Herausforderung für ihren immer stärker schmerzenden Unterleib.

Endlich schaffte sie es doch, sich durch das Menschengewirr hindurch zu kämpfen. Zu ihrer großen Erleichterung erspähte sie am Rande eines kleinen Wäldchens eine Reihe von Dixiklos, vor denen sich allerdings bereits meterlange Warteschlangen gebildet hatten.

Für den Bruchteil einer Sekunde dachte sie an die Konsequenzen einer mindestens zwanzigminütigen Wartezeit und entschied sich blitzschnell für die unkonventionelle Variante: Mit hastigen Schritten stürmte sie in das kleine Wäldchen und ließ hinter dem erstbesten Gebüsch, das ihr notdürftig Schutz gewährte, ihre Hosen herunter.

Allein das Niederbücken tat so weh, dass es ihr für einen Moment regelrecht den Atem verschlug.

„Bitte nicht“, stieß sie unter Tränen hervor, als sie sich mühsam wieder hochgerappelt hatte. Es gab nun keinen Zweifel mehr: Sie hatte sich eine ausgewachsene Blasen-Nieren-Unterleibs-, was auch immer, Erkältung zugezogen. Und das ausgerechnet an einem Ort, wo es weder hygienische Sanitäranlagen, geschweige denn eine heiße Wärmflasche gab, die sie sich auf ihren schmerzenden Bauch legen konnte. Und die Nacht auf einer dünnen Isomatte verbringen zu müssen, würde dem Heilungsprozess sicher auch kaum dienlich sein.

Zum Glück hatte sie am Morgen das halbvolle Röhrchen mit den Schmerztabletten eingesteckt! Die würden ihr erstmal über die nächsten Stunden weiterhelfen – und bis dahin musste sie Tom wohl oder übel beibringen, dass das Wacken-Festival für sie leider vorzeitig beendet sein würde.

Mit schmerzverzerrtem Gesicht zog sie vorsichtig ihre Hosen wieder hoch und machte sich in leicht gebückter Haltung auf den Weg, um die Stelle zu suchen, wo sie vor kurzem ihr Zelt aufgebaut hatten.

„Hey Lady! Ham Sie 'n Problem?"

Sie fuhr erschrocken zusammen, als ein hagerer, kleiner Mann plötzlich hinter einem Baum auftauchte und sie mit einem zahnlosen Grinsen musterte.

„Nein, alles in Ordnung", log sie hastig und wollte schnell weiter gehen. Aber der fremde Typ versperrte ihr den Weg und hielt ihr eine brennende Zigarette entgegen.

„Willst du mal?", fragte er mit einem merkwürdigen Leuchten in den Augen.

„Ich rauche nicht", lehnte sie dankend ab, woraufhin der reichlich unheimlich wirkende Zeitgenosse in ein meckerndes Lachen ausbrach.

„Nicht rauchen, drücken", wieherte er ausgelassen und streckte ihr einen seiner ausgemergelten Arme entgegen, auf denen unzählige kleiner Brandwunden zu sehen waren.

„Is 'n geiles Gefühl. Komm, tu's für mich", forderte er sie gierig auf. Doch als sie schockiert den Kopf schüttelte, drückte er die brennende Zigarette mit einem wohligen Stöhnen in seiner Armbeuge aus.

Entsetzt stieß sie ihn einfach beiseite und rannte so schnell es ihr schmerzender Unterleib zuließ weiter.

Es regnete noch immer in Strömen. Inzwischen war auch ein unangenehmer Wind aufgekommen, der sie heftig frösteln ließ.

Sie hatte die Dixiklos mit den Warteschlangen hinter sich gelassen und irrte ziellos zwischen den parkenden Autos und Motorrädern umher. Wo um alles in der Welt hatten Tom und sie denn bloß ihr Zelt aufgeschlagen?

Unter all den fremden Menschen entdeckte sie plötzlich ein Gesicht, das ihr vertraut vorkam.

„Hallo! Kannst du mir helfen? Ich suche den Platz, an dem wir unser Zelt aufgebaut haben", schrie sie der jungen Frau ins Ohr, die ihr Lager vorhin mit ihrem Freund direkt neben ihnen aufgeschlagen hatte.

„Du hast ihn gefunden", brüllte ihre Zeltnachbarin zurück. „Der Regen hat alles platt gemacht!"

Sie deutete mit dem Zeigefinger auf Toms Maschine, die nur ein paar Schritte entfernt stand. Direkt daneben trieben in einer trüben Schlammpfütze ein armseliges Häufchen dunkelblauer Zeltfolie, zwei völlig durchnässte Schlafsäcke und ein paar andere Habseligkeiten. Sie stürzte darauf zu, stolperte über einen der noch stehengebliebenen Heringe und fiel der Länge nach in den Matsch. Hilflos vor Wut und Verzweiflung tastete sie nach ihrem Kulturbeutel, der ebenfalls völlig durchgeweicht war, riss den Reißverschluss auf und sah mit Entsetzen, dass das Tablettenröhrchen aufgegangen war und sich der gesamte Inhalt zu einem milchig weißen Brei verklumpt hatte.

Die Stiche in ihrem Unterleib wurden immer heftiger, ihr Kopf war kurz davor zu zerplatzen. Tränen schossen ihr in die Augen, während sie beide Hände fest auf ihre Ohren presste, um wenigstens den unerträglichen Lärm nicht länger hören zu müssen.

„Ich will nach Hause", schluchzte sie jämmerlich in sich hinein.

Plötzlich spürte sie eine sanfte Berührung an ihrer Schulter. Sie fuhr panisch herum und schlug völlig unkontrolliert nach der Person, die mit einem Mal neben ihr aufgetaucht war.

„Aber Kindchen. So beruhigen Sie sich doch."

Sie konnte die zarte, gebrechliche Stimme klar und deutlich verstehen. Die Rockband hatte endlich die längst fällige Verschnaufpause eingelegt.

Ihr tränen- und matschverschmierter Blick wanderte von einem Paar rosafarbener Gummistiefel hoch zu einem knallroten Regencape unter dessen Kapuze das runzlige Gesicht einer sehr alten Frau hervorlugte und ihr freundlich zulächelte.

„Bitte entschuldigen Sie, ich wollte Ihnen nicht wehtun", stammelte sie. „Aber ich hab mich so fürchterlich erschrocken."

„Schon gut, Schätzchen. Die alte Lina haut so schnell nichts um. Was man von dir wohl nicht behaupten kann. Du siehst ganz schön mitgenommen aus."

„Es tut so schrecklich weh", erklärte sie und presste ihre Hände auf den schmerzenden Unterleib.

„Hast du dich womöglich verkühlt?"

„Mhm, mhm", erwiderte sie kläglich.

„Oje, mit solchen Geschichten darf man nicht scherzen", sagte die alte Dame mitfühlend. „Komm, ich bring dich zum Sanitäterzelt. Da können sie dir sicher helfen."

Sie streckte ihr eine knochige Hand entgegen und zog sie mit erstaunlicher Kraft vom Boden hoch.

Ein wenig irritiert, aber dennoch erleichtert, folgte sie der kleinen Person im roten Regencape, die mit sicheren Schritten durch den tiefen Matsch voranstapfte. Wer war diese seltsame, alte Frau? An wen erinnerte sie sie? Und warum war sie plötzlich ausgerechnet neben ihr aufgetaucht?

„Ich bin, wie gesagt, die Lina. Lina Möller. Aber Lina reicht vollkommen", erklärte die Frau unvermittelt, so als hätte sie ihre Gedanken gelesen. „Manche Leute nennen mich auch den guten Engel von Wacken", aber so etwas wie ein Engel bin ich sicher nicht", fuhr sie kichernd fort. „Schau, da vorn ist schon das Sanitäterzelt! Gleich geht's dir wieder besser."

Leider irrte sich die alte Dame, denn außer einem pickeligen Zivi, der ihnen nervös erklärte, dass sowohl die Sanitäter, als auch sämtliche Notärzte seit Stunden alle Hände voll zu tun hatten, fanden sie niemanden in dem Zelt vor, der ihr hätte helfen können.

„Na, dann kommst du eben mit zu mir nach Haus. Es sind nur ein paar Schritte, quer durch das Wäldchen. Ich mache dir eine schöne Wärmflasche, du trinkst einen heißen Tee und ein paar Schmerztabletten werden wir sicherlich auch noch finden."

Obwohl sie kein gutes Gefühl bei dem Gedanken hatte, dieser wildfremden Frau in ihr Haus zu folgen, hatte sie kaum eine andere Wahl: Die Schmerzen waren inzwischen so stark, dass sie sich nur mit Mühe auf den Beinen halten konnte. Außerdem zitterte sie am ganzen Körper vor Kälte, während ihr Kopf sich glühend heiß anfühlte. Wahrscheinlich hatte sie nun auch noch Fieber bekommen. Sie fühlte sich jedenfalls hundeelend und beschloss, das Angebot der Frau anzunehmen. Vielleicht würde es ihr ja nach einer Tasse heißem Tee wirklich schon besser gehen. Und in dem Haus gab es mit Sicherheit ein Telefon. Sie konnte ein Taxi rufen, das sie ins nächste Krankenhaus fahren würde.

Der Weg zum Haus schien kein Ende nehmen zu wollen, zumal die alte Lina immer wieder aufgehalten wurde. Die Menschen begrüßten sie überschwänglich, wie eine gute Bekannte. Von allen Seiten wurde ihnen fröhlich zugeprostet.

Als sie endlich das Waldstück erreicht hatten, setzte mit einem donnernden Schlagzeugwirbel erneut die Musik ein und das begeisterte Geschrei der zum Teil stark angetrunkenen Fans steigerte sich augenblicklich zu einem infernalischen Crescendo.

Automatisch presste sie wieder die Hände auf die Ohren und kam auf dem unebenen Boden ins Schwanken. Sie schlug mit dem Kopf gegen einen dicken Ast, verlor das Gleichgewicht und fiel zum zweiten Mal an diesem unglückseligen Tag der Länge nach auf den Boden. Ihr wurde schwarz vor Augen, als ihr Bauch auf eine knorrige Baumwurzel prallte und sie schrie so laut auf vor Schmerz, dass die alte Dame sie trotz des Lärms hörte, sich abrupt nach ihr umdrehte und mit besorgter Miene auf sie zugeeilt kam.

Plötzlich wurde ihr klar, an wen diese winzige Person in ihrem roten Regencape sie erinnerte. Es war Jahre her, dass sie den Film gesehen hatte, aber noch heute lief ihr ein Schauer über den Rücken, wenn sie an die unheimliche Gestalt dachte, die in „Wenn die Gondeln Trauer tragen“ mit einem roten Mantel bekleidet durch die Gassen von Venedig huschte ...

„Fassen Sie mich nicht an“, stieß sie ängstlich hervor, als

der rot gekleidete Zwerg sich über sie beugte. Aber sie war zu schwach, um sich zu wehren und so ließ sie es willenlos geschehen, dass die Alte sie mit einem kräftigen Ruck hochzog, sie mit ihrem sehnigen Körper abstützte und sie Schritt für Schritt immer tiefer in den Wald hineinführte.

Als sie das windschiefe Backsteinhaus erreichten, das einsam auf einer kleinen Lichtung zwischen den hohen Bäumen stand, war sie an einem Punkt angekommen, an dem ihr alles egal war. Selbst wenn die Frau sie hierher gelockt haben sollte, um sie auf grausame Weise ins Jenseits zu befördern, würde sie das ohne Gegenwehr hinnehmen. Wenigstens müsste sie dann diese Schmerzen nicht länger ertragen.

„So Schätzchen. Ich schlage vor, dass du zunächst mal hurtig die nassen Sachen ausziehst", schlug ihre mysteriöse Gastgeberin vor, als sie in den schmalen, düsteren Flur getreten waren. Ein modriger Geruch stieg ihr in die Nase und verursachte ihr augenblicklich Übelkeit.

„Wie halten Sie das nur aus?", stieß sie erschöpft hervor.

„Was meinst du denn, Kindchen?", fragte die Alte erstaunt.

„Der Lärm, der Müll, die vielen Menschen ..."

„Diesen Menschen habe ich es zu verdanken, dass ich noch auf Gottes schöner Erde weile", antwortete die alte Lina mit einem verklärten Lächeln. „Als sich mein Otto vor einigen Jahren mit einem Herzschlag einfach aus dem Staub gemacht und mich mutterseelenallein zurückgelassen hat, da war ich felsenfest davon überzeugt, dass es nicht lange dauern wird, bis ich ihm nachfolge. Aber vor 20 Jahren kamen ein paar Musikverrückte auf die Idee, hier in unserem verschlafenen Nest ein Treffen unter freiem Himmel für Gleichgesinnte zu veranstalten. Das Heavy Metal Festival von Wacken war geboren. Und für mich war das der Anfang meines neuen Lebens. Elf Monate des Jahres beiße ich tapfer die Zähne zusammen, weil ich weiß, dass ich im zwölften dafür reich belohnt werde. Und ich rede jetzt nicht von dem durchaus angenehmen Geldsegen, den auch mir das Festival alljährlich beschert. Ich vermiete die vielen Zimmer in meinem Häuschen, die ich ohnehin nicht nutze. Einmal im Jahr kommt wieder Leben in diese alten Mauern. Und damit auch in meine alten Knochen. Glauben Sie mir, Kindchen. Ich liebe dieses Festival! Ich liebe die Lebendigkeit, die ich durch die Anwesenheit all dieser wunderbaren Menschen wieder am eigenen Leib spüren darf!"

Während ihrer begeisterten Rede hatte sich die Alte aus ihrem Regencape gepellt, unter dem sie eine verwaschene Jeanshose und ein schwarzes T-Shirt mit dem Aufdruck „Wacken forever" trug. Nicht gerade die typische Kleidung für eine Dame, die die siebzig mit Sicherheit weit überschritten hatte.

„Schlüpf einfach hier rein", fuhr sie geschäftig fort und drückte ihr einen verschlissenen Herrenbademantel in die Hand. „Ich lass dir jetzt 'ne schöne heiße Wanne ein und setze eine Kanne Fencheltee auf. Der wirkt wunderbar entspannend."

Damit verschwand sie in einem der Zimmer und ließ sie allein in dem düsteren, muffigen Flur zurück.

Unschlüssig stand sie da – den Bademantel in der Hand. Die Alte hatte sicher Recht. Sie musste die nassen Sachen ausziehen. Sie zitterte inzwischen am ganzen Leib. Aber war es wirklich die Kälte, die sie so erbärmlich schlottern ließ? Oder war es vielmehr Angst? Die nackte, kalte Angst vor dem, was mit ihr in diesem Haus geschehen würde?

„Ich muss hier raus", dachte sie mit plötzlicher Panik. Sie warf den Bademantel zu Boden und wollte sich gerade zur Tür umdrehen, um die Flucht zu ergreifen, als der Schmerz sie mit einer solchen Wucht traf, dass sie augenblicklich die Besinnung verlor ...

„Ich bin blind." Das war ihr erster Gedanke, als sie die Augen aufschlug. Um sie herum war nichts als tiefschwarze Dunkelheit. Mit rasendem Herzen starrte sie nach oben. Ganz allmählich konnte sie ein paar wage Konturen ausmachen: Eine altmodische Lampe direkt über ihr. Und an der Wand rechts vor ihr eine Garderobe, an der ein paar Kleidungsstücke hingen. Blind war sie also nicht, wie sie mit Erleichterung feststellte. Aber wo war sie? Und wie war sie hier hergekommen?

Sie lag auf dem Rücken, die Dielen unter ihr waren triefend nass. Sie versuchte sich zu konzentrieren. In der Ferne hörte sie das Gemurmel von Stimmen. Ab und zu ein aufgekratztes Lachen. Irgendetwas fehlte. Die Musik! Ja natürlich! Die nervtötende, unbarmherzig laute Musik war verstummt.

Quälend langsam kam die Erinnerung zurück: Wacken. Das Heavy Metal Festival. Sie war mit Tom hierher gefahren. Auf seinem Motorrad. Sie hatten ein Zelt aufgebaut und dann hatte es zu regnen begonnen. Sie erinnerte sich an die vielen Menschen, an das Dröhnen der Bässe und an die Schmerzen in ihrem Unterleib. Die unerträglichen Schmerzen! Vorsichtig tastete sie mit der Hand nach ihrem Bauch. Nichts! Keine Stiche, keine Krämpfe. Absolut nichts! Dafür taten ihre Knochen weh. Wie lange hatte sie auf den harten Dielen gelegen? In diesem düsteren Flur. In dem alten Backsteinhaus, in das sie die alte Frau gebracht hatte. Diese merkwürdige, alte Frau im roten Regencape. Wie war noch ihr Name? Lina. Ja genau. Lina Möller, der gute Engel von Wacken.

„Hallo", rief sie zaghaft. „Hallo. Sind Sie hier irgendwo?" Keine Antwort.

Es kostete sie große Mühe, sich zu erheben. Ihre Glieder waren steif. Die nassen Sachen klebten kalt an ihrem Körper.

„Hallo!", rief sie noch einmal etwas lauter und lauschte angestrengt in die Dunkelheit. Sie vernahm ein leises Rauschen, so als ob irgendwo Wasser laufen würde. Die Alte hatte gesagt, dass sie ihr eine Wanne einlassen würde. Aber da war es draußen noch hell gewesen. Wie viele Stunden waren seitdem vergangen?

Am Ende des schmalen Flures erkannte sie die schemenhaften Umrisse einer Tür. Von dort kam das Rauschen. Vorsichtig watete sie durch das knöcheltiefe Wasser. Das Geräusch wurde lauter, je näher sie der Tür am Ende des Ganges kam. Nun stand sie davor. Sie klopfte an: „Lina? Hallo? Sind Sie da drin?“ Wieder keine Antwort. Nur das Rauschen.

Sie drückte auf die Klinke und schob das Türblatt auf. Heißer Dampf schlug ihr entgegen, doch sie konnte nichts erkennen. Sie tastete nach einem Lichtschalter, entdeckte ihn rechts neben der Tür und schaltete ihn ein.

Das Wasser, das sich über den Wannenrand ergoss, hatte einen unnatürlich rötlichen Schimmer. Sie ging weiter, obwohl sie bereits eine dunkle Ahnung hatte, was sie erwarten würde.

Der zarte, gebrechliche Körper der alten Frau war vollkommen nackt. Leblose Augen starrten sie aus dem leichenblassen Gesicht fragend an. Das Blut, das aus der klaffenden Wunde am Hals quoll, vermischte sich mit dem Wasser, das unaufhörlich weiter strömte ...

Sekundenlang stand sie da, unfähig sich zu bewegen. Unfähig zu schreien. Dann drehte sie sich abrupt um und stürzte durch den engen Flur hinaus in den stockfinsteren Wald. Sie rannte blindlings drauflos. Immer weiter in die Richtung, aus der das Gemurmel der Stimmen kam. Dort waren Menschen. Dort war Tom. Sie musste ihn finden und ihm erzählen, was geschehen war. Was sie gesehen hatte. Das Bild der toten Frau in der Badewanne hatte sich unauslöschlich in ihr Gedächtnis gebrannt. Sie würde es ihr Leben lang nicht mehr vergessen können.

Die Stimmen wurden allmählich lauter, durch das Dickicht der Bäume konnte sie in der Ferne bereits vereinzelte Lichter sehen. Gleich hatte sie es geschafft!

Als sie die Dixiklos am Waldrand erreicht hatte, musste sie eine kurze Pause einlegen. Sie ließ sich auf einen Baumstumpf sinken und versuchte, ihren keuchenden Atem zu beruhigen. Sie schlotterte vor Kälte, obwohl sie gleichzeitig das Gefühl hatte, ihr Körper würde verglühen. Keine Frage: Sie hatte hohes Fieber und brauchte dringend ärztliche Hilfe.

„Na, so ein Zufall! Da ist sie ja wieder, die kleine Lady".

Mit einem Aufschrei fuhr sie herum und starrte in das grinsende Gesicht eines alten Bekannten.

„Und? Wie sieht's aus? Bist du doch auf den Geschmack gekommen?", kicherte der widerliche Typ und streckte ihr erneut den ausgemergelten Arm mit den unzähligen Brandwunden entgegen. Er nahm die Zigarette, die in seinem Mundwinkel hing in die Hand und kam langsam auf sie zu. „Komm. Versuch's mal. Zier dich nicht so."

Sie klammerte sich an den Baumstumpf, unfähig, sich zu bewegen.

„Bitte lassen Sie mich in Ruhe", stammelte sie hilflos. Aber der Kerl dachte nicht daran. Er kam immer näher. Als er direkt vor ihr stand, konnte sie es deutlich sehen: Blut. Überall war Blut. An seinen Händen. An seiner verdreckten Kleidung.

Er war es! Er hat die alte Frau getötet, schoss es ihr durch den Kopf, und sie begann in heller Panik den Waldboden neben sich abzutasten. Nach einem Stein, einem Stock, nach irgendetwas, womit sie sich gegen dieses Monstrum verteidigen konnte. Er war jetzt ganz dicht vor ihr. Sie konnte seinen stinkenden Atem riechen. Es waren nur noch wenige Zentimeter zwischen ihren weit aufgerissenen Augen und der glimmenden Zigarette, die er langsam vor ihrem Gesicht kreisen ließ ...

Da! Ihre Hand stieß an etwas Hartes. Es fühlte sich an, wie ein dicker Ast. Ohne auch nur eine Sekunde zu überlegen, griff sie danach, riss ihren Arm hoch und schlug mit letzter Kraft zu.

Der Mann schaute sie überrascht an, torkelte kurz und brach dann zusammen. Ohne ihn auch nur eines weiteren Blickes zu würdigen, sprang sie auf und wollte losrennen, als sich schlagartig alles um sie herum zu drehen begann. Eine Welle der Übelkeit flutete durch ihren Körper, ihre Beine zitterten so stark, dass sie es nicht schaffte, sich aufrecht zu halten. Sie sank neben dem leblosen Körper des Mannes auf die Knie und fing jämmerlich an zu heulen.

Aus. Vorbei. Sie konnte nicht mehr. Und sie wollte auch nicht mehr. Was für ein unwürdiges Ende! Sie war gerade mal vierzig Jahre alt und würde nun in einem unbedeutenden Kaff, irgendwo in Schleswig-Holstein, neben einer Reihe von stinkenden Dixiklos, Seite an Seite mit einem Freak, den sie mit eigener Hand erschlagen hatte, elendig verrecken. Und das nur, weil sie sich mit aller Macht beweisen wollte, dass sie noch lange nicht zum alten Eisen gehörte! Dass sie locker mit einem jungen Mann wie Tom mithalten konnte. Dass sie, obwohl sie weder etwas für Heavy Metal Musik, noch für überfüllte Campingplätze und erst recht nichts für Motorräder übrig hatte – dass sie all das in Kauf nahm, um ...

Ja, warum eigentlich? Hätte Tom sie verlassen, wenn sie ehrlich zu ihm gewesen wäre? Wenn sie ihm erklärt hätte, dass so ein Festival eigentlich nicht „ihr Ding" war. Und Simon? Ihr über alles geliebter, kluger, wunderbarer Sohn? Hätte der sich für sie geschämt, wenn sie sich gegen den Heavy Metal Trip entschieden hätte? Unsinn. Er hatte sie sogar noch vor dieser hirnrissigen Aktion gewarnt. Weil er seine Mutter offensichtlich besser kannte, als sie sich selbst.

Sogar die heftigen Schmerzen im Unterleib hatten sie nicht von ihrem Entschluss abhalten können. Wie konnte eine erwachsene Frau nur so unglaublich borniert sein? Der Preis, den sie dafür zahlen musste, war verdammt hoch. Aber sie hatte es nicht besser verdient. Und sie fühlte sich außer Stande, noch länger gegen dieses unabänderliche Schicksal aufzubegehren.

„Frau Schmid? Hallo. Frau Schmid. Können Sie mich hören?"

Eine fremde Stimme drang wie von weiter Ferne in ihr Ohr. Frau Schmid? Das war sie. Ohne Zweifel. Susanne Schmid, vierzig Jahre alt, geschieden, ein Sohn.

„Frau Schmid. Sind Sie wach? Versuchen Sie doch bitte, ihre Augen zu öffnen!“

Was wollte diese Stimme von ihr. Dass sie die Augen öffnete?

Nein! Das wollte sie nicht! Sie wollte die Augen nicht aufmachen. Auf gar keinen Fall. Alles war perfekt, so wie es war. Mit geschlossenen Augen. Sie fühlte sich wohl. Unglaublich entspannt. Sie fror nicht, sie hatte keine Schmerzen, sie lag auf einer weichen Unterlage, eine flauschige Decke war über ihren Körper gebreitet.

Fühlte es sich so an, wenn man gestorben war? Wahnsinn! Fantastisch! Und diese himmlische Ruhe ...

Wie es wohl aussah? Da, wo sie gelandet war. Sollte sie es wagen, einen Blick zu riskieren. Warum eigentlich nicht? Was konnte ihr schon passieren. Nichts. Gar nichts. Es war ja schon alles passiert. Das, wovor sie sich immer so sehr gefürchtet hatte, war einfach passiert. Sie war gestorben und erstaunlicherweise machte es ihr nichts aus. Im Gegenteil. Es war ein gutes Gefühl.

Ganz langsam hob sie ihre Lider.

„Na also! Das ist aber schön, dass Sie wieder bei uns sind!“

Die Stimme gehörte zu einem freundlichen Gesicht, das dicht über sie gebeugt war. Ein fremdes Gesicht. Sie blinzelte verwirrt.

Das fremde Gesicht verschwand aus ihrem Blickfeld. Sie drehte den Kopf zur Seite und sah, dass zu dem Gesicht auch ein Körper gehörte. Ein kräftiger, männlicher Körper, der in einem blütenweißen Kittel steckte.

„Da haben Sie aber wirklich verdammt großes Glück gehabt, junge Frau! Das hätte leicht ins Auge gehen können!“

Was redete dieser Mann da? Und wer war er? Den lieben Gott hatte sie sich eigentlich ganz anders ...

„Entschuldigen Sie, dass ich mich noch nicht vorgestellt habe. Ich bin Ernst Freudenthal, Chefarzt hier am Städtischen

Klinikum in Itzehoe. Ich habe mir erlaubt, den kleinen Übeltäter kurzerhand zu entfernen. Aber machen Sie sich bitte keine Sorgen. So ein Blinddarm ist im Grunde völlig überflüssig. Es lebt sich ohne ihn noch mal so gut, weil er einen nämlich nie wieder piesacken kann!"

Sollte das etwa heißen, dass sie nicht gestorben war? Dass sie nicht im Himmel, sondern einfach nur in irgendeinem Krankenhaus war, wo man ihr den Blinddarm entfernt hatte?

„Wo ist ...?", begann sie zögerlich, aber der freundliche Doktor unterbrach sie sofort. „Ihr Sohn ist nur mal kurz raus, um sich die Füße zu vertreten und ein bisschen frische Luft zu schnappen. Er hat die ganze Nacht neben Ihrem Bett gesessen und Ihre Hand gehalten. Ich muss schon sagen, Sie haben wirklich einen tollen Jungen!"

Ihr Sohn? Hatte sie das richtig verstanden? Dieser Doktor dachte, dass Tom ihr Sohn wäre. Sie drehte rasch den Kopf zur Seite, damit er nicht sehen konnte, wie ihr die Tränen in die Augen schossen. Das war der Gipfel der Demütigung! Sah sie denn wirklich so alt aus? So uralt. Tom war gerade mal acht Jahre jünger als sie. Lächerliche acht Jahre.

„Wenn Sie möchten, kann ich ihren Prachtburschen schnell holen. Er wird sich bestimmt freuen, dass es seiner Mutter wieder besser geht."

Sie nickte nur schwach mit dem Kopf.

Der Doktor war schon halb zur Tür hinausgegangen, als ihr plötzlich etwas einfiel. Etwas, das tausendmal wichtiger war, als ihre eigenen, kindischen Probleme. Die Probleme einer Frau um die vierzig, die nicht akzeptieren wollte, dass sie eben keine zwanzig mehr war!

„Die alte Dame ... Lina? War die Polizei schon in ihrem Haus?", fragte sie mit ängstlicher Stimme.

„Also, ich weiß nur, dass die Jungs von der freiwilligen Feuerwehr dort waren. Die hat die gute Lina nämlich alarmiert, als Sie da plötzlich in ihrem Hausflur einfach umgefallen sind.

Sie hat Ihnen wahrscheinlich mit diesem geistesgegenwärtigen Einsatz das Leben gerettet. Der kleine Wurm in Ihrem Bauch war geplatzt und ich kann Ihnen aus trauriger Erfahrung berichten, dass das schon für manchen bei Weitem nicht so gut ausgegangen ist."

„Lina Möller lebt?", fragte sie fassungslos.

„Na und ob sie lebt! Hoffentlich noch viele Jahre. Wir wüssten hier nämlich alle nicht, wie wir ohne unseren guten Engel von Wacken zurecht kommen sollten!"

Damit schenkte der Doktor ihr noch ein aufmunterndes Lächeln und ließ sie allein. Allein mit all diesen verwirrenden Fragen und Gedanken und Gefühlen.

Sie lag regungslos da und starrte an die Decke.

Okay, dachte sie, als sie nach einer Unendlichkeit endlich wieder in der Lage war, zu denken. Jetzt mal ganz langsam.

Nichts, aber auch gar nichts war so, wie sie es in Erinnerung hatte. Im Gegenteil. Alles war ganz anders. Der alten Lina Möller hatte niemand in der Badewanne die Kehle aufgeschlitzt. Der Freak mit den Brandwunden hatte sie kein zweites Mal belästigt. Und sie hatte ihn auch nicht mit einem Ast erschlagen. Das hatte sie sich alles nur zusammenphantasiert. In einem Fieberwahn, der durch eine ganz banale Blinddarmentzündung ausgelöst worden war. Weil sie nicht auf ihren Körper gehört und sich mit aller Gewalt zu beweisen versucht hatte, dass sie unglaublich stark, unglaublich tough und unglaublich cool war. Und das nur, weil sie sich in einen Mann verliebt hatte, der ein paar Jahre jünger war als sie. Acht Jahre. Was waren denn schon acht Jahre? Offensichtlich acht zu viel!

Wenn er gleich durch die Tür kam, würde sie ihm sagen, dass es keinen Sinn hatte. Dass es vorbei wäre. Es würde ihr das Herz brechen, weil sie sich ernsthaft in ihn verliebt hatte. Aber sie musste es tun. Für ihn, für sich und nicht zuletzt für ihren Sohn.

Als sie das zaghafte Klopfen an der Tür hörte, hielt sie für einen Augenblick den Atem an. Es war soweit. Sie musste nur „Herein“ sagen. Tom würde durch die Tür treten, sie würde ihm kurz und bündig erklären, dass es keine gemeinsame Zukunft für sie geben konnte und dann, wenige Minuten später, würde er für immer aus ihrem Leben verschwunden sein. Sie wünschte sich nichts sehnlicher, als dieses „Herein“ nicht sagen zu müssen. Aber sie hatte sich entschieden. Dieses eine Mal sollte die Vernunft siegen. Und deshalb tat sie es. Mit fester Stimme rief sie ein lautes, deutliches „Herein“.

Die Tür ging auf und da stand er. Mit diesem unglaublich überheblichen Grinsen, das sie gerade in letzter Zeit verdammt oft auf die Palme getrieben hatte ...

„Mensch Mama! Du machst vielleicht Sachen! Ich habe ’nen Riesenschreck gekriegt, als Tom mich angerufen hat. Aber er ist echt klasse. Hat mir mitten in der Nacht ein Taxi kommen lassen, damit ich auf dem schnellsten Weg bei meinem alten Muttertier sein kann. 150 Eier hat der Spaß gekostet. Also, wenn dein Sohn dir einen Rat geben darf, auf den du vielleicht zur Abwechslung mal hörst: Diesen Typen würd’ ich mir an deiner Stelle warmhalten. Der scheint dich fast so lieb zu haben wie ich ...“

Renate Niemann

Hinkebein

St. Michaelis kam mit einem verfrühten Herbststurm, und am Morgen des letzten Septembertages, als der Dunst sich hob, fand sich am Kniepsand ein Haufen Knochen, dort, wo das nächtliche Hochwasser ihn am Flutsaum hatte liegen lassen.

Es war Zufall, dass Elke Bruns die erste war, die an diesem Tag ihre Füße auf den knirschenden Sand setzte, um entgegen aller Gewohnheit einen Morgenspaziergang zu machen. Die Amrumer gingen nicht am Strand spazieren. Ebenso wenig, wie die Kölner den Kölner Dom besichtigten oder die Einwohner von Paris den Eiffelturm hinauffuhren. Aber Elke hatte schlecht geschlafen, sich mit unruhigen Träumen im Bett hin und her gewälzt. Vielleicht war der Vollmond Schuld gewesen. Oder der Wind, der um die Hausecken geheult hatte wie ein unruhiger Geist. Obwohl sie ihn doch seit Kindertagen kannte, hatte er ihr Gänsehaut über den Rücken gejagt.

Der umtriebige Störtebeker, wie stets am äußeren Ende ihrer Rufweite herumstöbernd, kam hinter dem Kamm der Düne hervor. Er liebte das Stöckchenspiel, und diesmal hatte er ein wirklich bemerkenswertes Stöckchen aufgetrieben: einen großen, weißen Knochen, den offenbar das Meer freigegeben hatte. Elke nahm den vermeintlichen Rinderknochen – denn was hätte es anderes sein können? – aus dem Maul des Hundes und schleuderte ihn irgendwo zwischen das Seegras. Der zottelige Störtebeker sprang hinterher, kaute eine Weile auf dem Knochen herum und ließ ihn dann liegen. Wahrscheinlich war er ihm zu salzig.

Elke dachte an Johann, der schon seit zwei Wochen auf Montage war und den sie am Vorabend auf dem Handy nicht erreicht hatte, an ihren befristeten Vertrag im Kindergarten von Nebel, und an Tante Abbeline und Tante Gebbina, die nachher zum Kaffee kommen wollten. Gedanken, die wie Strandgut hier und da an die Oberfläche gespült wurden, um beim nächsten Wellenrauschen wieder mit einem Glucksen zu verschwinden. Vielleicht lag es an der Jahreszeit. Ja, ganz bestimmt. Es lag am September. Wenn die Tage kürzer wurden und der Herbst sich näherte, durchlebte sie jedes Mal so eine Phase, in der alte Erinnerungen sie heimsuchten und kleine Probleme plötzlich unüberwindbar erschienen.

Sie hob ihr Kinn gegen den frischen Wind, der vom Meer kam, und versenkte die Hände in die Taschen ihrer Windjacke. Der Wind war ihr Freund; er blies alle dummen Gedanken aus ihrem Kopf. Störtebeker war wieder aus ihrem Gesichtsfeld verschwunden. Er kläffte irgendwo in der Ferne. Vielleicht war er auf einen Strandhasen gestoßen. Eine halbe Minute später tauchte er wieder auf, mit einem anderen Knochen im Maul, der schmaler und zierlicher war als der erste. Elke dachte sich noch immer nichts dabei und warf auch diesen Knochen durch die Luft. Misstrauisch wurde sie erst, als der Hund einen Moment später mit einem dritten Knochen ankam, der aufgrund seiner gebogenen Form eine Rippe sein konnte, allerdings keine Rinderrippe, denn dafür war er nun doch zu klein. Elke hatte nicht viel Ahnung von Anatomie, aber als sie den Knochen in Händen hielt, kribbelte es in ihrem Nacken. Sie nahm den Hund an die Leine, der sie zielstrebig in Richtung des Fundortes seiner Spielzeuge zog.

Als sie die sandige Anhöhe hinaufgestapft war, erkannte Elke in einiger Entfernung einen Haufen helles Geröll im Sand, der sich beim Näherkommen tatsächlich als ein Sammelsurium von Knochen entpuppte. Ein beinahe intakter menschlicher Brustkorb trocknete in der Morgensonne. Daneben die dünnen Knöchelchen einer Hand. Ein paar Meter weiter fanden sich die Reste eines alten Überseekoffers – eines dieser urtümlichen Riesendinger, in denen man seinen halben Hausrat mitschleppen konnte. Auch in dem Koffer lagen Knochen. Ein menschlicher

Schädel schenkte ihr ein halbes Grinsen – der Unterkiefer mit einigen noch gut erhaltenen Zähnen lag daneben.

Elke kreischte nicht los, wie es die Frauen in den Fernsehkrimis bei solchen Gelegenheiten zu tun pflegten. Dieses Gerippe war zu alt, um noch Furcht zu wecken. Sie ging in die Hocke und begann, mit einem Stöckchen den Sand beiseite zu schieben und die Knochen weiter freizulegen. Der große Knochen, den Störtebeker in die Dünen getragen hatte, musste ein Oberschenkelknochen gewesen sein, denn vor ihr lag eindeutig ein Bein, bei dem genau dieses Stück fehlte. Elke wischte sich die Hände ab, kramte ihr Handy aus der Tasche, und wählte die Nummer der kleinen Polizeistation in Nebel.

Die kleine Mannschaft der Polizei konnte nicht viel tun. Mit einem echten Skelett hatten sie es noch nicht zu tun gehabt. Auf Amrum gab es höchstens mal ein paar Radaubrüder am Strand zu maßregeln, Falschparker aufzuschreiben oder im Sommer der einen oder anderen abhanden gekommenen Geldbörse nachzuspüren. Diese Sache war eine Nummer zu groß. Man musste die Polizeidirektion in Husum verständigen.

„Ist denn noch alles so, wie du es gefunden hast, Elke?“, fragte der diensthabende Wachtmeister, der aufgrund der Schwere des Anlasses seine Uniformmütze aufgesetzt hatte.

Elke hob die Schultern. „Ich habe hier nichts angefasst. Störtebeker hat allerdings ein paar Knochen in die Dünen geschleppt, bevor ich erkannte, um was es sich handelt.“

„Ich denke, das macht keinen großen Unterschied mehr. Die Knochen sind absolut sauber, gebleicht und porös. Das geht nicht so schnell. Der Tote wird viele Jahre in dem alten Koffer im Wasser gelegen haben. Vielleicht hat eine Schlepperleine das Ding aus dem Boden gezogen und in Strandnähe gebracht. Und der Seegang der letzten Nacht hat dann das Übrige getan.“

*

Der Skelettfund am Strand machte in Windeseile seine Runde auf der Insel. Am Nachmittag wartete Elke vergeblich auf ihre Tanten. Dabei hatte sie fest damit gerechnet, dass die beiden neugierigen Elstern sogar noch ein Stündchen früher bei ihr einlaufen würden, um ihr, als der Finderin des Skeletts, bei Kaffee und Kuchen alle Einzelheiten der Geschichte aus der Nase zu ziehen. Es war höchst sonderbar, dass sie gerade heute absagten. Elke verstaute die Obsttörtchen wieder im Kühlschrank und seufzte leise. Sie hatte Johann immer noch nicht erreicht. Und sie dachte an das dumme Skelett, obwohl sie gar nicht daran denken wollte.

Der Abend brachte erneut starken Wind von See her. Die Fensterläden klapperten ohne Unterlass, obwohl Elke sie fest geschlossen hatte. Sie hatte extra noch mal nachgeschaut. Nun lag sie im Bett und konnte nicht einschlafen. Auch das Glas warme Milch hatte nicht geholfen. Waren da nicht Schritte unter ihrem Fenster? Langsame, etwas unregelmäßige Schritte? Elke schaltete die Nachttischlampe an, entschlossen, sie den Rest der Nacht brennen zu lassen, wie sie es als Kind in den Herbstnächten so oft getan hatte. Wieder Schritte. Die leeren Augenhöhlen des Schädels hatten sie angeglotzt. Warum musste ausgerechnet sie an diesem Morgen als erste einen Strandspaziergang machen? Und der verflixte Störtebeker mit seinem Stöckchenspiel! Dann dachte sie an Onkel Jan, an den sie schon seit Ewigkeiten nicht mehr gedacht hatte. Onkel Jan, der verschwunden war, damals, in dem Jahr, bevor sie in die Schule kam.

Genervt setzte sich Elke hin und schüttelte ihr Kopfkissen auf, das vom Herumwälzen schon ganz zerknüllt war. Verdammt, was hatte Onkel Jan denn damit zu tun? Im Grunde wusste sie doch gar nichts über die Sache. Onkel Jan war kaum mehr als ein Phantom. Er war wie ein entfernter Schemen in einer grauen Masse, aus der nur gelegentlich ein schärfer konturiertes Detail auftauchte. Sie konnte sich kaum an sein Gesicht erinnern. Auch Fotos gab es nicht. In dem alten Familienalbum von Tante Abbeline und Tante Gebbina fanden sich leere Stellen, die helle Rechtecke in den vergilbten Seiten bildeten. Die Tanten hatten Jan nicht nur aus ihren Herzen entfernt, sie hatten auch versucht, jede Erinnerung an ihn zu tilgen. Niemand sprach von ihm. Niemand nannte seinen Namen. Es war, als wäre mit seinem Verschwinden damals gleichzeitig ein großes Schweigegelübde in Kraft getreten, das sie nie ganz verstanden hatte.

Onkel Jan war der jüngere Bruder von Abbeline und Gebbina. Alle nannten ihn den Kleinen Jan, und dieser Name passte im doppelten Sinne, denn sein Vater, der Große Jan, war ein hagerer Hüne, während der Kleine Jan auch tatsächlich körperlich recht kurz geraten war. So war er auch ein ganzes Stück kleiner als seine älteren Schwestern, die äußerlich beide nach ihrem Vater schlugen und zu zwei hageren Vogelscheuchen heranwuchsen.

In der Kinderzeit steckte Jan regelmäßig Backpfeifen von ihnen ein, oder sie triezten ihn, den Stammhalter, den mickrigen Rotschopf, der sie uneingeladen entthront hatte, auf andere Weise, zogen ihn an den dünnen Haaren, verpetzten seine kleinen Sünden und riefen ihn vor allem immer und immer wieder bei seinem Spottnamen: „Hinkebein! Hinkebein!"

Das war nicht sehr nett, und schon gar nicht gegen den eigenen Bruder. Der Kleine Jan konnte schließlich nichts dafür, dass er das Pech gehabt hatte, im Alter von drei Jahren von einem störrischen Gaul getreten worden zu sein. Er hatte im Stall neben dem Trog gestanden, um dem Vater beim Füttern zuzusehen, als das dumme Vieh seinen schweren Huf direkt auf seinen bloßen, linken Fuß gesetzt hatte. Sein Gebrüll hatte den ganzen Ort zusammengerufen. Einen Arzt hatte es damals auf der Insel nicht gegeben, und ehe man den Jungen an Land im Krankenhaus in Husum hatte, waren viele Stunden vergangen, in denen er hohes Fieber und Schüttelfrost bekommen und nur noch gebibbert hatte. Der Fuß war dann auch nur noch insofern zu retten gewesen, dass man ihn nicht hatte abnehmen müssen. Aber die kleinen Knochen waren so zertrümmert gewesen, dass sie nur mit viel Mühe und völlig schief wieder zusammenwuchsen und auch das zerschmetterte Gelenk seine Funktionsfähigkeit nicht wiedererlangte.

„Hinkebein, Hinkebein", riefen die Kinder ihm hinterher.

Dieser Ruf hatte Onkel Jan das ganze Leben begleitet, wenn nicht von seinen Schwestern, dann von den Klassenkameraden, und als er größer wurde, sogar von den jungen Mädchen, mit denen er anzubändeln versuchte. Er ließ sich jedoch nicht unterkriegen. So wie auch der kleinste Hahn im Hühnerhof, aus Angst, übersehen zu werden, sich gern am meisten aufplustert und am lautesten kräht, so war auch der kleine Jan nicht zu überhören. Und all die Bosheiten, die auf ihn niederprasselten, zahlte er mit seinem bösartigen Mundwerk in doppelter Münze zurück.

Elke lauschte. Das mussten doch Schritte sein! Unten auf der Straße, immer hin und her, lauter und leiser werdend. Und wenn sie sich ungefähr unter ihrem Fenster befanden, verharrten sie jedes Mal einen Moment. Störtebeker, der alte Taugenichts, hörte freilich nichts. Er lag zusammengerollt auf dem Bettvorleger und schnarchte.

Auf Zehenspitzen stieg Elke aus dem Bett. Das Licht der Nachttischlampe ließ sie nicht ungesehen durch die Gardinen spähen. Wenn sie allerdings gerade jetzt das Licht ausknipste, wäre das verräterisch. Also schlich sie in die dunkle Küche und schob die Vorhänge ein Stückchen auseinander. Etwa zehn Meter weiter befand sich eine Straßenlaterne. Niemand war zu sehen. Die Luft war dunstig, weißlich. Elke trat einen Schritt zurück und wartete einen Moment. Nichts. Keine Schritte mehr.

Außer Abbeline und Gebbina hatte der Kleine Jan auch noch eine jüngere Schwester gehabt, Mieke, Elkes Mutter. Ob auch sie ihren Bruder mit dem Schimpfnamen bedacht hatte, wusste Elke nicht. Wahrscheinlich hatte sie es nicht getan. Oder nur ganz leise. Sie hatte immer ein wenig Angst vor dem ungestümen Bruder gehabt, vor seinen raschen Zornesausbrüchen und der Zerstörungslust. Da gab es eine weit zurückliegende Geschichte, als Jan über Miekes kleine Puppenmöbel, die auf dem Küchenboden herumlagen, gestolpert war. Da hatte er vor ihren Augen das Puppenhaus zerschlagen und die kleinen Holzpüppchen geköpft oder mittendurch gebrochen, wobei die Tränen seiner kleinen Schwester seine Bosheit noch anzufachen schienen. Er war ein Hitzkopf, der die Sache mit dem invaliden Fuß auf eine sehr destruktive Art kompensierte.

Als er sechzehn war, starb der Große Jan, und sein Sohn beschloss, Hof und Insel zu verlassen und zur See zu fahren, obwohl man ihn dort kaum gebrauchen konnte. Aber er war hartnäckig, und schließlich fand sich ein kleiner Frachter, der zwischen Hamburg und Norwegen hin- und herfuhr und hauptsächlich Fisch- und Obstkonserven transportierte. Dort wurde er Kombüsenjunge, denn das war die einzige Arbeit, die er mit seinem lahmen Fuß an Bord tun konnte. Im Grunde waren alle froh, als er ging, außer vielleicht seiner nachgiebigen Mutter, die ihm alle Schlechtigkeiten nachsah und seine Bosheit allein auf den unglücklichen Tritt des Pferdes zurückführte. Sie wollte nicht einsehen, dass ab einem gewissen Punkt jeder Mensch selbst entschied, ob er gut oder böse sein wollte, und dass auch ein Unglücksfall oder ein schweres Schicksal niemanden daran hindern musste, ein freundlicher Mensch zu werden.

Abbeline und Gebbina jedenfalls waren erleichtert, den unbequemen Bruder in weiter Ferne zu wissen, der ihnen mit seinem groben Benehmen regelmäßig die Verehrer vergraulte. Dass sich später trotzdem niemand fand, der sie heiratete, mag aber auch daran gelegen haben, dass die beiden ältesten Töchter des Großen Jan mit ihren Habichtsnasen und den hageren Körpern, die ihr Bruder gelegentlich mit platten Bügelbrettern verglichen hatte, niemandes Herz so leicht erwärmen mochten.

Verdammt noch mal! Abermals fuhr Elke hoch, warf eher wütend als ängstlich die Bettdecke von sich und lief ein weiteres Mal in die Küche. Sie hörte die Schritte doch ganz deutlich! Mit halbem Blick suchte sie nach einem Wurfgeschoss. Wenn sich da unten tatsächlich jemand herumtrieb, würde sie ihm einen Apfel an den Kopf werfen! Kaum spähte sie jedoch durch die Vorhänge, verstummten die Schritte unten wieder. Da war niemand. Sie fröstelte trotz der Strickjacke, die sie übergezogen hatte.

Später, als Jan längst Smutje auf einem Überseefrachter geworden war, erschien er nur noch zwei- oder dreimal im Jahr auf Amrum, wenn sein Schiff in Hamburg oder Cuxhaven festmachte. Er kam vor allem, um seine Mutter zu sehen und herumzufluchen und sich in einer der Gaststätten zu betrinken, bis man ihn hinauswarf, woraufhin er dann auf der Straße noch lauter krakeelte. In seinen Augen brannten kleine, rote Punkte, als habe er sich auf seinen Reisen in den exotischen Häfen mit einem Fieber infiziert. Seine Flüche waren ketzerischer geworden. Die anständigen Menschen mieden ihn, und einige alte Betschwestern sollen sich sogar bekreuzigt haben, wenn er vorüberging. Irgendjemand kam auf die glorreiche Idee, ihn hinter vorgehaltener Hand von Hinkebein in Pferdefuß umzubenennen, aber alle hüteten sich, ihn den neuen Namen hören zu lassen.

Elke setzte sich an den Küchentisch, ohne das Licht einzuschalten. Warum erreichte sie Johann nicht? Und warum konnte er nicht hier sein, wenn sie ihn brauchte! Sie war durchaus keine ängstliche Natur, aber die Sache mit den Schritten war unheimlich. Es gab auf Amrum keine Spanner und Witzbolde, die sich solche Scherze erlaubten. Außerhalb der Saison wurden die Bürgersteige gleich nach Anbruch der Dunkelheit hochgeklappt, und niemand würde die Nacht damit verbringen, vor fremden Türen auf und ab zu gehen. Sie lauschte wieder. Da! Die Schritte waren langsam und schleifend. So wie jemand ging, der eine schwere Last auf dem Rücken trug. Oder jemand, der hinkte.

Während Abbeline und Gebbina zu alten Jungfern vertrockneten, hatte Mieke, mollig und nett anzusehen, zumindest einen Liebhaber, der sie dann allerdings, als sie fünfundzwanzig Jahre und schwanger war, sitzen ließ. So blieben Mieke und sie, die vaterlose Elke, im Elternhaus wohnen, wo Abbeline und Gebbina täglich gegen den verschwundenen Kindsvater wie auch gegen die Männer im Allgemeinen stichelten. Mieke begann ihre Mutter zu pflegen, die sich von der schweren Arbeit in der Landwirtschaft ein chronisches Gelenkleiden und Rheuma zugezogen hatte, und deren größte Freude sich auf eben die zwei oder drei Wochen im Jahr richtete, wenn ihr missratener Sohn nach Hause kam.

Die kleine Elke gewöhnte sich an das Gepolter und die Unruhe, die der Onkel verbreitete, sobald er das Haus betrat, und der sie in die Luft warf und wieder auffing, bis ihr Angst und Bange wurde. „Ich schnapp dir deine Seele weg und fresse sie auf!“, rief er dabei mit seiner rauen Seemannsstimme. Sie lernte schnell, ihm aus dem Wege zu gehen und darauf zu warten, dass er nach Ablauf einiger Tage wieder verschwand, der Onkel Hinkebein. Diesen Namen hatte Elke ebenso schnell aufgeschnappt wie seinen richtigen Namen, und einmal, als sie drei oder vier Jahre alt gewesen war, hatte sie ihn tatsächlich so genannt, wie Kinder es eben tun, wenn sie die Tragweite einer

Sache nicht erkennen, oder glauben, etwas Lustiges zu sagen. Abbeline und Gebbina hatten betroffen dagestanden, denn es war klar, wer dem Kind diese Frechheit beigebracht haben musste, und Mieke hatte die Kleine schnell auf den Arm genommen und sie aus dem Zimmer gebracht, wo nun ein Donnerwetter losgebrochen war.

Von da an blieb Elke meist in der oberen Etage, wenn der Onkel im Hause war. Manchmal setzte sie sich auf die oberste Treppenstufe und spähte durch das Geländer, um ihn unten über den Flur hinken zu sehen. Sie spielte auch nur noch ganz leise, und ebenso wie die Erwachsenen atmete sie mit einem leisen Seufzer auf, wenn sein Schiff wieder Richtung Amerika ablegte.

Elke trat erneut ans Fenster. Von der Ecke her kam der Köter eines Krabbenfischers angetrottet, ein gewohnheitsmäßiger nächtlicher Streuner. Er schnüffelte hier und da und hob an der Straßenlaterne das Bein. Dann sah Elke, wie der Hund plötzlich wie vom Donner gerührt stehen blieb. Er zog den Kopf zwischen die Schultern und begann seine Zähne zu fletschen und in Richtung ihrer Haustür zu knurren. Der Verursacher der Schritte musste so nahe vor ihrer Tür stehen, dass sie ihn von ihrem Fenster aus nicht sehen konnte. Plötzlich drehte der Köter sich um und lief mit gesträubtem Fell und eingekniffenem Schwanz davon. Elke hielt die Luft an und schloss die Vorhänge rasch wieder, das Herz schlug ihr bis in die Kehle. Was hatte das alles zu bedeuten?

Als Elke sechs Jahre alt war, verschwand Onkel Jan ganz plötzlich. Er war mit seinem Schiff davongefahren, Gott weiß wohin, vielleicht dorthin, wo der Pfeffer wächst, und einfach nicht wiedergekommen. Großmutter war gestorben. Eines Morgens war sie einfach nicht mehr aufgewacht, und Mieke hatte sich die Augen ausgeweint. Abbeline und Gebbina waren nervös wie zwei alte Hühner, denn Mutter war zuletzt etwas verschroben gewesen, und wer wusste schon, was nun auf sie zukam. Sie kamen jedoch nicht umhin, einen Funkspruch zur Albatros senden zu lassen, um Onkel Jan zu unterrichten.

Onkel Jan kam auch tatsächlich so schnell wie möglich angereist, und er rechnete es seinen Schwestern als reine Böswilligkeit an, dass die Bestattung genau einen Tag vor seiner Ankunft stattgefunden hatte. Eine Woche lang knurrten sich die Geschwister im Hause an, wobei Mieke sich noch am Stillsten verhielt und eine Art neutrale Mittlerrolle einzunehmen suchte. Es war allerdings nicht einfach, neutral zu bleiben, wenn man von allen Seiten gezwickt wurde. Dann kam der Tag der Testamentseröffnung, und es trat ein, was Abbeline und Gebbina befürchtet hatten: Mutter musste tatsächlich den Verstand verloren haben, denn sie gab das Haus, das Land und allen Besitz, der etwas wert war, an Jan, der seinerseits nur angehalten worden war, seinen unverheirateten Schwestern ein Wohnrecht einzuräumen.

Elke schenkte sich einen Schluck Wasser ein und löste eine Kopfschmerztablette darin auf. Mit den Fingerspitzen massierte sie ihre Schläfen. Sie erinnerte sich bruchstückhaft an einen großen Streit. Abbeline und Gebbina hatten lautstark immer wieder bekräftigt, das Testament anfechten zu wollen, während Onkel Jan wie ein Teufel lachte und ihnen in allen Einzelheiten beschrieb, wie er sie zu seinen Dienstmägden machen und sie für all die Gemeinheiten der Kindertage büßen lassen würde.

Über den Streit war es Abend geworden und draußen hatte es zu blitzen begonnen. Die kleine Elke wurde ins Bett gebracht. Der Donner überlagerte die Stimmen unten aus der Stube. Plötzlich polterte es laut.

„Schlag zu! Schlag zu!“

War das die Stimme von Tante Gebbina? Wieder ein Poltern.

Selbst der Donner übertönte den Lärm nicht völlig. Hatte Mieke geschrien? Oder war es nur das Ächzen der alten Dielentür, deren Scharniere jedes Mal schrillten, wenn sie sich bewegen mussten?

„Einmal kräftig, dann ist er ab!"

Schläge, als würde jemand mit dem Hammer auf den Dielenboden schlagen. Oder mit einer Axt. Heftiges Schluchzen, ein Schrei. Oder war das nur der heulende Wind?

Dann war das Poltern verstummt. Die kleine Elke hatte sich die Bettdecke über den Kopf gezogen und die Ohren zugehalten. Das Gewitter ließ die Wände des alten Hauses erbeben. Sie fühlte den Fußboden vibrieren und ihr Bett wackeln, als würde die Erde sich auftun wollen, um einem bösen Geist ein Schlupfloch zu gewähren.

Irgendwann, als der Sturm etwas nachgelassen hatte und sie wieder unter der Bettdecke hervorgekrochen war, glaubte sie, das Krachen der Haustür zu hören. Sie rief die halbe Nacht nach ihrer Mutter, doch niemand hörte sie, niemand kam, während der Regen unermüdlich gegen das Fenster prasselte.

Am nächsten Morgen war Onkel Jan nicht mehr da. Mieke war blass und schweigsam, und als Elke nach Onkel Jan fragte, sagte sie, er sei nach Panama gefahren. Nach Panama, ans andere Ende der Welt, wo die Sonne schien, wenn auf Amrum Winter war, und wo auf den Plantagen viele arme Menschen damit beschäftigt waren, die Bananen krumm zu biegen.

Die Geschichte von Panama erzählten die Töchter des Großen Jan jedem, der sie hören wollte, und sie betonten, dass das Schiff, auf dem ihr Bruder sich hatte anwerben lassen, ein echter Seelenverkäufer gewesen sei. Aber da der Kleine Jan auf seine Seele spuckte, da er nicht einmal glaubte, dass die Seele überhaupt existierte, hatte niemand ihn abhalten können. Angeblich trug der Schrottkahn einen so exotischen Namen, dass sich beim besten Willen niemand an ihn erinnern konnte. Als Jan auch im nächsten Jahr nicht wieder auftauchte, taten

Abbeline und Gebbina die Vermutung kund, er wäre vielleicht in Panama von Bord gegangen und dort geblieben, weil es ihm in der Sonne gut gefiele, oder er habe irgendwo in der Ferne auf einem anderen Dampfer angeheuert und wäre nach Shanghai oder Samoa oder an den Südpol gefahren und irgendwo in den Weiten des Meeres verschollen.

„Den hat der Klabautermann geholt", hieß es auch manchmal hinter vorgehaltener Hand. Oder auch: „Der ist zur Hölle gefahren." Aber das sagten die Leute nur leise, damit niemand es hörte.

Elke verzog das Gesicht und trank den Rest der aufgelösten Tablette. In der hintersten Ecke der Diele hatte seit Anbeginn der Zeiten ein alter Überseekoffer gestanden, der mit Modeheften und Schnittmustern gefüllt war, und der seit jener Nacht verschwunden war, ebenso die alte Axt mit dem grünen Stiel, mit der die Tanten immer Kleinholz für den Ofen machten. Oder bildete sie sich das nur ein? War der Koffer ihrer Erinnerung in Wahrheit vielleicht nur irgendeine Truhe gewesen, die im Laufe der Jahre durch die unermüdliche Tätigkeit der Holzwürmer zu Staub zerfallen war? Sie war sich jedoch sicher, dass mehrere Tage lang der Ofen in der Küche mit zerknüllten Modeheften statt mit Holzstückchen angeheizt worden war.

Im folgenden Frühjahr zog Mieke mit ihrer kleinen Tochter nach Husum, wo sie eine Stelle als Verkäuferin in einem Blumengeschäft annahm. Sie war erleichtert, die Insel zu verlassen. In dem alten Haus saßen überall Erinnerungen, die im Dunkeln mit Spinnenfingern nach ihr tasteten. Manchmal war sie in der Nacht hochgeschreckt, weil sie geglaubt hatte, in der Diele Schritte zu hören. Sie hatte schon lange nicht mehr ruhig schlafen können.

Draußen wurde der Wind nun müde. Die Fensterläden klapperten nicht mehr. Elke rieb sich müde die Augen.

Sie war zwölf Jahre alt, als ihre Mutter mit dem Auto verunglückte. Zum Herbst hin, wenn das Verschwinden Onkel Jans sich jährte, litt Mieke regelmäßig an Depressionen, die mehrere Wochen andauern konnten. In einer mondlosen Herbstnacht gab sie ihrer Tochter einen Gutenachtkuss und sagte, dass sie noch einmal losfahren müsse, ohne allerdings zu sagen wohin. Dann zog sie ihren Mantel über, nahm den Wagenschlüssel vom Haken und verschwand in die dunkle Nacht. Am nächsten Morgen klingelte ein Polizeibeamter an der Wohnungstür. An der Landstraße Richtung Norden stand eine große, alte Esche. Dort waren Elke und Mieke immer vorbeigekommen, wenn sie zum Fähranleger fuhren, um ein paar Ferientage auf der Insel zu verbringen. Zwei- oder dreimal hatte Mieke zu ihrer Tochter gesagt: „Was für ein schöner Baum. Da bekommt man richtig Lust, sich von seinen Zweigen umarmen zu lassen."

Elke kam zurück nach Amrum, in die Obhut ihrer beiden ältlichen Tanten, die mit den Jahren ruhiger und weniger beißlustig wurden. Sie gingen jetzt häufig in die Kirche und beteten viel, als ginge es darum, ihre Seelen zu retten. Im Laufe der Jahre hatten sie das alte Haus zu einer Art Festung ausgebaut, in der Elke zu ersticken glaubte. Neben dem Schloss und einem zusätzlichen Sicherheitsschloss sicherten drei Riegel die Eingangstür. Auch die Fensterläden ließen sich an den Innenseiten verriegeln. Die Tanten fürchteten sich vor Einbrechern oder was sonst immer nachts hereinkommen mochte. Die vergilbten Tapeten, das ganze renovierungsbedürftige Inventar und das langsame Ticken der alten Wanduhr verstärkten den klaustrophobischen Eindruck noch. Elke war froh, als sie nach Abschluss der Schule eine Ausbildung zur Kindergärtnerin begann und mit einer Freundin eine eigene, kleine Wohnung beziehen konnte. Als sie fünfundzwanzig war, heiratete sie Johann, einen Schiffbauingenieur aus Dagebüll, der meistens in

Dänemark arbeitete. Sie wohnten in einer schönen Wohnung in Nebel, in der Nähe des Kindergartens. Eigene Kinder ließen nach fünfjähriger Ehe noch auf sich warten, was gelegentlich ein unruhiges Rauschen in ihrem Kopf verursachte, wenn sie am Strand entlang lief.

Ein letztes Mal spähte Elke aus dem Fenster. Mit dem abflauenden Wind verklangen auch die unheimlichen Schritte. Am Ende der Straße, die in Richtung Kniepsand führte, war der Dunst jetzt sehr dicht. Einen kurzen Moment glaubte sie, zwischen den Schwaden eine Gestalt verschwinden zu sehen, deren Gang etwas hölzern wirkte, als würde sie hinken.

*

Der Haufen Knochen vom Kniepsand war nach Kiel geschickt worden, wo er im gerichtsmedizinischen Institut begutachtet und mit den neuesten Methoden untersucht wurde. Man setzte die Einzelteile wieder zusammen, und auch die drei Knochen, mit denen Störtebeker gespielt hatte, gelangten wieder an die richtigen Stellen. Es handelte sich um das Skelett einer männlichen Person, die eine unbestimmte Anzahl von Jahren im Meerwasser zugebracht hatte. Der alte Überseekoffer hatte die Einzelteile treulich beieinander gehalten. Das Skelett war noch fast vollständig erhalten. Nur der linke Fuß fehlte. Ausgerechnet der linke Fuß. Der musste wohl abhanden gekommen sein, als der Koffer am Strand gelandet war und die rostigen Schlösser sich geöffnet hatten. Vielleicht hatte eine Welle ihn fortgetragen, denn am Kniepsand wurde er nicht mehr gefunden. Vielleicht lag er aber auch tief auf dem Meeresgrund, für alle Zeiten verschollen.

*

Der über hundert Jahre alte Heimatlosenfriedhof von Amrum

befand sich am südlichen Ortseingang, gegenüber der Nebler Mühle. Hier ruhten die Namenlosen, die bei Sturm oder Schiffsuntergängen ihr Leben verloren hatten und auf der Insel angetrieben worden waren. Die meisten Gräber stammten vom Beginn des 20. Jahrhunderts. In den letzten vier oder fünf Jahrzehnten hatten dank fortschreitender Technik alle vor Amrum gefundenen Ertrunkenen identifiziert werden können. Nicht so jedoch das bleiche Skelett, das Elke Bruns gefunden hatte. Auf Betreiben der Gemeinde und auch des Fremdenverkehrsamtes – der Heimatlosenfriedhof hatte sich mit der Zeit zu einer Art Sehenswürdigkeit für die Touristen entwickelt – waren die Überreste des namenlosen Toten vom Kniepsand, den man eigentlich ebenso gut in Kiel hätte beisetzen können, nach Amrum zurückgekehrt, und so hatte es nach über vierzig Jahren auf dem Heimatlosenfriedhof wieder eine Bestattung gegeben.

Elke durchschritt das weißgestrichene Holztor, das auch ein Gartentor hätte sein können. „Es ist noch eine Ruhe vorhanden", stand in verschnörkelten Buchstaben auf dem von einem Kreuz bekrönten Torbogen des Eingangsportals. Über den Grabreihen erhoben sich schlichte Holzkreuze. Die einzelnen Gräber waren mit Feldsteinen eingefasst und mit grünen Bodendeckern überwuchert. Nur ein Grab war noch unbegrünt. Auf einem flachen, dunklen Erdhaufen welkte ein weißes Blumengesteck, das die Gemeinde gestiftet hatte.

Elke hatte wieder eine schlaflose Nacht gehabt. Die alten Träume ließen sie nicht in Ruhe. Die Wortfetzen, an die sie sich zu erinnern glaubte. Und immerzu lauschte sie, ob sie die Schritte wieder hörte. Das alles machte sie krank. Ob Onkel Jan sich wirklich ihre Seele geschnappt hatte?

Johann, der wieder zu Hause war, hatte nicht das rechte Verständnis für ihre Schwermütigkeit. Er hatte das Skelett nicht gesehen. Er hörte die Schritte nicht. Und er hatte Onkel Jan nicht gekannt.

„Bist du das, Onkel Jan?", murmelte Elke dem Holzkreuz zu, das am Vortag aufgestellt worden war. Sie schaute sich etwas verstohlen um und zog aus dem Ärmel ihrer Windjacke ein Sträußlein Astern hervor.

„Freuet euch, dass eure Namen im Himmel geschrieben sind", sagte sie leise. Das stand eingraviert auf dem großen Feldstein, der aus der alten Westmauer der Kirche St. Clemens stammte und sich gleich hinter dem Eingang des Friedhofs befand. Dann schüttelte sie den Kopf. Was für ein Unfug! Wenn es wirklich Onkel Jan war, der hier lag, würde sein Name sicher nicht im Himmel geschrieben sein. In der Hölle würde er schmoren, der unruhige Geist, der Streitstifter, der Pferdefuß! So wie sie Tante Gebbina in der Sturmnacht hatte rufen hören.

Elke wischte sich eine Träne von der Wange. Nein, das konnte nicht Onkel Jan sein. Sonst hätte man seinen verkrüppelten Fuß doch finden müssen. Onkel Jan war in Panama oder in Shanghai.

„Einmal kräftig, dann ist er ab!", dachte sie, ohne es zu wollen. Was hatte Tante Gebbina damit gemeint? Hatten sie den Fuß im Garten vergraben? Oder hatten sie ihn den Schweinen – damals befanden sich in einem Verschlag des Viehstalls auch zwei dicke Sauen – zum Fraß vorgeworfen?

Tante Abbeline und Tante Gebbina hatten sich noch nicht wieder bei ihr sehen lassen. Sie verließen das Haus kaum noch, und sie öffneten auch die Tür nicht mehr, wenn man bei ihnen anklopfte. Manchmal war es besser, nicht alles zu wissen.

Elke verließ den Friedhof, als sie sicher war, dass niemand sie sah. Noch viele Monate lang ging sie jeden Morgen an den Strand, um zu schauen, ob sie zwischen den angespülten Muschelschalen und Schneckenhäusern vielleicht doch noch ein paar gebleichte Knöchelchen eines gesunden Fußes fand, die den furchtbaren Verdacht hätten ausräumen können.

Reinhard Pelte

Schlaflos in Glücksburg

Sonntag

Ich bin unglücklich. Ich schlafe schlecht. Ich wache nachts auf und grübele. Ich habe einen Trick, um wieder einzuschlafen. Man darf Gott ja um alles bitten, heißt es. In der Bibel steht: Bitte, so wird dir gegeben werden, suche, so wirst du finden, klopfe an, so wird dir aufgetan. Es funktioniert nicht immer. Mein Mann liegt neben mir. Ich liebe ihn. Er verdient gut. Er lässt mich machen und bedrängt mich nicht. Er ist ein guter Vater und lieb zu den Kindern. Die Kinder sind mein Ein und Alles. Sie haben meine Liebe wirklich verdient. Sie sind beide groß und stattlich. Sie treiben Sport, sind gesund und haben eine gute Figur. Sie haben viele Freunde, und sie sind beliebt. Erst kürzlich beurteilte der Professor meines Sohnes seine Examensarbeit mit summa cum laude. Meine Tochter ist einzigartig. Sie hat ein großes Herz. Als sie die Menschen aus dem brennenden World-Trade-Center in den Tod stürzen sah, entsetzte sie sich fürchterlich. Der Atem stockte ihr. Später sagte sie mir, sie sei ergriffen gewesen von der absoluten Unausweichlichkeit. Sie sehe darin eine Metapher für das Leben an sich. Eine Metapher! Manchmal ist sie doch wirklich zu drollig.

Montag

Ich habe wieder nicht gut geschlafen. Gegen zwei Uhr morgens wachte ich auf. Es herrschte eine himmlische Ruhe. Mein Mann schnarcht nicht. Wenn ich genau hinhöre, vernehme ich seinen ruhigen Atem. Von draußen erreichte mein Ohr gerade noch das entfernte Rumpeln des Güterzuges jenseits der Koppel und des Sees hinter unserem Haus. Ich mag das Geräusch. Gegen vier Uhr regen sich die ersten Vögel und fangen an zu zwitschern und zu singen. Es ist eigentlich unbeschreiblich schön. In diesem Moment entschloss ich mich, den Garten zu machen.

Wir hatten zusammen ein wunderbares Frühstück: Kaffee Guatemala Grande, knusprige Bio-Brötchen, Serano-Schinken und Orangenmarmelade aus England. Die Eier waren boiled to perfection. Mein Mann ging mit der Tochter noch einmal den Stoff für ihre Geschichtsklausur durch. Als sie sich ein Foto des greisen Präsidenten Hindenburg in seiner Gala-Uniform mit Schaftstiefeln und Pickelhaube anschauten, lachten sie sich beide scheckig. Mich interessiert das nicht. Ich verstehe davon nichts.

Danach war ich allein. Ich fuhr zuerst zum Einkaufen. Mein Auto ist der absolute Wahnsinn. Ich schließe auf, setze mich hinters Steuer und alles stimmt. Ich könnte auch einfach nur da sitzen und mich wohlfühlen. Es ist bequem, elegant und geschmackvoll, sicher, leise, gut zu bedienen und sparsam. Es funktioniert perfekt und hat mich noch nie im Stich gelassen. Bis auf einen blöden Steinschlag in der Windschutzscheibe und eine Routineinspektion war mein Auto noch nie in der Werkstatt.

Zum Supermarkt ist es nicht weit. Er ist geräumig, gut sortiert und nie zu voll. Ich bekomme dort alles, was ich brauche, auch Bio-Ware. Der Marktleiter kennt mich. Er begrüßt mich freundlich, wenn er mich sieht, und macht mich auf Sonderangebote und Schnäppchen aufmerksam. Seine Mädchen an der Kasse sind flink. Sie mögen mich, das habe ich sofort gemerkt. Ich mag sie auch, und ich wechsle jedes Mal ein paar persönliche Worte mit ihnen. Ihre Freundlichkeit finde ich klasse, wenn ich bedenke, wo sie arbeiten.

Dienstag

Mein Schlaf war wieder gestört. Nach dem Frühstück raffe ich mich auf, um den Garten auf Vordermann zu bringen. Vielleicht ermüdet mich das ja so, dass ich nachts Ruhe finde.

Unser Garten ist groß. Ich habe mir genau überlegt, wie ich ihn anlege, damit er nicht zu viel Arbeit macht. Der Rasen ist der problematischste Teil. Mein Mann hatte vorübergehend den Ehrgeiz, ihn in einen englischen Rasen zu verwandeln. Er begleitete mich nach Glücksburg in meinen Golfclub und war von den Grasteppichen der Greens total begeistert. Das war übrigens das Einzige, was er gut fand. Meine Golfdamen ödeten ihn an. Sie legten sich ihm wie Mehltau aufs Gemüt, gestand er mir hinterher. Im Grunde muss ich ihm Recht geben. Meine Golfpartnerinnen sind durch die Bank uninspiriert und langweilig. Aber ich spiele nun einmal Golf mit ihnen. Das reicht doch! Mein Mann ließ seine Idee vom englischen Rasen fallen, als die Nachbarkoppel zur Brache wurde. Gegen das Unkraut, das von dort herüberwehte, hatte er keine Chance.

Eine Buchenhecke schirmt unser Grundstück gegen die Nachbarn ab. Den Schnitt lassen wir von einem Fachmann ausführen. Uns selbst wird das zu viel. Die Hecke ist inzwischen so hoch, dass ich meine Nachbarn nicht mehr sehen kann. Sie sind sehr nett. Zur Rechten wohnen jüngere Leute mit lieben Kindern, die keinen Ärger machen. Links lebt ein älteres Ehepaar. Sie arbeitet noch, er ist Rentner und hat einen zauberhaft-unfreiwilligen Humor. Sein Gebiss sitzt nicht richtig. Wenn er lächelt, dann hängt die obere Kauleiste etwas schief in seinem Mund. Ich muss allein schon deswegen in seiner Gegenwart immer lachen.

Ich höre ihn in seinem Carport werkeln. Der Carport ist schmutzig braun gestrichen und unansehnlich. Auf unserer Seite habe ich Bambus davor gepflanzt. Er ist inzwischen so gewachsen, dass ich nichts mehr von der Hässlichkeit sehen muss. Ich kappe die jungen Bambustriebe, die aus dem Rasen hervorschießen. Dann entdecke ich zwei abgeschnittene, schon trockene Triebe, die durch die Hecke geschoben worden sind. Mein Nachbar muss das getan haben. Ich finde das nicht richtig. Ich gehe hinüber und treffe ihn beim Fahrradputzen. Ich lache, als er seinen Mund zu einem Begrüßungslächeln öffnet. Ich frage ihn nach den gekappten Bambustrieben, und er erwidert, er habe das Pflaster aufnehmen müssen, um ihnen den Garaus zu machen. Was er getan hat, finde ich nicht gut. Er hätte zu mir kommen müssen. Seine Antwort verletzt mich. Ich schweige, und er redet einfach immer weiter. Ist er etwa wütend? Also irgendwann muss doch mal Schluss sein. Das nervt einfach nur! Ich greife zu dem spitzen Messer auf dem Hauklotz und steche ihm mit aller Kraft in die rechte Leiste, nicht in seinen Bierbauch. Das fände ich ekelhaft. Nun schweigt er endlich und glotzt mich entgeistert an. Siehst du, denke ich, das passiert dir zu recht. Frag deine Frau! Morgen ist alles anders und kommt wieder in Ordnung. Dann mache ich ruhig auf dem Absatz kehrt und gehe zurück an meine Arbeit.

Mittwoch

Es ist ein Wunder geschehen. Heute Nacht habe ich durchgeschlafen. Mein Mann und die Tochter sind schon früh aus dem Haus. Ich frühstücke allein, weil ich sehr spät aufgewacht bin. Meine Familie würde mich nie wecken, solange ich noch schlafe.

Vormittags läutet es an der Tür, und ein Mann steht draußen. Er sieht gut aus, sehr gepflegt, männlich und energisch. Das ist eine angenehme Abwechslung. Er stellt sich vor. Er ist von der Kripo und möchte mich sprechen. Ich bitte ihn zu mir herein. Es ist lange her, dass ich einen so attraktiven Kerl an meinen Tisch gebeten habe. Zum Glück hat Anja gestern gründlich sauber gemacht. Ich bin ein wenig aufgeregt. Hoffentlich merkt er nicht, wie toll ich ihn finde. Ich biete ihm eine Tasse Kaffee an. Ich muss meinen Guatemala Grande nicht lange anpreisen. Er nimmt gerne eine Tasse und lächelt mir freundlich über den Tassenrand zu.

Er fragt mich, ob mir in der Nachbarschaft etwas Ungewöhnliches aufgefallen sei. Nein, sage ich, unsere Nachbarschaft ist gut, sehr freundlich und ruhig. Wir helfen uns gegenseitig, wenn Not am Mann ist. Nun ja, neulich hat die Frau im Doppelhaus neben meinem Nachbarn ihre Familie verlassen. Das ist unschön. Aber sie wird ihre Gründe gehabt haben. Das muss man akzeptieren, selbst wenn ich in einem solchen Fall eine andere Lösung vorziehen würde. Über Stil- und Geschmacksfragen lässt sich einfach nicht streiten. Er pflichtet mir bei, und ich fühle mich geschmeichelt. Er legt ein außergewöhnlich gutes Benehmen an den Tag. Seine Gesellschaft macht einfach Spaß.

Gestern sei mein Nachbar tot in seinem Carport aufgefunden worden, erzählt er weiter. Verblutet. Ein Stich in die Hüfte hat die Aorta descendes zertrennt. Ich bin zu Tode erschrocken. Was?, entsetze ich mich und schlage die Hände vors Gesicht. Das hat er nicht verdient. Er war zwar immer spießig gekleidet, aber sonst ein ganz, ganz lieber Kerl, das können Sie mir glauben! Nein, das hat er einfach nicht verdient, wirklich nicht! Ich mochte ihn.

Er möchte meine Fingerabdrücke nehmen. Draußen, auf der Auffahrt steht ein Polizeibulli. Er öffnet vor mir die Schiebetür und stützt leicht meinen Unterarm, als ich das Fahrzeug besteige. Ich mag Männer alter Schule, die wissen, was sich gehört. Sie zollen Frauen den nötigen Respekt. Meinetwegen kann er gerne noch ein wenig bleiben.

Die Tinte an den Fingern ist grässlich. Sie geht so schwer ab. Meine dreckigen Fingerkuppen stören mich. Was muss er von mir denken, wenn er mich so schmutzig rumlaufen sieht? Deswegen bin ich froh, als er sich verabschiedet. Ich freue mich aber, als er ankündigt, dass er Morgen noch einmal vorbeikommen werde. Wann passe es denn? Ich ziere mich ein wenig. Ein wohliger Schauer läuft mir über den Rücken. Ich sage eine Zeit. Wir verabschieden uns, und ich laufe rasch zurück ins Haus, um den Dreck von den Fingern zu schrubben. Ich finde das alles sehr spannend. Morgen werde ich meine neue Bluse von Oggi (we dress women!) anziehen.

Donnerstag

Ich habe die zweite Nacht hintereinander durchgeschlafen. Es ist einfach fantastisch, total toll. Am Frühstückstisch erzähle ich meiner Familie von unserem ermordeten Nachbarn. Meine Tochter hat einen Weinkrampf. Mein Mann ist geradezu erschüttert. So lange Jahre hätten wir eine friedliche und angenehme Nachbarschaft gehabt. Und jetzt das. Er kann es einfach nicht fassen. Sie sind beide so sensibel. Sie rühren mich, und ich muss weinen. Dann schweigen wir alle.

Nachdem sie das Haus verlassen haben, bin ich wieder alleine. Ich freue mich auf meinen Besuch und bereite mich darauf vor. Ich überprüfe, ob alles sauber ist und räume umherliegende Sachen in die Schränke. Einen frischen Strauß Feldblumen habe ich gestern schon in die hübsche Vase von Leonardo gegeben. Ich ordne noch einmal das Blumengesteck und bin sehr zufrieden mit mir.

Er ist pünktlich. Das liebe ich an Menschen. Ich rieche sofort, dass er heute einen dezenten Duft aufgelegt hat. Es ist Fleur de male von Jean Paul Gaultier. Dessen bin ich mir absolut sicher. Er steht ihm hinreißend. Ich begrüße ihn zuvorkommend und bitte ihn freundlich herein. Hoffentlich wirke ich nicht zu enthusiastisch. Ich mag keine aufdringlichen Frauen, die bei jeder Kleinigkeit übersprudeln und sich emotional entblößen.

Meinen Kaffee nimmt er dankend an. Dabei huscht ein jungenhaftes Lächeln über sein Gesicht. Einfach süß! Heute biete ich ihm ein paar zarte Amaretti von Fratelli Carli an. Sie beliefern auch den Vatikan und das Haus Savoyen. Er lehnt nicht ab und zeigt sich begeistert von der feinen Knusperhülle und dem locker zarten Inneren aus erlesenem Mandelgeschmack. Er hat wirklich Klasse, dieser Mann.

Die kriminaltechnische Abteilung hätte auf dem Messer, mit dem mein Nachbar erstochen worden sei, meine Fingerabdrücke gefunden, erzählt er mir. Ja, erwidere ich, das muss sie nicht wundern. Erst gestern wäre ich meinem Nachbarn beim Kappen der Bambustriebe auf unserer Grundstücksgrenze zur Hand gegangen. Er ist ja schon älter und in Rente. Manchmal macht es einfach Spaß zu helfen. Das verstehe er gut, sagt er und erhebt sich. Er werde wohl nicht noch einmal kommen müssen. Dann ist unser Gespräch auch schon vorbei. Ich bin enttäuscht. Eigentlich bin ich sogar ärgerlich über seine Unhöflichkeit. Ich mache einen gekonnt-charmanten Versuch, ihn noch zum Bleiben zu bewegen. Ohne Erfolg. Das verstimmt mich, aber ich lasse mir nichts anmerken. Man darf sich als Frau nicht wegschmeißen. Das hat keinen Stil und bewirkt nur das Gegenteil dessen, was man will. Also füge ich mich in das Unabänderliche. Meine Contenance und Freundlichkeit beim Abschied sind von unübertroffener Klasse. Das bewundere ich an mir.

Freitag

Ich habe so schlecht geschlafen wie nie. Ich bin müde und deprimiert. Am Morgen machte mich das fortwährende Gurren der Tauben ganz aggressiv. Sie tippelten über das Zinkdach und hörten sich an wie eine Herde Hammel. Ich kann die Viecher einfach nicht ausstehen. Sie sind gar nicht wie richtige Vögel, so distanzlos und zahm. Sie fressen einem fast aus der Hand. Wenn ich in ihre leblosen Augen schaue, würde ich am liebsten eine Schrotflinte nehmen und sie über den Haufen schießen. Ach Gott, was sind das nur für schlimme Gedanken!

Ich bin früh aufgestanden und habe das Frühstück bereitet. Meine Familie zeigte sich froh, schon am gedeckten Tisch Platz nehmen zu können. Ich bin wortkarg. Mein Mann sieht mich traurig an. Die Tochter sagt, sie muss immer an den armen Nachbarn denken. Warum denkt sie nicht einmal an ihre arme Mutter?

Ich glaube, ich werde heute wieder im Garten arbeiten. Das wird mir sicherlich helfen. Vorher mache ich einen Kondolenzbesuch bei der Nachbarin. Schwarz wird ihr ganz hervorragend stehen. Sie könnte etwas weniger auf den Hüften haben. Schwarz macht nun einfach mal schlank. Das weiß doch jeder.

Gisa Pauly

Tod an Buhne 16

Ob sie kommen wird? Ob sie wirklich kommen wird? Zwanzig Jahre sind vergangen, und plötzlich sieht es so aus, als wäre alles ganz einfach. Aber warum auch nicht? Er hat gelernt, auf das Einfache zu vertrauen. Manchmal ist etwas Schwieriges, etwas völlig Unmögliches ganz einfach, wenn man den richtigen Zeitpunkt erwischt. Der richtige Zeitpunkt – darauf kommt es an.

Schon lange hat er das Gesicht seines Bruders nicht mehr so deutlich vor sich gesehen wie hier, an der Buhne 16. Seine weit aufgerissenen Augen, sein zum Schrei geöffneter Mund und dann das Entsetzen ...

Tessa hat am Telefon gesagt: „Es ist gut, dass du nach Sylt zurückkommst. Nach zwanzig Jahren musst du endlich abschließen mit dem, was damals geschehen ist. Du kannst nicht ewig davonlaufen. Und du hattest keine Schuld. Das musst du dir immer wieder sagen."

Er versucht es: „Keine Schuld!" Aber leicht ist es nicht. „Keine Schuld!" Alle haben es damals gesagt. „Keine Schuld!" Und nun sogar Tessa. Wenn sie erst bei ihm ist, wird er es vielleicht glauben können.

Er nimmt seine Strandtasche, die er abgestellt hat, nachdem der Holzplankenweg durch die Dünen bewältigt war. Er will sich zunächst in aller Ruhe umsehen. Das Meer ist grau wie der Himmel über ihm, die Dünung so sanft, dass sich nur hier und da eine Schaumkrone bildet, die Brandung spielerisch, ohne jede Gewalt. Auf der Holzterrasse der Strandbar sitzen ein paar Leute, der Strand jedoch ist leergefegt. Zwar scheint die Sonne, aber der Wind ist kalt, er treibt ihm den Sand in die Augen und in den Mund.

Trotzdem geht er zur Wasserkante, um dort auf Tessa zu warten. „Ich will mit dir allein sein", hat er ihr am Telefon gesagt. „Nach zwanzig Jahren will ich auf keinen Fall ..." Er hat den Satz nicht zu Ende geführt. Mit einem Mal wusste er nicht mehr, was er auf keinen Fall wollte.

Aber Tessa schien sich sehr sicher zu sein, dass sie ihn trotzdem verstanden hatte. „Es ist okay, wenn du deine Gefühle raus lässt. Nach zwanzig Jahren wird es Zeit."

„Sie geht häufig schwimmen", hat in jedem Bericht des Detektivs gestanden, „und immer bei der Buhne 16."

Ja, das Wasser ist ihr Element. Insofern hätte sie besser zu seinem Bruder Christopher gepasst und nicht zu Camillo, dem Angsthasen, der sich ungern vom seichten Wasser trennte, wo er sich jederzeit hinstellen und aufrichten konnte. Weiter hinaus schwamm er nur, wenn Christopher oder Tessa ihn auslachten. „Komm schon! Stell dich nicht so an!"

Er tritt so dicht an die Wasserkante, als gehöre er zu denen, die bei jedem Wetter schwimmen gehen wollen, trotz Wind und Wellen, und obwohl das Wasser sehr kalt ist.

Tessa wollte es so. „Wir treffen uns an der Wasserkante", sagte sie, und ihre Stimme war viel klarer als seine, viel sicherer und ganz und gar ohne Angst. Seine Stimme zitterte, als er seinen Namen nannte und ihren zum ersten Mal wieder aussprach. Tessas Stimme dagegen war nicht aus dem Gleichgewicht geraten. „Lass uns dort wieder anfangen, wo es aufgehört hat."

Ja, hier hat es aufgehört. Hier, an der Buhne 16. Das Leben seines Bruders, dem mit keiner Erste-Hilfe-Maßnahme mehr zu helfen gewesen war, sein eigenes Leben als Zwilling und auch seine Hoffnung auf Tessa. Dass auch ihre Liebe nicht überleben würde, damit hatte er damals nicht gerechnet.

„Du hast dich verändert", sagte sie schon kurz nach dem Unglück. „Du bist nicht mehr derselbe, seit das mit deinem Bruder passiert ist." Und jedes Mal, wenn er dann verzweifelt schwieg, weil er nicht wusste, wie er nach dem Tod seines Bruders der sein sollte, den Tessa liebte, sagte er schnell: „Ist das ein Wunder? Sowas steckt keiner so einfach weg."

Weinend war er in ihre Arme gesunken, nachdem der Krankenwagen, der vergeblich zur Buhne 16 gekommen war, ihn nach Hause gefahren hatte. Er hatte sein Gesicht an ihre Brust gedrückt, ihre Umarmung genossen und war unendlich dankbar gewesen, als sie endlich aufhörte, seinen Namen zu flüstern, sondern ihn stattdessen küsste. Alles war gut! Sein Zwillingsbruder würde ihm fehlen, aber er hatte ja Tessa!

Aber ... hatte sie sowas vorher auch schon mal gesagt: „Besser, du fährst erst mal nach Hause! Die Uni geht vor! Mal sehen, wie sich alles entwickelt."

Was meinte sie damit? Er wagte es nicht, sie zu fragen, nickte nur, als verstünde er ihre Bedenken. Verzweifelt winkte er mit beiden Armen aus dem Fenster, als sich der Zug in Westerland in Bewegung setzte. Aber Tessa hob nur kurz die Hand und drehte sich schon um, als er immer noch winkte. Warum? Was hatte sich geändert durch Christophers Tod? Sie waren doch schon seit zwei Jahren ein Liebespaar, unzertrennlich in den Semesterferien, die er auf Sylt verbrachte, durch viele Briefe und Telefonate miteinander verbunden, wenn sie nicht zusammen sein konnten.

Aber seit Christopher nicht mehr lebte, rief sie nur selten an und schrieb ihm nach seinem Tod lediglich einen einzigen Brief. Und auch da hieß es wieder: „Du hast dich so verändert! Christophers Tod hat etwas zerstört. Irgendwas ..."

Danach fuhr er nie wieder nach Sylt. Tessa bat ihn nicht, sie zu besuchen, und er wagte es nicht, einfach den Zug zu nehmen und vor ihrer Tür zu erscheinen. Wenn er sie anrief, sagte sie: „Wir brauchen Zeit. Du musst erst wieder zu dir zurückfinden." Und oft ergänzte sie dann: „Sogar deine Stimme ist nicht mehr so wie früher."

Sein Großvater, bei dem sie nach dem Tod der Eltern aufgewachsen waren, verkaufte das Haus in Kampen, auch er wollte nie wieder auf Sylt Urlaub machen. „Du hast dich verändert“, sagte auch er fast täglich. Enttäuscht, manchmal sogar mit Argwohn in den Augen. Beides, Enttäuschung und Argwohn, wurde für den alten Mann vermutlich unerträglich. Nach Christophers Tod an der Buhne 16 lebte er nur noch wenige Wochen.

Als er den Großvater kurz vor seinem Tod ein letztes Mal fragte, warum er Christopher nicht so geliebt hatte wie ihn, warum Christopher nur einen kleinen Teil seines Vermögens bekommen sollte, während er selbst zum Nachfolger bestimmt worden war, sagte er es ein letztes Mal: „Du hast dich wirklich sehr verändert.“

Nach Christophers Tod war der Großvater nicht mehr zufrieden gewesen mit Camillos Leistung, er sagte nicht mehr, dass er der geborene Kaufmann sei, der beste Nachfolger, den er sich wünschen konnte. Und Tessa sagte nie wieder, dass sie ihn liebte. Mit Christophers Tod hatte sich alles verändert. Nicht nur er selbst.

„Camillo! Hallo!“

Er fährt herum und sieht ihr entgegen. Ängstlich, atemlos. Was wird jetzt geschehen? Noch vor einer Stunde hat er am Telefon zu dem Detektiv gesagt: „Wenn alles klappt, gibt’s einen Sonderbonus! Einen Erfolg, auf den ich zwanzig Jahre warten musste, lasse ich mir was kosten.“

„Hallo, Camillo!“

Gut, dass sie schon nach ihm ruft, als sie noch weit entfernt ist. So hat er Zeit, ihr entgegenzusehen. Der Frau, die er liebte wie keine andere, für deren Liebe er alles tat, die er dann aber doch verlor. Doch er ist niemand, der sich geschlagen gibt. Ein Mann wie er wartet auf den richtigen Zeitpunkt. Und wenn er zwanzig Jahre lang warten muss!

Er winkt ihr zu, dann legt er die Hand über die Augen und beobachtet, wie sie auf ihn zukommt. Erst eilig, dann doch langsam und gemächlich, als sie merkt, dass sie im rutschigen

Sand nicht schnell vorankommt, wenn sie nicht plump erscheinen will. Mitte vierzig ist sie nun, das Leichtfüßige hat sie verloren, das sieht er sogar von weitem. Schlank ist sie auch nicht mehr, und ihre Haare flattern nicht mehr im Wind. Alles an ihr ist schwerer geworden. Aber was hat er erwartet? Es wäre wohl besser gewesen, mit den Erinnerungen an Tessa vorsichtiger umzugehen, und auch mit den Erinnerungen an Christopher ...

In der Nacht, die auf seinen Tod folgte, schien alles gut zu werden. Er durfte sie lieben, obwohl sie immer wieder sagte, dass es ungehörig sei. „Dein Bruder ist noch nicht gefunden worden, und wir ...“

Aber er küsste sie und ließ sie nicht ausreden, überzeugte sie, dass es für ihn der beste, der einzige Trost sei, wenn er sie nun lieben durfte. Ihr schlanker Körper, der sich vertrauensvoll vor ihm ausstreckte, ihre Haare, die er vor ihre Augen ziehen durfte, ihr Duft, ihre Wärme, ihre Hingabe. Das alles brauchte er, um über Christophers Tod hinwegzukommen. Und sie sah es ein.

Aber bereits am nächsten Morgen sagte sie: „Ich hoffe, du wirst bald wieder der Alte.“

Sein Großvater verlangte, dass er Sylt verließ und mit Christophers Leiche zurückkehrte. Die Beisetzung musste vorbereitet werden, es gab so vieles zu regeln und zu ändern. Auch das Testament. Camillo war nun Alleinerbe.

Tessa kam zur Beerdigung, aber sie blieb nicht lange. Sie musste zurück auf die Insel, hatte nur für ein paar Tage frei bekommen, und ihren ganzen Urlaub wollte sie nicht opfern. „Es ist auch besser, wenn du erst mal Zeit für dich hast“, behauptete sie, als sie sich von ihm verabschiedete.

Wie enttäuscht war er, als sie sich schon ein paar Monate später für einen anderen entschied. Noch bevor er sie glauben machen konnte, dass seine Veränderung nur von kurzer Dauer sei, dass er bald wieder der Alte sein würde, auch ohne seinen Bruder. Nun wusste er, warum sie ihn nie wieder gebeten hatte, zu ihr nach Sylt zu kommen. „Ich verstehe, dass du die Erinnerungen nicht aushältst", hatte sie am Telefon gesagt. „Du brauchst Zeit." Und während dieser Zeit lernte sie den anderen kennen. Der füllte die Lücke aus, die sich nach Christophers Tod aufgetan hatte.

Dabei hatte er darauf vertraut, dass sie warten würde. Darauf warten, dass er nicht mehr verändert war. Warten auf die Einsicht, dass niemand wieder so sein kann wie vorher, nachdem er zusehen musste, wie sein Zwillingsbruder ertrank.

Aber sie sagte stattdessen: „Ich kam ja nicht mehr an dich ran. Du bist ein anderer geworden nach Christophers Tod."

„Und diesen anderen kannst du nicht mehr lieben?", fragte er zurück. „Ich bin doch nur anders geworden, weil ich etwas Schreckliches erlebt habe. Mein Bruder ist vor meinen Augen ertrunken! Ich konnte ihm nicht helfen, weil ich nicht gut schwimmen kann. Er bekam einen Wadenkrampf und ich ..."

„Wahrscheinlich habe ich dich nie richtig geliebt", unterbrach sie ihn. „Ich habe es mir nur eingebildet. Sonst hätte ich dich wohl auch in deiner Trauer geliebt."

Der Weg ist weit. Sehr breit ist der Strand an dieser Stelle, und er sieht, dass Tessa sich nicht wohlfühlt, als sie diesen weiten Weg auf ihn zugehen muss. Sie zieht die Strickjacke aus und bindet sie um ihre Hüften, rückt mit einer schnellen Bewegung ihr Oberteil zurecht.

Vor einem Jahr endlich war der Detektiv mit der Nachricht gekommen, dass ihr Mann ein Verhältnis mit einer jungen Frau unterhielt, so schlank, lebhaft und hübsch wie Tessa, als sie zwanzig war. Es war nicht die erste Affäre, von der der Detektiv berichtete, trotzdem begann er zu hoffen. Und diesmal zog ihr Mann tatsächlich aus. Tessa führt das kleine Hotel seitdem alleine, nur ihre jüngste Tochter lebt noch bei ihr. Sie hilft ihr, die Gäste zu versorgen.

Er wusste, der richtige Zeitpunkt war gekommen. Die Firma seines Großvaters gehörte ihm längst. Jetzt nur noch Tessa ...

„Camillo!"

Nun steht sie vor ihm. Verlegen, lachend, mit diesem fragenden Ernst in den Mundwinkeln, der dem Lachen das Leichte nimmt. Er lacht nicht, bleibt ernst, der Augenblick ist zu feierlich für Heiterkeit. Ja, feierlich soll er sein, dieser Augenblick, aber er fühlt sich nun doch ganz anders an. Ihm fehlt das Gewicht der Feierlichkeit, er ist leichter, flüchtiger. Man muss ihn festhalten, damit er nicht vom Wind erfasst und weggeweht wird.

Er zieht Tessa in seine Arme, um sie nicht ansehen zu müssen und um den Augenblick wenigstens so lange festzuhalten, bis er sich damit abgefunden hat, dass zwanzig Jahre zu lang sind, um festgehalten zu werden. „Du hast dich verändert", flüstert er in ihr Haar und spürt, dass ihre schweren Brüste sich in einem winzigen Zurückweichen entfernen, dass sie ihren Bauch einzieht und den Kopf in den Nacken legt, um ihre Schläfe von seiner zu nehmen.

Sie löst sich von ihm und kichert albern. „Zwanzig Jahre sind eine lange Zeit. Ich hätte nie gedacht, dass du dich mal wieder bei mir meldest. Ausgerechnet jetzt, nachdem sich mein Mann von mir getrennt hat."

Er breitet die Decke aus, sieht zu, wie sie in die Knie geht, so tief wie möglich, und sich dann fallen lässt. Er wartet, dass ihre Oberarme aufhören zu zittern und sie sich so hinsetzt, dass er das Ende ihrer Oberschenkel nicht sehen muss.

Der Detektiv hat ihn manchmal erstaunt angesehen, wenn er seinen jährlichen Bericht erstattete. Und einmal fragte er sogar: „Was ist mit dieser Frau? Warum wollen Sie unbedingt wissen, wie ihr Leben verläuft?"

Das ging ihn zwar nichts an, aber er antwortete trotzdem wahrheitsgemäß: „Sie ist meine Jugendliebe. Ich habe sie vor zwanzig Jahren verloren. Aber ich will sie unbedingt zurück.

Irgendwann wird der Moment kommen, und ich darf ihn nicht verpassen. Es kommt ja immer auf den richtigen Zeitpunkt an ..."

Warum hat sie diese Shorts angezogen? Ist ihr dieses Treffen nicht wichtig genug? Sie hat ihn doch mal geliebt! Ihn, Camillo! Als Christopher noch lebte, hat sie ihn geliebt. Und jetzt, als er kommt, um sie aus ihrem trostlosen Leben zu befreien, zieht sie diese Shorts an! Früher trug sie die Haare halblang, mit einer Außenrolle, die ihr jeden Morgen viel Mühe machte. Aber Camillo war ihr das wert gewesen. Das Wiedersehen war ihr nicht einmal einen Friseurbesuch wert.

„Du hast dich auch verändert", sagt sie, und es klingt wie eine Retourkutsche. „Früher warst du ganz anders als Christopher. Aber nach seinem Tod ..." Sie schweigt bedeutungsvoll und starrt aufs Meer hinaus, dann erst ergänzt sie: „Danach wurdest du ihm immer ähnlicher." Sie wendet sich ihm nun zu und zeigt eine Miene, die er früher nicht an ihr gesehen hat. Klug, verstehend, professionell. „Ich habe damals mit einem Psychologen gesprochen. Er hat gesagt, du hast Christophers Persönlichkeit übernommen, um ihn am Leben zu erhalten. Damit du deine Schuld ertragen kannst."

„Ich war nicht schuld", sagt er. „Ich konnte ihn nicht retten, das weißt du."

Ihre Miene hat nun sogar Überheblichkeit parat. Ob ihr Mann davor geflohen ist? „Natürlich weiß ich das. Objektiv warst du nicht schuld. Aber Zwillinge sind sich sehr nahe, da kommt es häufig zu diesen Persönlichkeitsüberschneidungen. Ihr seid euch ähnlich gewesen wie ein Ei dem anderen. Man konnte euch nur schwer auseinanderhalten."

„Trotzdem hat uns auch viel unterschieden", entgegnet er. „Christopher war sehr sportlich und ich nicht. Christopher konnte sehr gut schwimmen, ich dagegen hatte immer Angst vor dem Wasser."

„Aber du warst gut fürs Geschäft. Christopher nicht. Dir

hat dein Großvater vertraut, Christopher nicht. Deswegen hast du die Firma geerbt und nicht Christopher." Sie steht auf und hat nun anscheinend so viel Sicherheit gesammelt, dass sie auf ihn hinabsehen kann. Sie entzieht nicht einmal die rote Äderung an ihren Beinen seines Blickes. Wie konnte er darauf vertrauen, dass er sie immer noch liebte und begehrte? Und dass sie sich erneut in ihn verlieben würde? Dass sie bereute, sich damals für den Falschen entschieden zu haben? Dass sie glücklich sein würde, wenn er ihr die zwanzig Jahre verzeiht?

„Lass uns schwimmen gehen", sagt sie.

Er starrt an ihr hoch. „Warum?"

Tessa öffnet den Reißverschluss der Shorts und lässt sie zu Boden fallen. Auf eine Bikini-Rasur hat sie verzichtet, die dunkle flache Behaarung wächst an ihren Schenkeln hinab. „Ich habe gestern noch einmal mit dem Psychologen über dich gesprochen. Du bist hier, um mit dem Fall abzuschließen. Richtig?"

Er nickt und steht auf, ohne sie anzusehen. Dass er gekommen ist, um sie zurückzugewinnen, ist plötzlich nicht mehr wichtig. Ob dieses Wiedersehen anders verlaufen wäre, wenn er auf den Detektiv gehört hätte? Er hat ihm oft angeboten, sie zu fotografieren. Aber er wollte keine Fotos von ihr sehen. Fotos waren Momentaufnahmen. Bilder, die im kurzen Licht eines Blitzes entstanden. Nein, so etwas wollte er nicht. Seine Liebe zu Tessa sollte etwas sein, das in keinem Fotoalbum Platz fand, das keinen Rahmen brauchte.

Sie ahnt nichts von seinen Gedanken. „Wenn du endlich damit fertig werden willst, dann solltest du rausschwimmen. So weit raus, wie du mit Christopher geschwommen bist."

Auch das mütterliche Lächeln ist neu. Es gefällt ihm so wenig wie alles andere, was neu ist. Am allerwenigsten aber gefällt ihm ihre Überlegenheit.

„Ich komme mit", sagt sie, „ich helfe dir."

Sie ist sich nun ganz sicher in ihrer Rolle, füllt sie aus, als wäre ihr nie die Idee gekommen, er könne etwas anderes erwarten. Detektivkosten für zwanzig Jahre Berichterstatten. Nur gut, dass sein Großvater nicht mehr nach einer Kosten-Nutzen-Rechnung fragen kann.

Er folgt ihr zögernd und auch nur, weil er jetzt nichts anderes mehr von ihr erwartet als diese Hilfe, von der sie spricht, nichts anderes erwarten will und auch nicht mehr möchte, dass sie ahnt, was er eigentlich von ihr erwartet hat. Er will es nur noch hinter sich bringen. So schnell wie möglich. Und dann behaupten, dass nun alles in Ordnung ist, dass sie ihm geholfen hat, dass er ihr dankbar ist. Über ihr stolzes, selbstgefälliges Lächeln wird er hinwegsehen und dem Detektiv seinen Sonderbonus zahlen. Das Geschäft, das er seit dem Tod seines Großvaters allein führt, läuft zwar nicht mehr gut, aber ein vermögender Mann ist er immer noch. Trotzdem. Auch deshalb, weil Christopher sein Erbe nicht mehr beanspruchen konnte.

Sie geht vor ihm ins Wasser, Schritt für Schritt, bis ihr Gesäß auf der Wasseroberfläche steht. Zwei Melonen in einer braunen Bikinihose. Was bedeutet es, dass sie sich nicht zu ihm umdreht? Will sie sein Gesicht nicht sehen? Will sie nicht wissen, wie diese Melonen den Blick seiner Augen verändern? Oder ist sie sich ihrer Aufgabe so sicher, dass dieser Blick keine Rolle mehr spielt? Aber vielleicht ist auch alles viel einfacher: Sie ist eine Frau geworden, die von der Liebe nichts mehr weiß und auch nicht wahrhaben will, was zwei überreife Melonen in braunen Beuteln anrichten können.

Sie taucht nun ein ins eiskalte Wasser und dreht sich endlich um. Stolz, triumphierend! Sie hat die Kälte überwunden, ist stolz auf ihre Leistung, ganz besonders stolz, weil sie weiß, dass er Angst hat vor dem Wasser. Nicht nur, weil es eiskalt ist.

„Komm! Ich helfe dir! Wenn du es geschafft hast, wird es dir besser gehen! Der Psychologe sagt ...“

Er will nicht hören, was der Psychologe gesagt hat, läuft schnell ins Wasser und taucht ein. Bis zum Hals!

„Gut! Sehr gut!“, lobt sie ihn. „Wir schwimmen jetzt zu der Stelle …“

Zu der Stelle, wo Christopher den Wadenkrampf bekam, wo er ihn um Hilfe anbettelte, gleichermaßen verzweifelt wie zuversichtlich.

„Woher willst du wissen, wo die Stelle ist?“, fragt er.

„Nur ungefähr! Das reicht! Eure Decke lag genau dort, wo du heute auf mich gewartet hast. Auf der Höhe des Fahnenmastes. Also müssen wir jetzt nur raus schwimmen, und dann …“

Was dann? Dann soll er Christophers Verzweiflung nachspüren?

„Dann wirst du noch einmal fühlen, dass du ihm nicht helfen konntest. Lass es zu! Du willst ihm helfen, aber du kannst nicht. Du bist ja schon froh, wenn du dich selbst über Wasser hältst. Niemals hättest du Christopher an Land ziehen können. Dann wärt ihr beide ertrunken.“

Sie redet nicht flüssig, sondern im Rhythmus ihrer Schwimmstöße. Ein gleichmäßiger Rhythmus, langsam, schwerfällig, aber sehr zielstrebig. Er sorgt dafür, dass er immer hinter ihr bleibt. Nicht aufschließen. Erst recht nicht voranschwimmen. Sie wartet darauf, dass er an ihrer Seite schwimmt, er spürt es. Sie dreht den Kopf oft nach links, um ihn wenigstens in den Augenwinkeln zu sehen, kontrolliert seine Bewegungen, damit sie einschreiten kann, falls ihn der Mut verlässt.

„Du machst das gut, Camillo“, kommt es von vorn. „Ich bin stolz auf dich!“

Ist sie nicht vielmehr stolz auf sich selbst? Wird sie demnächst ihren Hotelgästen beim Frühstück erzählen, wie sie es geschafft hat, einen traumatisierten Mann zu heilen? Mit irgendeiner Psychologenweisheit? Dank ihrer Hilfe war es ihm gelungen, sich der entsetzlichen Erinnerung zu stellen. In Zukunft wird er wieder seine Ferien auf Sylt verbringen. Der Tod des Bruders ist überwunden. Endlich. Weil sie ihm geholfen hat.

Er bleibt nun zurück. Seine Schwimmbewegungen werden langsamer, er setzt keine Kraft mehr ein. Dann strampelt er nur noch mit den Beinen, rudert mit den Armen, bleibt auf der Stelle. Wenn sie sich jetzt umdreht und nach ihm ruft, wird er ihr sagen, dass alles gut ist, und zurückschwimmen. Vielleicht wird er sie noch zum Essen einladen, als Dank für ihre großartige Hilfe, und ihr Grüße für den Psychologen auftragen. Und wenn ihn später die Enttäuschung übermannen sollte und die Frage quält, warum er zwanzig Jahre auf diesen Moment gewartet hat, dann wird er sich jede Veränderung genau ansehen, mit der er nicht gerechnet hat. Und er ist fest entschlossen, froh darüber zu sein, dass er ihr Altern nicht miterleben muss.

Gerade, als er kehrtmacht und zurückschwimmen will, hört er den Schrei. „Camillo! Hilf mir!"

Genau wie vor zwanzig Jahren. Die Stimme seines Bruders: Hilf mir!"

Ganz automatisch spannt er den Körper an, die Kraft richtet ihn auf. Zwei, drei Beinstöße, sein Oberkörper fährt aus dem Wasser.

„Hilfe! Camillo!"

Er wirft sich nach vorn, ohne auch nur einen einzigen Moment zu zögern, ohne nachzudenken, ohne die Konsequenzen zu erwägen. Fünf, sechs kräftige Kraulschläge, und schon ist er bei ihr, taucht vor ihrem Gesicht auf. Direkt vor ihrem Gesicht.

Sie schreit nicht mehr. Als er nach ihr greifen will, entsteht ein Ausdruck in ihren Augen, den er noch nie gesehen hat. Keine Angst, nein. Wenn es ein Wadenkrampf war, dann hat sie ihn überwunden. Aber es war kein Krampf, das wird ihm augenblicklich klar. Sie hat keine Angst vor dem Ertrinken, hat nie welche gehabt. Ihr Gesicht wippt vor ihm auf und ab, im Rhythmus ihrer Beinschläge, unterbrochen vom Rhythmus der Wellen, die sie gelegentlich empor tragen. Wenn er ihr auf den Wellenberg folgt, ist er für einen winzigen Moment über ihr, ehe er ihr ins Wellental folgt.

Sie grinst. Ja, sie grinst tatsächlich. „Habe ich also Recht gehabt! Schon damals habe ich es geahnt. Deshalb warst du so verändert. Du bist ...“

Nun greift er doch nach ihr. Zum Glück fühlt sie sich sicher, so übermächtig, so widerwärtig überlegen, dass sie zu spät reagiert. Als sie sich wehrt, hat er sie längst unter Wasser gedrückt. Er ist ein sehr guter Schwimmer und stärker als sie. Trotzdem ist es nicht so leicht wie damals bei Camillo.

Michael Mehrgardt

Agentur Himmelreich

Das alte Siedlungshaus in der Gärtnergasse lag in friedlicher Morgenruhe, als ein jäher Schrei die Stille zerriss.

„Iiiih!"

Die kurze Pause, die folgte, wirkte bedrohlich. Was dann kam, war Gezeter: „Du hast schon wieder deine Haare ins Klo geworfen!" Die erneute Unterbrechung gab Zeit für Schuldgefühle. „Wie oft hab' ich dir das schon gesagt?! – Horst? – Und das Waschbecken hast du auch nicht trocken gewischt! – Horst! Hohorst?! Hörst du nicht? – HORST!"

Ursulas schneidende Stimme bekam wieder diesen verächtlichen Unterton, der sein linkes Augenlid zucken ließ. *Du reagierst jetzt einfach nicht*, sagte er zu sich selbst. *Vielleicht hört sie von alleine auf.*

„Ich weiß, dass du da bist, also antworte schon! – WO gehören die Haare hin!?"

Seine Frau würde keine Ruhe geben. Horst legte die *Lübecker Nachrichten* beiseite, drückte sich resigniert und schwerfällig aus seinem Sessel hoch und schlurfte die enge Stiege zum Bad hinauf.

„Ist ja gut, ich mach ja schon ...", brummte er leise.

„Und was ich dir auch noch sagen wollte ..." Die Morgenlitanei würde sich jetzt gnadenlos über ihn ergießen, das war unausweichlich. „... Deine Socken ...", drang jetzt an sein Ohr, etwas später: „... wieder nicht gemacht ..." und irgendwann: „... alles unordentlich, verdreckt und ..."

Dann der Übergang zum zweiten Hauptthema: „... leere Flaschen wegräumen! ... und überhaupt ..." – Horst duckte sich unwillkürlich – „... du trinkst viel zu viel!"

Gestern Abend mit Pelle im „Klughafen" zwei Flaschen Bier, dachte er bei sich, *was soll das Gemecker? Wenn ich nun jeden*

Tag trinken würde...! Auf diese Diskussion wollte er sich nicht einlassen. Was konnte er dafür, dass sich Ursulas erster Mann totgesoffen hatte? *Kann ich verstehen,* schoss es ihm in den Kopf, *vielleicht sollte ich auch damit anfangen.*

Während seine Frau mit kreisenden Bewegungen, die mit jedem ihrer Worte ausladender und wütender wurden, die alte Badewanne einschäumte und anscheinend von ihrem allerletzten Emailleglanz zu befreien suchte, zupfte Horst mit spitzen Fingern ein einsames Haar aus dem Ausguss des Waschbeckens. Die Schultern leicht angehoben, schien er sich vor dem erwarteten Donnerschlag schützen zu wollen. Er stand regungslos mit flacher Atmung da, den Mund einen Spalt geöffnet, wie um den Druckwellen der in seine Ohren dringenden Schimpfsalven einen Ausweg zu ermöglichen.

Mittlerweile war Ursula beim Thema *Bekannte* angekommen: Er sei ein entsetzlicher Kontaktmuffel, ein wortkarger Stiesel und Eigenbrötler, dabei habe sie sich so darauf gefreut, nach seiner Berentung endlich mal Zeit für gesellige Ereignisse zu haben. Eugen und Ruth zum Beispiel, die hätten sie schon zweimal eingeladen und die gingen immer ins Theater und sogar in die Oper und Ruth habe sich dafür ein sündiges Abendkleid kaufen dürfen und Bridge spielten die auch in einem Club in der Mengstraße und ihre Reisen nach Mallorca, ach was, nach Bali sogar, aber das müsse überhaupt nicht sein, sie sei ja mit wenig zufrieden ...

Selbst mit verstopften Ohren konnte Horst die genaue Reihenfolge der auf ihn einstürmenden Anklagepunkte herunterbeten: Beispiel an seinem Cousin nehmen, Hobbykeller aufräumen, mal Blumen mitbringen, nicht so lange fernsehen, sie hätte damals doch seinen Klassenkameraden wählen sollen, der habe sich nämlich ernsthaft für sie interessiert, und heute sei der im Aufsichtsrat von Brüggen undsoweiterundsofort.

Zu Beginn dieses Kapitels der Anklage hatte sich Horst unmerklich zurückgezogen, beim Stichwort *Cousin* hatte er einen

Entschluss gefasst, bei *Blumen* war er bereits aus dem Bad geschlüpft, beim verhassten *Aufsichtsrat* hatte er die Klinke der Wohnungstür in der Hand und bei dem besonders unangenehmen Thema *Körperhygiene*, das nun unweigerlich käme, stand er schon auf der Straße.

Es war ein früher Donnerstagmorgen. Ohne Ziel und inneren Antrieb ließ sich Horst vom erwachenden Leben hierhin und dorthin treiben. Ein Gewirr von Geräuschen umhüllte ihn: Motorenbrummen, geschäftiges Rufen, Vogelstimmen, surrende Rollläden, die Schaufenster freigaben, leises Rascheln in den Kronen der Linden, die die untere Mühlenstraße säumten.

Gebeugt, die Hände tief in den Taschen seiner beigefarbenen Wildlederjacke vergraben, schlenderte Horst wie betäubt umher. Sein graues, zerfurchtes Gesicht verriet kaum etwas von dem, was ihn beschäftigte: *Ich kann das nicht mehr ertragen! … Ich muss weg! … Oder sie muss …? Dieses Geschimpfe, diese keifende Stimme! … Und das schon frühmorgens!* Müde Resignation kämpfte in ihm gegen den Schwelbrand jahrelangen vergeblichen Ärgers, der hier und da kleine Herde aufflackernden Zorns entzündete, sich aber nie ganz entlud. Sein Rentnerleben nach einer langen Arbeitszeit als Konstruktionsschweißer und zuletzt Gruppenleiter bei der Flender-Werft hatte er sich anders vorgestellt. Sie waren nicht reich, hatten aber einiges auf die hohe Kante gelegt. Sie würden sich sogar eine Haushaltshilfe leisten können. Aber das ließ Ursula nicht zu. Sie konnte einfach nichts aus der Hand geben, alles musste so gemacht werden, wie sie es gewohnt war! Reisen hatte er ihr auch schon oft vorgeschlagen. Aber sie wollte unbedingt Gesellschaften, Schaufenster und Strände, er dagegen Wanderungen in Einsamkeit und Natur. Gespräche und Kompromisse waren schon lange nicht mehr möglich; also zog er sich zurück: in seinen Bastelkeller oder mit einem Reiseroman auf die Terrasse. Und immer öfter auch in den Alkohol.

In Gedanken versunken trottete Horst weiter. Mittlerweile hatte er die Mühlenstraße verlassen, war in die Breite Straße gegangen, dann in eine der Seitenstraßen eingebogen, die wie Rippen eines Skeletts an der Lübecker Hauptgeschäftsstraße hingen.

Unvermittelt tauchte er aus seinen Grübeleien auf. Er blieb stehen. *Wo war er?* Irritiert blickte er sich um.

Er blinzelte, rieb sich die Augen. Hier erkannte er überhaupt nichts! Er erinnerte sich, in einen der niedrigen, engen Gänge eingetaucht zu sein, die die Lübecker Altstadt wie pulsierendes Aderwerk durchzogen. Von der Fischergrube hatte er, *wie war das gleich?* Ja, er hatte den Lüngreens Gang genommen. Und dann war er in den ... *Ja, wohin eigentlich?* Er wusste es nicht mehr. Kein Gebäude, kein Straßenzug war ihm vertraut. Die Häuser machten einen geduckten, fast verängstigten Eindruck. Wie ein Gürtel legte sich die Enge der grauen Gassen um seine Brust.

Eine gespannte, nervöse Stille umflirrte ihn. Passanten huschten farblos an ihm vorüber, als wollten sie ihn von der Unwirklichkeit der Szenerie überzeugen.

Horst blieb stehen, atmete ein-, zweimal tief durch und schaute sich unsicher um. Die Atmosphäre blieb, wie sie war: bedrückend und irreal. Forschend tastete sein Blick die Umgebung ab. Er zögerte. Setzte dann einen Fuß vor den anderen. Immer wieder drehte er sich um. Wurde er verfolgt? Nein, aber ... etwas befand sich *in* ihm. Etwas wie ein schlechtes Gewissen. So als habe er etwas Schändliches vor, was aber noch nicht die Schwelle seines Bewusstseins überschritten hatte. *Ach was!* Düstere Gedanken, die sich seiner bemächtigten! *Tief durchatmen!,* sprach er sich selbst gut zu, *denk an was Schönes!* Sein Versuch, sich aus dem inneren Sumpf zu ziehen, war halbherzig. Es war, als färbte die schattenhafte Umgebung seine Stimmung grau. Oder hatte sich vielleicht ein namenloser, abgründiger innerer Regisseur diesen Ort als passende Kulisse eines heraufziehenden Dramas gesucht?

Während Horst noch in diesem Knäuel aus dunklen Gedanken gefangen war, drängte sich plötzlich etwas in sein Sichtfeld, was ihn veranlasste, seinen Blick zu heben: ein Schaufenster, glitzernd, mit hellblauen und grellrosa Farben, blinkenden Lämpchen, silbernen Sternchen und goldenen Schriftzügen. Und über all dem thronte, wie die lange gesuchte Lösung für seine Probleme, der Name des Geschäfts:

AGENTUR HIMMELREICH
Das etwas andere Reisebüro.

Ungläubig las Horst die Werbeplakate:
Ist Ihre Ehe die Hölle – wir „entsorgen" ihren Partner!
Die ganz persönliche Himmelfahrt ...
HIMMELREICH erspart die Scheidung!
Nicht lange nachgedacht – „um die Ecke gebracht"!
Wünschen Sie Ihren Partner dahin, wo der Pfeffer wächst? Wir begleiten ihn!
Schicken Sie Ihre bessere Hälfte auf die „Reise aller Reisen"!
Das also ist des Pudels Kern: Sie sind hier, der Gatte fern!

Horst zauderte einen Moment, blickte dann aus den Augenwinkeln verstohlen nach rechts und links, atmete noch einmal tief durch, murmelte so etwas wie „Also dann!" und öffnete entschlossen die Tür.

„So finster, der Herr?", ertönte eine raue, tiefe Männerstimme, „Wie können wir Sie erfreuen?"

Horst brauchte einen Moment, bis sich seine Augen, die eben noch durch blinkende Lichter geblendet waren, auf das schummrige Zwielicht eingestellt hatten. Dem Eingang gegenüber, hinter einem dunklen Eichenschreibtisch, saß ein großer, äußerst beleibter Mann, vielleicht Ende sechzig, der mit Hilfe einer ebenso beleibten *Havanna* Zigarrenrauchschwaden produzierte, was die Situation noch zwielichtiger erscheinen ließ. Horst zögerte, wollte im ersten Moment angesichts eines derart anrüchigen Etablissements sofort wortlos wieder hinausgehen. Der Mann hinter dem Schreibtisch aber beugte sich erwartungsvoll vor, wobei diese einladende Geste infolge seines ungeheuren Bauches sogleich an ihre natürliche Grenze stieß.

„Treten Sie doch näher, werter Herr!"

Seine Stimme klang freundlich. Hinter dicken Brillengläsern blinzelten winzige Augen listig zu Horst herüber. Der mächtige Kopf, eingerahmt von wirren, dunkelblonden Locken und einem zerzausten Backenbart, nickte ihm auffordernd zu.

„Sie bieten – äh ...", Horst machte zwei Schritte auf den Mann zu, „Sie sind – äh – Sie veranstalten Reisen?"

„Nehmen Sie doch erstmal Platz! Sie sind ja ganz verwirrt! Ist es so schlimm?" Der Mann zwinkerte ihm mitfühlend zu.

„Ja, äh, heute war es mal wieder, ich meine, das geht schon seit – ich weiß nicht, so geht es seit Jahren, und deshalb bin ich raus und rumgelaufen und diese Gegend kenn ich gar nicht, plötzlich stand ich vor Ihrem Geschäft, so bunt und auffällig in dieser – äh – etwas undurchsichtigen, ich meine, man weiß natürlich nicht, aber ich hatte so ein komisches Gefühl ..."

Horst hatte inzwischen Platz genommen. Der alte Herr lehnte sich, genüsslich an seiner Zigarre saugend, in seinen Sessel zurück:

„Sie glauben ja gar nicht, wie viele Leute uns aufsuchen, Männer wie Frauen, verzweifelt, weil sie ihren Lebensabend ja eigentlich genießen wollten!"

Horst war indessen innerlich schon mit praktischeren Details beschäftigt:

„Wie machen Sie – ähem – ich meine, wie geht *das* denn so?"

„Möglichst weit weg?", fragte ihn der verschrobene Alte und beugte sich erneut vor. „Sehr weit weg, nehme ich an ...?"

„Ja, äh ...“

„Ich meine: so *richtig* weit weg? Sie verstehen ...?“

Der Mann blickte ihn verschwörerisch aus seinem Sessel an, was Horst veranlasste, sich zu räuspern und ein möglichst entschlossenes „Ja!“ aus dem Kehlkopf zu pressen.

„Am liebsten ohne Rückfahrtticket, was?“, prustete der Dicke mit unvermittelter Heftigkeit los und stieß ihm dabei eine mächtige Rauchwolke ins Gesicht. Und dann stellte er nach kurzem Innehalten abschließend und sachlich fest: „Sozusagen für die Ewigkeit.“

„Sozusagen, ja“, pflichtete Horst ihm bei und fühlte sich für einen kurzen Augenblick wie bei einer ganz normalen, nüchternen geschäftlichen Transaktion.

„Ja, wissen Sie, meine Frau ...“, fuhr der lockenumrahmte Herr fort und spitzte spöttisch seine Lippen, „die is' ja auch schon nicht mehr ...“

Gedankenverloren starrte er an die Decke. Dann ging ein leichter Ruck durch seinen imposanten Leib, und mit einem gekonnten Aufschlag der winzigen Augen seufzte er: „Die Selige ...“

Der alte Herr erschien Horst freundlich und aufgeschlossen. Andererseits: dieses nur unzulänglich getarnte *Reise*-Unternehmen, diese unverblümt feilgebotenen *Dienstleistungen*!

„Mit was muss man denn so rechnen?“, fragte Horst, nunmehr ermutigt. „Ich meine, ich hab' ja keine Verbindungen zur Mafia oder so, sonst würde ich ja nicht zu Ihnen ...“

Horst erschrak wegen seines couragierten Vorstoßes. Der Schweiß brach ihm aus. Mit einem alten Lappen, den er noch von seinen Basteleien in der Tasche hatte, tupfte er sich die Stirn.

„Ich meine ... So was ist ja doch ... Also was man im Fernsehen mitkriegt, ist so was doch ziemlich teuer?!“

Der Mann hinter dem Schreibtisch betrachtete ihn hintergründig. Schließlich neigte er sich, so weit sein Bauch dies zuließ, konspirativ vor und erwiderte mit belegter Stimme: „Zehntausend, je nachdem."

„Zehn-? Ja, das ... das kann sich auch der kleine Mann ... äh ... der Mann von der Straße, das kann der auch schon mal ... äh ... normalerweise ist das viel teurer, also ich hab' das noch nie ..., aber was man so hört ..."

„Ihre Frau, nehme ich an?", fragte der Fremde geschäftsmäßig.

„Ja, meine Frau ..."

„Und wann soll's denn nun passieren?"

Der *Reiseunternehmer* – Horst nannte ihn innerlich schon: der *Pate* – der *Pate* also zog eine quietschende Schublade des Eichenmonstrums heraus und platzierte ein gelbliches, zerknittertes Formular vor sich auf die Schreibfläche, die er vorher pustend von einer dicken Staubschicht befreit hatte. Mit der Handkante seiner Rechten strich er liebevoll über das Blatt, um dann unversehens seinem Gegenüber in die Augen zu schauen.

„Also wann?"

„Möglichst bald, wissen Sie, jeder Tag ist – "

„Wir brauchen", unterbrach ihn der Dicke, „etwa eine Woche für unsere Vorbereitungen und die Formalitäten."

„Und wohin soll die ... äh ... Reise ...? Was schlagen Sie vor?", wollte Horst vorsichtig wissen.

„WOHIN? Wohin is' gut, wirklich gut!", schnaubte der Backenbart und hieb mit seiner tellergroßen Pranke belustigt aufs Formular, um dieses sogleich wie zur Entschuldigung sanft mit den Fingerkuppen zu streicheln. „Über'n Jordan, was? Oder'n Ganges, nicht wahr?"

Horst drehte sich instinktiv um, weil er sich vergewissern wollte, dass keiner zugehört hatte. Er war immer noch allein mit diesem merkwürdigen Kauz.

„Wissen Sie was", sagte dieser nach einer Weile in jovialem Ton. „Sie wollen doch Ihre wohl verdiente Ruhe, also überlassen Sie alles andere uns!"

Bei der Vorstellung, auf einen Schlag – bei diesem Wort musste Horst grinsen – aller Probleme ledig zu sein, ließ er mit einem lautlosen Seufzer all die Luft, die er jahrelang angehalten hatte, entweichen. *Halt die Luft an, Horst! Mach nicht so viel Wind!,* hatte er oft genug zu hören gekriegt. Dieses respektlose Gezeter! All die Spötteleien, die sie ihm hinterherfauchte! Kein Wunder, dass er nachts wie ein Raubtier mit den Zähnen knirschte, wenn er davon träumte, sie zu zerfleischen!

Horst wedelte die Gedankenschwaden – und den Qualm, in den ihn sein Gegenüber gehüllt hatte – entschlossen beiseite. Es waren noch wichtige Fragen zu klären: „Wie soll denn die Entsor ... äh ... der Transfer vonstatten gehen?"

„Das ist so", klärte ihn der Geschäftsinhaber auf, „Ihre Frau gewinnt überraschend eine Weltreise bei einer Lotterie, an der Sie in ihrem Namen teilgenommen haben ..."

„Aber leider nur für eine Person, stimmt's?"

„Stimmt, genau", und in gespieltem Bedauern setzte der *Pate* hinzu: „Leider ..."

Prüfend besah er das Zigarrenende, als wisse er nicht, was davon zu halten wäre. Dann ergänzte er: „Wir schicken Ihrer Frau die *Reise*unterlagen zu" – den ersten Teil des Wortes betonte er vielsagend – „und die Informationen über die nötigen Cholera- und Gelbfieberimpfungen."

„Wieso impfen? Sie braucht doch keine ...?" Dann kapierte Horst. „Natürlich! Impfungen! Sie denken aber auch an alles! Das soll ja ganz echt ...! Cholera und Gelbfieber! Sümpfe, Moskitos, Malaria – das ist gut! Ein wirklich passendes Sylbom, ich meine Sombyl... äh... Bom."

„Sie meinen *Symbol*?", fragte der wunderliche Herr stirnrunzelnd.

„Symbol! Genau! Das Wort war mir doch in der Aufregung glatt entfallen. Cholera als Symbol für den bevorstehenden Ex ..."

„...klusivurlaub! Wie dem auch sei“, nahm der Alte den Faden wieder auf. „Dann müssten wir noch klären ...“

„Zu klären ist noch“, fiel ihm Horst ins Wort, „... wie läuft das denn mit der *Rückführung*? Sie wissen schon, und dem To ... äh ... der ärztlichen Bescheinigung. Ich meine, es soll alles ganz koscher aussehen.“

„Alle nötigen Formulare werden hier vorbereitet und – Sie kennen das doch – andere Länder, andere Sitten. Was ich hier reinschreibe“, und dabei klopfte seine zigarrenstumpenbewehrte Hand versichernd auf den Vordruck, „das ist für die dort Gesetz. Wenn hier steht, Ihre Frau ist geimpft, dann ist sie geimpft, und wenn hier steht, sie ist ...“

„Dann *ist* sie ...!“, nahm Horst ihm die Schlussfolgerung ab.

„Eben“, lautete die knappe Antwort des beleibten, wundersamen alten Herrn.

Dann wurden noch die weiteren Dinge erledigt, die in solchen Fällen zu tun sind: Personalien eintragen, Zahlungsmodalitäten vereinbaren, dies und das klären, ein paar Anrufe tätigen, eine angenagte, zahngelbfarbene Visitenkarte überreichen und in Empfang nehmen (AGENTUR HIMMELREICH – die Reise aller Reisen, die auch Hinterblieb'ne preisen! Inhaber: August Himmelreich), bis sich schließlich der Geschäftsinhaber aus seinem knarzenden Sessel wuchtete, seinen gewaltigen Bauch auf der gottlob stabilen Eichenschreibtischplatte ablegte, um nicht vornüber zu kippen, Horst die Hand bedeutungsschwer drückte und mit einem Ausdruck, der an die Beileidsbekundung eines Pfarrers am offenen Grab erinnerte, „Alles Gute!“ sagte.

Gleich anschließend trabte Horst zu seiner Bank in der Königstraße und leistete dort eine Unterschrift. Derart leichten Herzens hatte er sich noch nie von so viel Geld verabschiedet.

Acht Tage später war Ursula fort. Sie war von einem Fahrer abgeholt worden, diskret und zuvorkommend, wie es sich gegenüber einer Dahinscheidenden geziemte.

Der Abschied fiel angesichts seiner Endgültigkeit eher beiläufig aus.

In diesen letzten Tagen hatte Ursula kaum genörgelt, hatte Socken *Socken* und Cousins *Cousins* sein lassen und das Wort *Aufsichtsrat* nicht mehr in den Mund genommen. Genau besehen hatte sie gar nicht gemeckert, sondern sich ihrem Ehegatten gegenüber sogar anerkennend geäußert, wenngleich ihre Lobpreisungen mit Beibedeutungen verunreinigt waren. „Da hast du ja *mal* was richtig gemacht!" Oder: „Zu doof zum Eierlegen, aber'n goldenes Korn aufpicken!"

Und dann war Horst allein. Er lebte auf.

Der erste Tag verging. Er unternahm eine Hafenrundfahrt.

Der zweite Tag: Spaziergang zum alten Güterbahnhof und zum Containerhafen.

Dritter Tag: Modelleisenbahnausstellung in Schlutup.

Am vierten Tag zog es ihn zu dem *Reisebüro*. Nicht dass er ein schlechtes Gewissen bekommen hatte oder den Pakt hätte rückgängig machen wollen! Wahrscheinlich hatten sie Ursula gleich am ersten Tag in ein abgelegenes Parkhaus gefahren, sie erdrosselt oder mit Kohlenmonoxid vergiftet. Oder in einem stillgelegten Fabrikgebäude erschossen oder sie auf einer Nebenstrecke auf die Gleise gekettet oder in der Trave versenkt oder in ein Schwefelsäurefass gesteckt oder an die Oberleitung eines ICE angeschlossen. Sie werden sie nicht erst nach Palästina oder Indien ausgeflogen haben, das wäre viel zu umständlich – und zu teuer! Obwohl: In diesen Ländern soll es ja weniger Probleme mit den Totenscheinen geben. Also vielleicht doch; denn da gibt es Schluchten und bewaffnete Banden und terroristische Entführer und Schakale und Schlangen.

Andererseits hatte der *Pate* ihm versichert, dass seine Frau nicht unnötig leiden würde, also: Womöglich haben sie sie zuerst betäubt, dann irgendwie den Transport ins Jenseits bewerkstelligt und ab in den Ganges oder den Jordan oder die Wakenitz. Na, und dann muss so eine Wasserleiche erstmal genügend Gase bilden, die sie an die Oberfläche hochdrücken! Und bis die dann irgendwo angespült und aufgefunden würde, das dauerte seine Zeit!

Mittlerweile war Horst in der besagten Gegend angekommen. Forschend hielt er Ausschau nach der düsteren Straße mit dem kitschigen Schaufenster. Er durchsuchte die *Blocks*querstraße, kehrte wieder um, fand sich jetzt in der *Geraden*, dann in der *Siebten* und schließlich in der *Neuen* Querstraße wieder, duckte sich unter Torbögen und Durchlässen, zwängte sich durch verschiedene Gänge und Hinterhöfe. *Endlich* stand er vor seinem *Reisebüro*, kniff die Augen zusammen, trat verwirrt zwei Schritte zurück, schaute nach links, blinzelte, schaute nach rechts, machte wieder zwei Schritte vor, näherte sein Gesicht der Schaufensterscheibe, bildete mit seinen Händen einen Tunnel vor seinen Augen, spähte angestrengt und mit angehaltenem Atem hinein. Das Dämmerlicht kam ihm noch undurchdringlicher vor.

Aber keine Zigarrenwolken. Niemand zu sehen. Horst guckte verunsichert auf die Uhr: Normale Geschäftszeit. Erst als er nochmals zurückwich, um nach Öffnungszeiten oder einem Schildchen *Betriebsferien* oder Ähnlichem zu suchen, fiel ihm der Aufkleber quer über der Scheibe auf:

WEGEN GESCHÄFTSAUFGABE GESCHLOSSEN

Horst erschrak: War er einem Betrüger aufgesessen? – Aber nein, seine Frau war ordnungsgemäß abgeholt worden.

Natürlich!, beruhigte er sich selbst, *nach jedem Auftrag wechseln sie ihren Standort. Profis eben!* So abgebrüht war ihm der alte Kauz gar nicht vorgekommen, aber man musste schauspielern können. Vertrauen erwecken oder Furcht einflößen, je nachdem, wie die Situation es verlangt. Schließlich wird man nicht so nebenbei das respektierte Oberhaupt einer der *Familien.*

Mit derlei Gedanken im Kopf trottete Horst befriedigt nach Hause.

Die Tage zogen dahin, Wochen vergingen. Mit zunehmendem Freiheitsgefühl wuchs auch die Spannung. Wann würde man sie finden? Wo würden ihre Überreste auftauchen? Bei jedem Ertönen des Türgongs fuhr er ein wenig zusammen. „Sind Sie Horst Leopold?" Er stellte sich zwei zivile Sonnenbrillenträger vor. „Wir sind von der Polizei. Es tut uns leid, Ihnen mitteilen zu müssen ..." Oder das Telefon, dessen Klingeln von Tag zu Tag schriller zu werden schien. „Gerichtsmedizin. Sie müssen umgehend herkommen, um Ihre Frau zu identifizieren!" Oder auch: „Deutsches Konsulat Südjemen, wir haben Nachricht von Ihrer Frau. Die Entführer verlangen ..."

Vielleicht kommt auch der *Pate* persönlich, klopft in der für Paten typisch sanften, ja fast zärtlichen, aber umso weniger Widerspruch duldenden Weise an die Wohnungstür, blinzelt ihn mit seinen wachen Äuglein an und raunt ihm zu: „Alles in Ihrem Sinne abgewickelt ..."

Aber immer, wenn Horst den Hörer abnahm oder die Tür öffnete, waren es die kundendienstintensiven Stadtwerke, nervige Callcenter-Anruferinnen, Klingelstreiche ungezogener Gören, allzu vertrauliche, ihm unbekannte Freundinnen seiner Frau oder ein ehemaliger Arbeitskollege, der ihn zu einem Kneipenbummel anstiften wollte.

Horst hielt die Spannung kaum noch aus.

Dann, nach fast fünf Wochen, geschah es: Das Telefon schrillte.

Demonstrativ langsam schlenderte Horst zum Apparat.

Er nahm den Hörer ab.

„Ja?"

„Hohorst?“, tönte es ihm spitz ins Ohr. „Es war einfach suuuper! Ich bin gerade in Blankensee gelandet. Holst du mich ab?“

Klaus-Peter Wolf

Hunger

Sie wusste, was jetzt kommen würde: In den ersten Tagen nahm sie am meisten zu. Fast ein Kilo pro Tag.

Noch war sie auf zweiundfünfzig Kilo. Gertenschlank. Schon Anfang nächster Woche würde sie sechzig Kilo wiegen. Dann nahm sie langsamer zu, obwohl sie mit unverminderter Wut weiteraß. Gegen Ende des nächsten Monats wäre sie unweigerlich auf siebzig Kilo. Und eine Weile später würde sie sich fühlen wie ein zu tief getauchtes U-Boot. Unter fürchterlichem Druck.

Wenn sie zu weit untertauchte, wuchs die Gefahr, eine Naht könnte platzen und alles würde zerreißen. Alptraumhaft verfolgten sie die Szenen aus „Das Boot", die sie zusammen mit Uli gesehen hatte. Dieses grässliche Geräusch, wenn der Druck die Nieten herausschoss, und sie wie Kugeln durch den Mannschaftsraum peitschten.

Ja, so fühlte sie sich. Mörderischer Druck von innen und außen und etwas zerfetzte ihre Eingeweide wie Querschläger. Unberechenbar.

Die Stoffwechseluntersuchungen, Blutuntersuchungen, Zuckertests waren sinnlos. Sobald Ulis Schiff im Kieler Hafen wieder in See stach, kam der große Hunger. Und er war durch nichts zu stillen.

Essbremser aus der Apotheke versagten genauso schnöde wie der Fastenclub und die Weight Watchers. Der Hunger war wie ein Feuer. Je mehr sie hineinwarf, umso größer wurde es und verlangte immer mehr.

Jetzt, da sie Ulis Geruch noch auf der Haut spürte und sein Schiff noch nicht am Horizont verschwunden war, meldete sich nur ein leichter Appetit auf ein Schokoladentörtchen. Eigentlich eine ungefährliche Laune, der man rasch nachgeben konnte, um den Abschiedsschmerz zu versüßen. Aber sie wusste, welches Monster dort lauerte.

Ach komm, frohlockte das Biest in ihr, andere trinken einen Tequila, um darüber hinwegzukommen. Du kriegst nur Hunger auf etwas Süßes. Du musst ja danach nicht weiteressen. Nur ein Stückchen Schokocremetorte. Gleich hier an der Ecke ist ein Café. Und ein Kaffee würde dir auch gut tun. Ohne Milch und Zucker, versteht sich.

Du hast es dir verdient, dich aufzuwärmen. Seit fast zwei Stunden stehst du nun schon auf diesem windigen Hafengelände. Und was ist schon dabei? Du kannst von dort aus sogar auf die Kieler Förde sehen. Ihm nach.

Nein. Ich fahre jetzt schnurstracks nach Hause, ohne erst in ein Café zu gehen.

Und wenn er umkehrt? Stell dir vor, sie haben etwas vergessen und müssen wieder anlegen. Dann bist du schon weg.

Quatsch. So was passiert nicht.

Sag das nicht. Warte es lieber ab, bei einem Törtchen ...

Sie bemühte sich, fester aufzutreten als sonst. Wie ein Soldat, der marschiert. Sie wollte an der Konditorei vorbeistampfen, als sei sie auf Kriegspfad.

Natürlich kam sie um die Fresserei nicht herum, aber sie fürchtete sich geradezu irrwitzig davor, den ersten Kontrollverlust in der Öffentlichkeit zu haben. Zuhause vor dem Kühlschrank war es halb so schlimm, wenn sie sich gehen ließ. Aber in einem Café? Sie hatte immer, wenn sie in der Öffentlichkeit aß, das Gefühl, jeder müsse es ihr ansehen.

Was ansehen? Andere essen auch in der Öffentlichkeit, und die haben nicht solche Tischmanieren wie du. Wovor genierst du dich? Nun komm schon. Ein Kaffee zum Aufwärmen und ein einziges Stückchen Torte. Schokocreme mit einer Mokkabohne oben drauf.

Müsste es um diese Jahreszeit nicht auch schon frische Erdbeeren geben? Ein Erdbeerbecher mit Vanilleeis und Schlagsahne ... Die Saison ist nur kurz. Das muss man ausnutzen.

Mit Uli hatte sie heute Morgen nur eine Tasse Tee getrunken. Er aß morgens nie etwas, bevor er auf Fahrt ging. Eine Tasse brodelnd heißen Tee, mit Kandis und Sahne. Sonst nichts. Vielleicht fürchtete er sich insgeheim vor Seekrankheit und ging deshalb immer nüchtern an Bord.

Wenn er wenigstens ein Brötchen mit mir gegessen hätte, heute Morgen ... dann wäre es jetzt nicht so schwer. Aber mit leerem Magen ... Wie leicht kann einem da flau werden?

Außerdem, ich bin wirklich durchgefroren. Bei dem scharfen Wind erkältet man sich leicht die Blase. Ich sollte jetzt wirklich besser im Warmen sitzen. Es ist ja geradezu lächerlich, dass ich mir so ein kleines Stückchen Kuchen nicht gönnen will. Die reinste Selbstkasteiung. Als ob es nicht ausreichen würde, dass Uli jetzt weg ist. Muss ich mich auch noch selber quälen?

Und bei meiner Figur kann ich mir das ja wohl leisten. Ich liege sogar leicht unter dem Idealgewicht. Die meisten Frauen beneiden mich um meine Figur.

Jawohl: b e n e i d e n!

Sie drückte ihr Kreuz durch und betrachtete im Schaufenster ihren Körper.

Ja, sie konnte es sich leisten.

Sie kam erst wieder richtig zu sich, als sie – die Beine übereinandergelegt – in dem Café am Tisch saß. Von hier aus konnte sie tatsächlich Ulis Schiff am Horizont verschwinden sehen, aber dafür hatte sie jetzt keine Augen.

Frische Erdbeeren hatte es leider noch nicht gegeben. Dafür lagen auf ihrem Teller nun ein Schokocremetörtchen, ein Stück Apfelkuchen mit Sahne und eine Walnuss-Marzipanschnitte. Die hatte einfach zu verlockend ausgesehen.

Zuerst wollte sie alles in Ruhe mit den Augen essen, dann die Augen schließen und den Geschmacksnerven etwas geben, aber plötzlich fühlte sie sich wieder angestarrt.

Die anderen Leute im Café grinsten über sie, weil sie drei Stücke auf dem Teller hatte.

Ach Quatsch, guck dir doch die alte Vettel da hinten an. Die haut sich zwei Riesenstücke Käsesahne rein. Und gleich ein ganzes Kännchen Kaffee. Wetten, dass sie hinterher noch einen Cognac trinkt und eine Zigarette raucht?

Die geniert sich nicht. Die starrt dich nur so an, weil sie neidisch auf deine Jugend und deine tolle Figur ist. Wenn du so aussehen würdest, hättest du gar nicht mehr den Mumm, dich in ein Café zu setzen – und schon gar nicht, dort Kuchen zu essen. Also, lass dich von der Alten nicht fertig machen. Guck frech zurück. Wetten, dass sie deinem Blick nicht standhält?

Sie nahm die Walnuss-Marzipanschnitte zwischen die spitzen Finger und tauchte sie erst noch durch die Sahne, bevor sie sie mit zwei Bissen verschlang.

Sie hatte längst noch nicht alles heruntergeschluckt, als sie schon wieder nachlud, ganz so, als müsse der Kuchen rasch verschwinden, damit er keine Versuchung mehr darstellte.

Das kleine Monster in ihr wuchs und lachte: Bald schon, noch bevor Uli in der Karibik ist, wirst du der alten Vettel sehr ähnlich sehen. Sie würgte. Mit einem Schluck Kaffee spülte sie die süße Masse im Mund herunter. Sie schluckte fast angewidert. Aber sie aß weiter. Die Walnuss-Marzipanschnitte war eine Enttäuschung. Schokocremetörtchen hatte sie auch schon bessere gegessen. Dies hier war einen Hauch zu süß.

Sie erhoffte wenigstens noch etwas Befriedigung von dem Apfelkuchen, aber die Schlagsahne hatte sie bereits aufgebraucht und jetzt genierte sie sich, neue zu bestellen. Wie sah das denn aus!

Neben der Kaffeetasse stand ein Schälchen mit einem Spritzer Sahne. Aber viel zu wenig. Halt nur für den Kaffee gedacht, nicht für ein Stück Torte.

Na gut, sie aß es so. Die Äpfel waren geschmacklos. Wässrig. In den Rosinen zuviel Rumaroma.

Schon war der Teller leer. Das verkrümelte, verschmierte Papierdeckchen darauf sah unansehnlich aus.

Sie ärgerte sich. Sie hatte es vorher gewusst. Es war immer so. Aus ihrem Appetit war jetzt Hunger geworden. Ja, wenn wenigstens eins der Kuchenstücke gut geschmeckt hätte ... Aber so ...

Sie fühlte sich betrogen.

In diesem Café konnte sie unmöglich bleiben. Sie musste woanders weiteressen.

Während sie, ohne der Bedienung in die Augen zu sehen, zahlte, dachte sie daran, dass sie schon bald wieder in verschiedenen Supermärkten einkaufen würde. Sie fürchtete, die Leute könnten sie blöd angucken, wenn sie so viel auf einmal einkaufte.

Einmal – sie wäre fast gestorben dabei – traf sie ihre Nachbarin, als sie einen mit Schokolade, Chips, Tiefkühltorten und Bonbons gefüllten Einkaufswagen durch die Gänge des Supermarkts schob.

Die Nachbarin war baff.

„Hat bei euch einer Geburtstag?"

„N...nein ...", hatte sie gestammelt und eine Lüge erfunden, von einer Freundin, für die sie mit einkaufte.

So etwas sollte ihr nie wieder passieren. Außerdem hatte die Nachbarin ihr kein Wort geglaubt. Aber zum Glück hatte sie geschwiegen. Sie erwähnte die Sache nie wieder. Vor allen Dingen sprach sie sie auch nicht in Ulis Beisein an.

Sie hätte alles ertragen, aber Uli durfte nichts davon erfahren. Er würde sie bestimmt verlassen.

Nein, das würde er nicht.

Aber es würde ihm wehtun, zu sehen, wie sie ...

Vielleicht würde er versuchen, ihr zu helfen ...

Aber sie brauchte keine Hilfe. Sie würde schon alleine damit fertig werden.

Uli durfte auf keinen Fall etwas erfahren.

Im Café Engelchen im Sophienhof bestellte sie sich erst einmal einen Aquavit und dann ein Glas Tee und ein Stück Baumkuchen. Sie wollte ganz vorsichtig weitermachen. Als erstes kippte sie den Aquavit, um die Magennerven zu beruhigen, und hoffte, dass ihr der Baumkuchen ein so unvergessliches Gaumenerlebnis bescherte, dass sie danach für heute nichts mehr brauchte.

Sie irrte sich nicht: Als der Baumkuchen vor ihr lag, knurrte ihr Magen laut und deutlich, wie ein ausgehungerter Hund.

Hoffentlich hatte das keiner gehört. Der Herr am Nebentisch mit der Pfeife und der Manager-Illustrierten guckte sowieso schon so übelgelaunt.

Ihre Blicke trafen sich. O je, er hatte sie durchschaut bis in die Seele. Er kannte ihre Krankheit, ihre Angst. Er lächelte. Weidete er sich an ihrer Gier?

Als sie die Zähne in den Kuchen grub, sagte er „Guten Appetit" und nickte wissend.

Sie wäre am liebsten rausgerannt, sah dann aber doch nur vor sich auf den Tisch, um sich keine Blöße zu geben und konzentrierte sich ganz auf den Baumkuchen.

Als sie einen Schluck Tee hinterher trinken wollte, verbrannte sie sich auch noch die Lippen.

Warum war der Tee so heiß, als ob er erst ein paar Sekunden auf dem Tisch stehen würde? Dabei kam es ihr vor, als seien inzwischen gut zwanzig Minuten vergangen.

Es ging also schon los. Das Zeitgefühl begann sich aufzulösen. Sie hatte eigentlich erst in ein paar Wochen damit gerechnet. Der völlige Verlust des Zeitgefühls ließ sonst immer länger auf sich warten.

Mit Schrecken dachte sie daran, dass sie beim letzten Mal schon mit dem Mittagessen begonnen hatte, bevor das Frühstück richtig beendet war. Und dann das Abendessen direkt hinterher. Es war Wochenende gewesen, Samstagmorgen, knapp elf Uhr und der Tag war für sie – eingeteilt nach Mahlzeiten –

schon beendet. Stunden stand sie am Fenster herum oder starrte in den Fernseher, ohne zu registrieren, was da eigentlich lief. Denn die ganze Zeit über war sie nur mit einer einzigen Aufgabe beschäftigt: nichts zu essen.

Entweder kreisten ihre Gedanken um Uli oder um Torten, Eiscreme, Pralinen und Pudding.

Warum begann der Verlust des Zeitgefühls schon jetzt?

Sie ging zur Theke und bestellte sich dort noch ein Stück Nusssahne, zwei Florentiner und zum Abschluss eine Zitronenrolle.

Ohne noch mal vom Teller aufzusehen, aß sie alles restlos auf. Um nicht in die Verlegenheit zu kommen, die Kellnerin rufen zu müssen, hatte sie gleich alles an der Theke bezahlt. Sie konnte also jetzt sofort gehen, die Stätte ihrer Niederlage unbehelligt verlassen.

Nie wieder wollte sie Kuchen essen. Nie wieder. Allein bei dem Gedanken wurde ihr speiübel. Sahne. Igitt!

Sie floh wie ein Bankräuber vom Ort des Verbrechens, bevor die Polizei eintrifft.

Je mehr Schritte sie zwischen sich und die beiden Cafés brachte, umso unwirklicher erschien ihr, was soeben passiert war.

Ein ekelhafter süßer Geschmack zog sich von ihrem Mund aus den Hals hinunter und belegte ihre Stimme. Ja, sie hatte jetzt eine Stimme aus Zuckerguss. Am liebsten hätte sie sich sofort einen Finger in den Hals gesteckt, aber sie befand sich mitten auf dem Sophienblatt. Sie durfte sich keine Blöße geben, aber sie musste diesen furchtbaren Geschmack loswerden. Sofort.

Es würgte sie. Wie dicke Eiszapfen wuchs der Zucker in ihre Lungen, nahm ihr die Luft. Dieser Geschmack ... Sie musste sofort ...

Da, die Fischbude! Das war ihre Chance. Niemand würde Verdacht schöpfen, wenn sie jetzt dort, wie viele andere Leute, einen Rollmops mit Zwiebeln kaufen und sofort essen würde.

Schon stand sie an der Fischtheke. Die Frau dahinter in dem blauweiß gestreiften Hemd war füllig, mit rosigen Wangen, und lächelte freundlich.

„Ganz frisch. Nicht aus der Fabrik!“, erklärte sie. Sie schlug den Rollmops einfach in Papier ein.

„Na, schmeckt's?“, fragte sie höflich und nicht ohne Stolz.

Die Frau war nett. Damit machte sie ihr den Entschluss leicht, noch zwei Rollmöpse zu bestellen, und eine Salzgurke und – für zuhause – ein Stück Aal.

Im ersten Moment tat es gut, in das sauer eingelegte Fleisch des Rollmopses zu beißen. Auch die frischen Zwiebeln waren schön scharf. Aber dann brannte der Rollmopsgeschmack nicht den ekligen Zuckergeschmack von der Zunge, sondern legte sich nur darüber.

Die Zähne wurden stumpf davon. Während sie sich von der Bude entfernte, wusste sie, dass es ihr doch nicht erspart bleiben würde, den Finger in den Hals zu stecken.

Die drei Rollmöpse hatten ihr jedenfalls nicht geholfen.

Die Salzgurke, im Stehen gegessen, verschaffte ihr auch nur kurze Linderung. Schon wollte sie an den Aal ...

Aber nein. Halt! War das auf der anderen Straßenseite nicht die Füsseler, die eingebildete Ziege? Nein, der wollte sie den Triumph nicht gönnen.

Sie behielt den Aal in der Tasche. Sie musste es bis nach Hause schaffen.

Unterwegs ging sie bei der Bank vorbei. Sie brauchte Geld. Geld für Vorräte. Sie musste daran denken, dass schon bald eine Phase kommen würde, in der sie sich nicht mehr aus dem Haus traute. Bis dahin musste sie genügend Proviant für ihren Hunger in die Wohnung gekarrt haben.

Sie hob siebenhundert Euro von ihrem gemeinsamen Konto ab.

Sie nahm sich vor, in jedem Geschäft höchstens für hundertfünfzig Euro einzukaufen. Aber gleich im ersten schlug sie über die Stränge. An der Kasse erschrak sie.

„Waaas – Zweihundertachtundsiebzig?"

Konnte es denn sein, dass sie sich so sehr verrechnet hatte?

Die Spannung in ihr wuchs. Nicht so eine Hitchcock-Spannung, sondern eine, bei der sie genau wusste, was sie zu erwarten hatte: eine Enttäuschung.

Nie schmeckte eine Speise so gut wie in der Erinnerung. Nie machte sie so satt. Nie sah sie so gut aus wie auf der Packung.

Jetzt stand sie mit dem Einkaufswagen in der Passage und fragte sich, wie sie all das in ihre Wohnung bekommen sollte. Ihr Corsa stand noch am Hafen. Sie hatte ihn vergessen. Einfach vergessen.

Eine plötzliche Wut auf Uli brach wie ein Orkan in ihr aus. Am liebsten hätte sie ihn geohrfeigt, beschimpft, bespuckt. Er war verantwortlich für ihr Unglück. Er ließ sie immer wieder alleine sitzen. Er merkte nie etwas, wenn er zurückkam. War er blind? Gefühllos? Oder verstand sie es einfach so perfekt, alles vor ihm zu verbergen?

Sie hatte immer Schauspielerin werden wolen. Sie hatte sogar schon ein Angebot für eine Daily Soap gehabt. Sie hätte ganz groß ins Filmgeschäft einsteigen können. Bei der Figur und dem Aussehen ... Aber sie hatte keine Karriere gemacht. Bei einer Fete hatte sie sich in Uli verknallt. Und da er nicht oft an Land war, hatten sie schon bei seinem nächsten Landgang geheiratet. Ehefrau ... Sie konnte sich immer noch nicht so recht an den Gedanken gewöhnen.

Wenn sie wenigstens ein Kind gehabt hätte. Aber das hatte bisher nicht geklappt. Wie denn auch? Immer war er auf See. Und wenn er dann nach Hause kam, hatte sie auch nicht immer Lust, parat zu stehen.

Und so war sie nun die esssüchtige Frau eines Seemanns, ohne Aussicht auf einen Job und ohne Aussicht auf ein Baby.

Als sie endlich alles auf den Küchentisch gebaggert hatte,

hielt sie es nicht länger aus und riss die Dose mit den Kieler Sprotten auf. Sie verschlang die öligen kleinen Fischkörper, ohne auch nur daran zu denken, Messer oder Gabel zu Hilfe zu nehmen. Ein winziger, goldener Fisch fiel ihr herunter. Als sie auch das Öl aus der Dose getrunken hatte, kroch sie unter den Tisch, suchte den Fisch und aß ihn.

Dann begann sie zu heulen, bis es sie niederstreckte.

Sie lag auf dem Fußboden unter dem Tisch, auf dem sich all die Fressalien türmten, und weinte.

Sie sah sich schon wieder als dumm gefressene, fette Kröte in der Küche sitzen und Abführmittel schlucken, weil Uli auf der Heimfahrt war und sie ihm so nicht unter die Augen treten wollte, weil sie sich wie eine Qualle fühlte.

Oh nein, sie wollte nicht wieder anfangen, alles auszubrechen. Sie nahm doch nicht wirklich dadurch ab. Beim letzten Mal hatte es zu Nierenversagen geführt. Um ein Haar hätte sie bei Ulis Ankunft im Krankenhaus gelegen.

Diesmal musste sie es schaffen. Noch hatte sie nicht richtig angefangen. Noch war sie nicht gänzlich im Netz der Fressorgie verstrickt. Noch war sie gertenschlank. Noch waren nicht alle Dämme in ihr gebrochen.

Sie raffte sich auf, verließ die Küche und schloss sie ab. Sie setzte sich an ihren Schreibtisch und versuchte, nicht an die Vorräte zu denken, sondern an sich, an Uli und ihr Leben.

Sie musste es ihm mitteilen. Wenn er wieder zuhause war, war es zu spät. Dann schaffte sie es nicht. Dann war die Freude zu groß und die Fresswut schien so unwirklich. So lächerlich. Solange er da war, glaubte sie nie daran, dass diese Krankheit sie noch einmal befallen könnte.

Sie nahm einen Kugelschreiber und begann:

Lieber Uli,

es fällt mir unendlich schwer dir dies zu schreiben. Ich weiß, du glaubst, ich sei glücklich. Aber das stimmt nicht. Wenn du weg bist, leide ich wie ein Tier. Ich bin süchtig. Esssüchtig. Sobald du mich verlässt, beginnt meine Hölle ... Jetzt bin ich mitten drin ...

Sie zerriss das Papier, ging zur Küchentür, öffnete sie.

Mit dem Büchsenöffner hebelte sie wahllos Dosen auf.

Diesmal, das spürte sie, würde sie es nicht überleben. Warum auch? Sie würde sich tot essen. Endlich.

Sie lachte. Mit vollem Mund.

Monika Schillinger

Schutt und Asche

So ein Großbrand in einer idyllischen Kleinstadt wie Bredstedt bringt großes Aufsehen mit sich. Hier passieren nicht allzu häufig dramatische Dinge. Meistens geht es eher ruhig zu. Vielleicht mal eine Schlägerei nach einem Fest oder ein betrunkener Autofahrer, der von der Straße abkommt und ein Feld als Abkürzung nach Hause benutzt.

An diesem Abend ging ich eine zusätzliche Runde mit meinem Hund Sam. Sam ist ein stattlicher Mischling. Seine Mutter war eine Berner Sennenhündin, die sich mit dem Schäferhund des Nachbarn vergnügt hatte. Sams Vater hatte eindeutig die stärkeren Gene und so wurde aus dem knuddeligen kleinen Welpen ein fast schwarzer Schäferhund mit umgeklappten Ohren.

Sam hatte sich den Magen verdorben, mit was auch immer. Er litt seit Tagen an Durchfall und meine Nachtruhe war eher karg bemessen. Immer wenn ich gerade wieder eingeschlafen war, weckte mich sein klägliches Winseln und ich wusste, wir mussten uns beeilen, damit Sam es noch nach draußen schaffte.

Da ich Neele, meiner Hundetrainerin und Freundin, ohnehin zugesagt hatte, ab und zu nach ihrem Hof zu sehen, während sie zur Kur war, nutzte ich unsere nächtlichen Streifzüge, um zumindest aus der Ferne einen Blick auf das Grundstück zu werfen. Heute war ich bereits dreimal dort vorbei gegangen. Dennoch wollte ich diesen Weg noch einmal einschlagen.

Das Leuchten am schwarzen Nachthimmel sah ich bereits von Weitem. Die Straßen waren menschenleer. Nachts um halb eins, mitten in der Woche, lagen bereits alle in ihren Betten und warteten auf den lästigen Wecker in der Frühe.

Ich fragte mich, was dieses Leuchten verursachte. Je näher ich Neeles und Axels Hof kam, desto mulmiger wurde mein

Gefühl in der Magengegend. Ich wollte gerade losrennen, als Sam sich hinhockte, um sein Geschäft zu erledigen. Das dritte auf diesem Spaziergang.

Endlich war er fertig. Ich spurtete los, diesmal ohne Sams Hinterlassenschaft in eine meiner eigens dafür mitgeführten Tüten abzufüllen. Sam hatte mich bald überholt. Er kannte den Weg zu Neeles Hundeschule nur zu gut, obwohl sie erst vor einem halben Jahr hierher gezogen war. Sam liebte Neele und die Schule. Hier bekam er immer reichlich Leckerli. Eins für jede erfüllte Aufgabe. Und Sam lernte schnell.

Ich mochte Neele auch. Wir hatten uns am Tag ihres Einzugs kennen gelernt und die Chemie zwischen uns passte sofort. Wir freundeten uns schnell an.

Neele und Axel Norder hatten es nicht leicht gehabt, sich in Bredstedt einzuleben. Sie hatten den Hof bei einer Zwangsversteigerung gekauft. Damit hatten sie sich den Zorn vieler Einheimischer eingehandelt.

Neele hatte inzwischen viel hinter sich und es ging ihr nicht gut. Die Kur machte sie auf eigenen Wunsch. Da Axel, ihr Mann, in Flensburg arbeitete, war der Hof die Woche über unbewohnt. Axel war Redakteur beim Flensburger Tageblatt. Seine Arbeitszeiten wollte ich nicht geschenkt haben, dachte ich oft. Neele war die meiste Zeit über zur Strohwitwe verdonnert. Allerdings warfen ihre Tierpension und die Hundeschule noch nicht allzu viel ab, so dass sie das Geld, das Axel verdiente, dringend brauchten. Der Hof war längst nicht abbezahlt, soweit ich das wusste.

Als ich um die Straßenecke bog, hatte ich Gewissheit. Der Hof stand in Flammen. Er stand so weit außerhalb auf einem großen freien Gelände, dass die schlafenden Anwohner von dem Brand noch nichts bemerkt hatten. Sam winselte und versteckte sich hinter mir. Feuer war ihm schon immer unheimlich gewesen. Ich suchte in meinen zahlreichen Jackentaschen hektisch nach meinem Handy. Als ich es endlich fand, fiel es mir vor Aufregung gleich wieder aus der Hand. Es prallte scheppernd auf den Asphalt und der Akku fiel heraus. Großartig. Ich fluchte laut.

Thomas, mein Exmann, hätte mir jetzt wieder ein gönnerhaftes „Ungeschickt lässt grüßen" an den Kopf geworfen. Wieso musste ich ausgerechnet jetzt an diesen Idioten denken? Auf den konnte ich in Notsituationen nie zählen. Einer der Gründe, warum ich es nicht mehr mit ihm ausgehalten habe. Irgendwie war es immer, als würden wir in verschiedenen Welten leben. Und irgendwann hatte es überhaupt kein „Wir" mehr gegeben. Nur noch „Du" und „Ich". Das „Ich" hatte ganz klar überwogen. Was sollte es? Ohne ihn war ich besser dran.

Ich rief laut um Hilfe, während ich mit zitternden Fingern mein Handy wieder zusammensetzte und einschaltete. Es schien ewig zu dauern. Als ich endlich die 112 wählte, gingen auch die ersten Lichter in den umliegenden Häusern an.

Außer Neeles beiden Katzen konnte eigentlich niemand im Hause sein. Aber auch die waren meistens draußen unterwegs und suchten sich ihr Futter selbst. Ihr Hund war beim Umzug überfahren worden. Das war der Anfang von Neeles persönlichem Unglück gewesen. Sven, ein guter Freund von Axel, hatte die Hündin mit dem Umzugswagen überfahren, als er den Transporter rückwärts vor das Haus setzen wollte.

Langsam näherte ich mich dem Wohnhaus, soweit das mit meinem verstörten Hund möglich war. Ich konnte kein Auto in der Auffahrt entdecken. Axel war also vermutlich wirklich nicht zu Hause. Gott sei Dank.

Als die Feuerwehr kam, war der Hauptteil des alten Bauernhofes schon bis auf die Mauern heruntergebrannt. Da war wohl nichts mehr zu retten. Ich fühlte mich wie erstarrt. Das hatte Neele einfach nicht verdient. Ihre Existenz lag in Schutt und Asche. Ihr Traum war einfach verbrannt.

Ein Feuerwehrmann befragte mich zu den Besitzern des Hofes und deren wahrscheinlichen Aufenthaltsort. Ich sagte ihm schluchzend, was ich wusste. Wir waren noch mitten im Gespräch, da kam einer seiner Kollegen hinter dem Hof hervorgelaufen und rief: „Scheiße, da stehen zwei Autos in der hinteren Scheune. Da müssen Leute im Haus gewesen sein."

Mir wurde schwarz vor Augen.

Als ich wieder zu mir kam, lag ich immer noch auf der Wiese vor dem niedergebrannten Haus. Sam lag neben mir, seine warme Schnauze auf meinem Bauch, den ängstlichen Blick auf mich gerichtet. Ein Sanitäter fühlte meinen Puls und mit einem Blick in mein Gesicht rief er: „Na, da ist sie ja wieder."

Ich war wohl nur kurz ohnmächtig gewesen, es gab noch keine neuen Erkenntnisse über Axel und Neele. Man sagte mir, die Polizei sei inzwischen gerufen worden und ich solle noch warten, bis sie eingetroffen sei und jemand mit mir gesprochen hätte. Ich sah dabei zu, wie die Feuerwehr den Bereich um das brennende Haus weiträumig absperrte. Ich spürte die neugierigen Blicke der inzwischen ziemlich vollzählig erschienenen Nachbarschaft auf mir ruhen. Sie konnten sicher kaum erwarten, Einzelheiten zu erfahren. Viele von ihnen empfanden vermutlich noch Freude über das Unglück, das die unerwünschten Nachbarn ereilt hatte.

Ein kleiner, drahtiger Mann in dunkler Zivilkleidung bückte sich unter dem Absperrband hindurch und kam auf mich zu.

„Kommissar Krass, Kripo Flensburg", stellte er sich mir mit einem Nicken vor. „Sie haben den Brand entdeckt?" Ich war unfähig, ein Wort zu sagen. Er warf kurz einen Blick auf seine Notizen und fragte mich, ob ich ihm noch etwas über die Norders erzählen könnte. Plötzlich war es mit meiner Beherrschung vorbei. Mein Körper zuckte, als ich versuchte, den aufsteigenden Weinkrampf zu unterdrücken. Ich wollte nur noch weg von hier. Endlich aufwachen. Das konnte doch alles nicht wirklich passiert sein.

Der erneut herbeigerufene Sanitäter stellte fest, dass ich unter Schock stand und spritzte mir ein leichtes Beruhigungsmittel. Kommissar Krass nahm Sam und mich mit zu seinem Wagen und bot an, uns nach Hause zu fahren. Mir war alles recht. Ich konnte diese verbrannte Ruine und den beißenden Gestank keine Sekunde länger ertragen. Ich wollte endlich wissen, ob es Neele gut ging.

Krass brachte mich nach Hause und bestand darauf, mir einen starken Kaffee zu kochen, um mich erst einmal aufzuwärmen. Ich bezweifelte zwar, dass sich der Kaffee sonderlich gut mit dem Beruhigungsmittel vertragen würde, aber ich hatte nicht die Kraft zu diskutieren.

Der Kommissar erklärte mir, dass er auf dem Heimweg nur zufällig am Unglücksort vorbeigefahren und noch gar nicht offiziell mit dem Fall befasst sei. Offenbar war die Personaldecke der Husumer Kripo derzeit so dünn, dass er die Kollegen spontan unterstützen musste. Er berichtete, dass man derzeit noch nicht wisse, ob Personen zu Schaden gekommen seien.

Über mein Handy versuchten wir sowohl Axel als auch Neele anzurufen. Bei beiden meldete sich nur die Mailbox. Kommissar Krass hinterließ seinen Namen und seine Nummer und bat dringend um Rückruf. Den Grund behielt er für sich. „Man weiß nie, in welcher Situation denjenigen die Nachricht erreicht, da bin ich eher vorsichtig."

Der Kaffee bekam mir in der Tat sehr gut. Endlich war ich wieder in der Lage, zusammenhängende Sätze zu formulieren. Ich erzählte dem Kommissar, was ich von Neele und Axel wusste. Wirklich vertraut war mir allerdings nur Neele. In dem halben Jahr, seitdem die beiden auf dem Hof lebten, hatte sich Axel meistens rar gemacht. Zu viel Stress in der Redaktion.

Ich glaubte allerdings, dass er sich einfach nicht mit den Problemen hier befassen wollte.

„Sie erinnern sich vielleicht an die früheren Besitzer des Hofes?", fragte ich.

„Die Neigerts, ja, eine traurige Geschichte. Ging damals ausgiebig durch die Presse."

„Die gesamte Nachbarschaft hat versucht, die Zwangsversteigerung des Hofes zu verhindern. Wir wollten den Neigerts zumindest ein Wohnrecht erkämpfen. Hat aber alles nicht geklappt. Am Ende mussten sie ausziehen."

„Und dann kamen die ungeliebten Städter und haben sich das Ding für 'nen Appel und 'n Ei unter den Nagel gerissen." Krass nickte bedächtig, während er weitersprach. „War sicher nicht einfach für die Norders hier heimisch zu werden? Haben Sie die Neigerts eigentlich noch kennen gelernt? Waren sie nach der Veräußerung des Hofes noch einmal hier?"

„Nein. Soweit ich das verfolgen konnte, haben die Neigerts längst in der Nähe von Hamburg wieder Fuß gefasst. Ich denke, die haben mit dem Kapitel abgeschlossen. Aber die Nachbarschaft hier ist immer noch solidarisch den Neigerts gegenüber. Die Norders hatten keine Chance. Als die den Hof ersteigert haben, wussten sie nichts von der Vorgeschichte. Jedenfalls keine Einzelheiten."

„Aber Sie haben sich mit den Norders angefreundet?"

„Mit Neele, ja. Axel ist kaum hier. Sie müssen die Bredstedter verstehen, Herr Kommissar. Für die ist das so, als hätten die Norders den Neigerts das Zuhause genommen. Es braucht viel Zeit und Fingerspitzengefühl, um das zu überwinden. Zumal viele Menschen hier großen Ärger mit der Justiz auf sich genommen haben, um den Verkauf des Hofes zu verhindern. Sitzstreiks waren da noch die kleineren Vergehen."

„Ich sehe schon, die Bredstedter haben Zivilcourage. Aber wie sind die Leute mit den Norders umgegangen?"

„Die meisten haben die beiden ignoriert, nicht einmal gegrüßt. Neele erzählte mir, dass ihr in der Metzgerei sogar einmal der Einkauf verweigert wurde. Das hat sie sehr getroffen. Als sie dann die Hundeschule und die Tierpension eröffnete, hagelte es Beschwerden und sogar einige anonyme Drohbriefe und Anrufe."

Krass blätterte hektisch in seinem winzigen Notizbuch. Ich

fragte mich, wie er da überhaupt etwas leserlich notieren wollte, geschweige denn später etwas wiederfinden. „Drohbriefe, sagen Sie?“ Ich nickte.

„Wissen Sie, ob die Norders damals Anzeige erstattet haben?“

„Axel wusste nichts von den Briefen. Neele wollte die Gemüter nicht noch mehr anheizen. Sie hat es abgetan und gehofft, dass sich das Problem irgendwann von selbst erledigt. Für Neele war schon alles schwer genug. Sie war im vierten Monat schwanger, als sie hierher zog. Axels Freund hat mit dem Umzugswagen versehentlich Neeles alte Hündin überfahren. Ihr war leider nicht mehr zu helfen. Sie starb auf dem Weg zum Tierarzt. Neele konnte nichts tun, als sie halten und mit ihr reden, während sie starb. Es war schrecklich. Neele war fertig.“

Das Handy des Kommissars klingelte. Draußen wurde es schon langsam hell. Er sagte mehrmals „aha“ und „so, so“. Schließlich verschwand das Handy wieder in seiner Hosentasche. Er musterte mich kritisch. In meiner Brust zog sich alles zusammen. Es gab offenbar Neuigkeiten.

„Frau Kerner, Sie sagten Frau Norder wäre zur Kur in Sankt Peter-Ording?“

„Ja, seit zehn Tagen.“

„Ist das eine Mutter-Kind-Kur?“

„Nein.“ Ich holte tief Luft, so schwer fiel es mir, Neeles Unglück laut auszusprechen. „Sie hat ihr Baby im fünften Monat verloren. Das war mehr als sie verkraften konnte. Neele hatte einen Nervenzusammenbruch.“

„Wie kam es dazu? Wodurch hat sie ihr Kind verloren?“

„Es war alles zu viel. Der ständige Kampf mit den Nachbarn. Immer wieder hat sie versucht, auf die Leute zuzugehen. Axel hat sich da komplett rausgezogen. Es wäre sicher einfacher gewesen, wenn die beiden sich als Paar in die Gemeinschaft eingebracht hätten. Ich glaube, sie hatte einfach nicht mehr genug Kraft für das Kind. Aber sie hat sich auch keine Zeit für die

Trauer gelassen. Stattdessen hat sie alles daran gesetzt, die Hundeschule und die Tierpension aufzubauen, um die Lücke in ihrem Leben schnell zu füllen. Sie hat ihren Betrieb überregional beworben. Neele hatte sogar Angebote für Urlauber, die hierher kommen. Aber die Leute haben ihr nur Steine in den Weg gelegt. Die Menschen verzeihen nicht so schnell, wissen Sie?"

„Frau Kerner, Sie waren mit Frau Norder befreundet, sagten Sie?"

„Ich bin mit Neele befreundet, das stimmt."

„Frau Kerner, es fällt mir nicht leicht, Ihnen das jetzt zu sagen ..."

„Was ist mit Neele?" Ich hatte schreckliche Angst und wusste gar nicht, ob ich seine Antwort wirklich hören wollte.

„Genau wissen wir es noch nicht. Tatsache ist, es wurden zwei verbrannte menschliche Körper im Haus gefunden. Das Feuer hat die beiden wohl im Schlaf überrascht. Brandstiftung kann nicht ausgeschlossen werden. Es wird noch eine Weile dauern, bis wir die Leichen identifiziert haben."

Ich war vor Schock wie gelähmt. Diese Neuigkeit war so grauenhaft, dass ich nicht einmal weinen konnte. Ich starrte ins Leere. Sam bemerkte wohl die veränderte Atmosphäre. Er kam aus seinem Korb zu mir herüber und legte seinen Kopf auf mein Bein. Automatisch legte ich ihm meine Hand auf den Kopf. Er war jetzt mein einziger Trost.

„Das heißt ja nicht, dass Frau Norder im Haus war", sagte Krass. „Wir wissen noch nicht einmal ... ich meine, die Körper sind so ..."

„Die Autos." Fast wie in Trance fiel mir der Feuerwehrmann ein, der von zwei Autos in der Scheune gesprochen hatte.

„Die beiden Wagen, ja. Wie es aussieht gehört einer der beiden Wagen einem gewissen Sven Rieger aus Flensburg."

„Das ist Axels Freund."

„Aha, gut. Der andere Wagen ist auf Neele Norder zugelassen."

Verständnislos starrte ich den Kommissar an. Neele und Sven. Nie im Leben. Das hätte sie mir doch erzählt. Oder nicht? In meinem Kopf ging alles drunter und drüber. Hatte Axel die beiden am Ende in flagranti erwischt und das Haus angezündet? Nein, er war doch nicht jähzornig. Sicher, von Sankt Peter-Ording war es nicht weit nach Bredstedt. Und da Axel die ganze Woche in Flensburg war, konnte sie sich hier leicht ungestört mit ihrem Liebhaber vergnügen. Aber Sven?

Ich musste den Kommissar loswerden. Ich musste in Ruhe nachdenken. Ich musste Neele erreichen. Sie konnte nicht tot sein. Sie durfte nicht tot sein.

„Frau Kerner, es tut mir leid, aber ich muss Ihnen noch einige Fragen stellen."

„Ja, ist schon gut."

„Bitte erklären Sie mir genau, wie es zu der Fehlgeburt bei Frau Norder kam."

„Na ja, es wäre sicher leichter für Neele gewesen, wenn sie nicht die meisten Nächte allein auf diesem riesigen Hof verbracht hätte. Nach den Drohbriefen ..."

„Von denen ihr Mann nichts wusste", unterbrach mich der Kommissar. Aber ich ließ mich nicht aus dem Konzept bringen. Ich wollte ihn nur noch loswerden.

„Neele kann sich nicht erinnern, was passiert ist. Als ich sie morgens mit frischen Brötchen überraschen wollte, lag sie am Fuß der Treppe. Bewusstlos. Sie war wohl die Treppe hinuntergestürzt. Der Notarzt konnte keine Herztöne mehr beim Baby feststellen. Das Kind war tot, als sie es holten."

„Was ist mit diesem Sven Rieger? Wohnt der hier in der Nähe oder in Flensburg? Dort ist zumindest das Auto zugelassen."

„Sven ist ein alter Schulfreund von Axel. Er verbringt seine Freizeit oft mit Axel in Flensburg oder auch hier. Neele hat ihn quasi mitgeheiratet. Sie sagte das mal im Scherz zu mir, aber ich glaube, sie war häufig eifersüchtig, dass Axel für ihn immer Zeit hatte, aber für sie nur selten."

„Ich glaube, fürs Erste sind wir durch. Ich gebe Ihnen meine Telefonnummer, falls Ihnen noch etwas einfällt. Bitte sprechen Sie vorerst mit niemandem über die Sache. Sollten sich Herr oder Frau Norder bei Ihnen melden, bitte verweisen Sie sie direkt an mich."

„Haben Sie denn schon in Sankt Peter-Ording angerufen, ob Neele dort ist?"

„Meine Männer sind dabei, die Kurkliniken dort abzutelefonieren. Wir werden bald mehr wissen."

Ich kannte den Namen der Klinik, verriet ihn jedoch nicht. Ich wollte selbst dorthin fahren und nach Neele sehen. Vielleicht bekam ich so einen kleinen Vorsprung.

Als ich den Wagen des Kommissars davonfahren sah, holte ich Sam und meine Handtasche. Ich wollte sofort los.

Sam sprang gerade durch die geöffnete Heckklappe in mein Auto, da sprach mich Frau Söder, meine Nachbarin an: „Haben Sie schon gehört? Die Städter sind verbrannt. Ich habe ja immer gesagt, das wird sich alles rächen."

Frau Söder war gefühlte 100 Jahre alt und trug immer denselben geblümten Kittel und schneeweißes, zu einem strengen Dutt geknotetes Haar. Sie ging leicht gebückt und hatte einen Gehstock. An ihrer Seite war zu jeder Tages- und Nachtzeit ihre schneeweiße Perserkatze. Wäre die Katze schwarz gewesen und hätte noch eine hübsche Warze die Nase von Frau Söder geschmückt, dann wäre das Bild der bösen Hexe perfekt gewesen.

„Nein, Frau Söder, so etwas dürfen Sie nicht einmal denken. Und Neele lebt, das weiß ich."

„Aber ich habe mit eigenen Augen gesehen, wie vorhin zwei Särge da rausgeschleppt wurden."

Ich schluckte. Was war bloß passiert? Wer war in dem Haus gewesen? Und wieso war der Brand ausgebrochen?

Von Bredstedt nach Sankt Peter-Ording fuhr man eine gute Stunde. Es waren zwar nur 60 Kilometer, aber über die Landstraße dauerte es eben so lange. Auf der B 5, gleich hinter Husum, gab es einen schweren Autounfall. Eine Spur war gesperrt. Ein Pkw war zwischen zwei Lkw zusammengequetscht worden. Die Feuerwehr versuchte gerade die Insassen zu bergen. Nahmen die Katastrophen denn gar kein Ende mehr?

Endlich konnte ich weiterfahren.

Meine Gedanken kreisten unaufhörlich um die Flammen der vergangenen Nacht. Ich hoffte immer noch, irgendwann aus diesem Alptraum aufzuwachen. Es konnte sich unmöglich um ein Verbrechen handeln. Es war sicher eine schreckliche Tragödie, ein Unfall, eine Verkettung unglücklicher Umstände, was auch immer.

Niemand aus Bredstedt würde sich zu solch einer Tat hinreißen lassen. Die Menschen waren enttäuscht, ja, aber nicht bösartig. Ich war hier aufgewachsen, das war mein Zuhause. Hier liefen keine Mörder herum. Und Neele hatte auch keine Affäre mit Sven. Sie hatte mir noch vor kurzem gesagt, dass sie immer, wenn sie Sven sieht, an ihre Hündin denken muss, die er überfahren hatte. Keine gute Grundlage für eine heiße Affäre.

Aber warum dann diese beiden Autos? Obwohl, ich wusste gar nicht, ob Axels Auto nicht auch auf Neele zugelassen war. Beide Autos waren Werbeträger für Neeles Betrieb. Dazu hatte ich ihr geraten, weil Axel so viel unterwegs ist. Aber warum sollte Axel mit Sven mitten in der Woche auf dem Hof übernachten? Es wurde immer verwirrender.

Gegen acht Uhr kam ich in Sankt Peter-Ording an. Von der Polizei war noch nichts zu sehen, als ich meinen Wagen auf dem Parkplatz der Kurklinik abstellte.

Ich ging zielstrebig zu Neeles Zimmer. Als ich vor drei Tagen mit ihr telefoniert hatte, hatte sie mir die Zimmernummer durchgegeben, für den Fall, dass ich sie besuchen käme. Ich hoffte, dass sie nun auch dort war.

Sie war da. Sie lebte. Neele saß apathisch auf ihrem Bett und wiegte den Oberkörper langsam vor und zurück, während sie aus dem Fenster starrte und eine Melodie summte, die ich nicht kannte. Sie wirkte, als hätte sie starke Beruhigungsmittel genommen.

„Neele, hörst du mich?" Sie drehte langsam den Kopf in meine Richtung, aber sie schien durch mich hindurch zu sehen. Dann hielt sie meinem Blick stand und lächelte.

„Es ist vorbei", flüsterte sie. Tränen liefen ihr über das blasse Gesicht.

„Was meinst du, Neele?"

„Du weißt es noch nicht, aber ich schon. Ich weiß alles. Und ich konnte es nicht zulassen. Du verstehst mich doch?"

„Im Moment verstehe ich gar nichts. Neele, du machst mir Angst. Was ist passiert?"

„Du bist doch meine Freundin, oder?"

„Das weißt du doch. Ich habe immer zu dir gehalten und das werde ich auch weiterhin tun."

„Bis dass der Tod uns scheidet. So hat es mal geheißen. Und so sollte es sein. Er hat meine Liebe in den Dreck gezogen. Diese Demütigung. Er hat mir alles genommen. Mein Baby. Meinen Hund. Belogen und betrogen, seit Jahren."

Mir wurde plötzlich eiskalt ums Herz. Ich konnte und wollte nicht glauben, was ich da hörte. Und irgendwie ergab es auch immer noch keinen Sinn. Neele schien meine Gedanken zu hören.

„Axel und Sven. Tja, wer hätte das gedacht? Seit Jahren habe ich Axel die seriöse Fassade für sein geheimes Liebesleben geliefert. Er war von Haus aus so konservativ, dass er vermutlich lieber gestorben wäre, als offen zu seiner Neigung zu stehen. Sven war seine große Liebe, nicht ich. Für mich gab es nur Schmerz und Verrat."

„Neele, was sagst du da? Du warst doch gar nicht zu Hause. Du bist seit zehn Tagen hier."

„Schon mal was von Autos gehört?" Plötzlich schien sie völlig klar zu sein. Kalt und hart erzählte sie mir, was geschehen war. „Eine Stunde von hier nach Bredstedt. Ich wusste schon eine ganze Weile, was Axel mit Sven hinter meinem Rücken treibt. Ich blöde Kuh wollte ihn vor ein paar Wochen in Flensburg überraschen. Dazu ist es nicht gekommen. Als ich die beiden gesehen habe, war die Situation eindeutig. Sie haben mich nicht bemerkt und ich habe Axel nie gesagt, dass ich es weiß. Es sollte ihn genauso unvorbereitet treffen wie mich. Er hat es nicht besser verdient. Die beiden haben mein Leben zerstört. Sie haben mir nichts gelassen, was ich noch lieben könnte."

„Neele, beruhige dich. Niemand weiß, dass du dort warst. Ich werde es auch Niemandem sagen."

„Das würde ich mir noch einmal überlegen, Frau Kerner." Ich hatte nicht gehört, dass Kommissar Krass hinter mir ins Zimmer gekommen war. „Schön, dass Sie beide so offen miteinander sprechen. Das erspart mir viele Fragen."

Neele fing an zu lachen. Sie lachte immer lauter und hysterischer und ich hätte ihr am liebsten eine Ohrfeige gegeben, so machtlos fühlte ich mich gerade.

Kommissar Krass schob mich auf den Gang hinaus, als eine Schwester kam, um Neele zur Ruhe zu bringen.

„Wissen Sie Frau Kerner, man glaubt gar nicht, wie viele Morde aus enttäuschter Liebe passieren. Und nur selten handelt es sich um eine Tat im Affekt. Wir wissen noch nicht genau, wie Ihre Freundin es geschafft hat, das Haus anzuzünden, ohne dass die Männer wach geworden sind. Sie muss das gut geplant haben."

Draußen angekommen holte ich Sam aus dem Auto und ging in Richtung Strand. Hier war das Leben. Hier konnte ich wieder frei atmen. Das brauchte ich gerade dringend, um in die

Realität zurückzukommen. Ich musste atmen und das Grauen abschütteln.

Schutt und Asche, das war alles, was geblieben war.

Henrike Heiland

Hell-go-land

Natürlich gibt es dieses total verkitschte Helgolandbild, von wegen einzige deutsche Hochseeinsel, tolle Luft, dieses Zeugs. Da denkt man idyllisches Inselchen mit Reetdachhäuschen und weißen Stränden, Möwen schwingen sich postkartenmäßig in den Himmel, Robben wälzen sich fotografiertauglich am Meer. Alles Unfug. Helgoland ist nämlich in Wirklichkeit der letzte Ort, an dem man sein möchte. Jedenfalls, wenn man Xaver heißt, neunundzwanzig Jahre alt ist und aus der Münchner Schickeria kommt. Xaver findet Helgoland so richtig scheiße. Schon auf der Hinfahrt ist ihm so schlecht, er kotzt geschätzte zwanzig Mal, vielleicht auch öfter, das weiß er nicht genau, nach dem fünfzehnten Mal hat er aufgehört zu zählen. Der Schiffsbegleiter fragt ihn dauernd, ob er einen Arzt rufen soll, aber Xaver füllt weiter tapfer die Kotztüten, die ihm der Schiffsbegleiter hinhält, und zwischendurch keucht er: Nein, keinen Arzt, passt schon.

Und dann, Helgoland selbst: ein entsetzlich hässlicher Ort. Irgendwann in den 50ern oder 60ern haben sie die Insel neu bebaut, weil in und nach dem Krieg ja alles kaputtgegangen war, also komplett kaputt, nachdem die Briten versucht haben, die gesamte Insel in die Luft zu blasen, und so sehen die Häuser jetzt auch aus, damals brauchten die Leute noch nicht so viel Platz wie heute, da waren Zimmer in Hasenstallgröße ausreichend. Und weil man auf so einer Insel naturgemäß nicht richtig expandieren kann, was die Immobilienlandschaft angeht, sind die Häuser heute immer noch winzig. Und eben hässlich. Schön, das gab es nach dem Krieg nicht. Schön ist woanders, in München zum Beispiel, da gibt es schöne Häuser mit großen Wohnungen. In Schwabing zum Beispiel, wo Xaver wohnt. Er hat vier Meter hohe Decken und kein Zimmer in seiner WG ist kleiner als zwanzig Quadratmeter. Und was den Rest angeht: Die Möwen scheißen zielgenau auf Xavers Jacke, Robben hat er noch keine gesehen, wurde aber schon gewarnt, auf dem Schiff, bevor er das Kotzen angefangen hat, von wegen bloß nicht zu nah ran an die Viecher, besonders wenn sie Junge haben, und das haben sie wohl gerade, und Strand, also Strand, so wie ihn sich Xaver vorstellt, Strand ist erst ab fünfundzwanzig Grad im Schatten und ohne diesen Dreckswind, der einen ganz verrückt macht, der ist nicht mal warm wie der Föhn, der ist kalt und schneidet einem wie blöde ins Gesicht.

Also kurz: Xaver hasst Helgoland. Und die Ferienwohnung, die er sich gemietet hat, sieht längst nicht so glamourös aus, wie er sich das von den Bildern im Internet her gedacht hat. Ja, lacht der Vermieter, den er Henry nennen soll, hier ist alles etwas enger, aber gemütlicher. Gemütlich, denkt sich Xaver, gemütlich wär jetzt, wenn er seinen Laptop ans Internet anschließen könnte, dazu einen Espresso. Aber das geht irgendwie gerade nicht mit dem Internet, außerdem Tee statt Espresso, und Xaver wird den Verdacht nicht los, dass es hier weit und breit kein Breitband gibt. Handyempfang hat er mit seinem Anbieter auch keinen, es sei denn, er geht – sagt Henry – rauf auf den Berg ins Oberland, je nach Wind ist es manchmal so ein bisschen schwierig mit dem Handy und besonders mit dem Anbieter, den Xaver hat. Xaver fragt sich, wo der Berg auf Helgoland ist, bis er versteht, dass Henry den Hügel hinterm Haus meint. Berg, will Xaver erklären, ist was anderes, auf einem Berg kann man Skifahren und Snowboard, aber Henry lacht nur und sagt: Wir Helgoländer haben unseren eigenen Rhythmus. Was das mit dem Berg zu tun hat, weiß Xaver nicht, aber wahrscheinlich will ihm dieser Henry so durch die Blume erklären, dass alle auf Helgoland voll entspannt sind und die Uhren, haha, langsamer ticken und er sich jetzt darauf einstellen soll. Von wegen.

Jedenfalls, ihn nervt schon mal alles ganz gewaltig. Auch,

dass es hier auf der ganzen Drecksinsel nichts Richtiges zu Essen gibt. Mal eben zu einem guten Italiener, so wie es die in München an jeder Ecke gibt, ist hier nicht. Henry will ihm dauernd ein Fischlokal aufschwatzen, aber mal im Ernst, Xaver will sich nicht vergiften lassen von diesen Fischköppen, wär ja noch schöner, dass sie ihn hier vergiften, nachdem er mühevoll erst seinen Uropa und dann seine Oma vergiftet hat. Das war monatelange Planung, mühevolle Recherche, bis er alles todsicher durchkalkuliert hatte, und das soll ja wohl kaum umsonst gewesen sein, also kann er es sich gerade mal nicht leisten, sich hier eine Fischvergiftung zu holen, wer weiß, wo das nächste Krankenhaus ist. Xaver quetscht aus Henry raus, wo er eventuell ein schönes Wiener Schnitzel bekommen könnte, damit er halbwegs über die Runden kommt, und bevor er irgendwas anderes macht, rennt er in den Edeka, wo alles ungefähr fünfmal so teuer ist wie zu Hause in München, obwohl es in München schon so teuer sein soll, sagen jedenfalls alle, die nicht in München wohnen und dann immer so tun, als würden sie's von den Lebenden nehmen, die Münchner. Auf Helgoland nehmen sie's von den Lebenden, ehrlich, aber Xaver beschließt, jetzt erstmal nicht auf den Preis zu schauen, sondern sich einzudecken mit Essen, wer weiß, ob die hier überhaupt außer Fisch was kochen können. Und wenn alles nach Plan geht, und im Planen ist Xaver ein Guter, so als studierter Betriebswirt, wenn also alles nach Plan geht, ist er in ein paar Tagen sowieso ein reicher Mann. Nur deshalb ist er hier, einen anderen Grund, auf diese Drecksinsel zu fahren, gibt es nämlich nicht.

Die Sache ist ganz einfach: Xavers Uropa stammt von Helgoland. Ein ganz zäher Kerl, der allen Ernstes vorhatte, hundert und noch älter zu werden. Wäre er auch fast geworden, wenn Xaver nicht rechtzeitig nachgeholfen hätte. Xaver hat deshalb nachgeholfen, weil ihm sein Uropa, der John hieß, erzählte, dass er während des Kriegs auf Helgoland sein ganzes Gold verbuddelt hatte. Das liegt da immer noch, sagte der jedes Mal, wenn er seine Geschichte vom verbuddelten Gold erzählte. Das liegt da immer noch, ich kann mit dem Finger auf die Stelle zeigen, wenn du mir eine Karte gibst. Erst interessierte Xaver das nicht übermäßig, eigentlich nur so, wie einen ein Märchen interessiert, aber da war er auch noch klein. Als er größer war, interessierte es ihn dann doch. Irgendwann hielt er seinem Uropa eine Karte unter die Nase, und John zeigte auf eine Stelle. Klar, musste er ja. Aber Xaver wiederholte das mit der Karte, und John zeigte immer auf dieselbe Stelle. Auch dann, wenn Xaver eine andere Karte genommen hatte, oder die Karte falschrum hinhielt. Immer dieselbe Stelle. Na, und eines Tages erzählte ihm seine Oma, die ja die Tochter von John war, dass sie als Kind dabei gewesen war, als ihr Vater das Gold vergraben hatte. Sie konnte zwar nicht die Stelle auf der Karte zeigen, wo er gebuddelt hatte, aber Xaver wusste jetzt ganz sicher, dass es das Gold gab. Und wenn sein Uropa keinen Schmarrn erzählte, handelte es sich um einen ganzen Haufen Gold. Von dem man bequem eine Weile leben konnte. Weil, damals auf Helgoland war sein Uropa ein wichtiger Mann, und ein reicher Mann, deshalb musste er ja das Gold verbuddeln, damit es ihm der Feind nicht abnahm, nach fünfundvierzig, so war das, damals. Jedenfalls, genau das hat Xaver jetzt vor, bequem zu leben, weshalb ja der Uropa und anschließend die Oma aus dem Weg geräumt werden mussten. Von wegen Erbfolge und sowas. Dazu muss man wissen, dass Xaver keine Eltern mehr hat. Also vielleicht einen Vater, aber der ist unbekannt, und die Mutter – das ist eine schlimme Geschichte, weswegen er ja bei seiner Oma aufgewachsen ist. Da soll noch mal einer sagen, Kinder brauchen ihre Eltern, schließlich ist auch ohne Eltern was aus ihm geworden, studiert hat er, und bald hat er auch seinen Doktortitel. Und mal ehrlich, sein Uropa war wirklich steinalt, was hätte der noch von dem Gold gehabt oder vom Leben, und mit der Oma sah es jetzt nicht so viel besser aus, die war ein bisschen durcheinander, seitdem ihr Vater gestorben war, also Xavers Uropa, und dann ja auch noch ihr Mann, also Xavers Opa, aber damit hatte Xaver nichts zu tun.

Jetzt hat Xaver also freie Bahn. Er muss weder an seine Oma noch an seinen Uropa das Gold abtreten, er wird nicht mal Erbschaftssteuern zahlen, da hat er sich schon was überlegt, damit er das nicht muss. Das Studium soll ja nicht umsonst gewesen sein. Wenn die beiden noch leben würden, dann wäre seine Oma vielleicht von dem Geld ins Heim gegangen, und sowas kostet ja, paar tausend Euro im Monat, da ist so ein Vermögen ruckzuck weg, und wer weiß, was sein Uropa für Flausen im Kopf gehabt hätte. Jetzt muss Xaver nur noch das Gold ausbuddeln, wo es der Uropa eingebuddelt hatte, und gut ist's. Natürlich hat sich Xaver schlau gemacht: An der Stelle, an der das Gold verbuddelt worden ist, steht kein Haus, das ist bis heute kein Bauland, und außerdem gehört der Grund und Boden sowieso dem Uropa. Jetzt natürlich Xaver als einzigem Erbe.

Deshalb schaut Xaver ganz schön blöd aus der Wäsche, als er mit seiner Ausrüstung inklusive Kompass und allerlei Vermessungsgerät an der Stelle ankommt, an der das Gold liegt. Von wegen nicht bebaut. Überall hat hier jemand was hingebaut, einen Schrebergarten an den nächsten, jede einzelne Parzelle mit einem kleinen Häuschen. Als ob sie nicht schon genug kleine Häuschen hätten, hier auf Helgoland. Xaver kann es nicht glauben. Die Stelle, an der das Gold liegt, befindet sich seinen Berechnungen nach bei einem Häuschen, vor dem eine St. Pauli-Flagge weht. Am Flaggenmast der Nachbarparzelle weht eine HSV-Flagge. Das sind mit Sicherheit keine guten Nachbarn, denkt sich Xaver, was ihn jetzt aber auch nicht weiterbringt. Er überlegt, ob er rausfinden soll, wem diese Drecksparzelle gehört, oder ob er heute Nacht einfach drauflosbuddeln soll, das Gold nehmen und abhauen.

Das wäre eine Möglichkeit, aber Xaver zögert noch ein bisschen. Weil, wie kann das sein, dass da jemand einfach seine Drecksschrebergartenanlage auf seinen Grund und Boden stellt? Ob sein Uropa davon gewusst hat? Den kann er schlecht fragen. Xaver beschließt, Henry zu fragen, was es mit diesem Schrebergartendreck auf sich hat. Henry ist nämlich nicht nur sein Vermieter, sondern offenbar auch sowas wie der Ortsvorsteher oder Oberwichtel, jedenfalls kennt er jeden und weiß alles und ist Helgoländer in der hundertsten Generation, quasi zusammen mit dem Störtebeker sind seine Vorfahren hier angespült worden und nie wieder weggegangen. Außer damals nach dem Krieg, als alle wegmussten. Da dann schon.

Xaver findet Henry hinterm Haus, in dem die Ferienwohnung ist, wo der gerade mit seinem Nachbarn steht und rumdiskutiert wegen der Bebauung, was wohl nicht geht, weil alles untertunnelt ist, von wegen Hitler und Bunker und was nicht alles, und wenn nur die Blindgänger nicht wären. Von Blindgängern hat Xaver noch nichts gehört. Wenn er Internet in seiner dämlichen Ferienwohnung hätte, würde er mal nachschauen, was er da so drüber findet, irgendwie hat er noch nie was über Blindgänger gelesen, komisch. Henry schwadroniert gerade weiter mit seinem Kollegen rum, und bei Xaver macht es endlich klick: Blindgänger, klar. Erst hatten die Briten versucht, siebenundvierzig die gesamte Insel zu sprengen, eben wegen dieser ganzen Tunnel und Bunkeranlagen, und dann, als die Insel nicht untergehen wollte, nahmen sie sie als Bombenabwurfplatz her. Deshalb die vielen Blindgänger auf der Insel. Gut, dass er das rechtzeitig mitbekommen hat, das muss man sich vorstellen, was, wenn Xaver heute Nacht im Dunkeln nach dem Gold gebuddelt und mal eben an einem Blindgänger rumgekratzt hätte.

Xaver beschließt also, ab jetzt ganz genau zuzuhören. Er horcht Henry und den anderen Kerl aus, und über die Schrebergartenanlage erfährt er, dass natürlich alle wissen, dass das Land dem alten John gehört, falls er noch lebt, und wenn nicht, gehört es eben seinen Kindern, aber da sich der alte John schon seit dem Krieg nicht mehr hat blicken lassen, haben sie irgendwann angefangen, die Schrebergartensiedlung auf seinem Grund anzusiedeln. Ist kein Bauland, wird kein Bauland, was soll der alte John schon dagegen haben. Oder seine Kinder.

Xaver muss sich jetzt was überlegen. Sein Plan war, heimlich das Gold auszubuddeln und sich wieder aus dem Staub zu machen. Bloß damit keiner Fragen stellt oder das am Ende noch irgendwo meldet. Aber andererseits, wozu die Heimlichtuerei? Das Land gehört ihm, das Gold auch, und lieber einen Batzen versteuern, als den Batzen gar nicht erst haben. Also winkt Xaver nach dem Abendessen in einer Kneipe Henry an seinen Tisch, Henry ist da wohl Stammkunde, bestellt Schnaps für sie beide, obwohl er Schnaps nicht abkann, und sagt ihm, wer er wirklich ist, nämlich der Urenkel von John, dem rechtmäßigen Besitzer von dem ganzen Land, auf dem jetzt diese grässlichen Schrebergartenhütten vor sich hingammeln, aber das sagt er nicht laut, das mit dem Grässlich und dem Vor-sich-hingammeln. Henry staunt nicht schlecht, stößt fröhlich mit ihm an und nennt ihn ab jetzt Cousin. Irgendwie sind sie wohl verwandt, erklärt er, der alte John und sein Opa, die waren verwandt, wie wohl überhaupt so ziemlich alle auf der Insel irgendwie entweder mit Henry oder mit dem alten John verwandt sind. Xaver wird es ganz schlecht, weil er Angst hat, dass es irgendwo noch ein paar Erben gibt, mit denen kein Mensch rechnen konnte. Nach dem fünften Schnaps erzählt ihm Henry dann auch tatsächlich was von einem unehelichen Kind, das John mit einer Cousine von Henrys Oma gezeugt hat, bevor er mit seiner Familie aufs Festland abgehauen ist, einem Sohn, um genau zu sein.

Warum Xavers Uropa damals abgehauen ist, das war auch so eine Sache. Soweit Xaver weiß, war der alte John ganz vorne mit dabei, erste Reihe, sozusagen. John hatte höchstpersönlich mitgeholfen, den Besuch Hitlers auf Helgoland zu organisieren. Durfte ihm als erster die Hand schütteln. Und als sich dann so langsam abzeichnete, dass das nichts wurde mit dem Tausendjährigen Reich, verbuddelte er sein Gold, verzog sich bei der erstbesten Gelegenheit nach Bayern und hielt da schön die Bälle flach. Weshalb er nie wieder zurück nach Helgoland gekommen war, und auch nie versucht hatte, sein Gold zu holen. Gut für Xaver, wenn man so will. Aber da redet Xaver natürlich nicht mit Henry drüber. Xaver hört lieber weiter zu.

Der Sohn von John, sozusagen Xavers Großonkel, hat keine Nachfahren. Das ist die gute Nachricht für Xaver. Die schlechte ist, dass er immer noch quietschlebendig auf Helgoland rumspringt. Ihm gehört einer dieser Ramschläden, in denen man Whisky und Zigaretten und Schokolade und Wasnichtalles kaufen kann. Auf dem Weg vom Hafen zur Ferienwohnung hat Xaver schon einige gesehen, was ihn spontan angenervt hat. Dann, als er rauf ist aufs Oberland, um nach dem Gold zu schauen, ist er an gefühlt tausend solcher Ramschläden vorbeigekommen. Xaver kauft ja eher bei Ralph Lauren oder La Martina oder Tommy Hilfiger, drunter macht er's nicht, eher drüber, Maximilianstraße und so, und diese T-Shirts mit „Bier formte diesen wunderschönen Körper" drauf, die fand er schon so richtig scheiße, da war er gerade mal zehn, und alle in seiner Klasse außer ihm fanden diese T-Shirts cool und haben sie sich auf dem Oktoberfest von ihren Vätern kaufen lassen. Dass da heute immer noch einer drüber lacht und so ein T-Shirt kauft, das kann sich Xaver gar nicht vorstellen. Und seinem Großonkel gehört also auch so ein Laden. Na gut. Verwandtschaft heißt ja zum Glück nicht immer zwangläufig, dass man sich ähnlich ist. Gerade bietet Henry ihm an, ihn mit seinem Großonkel bekannt zu machen, der natürlich auch John heißt und von allen der junge John genannt wird, obwohl er schon über sechzig ist, aber alle wissen, wer in Wirklichkeit sein Vater ist, nämlich der alte John. Xaver hebt abwehrend die Hände und tut so, als sei das mit dem unehelichen Kind eine echt harte Nuss für ihn, die er erstmal knacken müsse. Klar, das versteht

Henry, bestimmt liegt das daran, dass Xaver aus Bayern kommt, CSU, Trachtenverein, katholisch, ja, das versteht Henry. Und zum Glück erzählt ihm Henry dann noch, wo genau der Laden vom jungen John ist. Falls Xaver mal die Nase reinstecken und nachschauen will.

Das tut Xaver auch am nächsten Tag, nachdem er vorsichtshalber seinen Aufenthalt bei Henry um zwei, drei Tage verlängert hat. Der junge John sieht ein bisschen aus wie ein missglückter Mafioso, Sonnenbrille, tiefbraun gebrannt (aber von wegen wettergegerbt, das ist Selbstbräuner, das sieht Xaver sofort), und wie der alte Mann da so in seinem Laden an der Kasse sitzt und die Touristen zutextet, in einer Sprache, die Xaver nicht richtig versteht, eine Mischung aus Englisch und, was ist das andere, Dänisch? Niederdeutsch? Xaver hat keine Ahnung, aber auch, wenn er seinen Großonkel nicht versteht, eins weiß er doch, der Kerl ist ein Halsabschneider, ein ganz gewiefter. Denn wenn sich Xaver mit was auskennt, dann mit teurem Zeugs, und das teure Zeugs, das bei seinem Großonkel angeboten wird für weniger Geld als auf dem Festland, das ist entweder gefälscht oder es stimmt sonstwas nicht damit. Er geht in den Laden nebenan, dann in noch einen und noch einen und stellt fest, dass nur in dem Laden von seinem Großonkel beschissen wird, was das Zeug hält, woanders, sowas sieht er ja gleich, woanders ist es okay, aber nicht in dem Laden von seinem Großonkel, da nicht. Eine interessante Verwandtschaft, die er da hat. Unter betriebswirtschaftlichen Aspekten könnte er sicher eine Menge von dem alten Gauner, also dem jungen John, lernen. Das Problem ist nun nur, dass mit dem jungen John natürlich ein direkter Erbe vom alten John da ist. Und das Land gar nicht Xaver, sondern diesem Möchtegern-Mafioso gehört.

Xaver brütet jetzt erstmal vor sich hin. Dazu schließt er sich in seiner Ferienwohnung ein, ihn nervt nämlich, dass es keine Minute windstill ist, und das Gekrähe von diesen Möwen, davon will er erst gar nicht anfangen. Er geht also in dem käfiggroßen Zimmer auf und ab, starrt dann und wann aus dem Fenster, von wo aus er den Hafen sehen kann und diese bunten Blechhütten, die sie hier Hummerbuden nennen. An der einen Hummerbude steht „Baumarkt" dran, Xaver kann es gar nicht glauben, dass es so einen kleinen Baumarkt geben kann, und überhaupt fragt er sich, wie man hier überleben soll, so ohne richtige Geschäfte und mit dem Wind und den Drecksmöwen.

Und dann fällt ihm ein, dass nicht nur der junge John der einzige lebende Verwandte ist, den er noch hat, sondern dass das auch umgekehrt so ist. Und wenn der junge John jetzt tot wäre, dann würde doch Xaver wohl alles erben. Dann würde er aber sowas von auf der Stelle diesen blöden Ramschladen verkaufen, irgendeiner würde ihm den schon abnehmen, und wenn nicht, oder falls da Schulden drauf wären, dann könnte er das Erbe immer noch ablehnen. Bis dahin hätte er längst das Gold ausgebuddelt und sich aus dem Staub gemacht. Dann würde er in München sitzen und hätte einen Spitzensportwagen und eine geile Wohnung und könnte so richtig auf dicke Hose machen. Klar, da würden sich sicher die meisten als erstes eine Yacht für den Starnberger See kaufen, aber Xaver hasst das Wasser, ob nun als Meer oder als Fluss oder als See, Wasser ist ihm unheimlich, das braucht er nicht, es sei denn, es ist gefroren und liegt als Schnee auf dem Berg. Am Strand liegen, wo's warm ist, okay, das ging, aber ins Wasser gehen, never ever. Oder auf's Wasser. Die Fahrt nach Helgoland ist schon elend genug gewesen, zurück wird er wohl einen Flieger nehmen, weil, nochmal kotzen ist ihm dann auch zu arg.

Bis zum Abend ist Xaver immer noch nichts eingefallen, außer, dass dieser junge John im Weg ist und entsorgt gehört. Henry kommt vorbei und sagt ihm, dass er extra für ihn einen bayrischen Abend mit Büffet in der einen Kneipe da geplant hat, und Xaver ahnt schon, was passieren wird: Halb Helgoland wird kommen, damit sie erfahren, dass der Urenkel vom alten John da ist. Und dann wird er ihnen früher oder später sagen müssen, dass der alte John tot ist. Obwohl. Muss er gar nicht. Wird ja keiner die Todesanzeigen aus Fürstenfeldbruck, wo sein Uropa gewohnt hat, hier auf Helgoland durchlesen.

Tatsächlich ist die kleine Kneipe brechend voll, als Xaver kommt. Wie es Henry geschafft hat, Weißwurst zu organisieren, will er nicht verraten, aber Xaver freut sich dann doch ein bisschen und genießt auch die Aufmerksamkeit. Er erspäht irgendwo im Getümmel seinen Großonkel, und als er sieht, wie der junge John da so säuft und raucht, denkt sich Xaver: Da wird doch so ein kleiner Unfall drin sein. Treppensturz oder die Klippen runter, irgendwie wird das doch hinzukriegen sein.

Xaver trinkt also an dem Abend nicht so viel, er tut nur so, als würde er kräftig mitsaufen, und er gibt sich auch total leutselig, auch wenn es ihm so vorkommt, als würden ihn alle angaffen wie ein Tier im Zoo. Bayrisch reden soll er dann auch noch, und er muss nur „Grüß Gott" sagen, schon liegen alle vor Lachen auf dem Boden, es ist der Wahnsinn. Der junge John legt gleich mal den Arm um ihn und nennt ihn seinen Neffen, später dann seinen Jungen. Gegen drei Uhr morgens schleppen sich endlich auch die letzten nach Hause. Xaver lässt sich vom jungen John zu seiner Ferienwohnung bringen, und er versichert sich, dass auch wirklich alle, die die Augen noch halbwegs offen haben, das mitbekommen.

Er schleicht sich dann kurz darauf weg, huscht in der Dunkelheit den Weg entlang, von dem er glaubt, dass ihn der junge John gegangen sein muss, jagt die Treppe zum Oberland rauf, wo der junge John, wie er rausbekommen hat, wohnt, und erwischt ihn, wie er an dem Mäuerchen steht, sich eine Pfeife stopft und melancholisch übers Unterland schaut. Praktisch, denkt sich Xaver. Wenn er es schafft, ihn da runterzubefördern, wird jeder denken, der junge John war so besoffen, dass er über das Mäuerchen gefallen ist. Aber dann denkt sich Xaver, nein, es ist zwar nur ein Mäuerchen, aber es ist nicht niedrig genug, um drüber zu stolpern, also muss er sich was anderes überlegen.

Xaver geht auf seinen Großonkel zu und sagt ihm, dass er nicht schlafen kann. Ob er Lust hat auf einen Ausnüchterungsspaziergang. Der junge John wundert sich kein bisschen, sondern freut sich, und so gehen die beiden in Richtung Steilküste, da sagt Xaver nämlich, dass er sich die gerne mal anschauen würde, und außerdem wird es ja gleich hell, das sieht doch bestimmt gut aus. Der junge John findet das eine super Sache, sie tapern durch die engen Gassen, vorbei an den winzigen Häuschen, bis sie in unbebautes Gebiet kommen, gar nicht so weit weg von den Schrebergärten, soviel weiß Xaver mittlerweile über die Geographie der Insel. Und der junge John kommt auch gleich auf die Schrebergärten zu sprechen und sagt, dass ihm wohl das Land da gehört, wenn der alte John mal nicht mehr ist, aber mal unter uns, sagt er, um das Land wird sich ja wohl keiner streiten, es ist wertlos, kein Bauland, das lohnt nicht. Xaver überlegt, ob der junge John vielleicht mehr weiß, als er sagt, andererseits, warum hat er dann das Gold nicht schon längst ausgebuddelt? Und nochmal andererseits, was ist, wenn der junge John das Gold schon längst ausgebuddelt hat? Unauffällig ausfragen geht nicht, also fragt ihn Xaver ganz direkt, ob er was von einem vergrabenen Schatz vom alten John weiß, und der junge John zuckt die Schultern und lallt, was fürn Schatz denn? Das ist Xaver Antwort genug, und noch bevor ihm sein Großonkel was über die Lange Anna erzählen kann, hat er ihn auch schon die Steilküste runterbefördert. Der junge John schreit noch ganz kurz, dann ist alles still. Bis auf den Wind und die Möwen natürlich. Beides scheint hier an der Steilküste noch viel lauter zu sein als anderswo auf der Insel. Xaver hat das Gefühl, sich festhalten zu müssen, um nicht weggeweht zu werden. Er ist echt froh, dass er sich das nicht mehr lange geben muss, so langsam, denkt er sich, bekommt er nämlich einen Inselkoller.

Er macht sich eilig auf den Rückweg zu seiner Ferienwohnung und achtet genau drauf, dass ihn keiner sieht.

Auch als er dann Mittags vor die Tür geht und so tut, als hätte er einen Monsterkater, läuft alles wie am Schnürchen: Henry steht ein paar Ecken weiter und lamentiert darüber, dass der junge John einen Unfall hatte, besoffen die Steilküste runtergefallen, das musste ja mal eines Tages passieren, und der Inselpolizist, der lang und breit mit Henry rumschwadroniert, findet das höchst tragisch, aber na gut, so ist es das Leben, es dauert nun mal nicht ewig. Irgendeine blöde Frau muss sich allerdings noch kurz einmischen und fragen, ob es denn wirklich ein Unfall war, vielleicht war's ja auch ein Selbstmord, man hört doch immer so wilde Geschichten über den jungen John und seine krummen Geschäfte, aber der Inselpolizist sagt, nein, Selbstmörder springen nicht mit der Pfeife in der Hand, und auf die Frage, ob nicht jemand nachgeholfen haben könnte – was ist das auch für eine blöde Ziege – schüttelt der Polizist den Kopf und sagt mit einem Seitenblick auf Xaver: „Nee, Mord auf Helgoland, sowas gibt's nicht, und wenn dann nur einmal in hundert Jahren, und das eine Mal, das war schon, und das mit dem jungen John, das ist ganz klar ein Unfall, fertig."

Xaver ist sehr zufrieden mit sich. Er darf das natürlich nicht so zeigen, und er lässt sich auch tatsächlich nichts anmerken, als die gesamte Insel zum Kondolieren vorbeikommt. Die Frau von vorhin sagt aus Versehen sogar „Herzlichen Glückwunsch" und verbessert sich mit knallrotem Kopf ganz schnell und sagt „Herzliches Beileid" und dann noch was auf Helgoländisch, was er nicht versteht. Dann fragen ihn alle, was er nun vorhat, mit dem Laden von seinem Onkel, Großonkel sagt keiner, das ist auch gerade nicht so wichtig, wie genau Xaver mit dem jungen John verwandt ist. Xaver sagt, dass er das noch nicht weiß, und bei so viel traurigen Gesichtern fällt es ihm irgendwann auch gar nicht mehr schwer, selbst so auszusehen, als müsste er gleich losheulen. Henry bietet ihm an, kostenlos noch eine

Woche in der Wohnung zu bleiben, bis der Nachlass und das alles geregelt ist, und Xaver nimmt gerne an. Jetzt wird er genug Zeit haben, um sich zu überlegen, wie er das Gold endlich unter dieser Schrebergartenhütte rausbekommt.

Er wird jetzt auch allen sagen müssen, dass der alte John längst tot ist, bis jetzt hat er ja so getan, als ob der noch lebt. Zum Glück hat sein Handy zufällig für einen Moment Empfang, als er mit Henry und ein paar anderen in Richtung Oberland trottet, um Totenwache im Haus vom jungen John zu halten. Es ist zwar nur seine Mailbox, auf die sein Prof gequatscht hat, der irgendein Buch sucht, von dem er glaubt, dass Xaver es mit nach Hause genommen hat, aber Xaver tut so, als wäre es – und da improvisiert er sich gewaltig einen zurecht – der Pfleger von seinem Uropa, der gerade anruft, um ihm zu sagen, dass der alte John des Nachts friedlich entschlummert sei. Xavers neue Helgoländer Freunde glauben es sofort und machen sich ihren eigenen Reim drauf: Der Sohn stirbt am selben Tag wie der Vater, vielleicht sogar in derselben Stunde. Seemannsgarn, denkt sich Xaver, ist aber ganz froh, dass sie so damit umgehen und keine weiteren Fragen stellen.

Weil er ja nicht gleich mit der Tür ins Haus fallen kann, lässt Xaver noch zwei Tage verstreichen, ehe er Henry auf die Schrebergärten anspricht. Henry soll ja nicht denken, dass Xaver scharf aufs Erben sei.

Nach zwei Tagen also spricht er Henry auf die Schrebergärten an und fragt, wie das denn nun so ist, wenn ihm doch das Land gehört, ob er sich wohl auch eine kleine Hütte da hinstellen soll, oder vielleicht will ja einer seine Hütte loswerden. Und was denn überhaupt mit den Blindgängern sei. Henry sagt ihm, dass sie die Ecke da oben mal auf Blindgänger untersucht haben. Xaver spinnt weiter rum von den Hütten und behauptet, eine gefalle ihm besonders, nämlich die mit der St. Pauli-Flagge. Henry nickt und sagt, ja, das sei seine, aber er sagt auch, dass er die behalten will, die gibt er nicht her. Xaver tastet sich ein bisschen weiter vor und fragt, ob er sich die mal quasi borgen kann. Henry gibt ihm den Schlüssel und sagt, er kann machen, was er will, solange die St. Pauli-Flagge am Mast bleibt, Xaver soll bloß nicht auf die Idee kommen, sie auf Halbmast zu hängen oder sonst was Blödes, am Ende noch die Bayernflagge hissen. Xaver verspricht es und macht sich auf den Weg zur Hütte, um sich genau umzuschauen. Dort bei Nacht zu buddeln, sollte kein Problem sein, denkt er sich, nachdem er alles genau inspiziert hat. Henry scheint sowieso kaum dort zu sein, dass jemand gebuddelt hat, wird er erst merken, wenn Xaver längst weg ist, und er wird ihm wohl kaum bis München hinterher wollen, nur weil Xaver ein bisschen Erde umgegraben hat.

Nachts macht er sich also ans Werk, er kennt die Stelle genau, wo das Gold sein soll. Er findet das Gold nicht sofort, gut, das hat er mit einkalkuliert. Er erweitert den Radius, gräbt und gräbt, aber irgendwie findet er nichts, vielleicht muss er viel tiefer graben, und irgendwie hat er es sich zwar nicht ganz leicht vorgestellt, so schwer dann aber auch wieder nicht.

Als es langsam hell wird, buddelt er die Löcher wieder zu. Henry hat zum Glück nichts in seinem Gärtchen angebaut, aber sehen tut man's doch, dass da einer gegraben hat, Xaver wird sich eine gute Ausrede zurechtlegen müssen. Erstens, was er dem Henry sagt, warum er gegraben hat, und zweitens, was er dem Henry sagt, warum er weitergraben will.

Aber dazu kommt es dann nicht mehr, denn gegen fünf Uhr morgens steht Henry auch schon vor ihm, den Inselpolizisten im Schlepptau, und fragt nicht mal, was Xaver da macht, sondern lehnt sich nur an den Zaun, ganz so, als wolle er mal eben mit Xaver palavern. Der Inselpolizist lehnt sich neben Henry und schaut ganz genauso. Und Xaver bekommt Schweißausbrüche, die nichts mit dem Graben zu tun haben.

Ob er das Gold nicht findet, will Henry wissen, und da kapiert Xaver, dass es alle auf der Insel schon immer gewusst haben. Was für Gold, stottert er trotzdem, aber Henry winkt ab. Keiner hat es gefunden, sagt er, obwohl alle danach gesucht haben. Muss bei dem Dauerbombardement durch die Briten wohl völlig durcheinandergewirbelt worden sein, erklärt der Inselpolizist, und Xaver wischt sich den Schweiß von der Stirn. Das ist mein Grund und Boden, keucht er, und die beiden Helgoländer zucken nur die Schultern.

Was du suchst, das ist Judengold, sagt Henry, das hat dem alten John gar nicht gehört, und dir gehört es auch nicht. Deshalb haben wir's gesucht, um es zurückzugeben, und deshalb ist der alte John auch nie wieder auf die Insel gekommen. Den wollten wir hier nicht. Er nickt mit Nachdruck, und Xaver wird ganz schlecht, er kapiert nämlich noch was. Sein Uropa war nicht nur ein Nazi, so wie sie alle mehr oder weniger Nazis waren, die irgendein Amt innehatten, er hat nicht nur die Ideologie quasi amtsmäßig unterstützt, nein, er hat sich die Finger so richtig dreckig gemacht. Irgendwie hat Xaver sich das immer schöngeredet mit dem Uropa, aber das kann er jetzt nicht mehr, und er will sich gar nicht ausmalen, was das für seine Unikarriere bedeutet, wenn das rauskommt, gut kann das nicht sein. Xaver denkt nämlich in erster Linie immer an solche Sachen. Dass sein Uropa Juden verraten und ausgeraubt, vielleicht sogar welche umgebracht hat, das stört ihn in Wirklichkeit nur, weil er so jemanden in der Verwandtschaft ziemlich lästig findet. Er kennt hier und da Leute in München, deren Großväter zum Beispiel bei den Nürnberger Prozessen verurteilt wurden, und das hängt denen bis heute nach, das klebt quasi wie Scheiße am Namen, Sippenhaft ist das. Und jetzt hat es auch ihn erwischt. Judengold!

Trotzdem hätte er's, ehrlich gesagt, gerne gefunden. Hängt ja kein Namensschild dran, schon gar nicht, wenn man's zu Geld gemacht hat. Aber das steht ja jetzt nicht mehr zur Diskussion. Die beiden Helgoländer sind nämlich offensichtlich noch nicht fertig mit ihm. Der junge John, sagt Henry, das war doch kein Zufall, dass der die Steilküste runterfällt. Xaver tut, als habe er keine Ahnung, was Henry meint, aber der Inselpolizist winkt ab. Es gibt keine Morde auf Helgoland, sagt er, und es hört sich an wie ein Mantra. Zu viel Papierkram, deshalb, erklärt er. Und schließlich: Wir regeln das immer unter uns.

Xaver weiß nicht mehr wohin mit seiner Angst. Überlegt kurz, ob er mit dem Spaten, den er immer noch umklammert, den beiden eins überbraten soll, aber der Inselpolizist spielt schon längst an seinem Pistolenhalfter rum und macht klar, dass er im Moment nicht so zum Scherzen aufgelegt ist. Xaver will wissen, was sie mit ihm vorhaben, und Henry sagt ihm: „Jeder bekommt die Strafe, die er verdient."

Es ist ganz leicht, sagt der Inselpolizist und deutet mit dem Kopf in Richtung Steilküste und Lange Anna. Xaver schluckt. Es sieht ganz so aus, als ob Henry und der Inselpolizist dafür sind und dass es ihnen gar nicht leid tut. Es ist ja nicht so, dass die beiden ihre Herzen an ihn verloren hätten, das gar nicht.

Also nickt Xaver und sagt, okay, mein Leben ist sowieso vorbei, gehen wir zur Steilküste. Er meint das auch so. Er hat es ganz fest vor. Aber kaum, dass sie losgegangen sind, bleibt Henry stehen und sagt: „Nein, das ist zu einfach."

Und so bekommt Xaver seine persönliche Höchststrafe: Sie lassen ihn nicht mehr von der Insel. Kein Schiff, kein Flugzeug wird er je betreten können, weil alle eingeweiht sind. Niemand wird ihn von der Insel schaffen, das kann er vergessen, eher werden sie den Verkehr komplett einstellen, als ihn wegzulassen. Sie haben nämlich mitbekommen, wie sehr es ihn nervt, auf dieser Insel zu sein, und wie sehr ihn die Wellen und der Wind und die Möwen in den Wahnsinn treiben, Inselkoller und so weiter. Sie sind nicht blöd, die Helgoländer, das kapiert Xaver nun auch, so hinterwäldlerisch, wie er dachte, sind sie wirklich nicht, wenn überhaupt, dann ist er der Idiot. Er wird also hier auf Helgoland bleiben, für den Rest seines Lebens. Kein Sportwagen, keine heißen Clubnächte, kein Shopping auf der Maximilianstraße, kein Edelitaliener. Sie werden ihm sogar verbieten, sich einen Internetanschluss legen zu lassen. Sein Handy sacken sie auch ein. Kurz: Xaver hat kein Leben mehr. Henry stellt ihm frei, den Laden seines Großonkels zu übernehmen, aber wenn, dann muss alles ordentlich abgehen, dem jungen John haben sie viel zu viel durchgehen lassen. Und Xaver malt sich aus, wie das wohl sein wird, wenn an der Kasse von diesem Laden sitzt. Er überlegt, ob er sich wohl auch mit Selbstbräuner einschmieren wird, um so eine falsche Bräune zu bekommen, eine echte wird er kaum bekommen, wenn er den ganzen Tag im Laden an der Kasse sitzen muss. Ja, denkt Xaver, das wäre schlimmer als jetzt sofort sterben zu müssen.

Und so rennt Xaver los und hofft, dass er es schafft, bevor ihn sich die beiden greifen und wahrmachen, was sie gerade gesagt haben. Und als er losrennt, fängt der Boden unter seinen Füßen wieder an zu schwanken, und ihm wird schlecht, und er merkt, wie ihn vier Hände packen und wieder auf die Füße stellen. „Das ist zu einfach", sagt Henry, „viel zu einfach."

Hannes Nygaard

Das Begräbnis

Die Sturmbö heulte um das Gebäude und ließ die Fenster vibrieren. Sie verfing sich in der Traufschalung, rüttelte am Turm und schlug gegen die Tür. Das wütende Tosen war noch deutlicher zu vernehmen, nachdem die letzten Töne der Orgel verklungen waren.

Nur wenige Besucher der St.Vinzenz-Kirche schauderten bei diesem Geräusch. Sturm und widrige Witterungsverhältnisse waren den Bewohnern Nordstrands vertraut. Seit Menschengedenken trotzen die Nordfriesen Meer und Wind. Sie hatten gelernt, den Naturgewalten zu widerstehen, auch wenn sich das Wasser immer wieder seine Opfer holte, mal zu Tausenden wie bei der großen Mandränke, ein anderes Mal einzeln.

Momme Thießen war nicht auf See geblieben. Plötzlich und unerwartet war er verstorben, dood bleeven, wie man hier zu sagen pflegte. Er war in der Blüte seines Lebens gewesen, gesund, kräftig, lebenserfahren, ein Bild von einem Mann. Die große Trauergemeinde, die sich in der altehrwürdigen Kirche versammelt hatte, erinnerte sich an den großen Mann mit den blauen Augen, der tiefen Stimme und dem vollen blonden Haar, das in den letzten Jahren unmerklich einem Weiß gewichen war. Die Männer schätzten seine offene und zupackende Art, seine Hilfsbereitschaft und seine Fähigkeit, kameradschaftlich zu sein.

Die Frauen hingegen waren der stattlichen Erscheinung mit verklärtem Blick gefolgt, manche hatten ihm verstohlen nachgesehen, andere mehr oder minder offen bekundet, dass ihnen ein kleines Abenteuer mit Momme Thießen durchaus willkommen gewesen wäre.

Es war nicht sicher, ob die offen gezeigten Tränen der Anwesenden allein von der Rührung stammten, welche Menschen beim Ableben eines Nachbarn befällt, ob es der Kummer war, dass Erinnerungen an schöne und intime Momente für immer der Vergangenheit angehörten, oder ob nicht doch Freude die Augen gehörnter Ehemänner feucht werden ließen.

Auch Jens Friedrich Jensen wischte sich eine Träne aus den Augenwinkeln. Mit Momme hatte ihn eine lebenslange Freundschaft verbunden. Sie waren Nachbarskinder gewesen, hatten eine glückliche und unbeschwerte Kindheit im Koog verbracht, gemeinsam die Schulbank gedrückt und sich auch in den folgenden Jahrzehnten nicht aus den Augen verloren.

Nun hast du dich davongeschlichen, dachte Jens im Stillen. Wer begleitet mich nun in den Krug, wenn mir nach Unterhaltung ist? Mit wem kann ich über die Ereignisse auf unserer Insel sprechen? Über die großen und kleinen Missgeschicke der Nachbarn tratschen?

Jens war traurig, weniger, weil ein Mensch gestorben war, nein, weil Momme ihn schmählich zurückgelassen hatte. Andererseits ... Jens spitzte die Lippen. Er hatte immer in Mommes Schatten gestanden. Die Frauen hatten Momme angehimmelt, nicht ihn. Für Jens war stets nur der zweite Platz geblieben, wenn Momme anwesend war. Und sein Freund war immer präsent. Selbst jetzt, während der Trauerfeier. Der junge Pastor hatte so hingebungsvoll über den großartigen und von allen geliebten, teuren Verblichenen gepredigt, dessen Tod einen großen Verlust bedeutete. Und alle Frauen in der Kirche hatten traurig genickt.

Jens seufzte. Ach, wie schön wäre es doch gewesen, wenn diese wunderbare Trauerfeier ihm gegolten hätte, wenn die Menschen um Jens geweint hätten.

Er wurde unsanft aus seinen Träumen gerissen, als sein Banknachbar ihn anstieß und ihm zuraunte: „Jens!“ Dabei wies er mit dem Kopf Richtung Altarraum.

Es war still in der Kirche. Nur das Klack-Klack der Absätze der Frau mit dem betont taillierten Mantel war zu hören, als sie zum Altar schritt. Sie verbeugte sich vor dem blumengeschmückten Sarg und drehte sich zur Trauergemeinde um. Ihr schmales und ernstes Gesicht wurde von dunklen, anliegenden Haaren umrahmt.

Jens starrte auf das schöne und ebenmäßige Antlitz, die dunklen Augen und den dezent geschminkten roten Mund. Die Frau hatte ihre schlanken Hände, in denen sie dunkle Handschuhe hielt, vor dem Bauch gefaltet. Darüber zeichneten sich zwei Brüste ab, die Jens' Blick magisch anzogen. Er hatte alles um sich herum vergessen, so fasziniert war er vom Anblick der Bestatterin, die kaum merklich mit dem Kopf nickte.

„Jens!" Sein Nachbar stieß ihn erneut an. Er hatte den Namen jetzt lauter gerufen. Es klang wie das Zischen einer Schlange. „Du musst nach vorn."

Jens schreckte hoch, als wäre er aus einem Trancezustand erwacht. Er stand auf, stolperte, dass das Poltern durch die ganze Kirche drang, und begab sich eilig nach vorn. Dort hatten bereits drei ernst dreinblickende Männer in dunklen Anzügen an den Ecken des Sarges Aufstellung genommen.

Es war eine besondere Ehre, als Sargträger benannt zu werden. Natürlich war Jens als guter Freund des Verstorbenen die Aufgabe anheimgefallen. Er nahm den Platz vorn links ein. Dann öffnete der Pastor die Tür des Altarraums. Als hätte der Wind davor gelauert, fegte eine gewaltige Bö ins Kircheninnere und löschte eine der Kerzen, die vor dem Altar standen.

Siehst du, Momme, jetzt hat auch der Herrgott dein Lebenslicht ausgeblasen, dachte Jens und folgte der Bestatterin. Der Sarg stand auf einem fahrbaren Gestell, sodass die Aufgabe der Sargträger darin bestand, die Griffe am Sarg zu packen und Momme Thießen zur letzten Ruhestätte zu rollen.

Die Bestatterin ging gemessenen Schritts voran, gefolgt vom Sarg. Der Pastor schritt wie ein Hirte vor der Trauergemeinde einher und führte die Prozession an, die Momme Thießen auf seinem letzten Weg das Geleit gab. Langsam umrundete der Trauerzug die Kirche.

Warum musstest du um diese Jahreszeit sterben?, dachte Jens und warf einen Blick auf den Sargdeckel zu seiner Rechten. Der Sturm blies mächtig und zerrte an der Kleidung und am Sarggestell. Der Pastor hatte Mühe, seinen wehenden Talar zu bändigen, während die Trauergäste ihre Kopfbedeckungen festhielten.

In früheren Jahrhunderten hatten die Menschen hinterm Deich dem Kirchenbau besondere Aufmerksamkeit geschenkt. Das Gotteshaus wurde stabil gebaut, um nicht nur den Seelen, sondern auch dem irdischen Dasein der Küstenbewohner Schutz zu bieten. War das Gottvertrauen auch stets vorhanden, so hatte man die Kirche zusätzlich auf einem künstlich errichteten Hügel, der Warft, erbaut.

Von dieser führte ein gepflasterter Weg hinab.

Jens musste alle Kraft aufwenden, um das Rollgestell mit Mommes sterblichen Überresten zu bremsen. Er verstand nicht, weshalb man außer ihm drei ältere und schwächliche Männer als Sargträger gewählt hatte. Die Gefährten konnten ihm nur wenig Unterstützung bieten. Wenn er nicht alle Kraft aufgewandt hätte, wäre Momme in seinem Sarg ins Rollen gekommen und hätte die würdig voranschreitende Bestatterin aufgespießt. Man hätte auf Nordstrand, wo ohnehin nichts verborgen blieb und es zu den größten Vergnügungen gehörte, über andere zu reden, noch jahrelang davon gesprochen, dass die Frau vom Beerdigungsinstitut, auf der Spitze des Sargs sitzend, in rasender Fahrt die Kirchwarft hinabgefahren wäre.

Jens' Trauer hielt sich in Grenzen. Er hatte den Blick starr auf die wohlproportionierten Rundungen der vorangehenden Frau gerichtet, die sich unter dem taillierten Mantel abzeichneten und bei jedem Schritt sanft wiegten. Er bedauerte es, dass der Weg zum Friedhof nur so kurz war. Nur zu gern wäre er der Bestatterin über einen längeren Zeitraum gefolgt.

Zur Tradition einer ländlichen Beerdigung gehört das anschließende Beisammensein. Bei Kaffee und Butterkuchen herrschte noch eine bedrückte Stimmung, bis die ersten Trauergäste begannen, von lustigen Begebenheiten zu berichten, die sie mit dem Verstorbenen erlebt hatten. Und spätestens nach der zweiten Runde Schnaps war die Heiterkeit zurückgekehrt, die Freude darüber, dass der Sensenmann diesmal an eine andere Tür geklopft hatte.

Bei den dänischen Nachbarn gibt es die Sitte, dass man bei Beerdigungen im Dorf den Danebrog im eigenen Garten auf Halbmast herab läßt und, war der Verstorbene beigesetzt, als Zeichen dafür, dass das Leben weitergeht, die Fahne wieder aufzieht. Auch Jens hatte die Flagge wieder gehisst. Momme war tot. Nun galt es, sein Erbe anzutreten und die Frauen der Insel mit dem zu versorgen, was zu Mommes Lebzeiten dessen Passion gewesen war.

Aber Jens fand keine Ruhe. Bei Tag und Nacht träumte er von der Bestatterin. Er konnte das Bild nicht vergessen. Immer wieder tauchte dieser grazile Po auf, die Rundungen, die ihm auf dem Weg von der Kirche zum Friedhof so wunderbar vorausgewackelt waren. Jens versuchte alles, um diese Gedanken zu verdrängen. Es half nichts. Es war ein innerer Zwang. Er musste die Frau wiedersehen, hinter ihr stehen und ihr Hinterteil betrachten. Das Verlangen wurde so übermächtig, dass er es nicht mehr aushielt und sich in die Nähe des Bestattungsinstituts schlich, um auf einer Beobachterposition so lange zu warten, bis die Frau vor die Tür trat. Seine Geduld wurde auf eine harte Probe gestellt, aber endlich ... Er sah sie. Ein Glücksgefühl durchströmte ihn. Er hätte bis in alle Ewigkeit an diesem Platz verweilen mögen. Mit einem Lächeln kehrte er heim.

Doch der Zustand der Zufriedenheit hielt nicht lange vor. Schon am nächsten Tag legte er sich wieder auf die Lauer. Er durchforstete die Traueranzeigen seiner Heimatzeitung und ging fortan von Beerdigung zu Beerdigung, sofern die durch ihr Institut ausgeführt wurden. An guten Tagen waren es manchmal auch zwei Begräbnisse. Wenn die Frau ihn erkannte hatte, so ließ sie sich nichts anmerken. Zwischen dem Glück, ihr täglich zu begegnen, und der Tatsache, dass sie ihm nicht den Hauch von Aufmerksamkeit widmete, schieden sich Jens Welten. Darüber half auch nicht hinweg, dass er sich angewöhnte, an den Kaffeetafeln nach der Beerdigung teilzunehmen und auf diese Weise einen Teil seines Lebensunterhalts einzusparen.

Voller Bitternis wurde ihm bewusst, dass ihm das gewisse Etwas fehlte, das den verblichenen Momme ausgezeichnet hatte. Auf den waren die Frauen geflogen. Momme hatte auswählen können, welchem weiblichen Wesen er seine Gunst schenkte. Aber Jens schien unsichtbar. Die Frauen nahmen ihn nicht wahr, schon gar nicht diese wunderbare Beerdigungsunternehmerin mit dem runden sexy Po, den er bisher immer nur unter dem Stoff des engen Mantels hatte betrachten können.

Die Bestatterin raubte ihm den Schlaf. Er wachte nachts auf und träumte von dieser Frau, von ihrem Gesicht, den glutvollen dunklen Augen, der traumhaften Figur und ... ihrem Gesäß. Er stellte sich vor, wie er sie in den Armen hielt, sie an sich presste, wie seine Lippen die ihren suchten, seine Hände an ihrem Körper abwärts glitten und ... auf den Rundungen der beiden Pobacken verweilten. Jens seufzte. Wie gern hätte er ihre Hände gespürt, die ihn sanft liebkosten.

Ihre Hände?

Jens saß kerzengrade im Bett.

Ihre Hände? Diese herrlich duftenden zarten Hände?

Jens schüttelte sich.

Nein!

Die hatte sie am Tage zur Erledigung ihrer Arbeit gebraucht, damit Leichen eingesargt, Tote an- und ausgekleidet, gewaschen, umgebettet. Wie gut, dass er daran gedacht hatte. Damit war der Traum abgeschlossen. Gott sei Dank.

Doch diese Einsicht hielt nicht lange vor. Schon am nächsten Morgen ließ sich der Gedanke an die Bestatterin wieder nicht verdrängen. Ich muss mich nicht von ihr streicheln lassen, dachte Jens. Aber sie ansehen ..., dagegen war nichts einzuwenden. So machte er sich wieder auf den Weg nach Husum, parkte sein Fahrzeug in den engen Kopfstein gepflasterten Gassen der Altstadt und beobachtete das Haus, in dem die Frau nicht nur ihrem Geschäft nachging, sondern auch wohnte.

Seine Geduld wurde auf eine lange Probe gestellt. Er wartete den ganzen Tag vergeblich, hatte mehrfach an seinem Tun gezweifelt, wollte aufgeben, aber ein innerer Zwang ließ ihn ausharren. Die Dunkelheit war hereingebrochen, in den umliegenden Häusern waren die Fenster hell erleuchtet, und Jens kämpfte gegen die aufkommende Müdigkeit an, als der schwarze Leichenwagen auf den Hof rollte. Die Bestatterin schälte sich aus dem Fahrzeug. Sie sah müde aus nach einem sicher langen Arbeitstag. Sie öffnete die hintere Wagentür und zog einen Sarg hervor, schüttelte den Kopf und brach ihr Vorhaben ab. Dann verschwand sie ins Haus. Nach wenigen Minuten kehrte sie zurück. In Jens brach eine Welt zusammen. Sie kam in Begleitung eines großen kräftigen Mannes, der sie zärtlich umarmte, ihr einen sanften Kuss auf den Mund hauchte und dann ... Jens wollte aus seinem Auto springen und den Mann auf der Stelle ermorden. Was erlaubte sich dieser Widerling? Er hatte der Bestatterin den Po getätschelt. Und dann verweilte seine große Pranke auf dem Körperteil. Das war unerhört. Diese Rundungen gehörten Jens.

Jens musste diese Bestie töten. Wenn er es sich genau überlegte, hielt ihn nur die Tatsache zurück, dass der Unhold schon tot war. Jens schrak zusammen. Für einen Moment wurde ihm schwarz vor Augen. Ein eiskalter Schauder lief ihm über den Rücken, eine eiserne Hand umklammerte sein Herz und drückte es zusammen. In seinen Schläfen pochte es wild.

Der Mann, der die Frau noch einmal in den Arm nahm und auf unanständige Weise küsste, dass es schien, als würde er nie von ihr ablassen wollen, war ... der tote Momme Thießen.

Jens schloss die Augen, atmete tief durch und zählte bis zehn. Das war die Strafe dafür, dass ihm die Bestatterin nicht aus dem Sinn ging, er sich nach der Frau verzehrte, sie begehrte. Ganz langsam öffnete er die Augen und plierte durch die schmalen Schlitze. Der Spuk musste vorüber sein. Erneut erfasste ihn Panik. Es war wirklich der tote Momme Thießen, dessen große Pranken auf dem Po der Bestatterin lagen und diesen mit sanft kreisenden Bewegungen liebkosten.

Es schien eine Ewigkeit vergangen zu sein, bis der lebendige Leichnam und die Frau seiner Begierde wieder im Haus verschwanden. Jens gab ihnen noch eine halbe Stunde, dann hielt er es nicht mehr aus. Auf leisen Sohlen schlich er um das Beerdigungsinstitut, erspähte ein paar Mülltonnen, schwang sich auf das Dach eines Schuppens und gelangte so an ein erleuchtetes Fenster im Obergeschoß. Die Gardinen waren zugezogen. Nur ein schmaler Spalt gewährte Einblick in das Innere. Jens stockte der Atem. Er sah direkt in ein Schlafzimmer. Und dort, im Ehebett, lagen die Bestatterin und der tote Momme Thießen und gaben sich einem höchst lebendigen Vergnügen hin. Das war so unglaublich, dass Jens darüber sogar vergaß, sich am wunderbaren Anblick des auf und abwiegenden Pos der Frau zu erfreuen, der sich ihm ohne jede schützende Hülle eines taillierten Mantels bot.

Er wusste nicht, wie er an diesem Abend nach Hause gekommen war. Nur schemenhaft konnte er sich erinnern, dass er im Krug gelandet war. Dort musste es sehr feucht hergegangen sein, jedenfalls war ihm speiübel und er hatte einen mächtigen Brummschädel. Sein Atem roch so übel, dass ihm selbst davon schlecht wurde. Vielleicht ging der Geruch auch von seinem Norwegerpullover aus, den er schon seit Tagen trug.

Jens verzichtete auf die Körperpflege und das Frühstück. Er begab sich auf direktem Weg zur Polizei nach Husum, um dort Anzeige zu erstatten und von der Ungeheuerlichkeit zu berichten, dass ein Toter im Ehebett der Bestatterin den Platz eingenommen hatte, den Jens für sich selbst beanspruchte.

Neuigkeiten haben schnelle Beine. Sie verbreiten sich wie ein Lauffeuer. Das gilt für den dörflichen Bereich, noch mehr aber für Inseln. So hatte es sich auf Nordstrand herumgesprochen, dass die Husumer Polizei Ermittlungen anstellte, ob Momme Thießen wirklich verstorben sei. Die Insel kannte kein anderes Thema, seit Jens Jensen im wirren Zustand im Krug erschienen war, sich in kürzester Zeit betrunken hatte und immer wieder stammelte, er wäre einer Leiche begegnet. Man hatte ihn ausgelacht, einen Narren gescholten und manch Insulaner erinnerte sich daran, dass Jens schon immer ein wenig sonderbar gewesen war. Wie hat er stets die Frauen angestiert, auf seine plumpe Art versucht, sich ihnen zu nähern? Dabei hätte er nur auf seinen Freund Momme sehen müssen. Der verstand es, das weibliche Geschlecht glücklich zu machen. Ach, die Welt war ungerecht. Momme Thießen, der den Frauen noch viele erfüllte Stunden hätte schenken sollen, war tot, und Jens Jensen lief herum und behauptete, Mommes Geist würde zur Strafe für all das Sündhafte, was er und die Frauen der Insel begangen hätten, über das Eiland wandeln.

Immerhin hatte Jens seinen Verdacht so intensiv bei der Polizei vorgetragen, dass die Beamten beim Bestattungsinstitut vorgesprochen und mit Zustimmung der Besitzerin das Anwesen in Augenschein genommen hatten. Die Durchsuchung hatte nichts ergeben. Lediglich der in Süddeutschland lebende Bruder hatte bestätigt, der Bestatterin einen Besuch abgestattet zu haben.

Jens war über seine Marotte, von der er sich nicht hatte abbringen lassen, zum Gespött der Nachbarn geworden. Man hatte ihn ausgelacht, so dass er sich zurückgezogen hatte und die Begegnung mit Menschen mied, soweit es ihm möglich war.

So fand er sich auch nicht unter den zahlreichen Neugierigen, die sich selbst durch den andauernden Regen nicht davon abhalten ließen, zum Friedhof zu kommen. Der Inselpolizist hatte Verstärkung vom Festland erhalten und bemühte sich, die Zuschauer am rotweißen Flatterband aufzuhalten. Die Menschen murrten, weil sie von diesem Standort keinen Blick auf die Geschehnisse werfen konnten, die sich im hinteren Bereich des Grabfeldes abspielten.

Zwei Friedhofsarbeiter hatten die Grabstelle Momme Thießens freigelegt. Der Jüngere von ihnen fluchte unentwegt, weil ihm der Regen ständig in den Kragen lief, während sein Kollege mit dem zerfurchten Gesicht stumm und gleichmäßig schaufelte. Ihn berührte die Arbeit ebenso wenig wie das unwirtliche Wetter, nachdem er seinen Frühstückstee nach Inselart mit Rum aromatisiert hatte.

Der Staatsanwalt hatte den Kragen seines Burberrymantels hochgeschlagen und den Hut tief ins Gesicht gezogen. Die Hände waren in den Taschen des Mantels vergraben. Mit zusammengekniffenem Mund verfolgte er die Arbeiten. Der jüngere Mann an seiner Seite war Beamter der Kriminalpolizei. Er trat von einem Bein auf das andere, als sei er dringend auf der Suche nach dem stillen Örtchen. Mit beiden Händen versuchte er, den Regenschirm zu halten.

Sein Kollege, Hauptkommissar Thierkopf, stand am Kopfende der Grabstelle. Trotz des Windes nahm er den zarten Duft des Parfüms wahr, das von der neben ihm stehenden Bestatterin herüberwehte. Thierkopf warf einen Seitenblick auf die attraktive Frau im taillierten Mantel, unter dem sich weibliche Rundungen abzeichneten.

Der Hauptkommissar hatte sich zunächst gesträubt, eine Öffnung der Grabstelle durchführen zu lassen. Sein Kollege Dethlefsen hatte dem Mann, dem die durchzechte Nacht deutlich anzusehen war und dessen Norwegerpullover nach Tabakqualm und Kneipe roch, keinen Glauben schenken wollen. Nur das Pflichtbewusstsein hatte Thierkopf veranlasst, Erkundigungen einzuziehen, nachdem Dethlefsen ihm den Fall übergeben hatte und in den Urlaub gefahren war. Der Hauptkommissar hatte sich auf Nordstrand umgehört und in Erfahrung gebracht, dass der Verstorbene ein Frauenheld gewesen war. Sein Tod war für alle überraschend eingetreten. Anzeichen für ein Fremdverschulden lagen nicht vor. Die Lebensversicherung hatte Momme Thießen schon zu Lebzeiten dem Bestattungsinstitut überschrieben, da er keine weiteren Angehörigen hatte und sein Begräbnis sichergestellt wissen wollte.

Hinter vorgehaltener Hand hatte Thierkopf erfahren, dass es Männer auf der Insel gab, die nicht traurig über Mommes Ableben waren, weil der Tote in ihrem Revier gewildert hatte. Darum war das Interesse an der Sargöffnung sehr groß. Welcher Mann mochte schon zugeben, dass er Mommes Geist als Nebenbuhler fürchtete. Da wollte man sich schon selbst davon überzeugen, dass der Frauenschwarm tot war.

Gleichmäßig schaufelten die beiden Arbeiter den feuchten Boden an die Seite, bis der Ältere mit seinem Spaten auf Holz stieß. Es klang hohl.

Thierkopf sah, wie die Bestatterin die Augen zusammenkniff, als die Spaten über das Holz des Sargdeckels kratzen und tiefe Rillen hinterließen. Das sorgsam getischlerte Erdmöbel glich mehr einer unschönen Holzkiste. Die beiden Friedhofsarbeiter sprangen in die Grube. Sie sahen noch einmal nach oben, dabei verriet der Blick des Jüngeren, dass er sich gewünscht hätte, man möge die Aktion an dieser Stelle abbrechen.

„Bitte, meine Herren“, sagte der Staatsanwalt leise.

Das Splittern des Holzes war bis zu den entfernten Zuschauern zu hören. Ein Raunen ging durch die Menge. Hauptkommissar Thierkopf fing einen fast flehentlichen Blick des jungen Arbeiters auf. „Würden Sie den Sarg bitte öffnen“, bat er. Den jungen Mann schienen die Kräfte verlassen zu haben. Gemeinsam mit seinem Kollegen packte er den Sargdeckel. Langsam schoben sie ihn zur Seite. Ein markdurchdringendes Knirschen begleitete die Arbeit.

Fast belustigt registrierte Thierkopf, wie der Staatsanwalt seinen Blick auf einen entfernt stehenden Grabstein richtete.

Der Hauptkommissar sah nachdenklich in den geöffneten Sarg, der mit einem blauen Seidentuch ausgekleidet war. Am Kopfende lag ein Kissen. Auf dem ruhte friedlich das Antlitz eines Mannes, der sanft entschlummert war. Die Leute vom Beerdigungsinstitut hatten den Toten zurechtgemacht, gewaschen, ein wenig geschminkt, sodass er nicht einmal fahl aussah. Von Leichenblässe keine Spur, stellte Thierkopf für sich fest. Dieses Bestattungsinstitut konnte man weiterempfehlen. Man verrichtete dort gute und saubere Arbeit. Sogar die Hände waren auf dem Norwegerpullover gefaltet.

„Ist das der Mann, den Sie beerdigt haben?", fragte Thierkopf die Bestatterin.

Die Frau sah lange in den geöffneten Sarg. Dann nickte sie. „Ja. Das kann ich bestätigen."

Thierkopf irritierte es ein wenig, als die Schöne sich versonnen mit ihrer schlanken Hand über den wohlgeformten Po strich. Es war eine fast sinnliche Geste.

„Wir können wieder zumachen", wies Thierkopf an, nachdem auch der Staatsanwalt genickt hatte. Die Gesichtsfarbe des Mannes war jetzt bleicher als die der Leiche.

Thierkopf hatte es gleich vermutet, dass ein wirrer Suffkopf ein solches Gerücht in Umlauf gebracht hatte. Selbst auf Nordstrand mochte niemand glauben, dass der tote Momme Thießen als Geist herumspukt oder gar mit der attraktiven Bestatterin schläft. Es war schändlich, welches Gerücht Jens Friedrich Jensen in Umlauf gebracht hatte. Daher wunderte es auch niemanden, dass Momme Thießens Freund nach der Sargöffnung nie wieder gesehen wurde.

Sandra Niermeyer

Flotte Käfer

Vor dem Spiegel klopfte ich die Haut rings um die Augen ab. Das, hatte ich gehört, sollte die Falten straffen. Im ablaufenden Badewasser strampelte ein Marienkäfer. Ich wunderte mich, dass er schwimmen konnte. Aber vielleicht war er so leicht, dass er übers Wasser lief. Bevor der letzte Wirbel im Abfluss verschwand, krabbelte er elegant den Wannenrand hinauf. Fast erwartete ich, dass er sich schüttelte.

Das Badezimmer war nicht das schlechteste. Wenn man den Kopf schräg ins gekippte Fenster klemmte, hatte man Meerblick. Dafür hatten wir einen Aufpreis bezahlt. Unsere Ferienwohnung lag in einer Anlage der Niendorfer Ostseeallee. Wir hatten uns eigentlich auf einen reinen Erholungsurlaub eingestellt. Von dem Kurs hatten wir zufällig erfahren.

Elisabeth las schon wieder, als ich ins Wohnzimmer kam. Ob sie zuhause war oder im Urlaub, überall steckte sie die Nase in ein Buch. Halb angezogen saß sie auf einem der großgemusterten Sessel, ein Pantoffel baumelte an ihrem rechten großen Zeh.

„Wir müssen los", sagte ich.

Der Kurs fand im Park neben dem Hundestrand statt. Etwa zwanzig Senioren und Seniorinnen hatten sich schon auf dem Rasen unter den Bäumen versammelt. Ich ließ den Blick kurz über die Gruppe schweifen und ordnete mein Alter ein. Das hatte ich schon immer getan, nicht erst jetzt als Silver-Agerin, schon als Jugendliche wollte ich wissen, wo ich stand. Oberes Drittel, musste ich feststellen, die meisten hier waren jünger. Und sie trugen eine modernere Ausrüstung.

Unter einem Spazierstock verstand ich einen soliden Stock aus Holz, nicht solche schwarzen, teleskopierbaren Metalldinger, wie sie die meisten hier neben sich in den Rasen stemmten.

Mein Spazierstock besaß Antiquitätenwert. Er hatte mich

seit der Pensionierung in jeden Wanderurlaub begleitet, meistens nach Bayern, und ihn zierten zahlreiche Stadtwappen. Das machte ihn umso gefährlicher, fand ich.

Der Kung-Fu-Meister begrüßte uns. Er war höchstens vierunddreißig, sah sehr südländisch aus, hatte aber einen deutschen Namen.

„Wir lernen die Anwendung von alltäglichen Hilfsmitteln zur Selbstverteidigung im Rahmen des Notwehrparagraphen", begann er ohne jegliche Begrüßung.

Einige in der Gruppe kicherten, andere schauten ernst.

Ich wollte schon immer mal jemandem einen Kugelschreiber ins Auge stoßen, aber dieser Kurs hatte keine Kugelschreiber-Verteidigung im Programm. Er sah die Notwehr mit Spazierstöcken, Regenschirmen, Schlüsseln und Handtaschen vor.

Elisabeth und ich kamen aus Hannover. Seit einigen Jahren hatten dort die Angriffe auf Senioren zugenommen und an Brutalität gewonnen. Wenn man seine Rente sicher von der Bank nach Hause bringen wollte, musste man gewappnet sein. Als wir diesen Kurs zufällig in einem Urlaubsblatt gesehen hatten, hatten wir uns sofort dafür angemeldet.

Herr Henschke, der Kung-Fu-Meister, ging in Position, er führte einige Schwünge mit dem Stock aus. Sein Po war ein echter Hingucker. Er spannte sich unter der dünnen weißen Jogginghose, wenn er einen Ausfallschritt nach vorn oder zur Seite tat. Aber Herr Henschke und sein Po waren außerhalb meiner Reichweite, darum ließ ich den Blick über die anderen Herren schweifen.

Eine Frau um die siebzig braucht einen jüngeren Mann. Frauen sind fitter, leben länger und sind geistig frischer. Bei den meisten Männern, die man in dem Alter kennen lernte, musste man schon froh sein, wenn sie ohne Hilfe einer Herz-Lungen-Maschine atmen konnten. Hier jedoch waren einige knackige Exemplare vertreten.

Ganz hinten stand einer, der noch alle Haare hatte. Sie wellten sich silbergrau über den ganzen Kopf. Ich war hingerissen. Für die buckeligen, mit Leberflecken übersäten Glatzen, die einem die Herren spätestens ab der Pensionierung präsentierten, hatte ich mich noch nie erwärmen können.

„So eine glänzende Glatze ist doch etwas Feines", meinte Elisabeth oft. Sollte sie die Glatzen nehmen, ich wollte die silbernen Haare.

Ich lächelte dem Haarträger zu, aber er war so von der Choreographie, die Herr Henschke vorführte, gefangen, dass er mich nicht bemerkte.

Herr Henschke glaubte doch nicht im Ernst, dass wir ihm das nachmachen könnten. Mir taten ja schon die Hüften vom bloßen Zusehen weh. Ich wollte mit dem Stock zuschlagen, mitten auf die Nase, die Stadtwappen sollten sich ins Gesicht eines unverschämten Handtaschenräubers graben, aber ich wollte keinen Spagat machen.

Einige Teilnehmer führten seltsame Handbewegungen aus. Ich fragte mich, ob sie Herrn Henschkes Übungen unbeholfen simulierten, dann sah ich, dass sie Marienkäfer abwehrten.

Später saßen wir im Alten Zollhaus am Hafen. Ein rotes Holzhaus im Schwedenstil, von dem aus man einen guten Blick auf die Boote hatte. Elisabeth und ich saßen mit ein paar alten Damen am Fenster. Herr Silberhaar einen Tisch weiter, weil bei uns kein Platz mehr gewesen war.

„Und was meinen Sie?" Eine Mittsechzigern beugte sich über den Tisch und sah mich mit geröteten Wangen an.

„Ich bedaure es, dass keine Kugelschreiberverteidigung im Programm ist, aber der Anblick von Herrn Henschkes Hinterteil entschädigt für manches", antwortete ich.

Die Mittsechzigern wich etwas zurück, dann lachte sie. „Ganz Ihrer Meinung, ganz Ihrer Meinung", sagte sie, bevor sie sich ein riesiges Stück Käse-Sahne-Torte in den Mund schob und vergnügt kaute.

Mit einem Ohr hörte ich, wie Herr Silberhaar am Nebentisch mit Willem angeredet wurde. Dort war man also schon beim Du. Er war von vier Frauen umgeben, die ihn anstrahlten. Wie gesagt, ein Mann wie er war sehr gefragt.

Eine Rotgefärbte klatschte einen riesigen Klecks Sahne auf seinen Schmandkuchen. Offenbar musste Willem nicht auf sein Cholesterin achten.

Ich beugte mich hinüber. „Der Schmandkuchen ist eine Wucht, nicht wahr?“, sagte ich.

Er sah zerstreut auf. „Ja, ja“, antwortete er, dann lächelte er der Rothaarigen dankbar zu, die ihm Kaffee eingoss. Ihre Hand zitterte ein wenig und sie verschüttete ein paar Tropfen auf das Tischtuch.

Man sah den grauen Haaransatz unter ihrer roten Mähne. Sie hätte vorm Urlaub lieber noch einmal einen Frisör aufsuchen sollen.

Ihr Haar wirkte knotig und ungekämmt. Dann sah ich, dass sie keine Knoten in den Haaren hatte, sondern zwei Marienkäfer. Einer seilte sich an einer Strähne direkt vor ihren Augen ab. Sie bemerkte ihn nicht, so intensiv schaute sie zur Seite und beobachtete Willem beim Essen.

Elisabeth erinnerte mich an Jane Austen-Verfilmungen. Hoch aufgerichtet hielt sie ein Buch auf Brusthöhe vor ihr Gesicht und ging mit genau abgemessenen Schritten.

„Elisabeth“, sagte ich, „Das Steilufer! Genieß die Aussicht! Lesen kannst du auch zuhause.“

„Unterbrich mich nicht“, sagte sie. „Wir können froh sein, wenn wir nicht mitsamt dem abbröckelnden Steilufer abstürzen.“

Sie blätterte um und ließ sich nicht einmal von den Marienkäfern stören, die hier zu Tausenden schwirrten und auf die Buchseiten klatschten. Die Luft war rot von ihnen. So etwas hatte ich noch nie gesehen. Unbeholfen, wie sie waren, taumelten sie gegen Gesichter, Fahrräder, Taschen und fielen mit einem leisen Plopp auf den Weg. Dort tummelten sie sich und knirschten unter den Füßen. Urlauber, die uns entgegenkamen, schlugen um sich. Sie klopften sich Käfer aus dem Kragen, nahmen ihre Sonnenbrillen ab, über deren Gläser Käfer krabbelten, und rannten unvermittelt los, um einem besonders großen Schwarm zu entkommen. Eine Frau schlug auf den Rücken ihres Mannes, der sich duckte und die Arme schützend vors Gesicht hielt. Sie war dem Angriff der Käfer besser gewachsen als er und ließ nicht nach, ihren Mann zu verteidigen, während er sich zusammenrollte und sich weigerte weiterzugehen. In der prallen Sonne war es am schlimmsten. Erreichte man ein paar Bäume, hatte man kurz Ruhe vor ihnen. Nur die, die sich schon auf Arme und Hals gesetzt hatten, trug man mit unter die Bäume.

„Marienkäfer können nicht gut fliegen", hörte ich jemanden aus einer Radfahrergruppe sagen, deren Teilnehmer abgestiegen waren und sich auf Arme und Beine schlugen. „Sie nutzen jedes Transportmittel", sagte ein Mann. „Sie lassen sich von der Ostsee an die Strände tragen."

Das erklärte auch, warum das Exemplar in der Badewanne so elegant schwimmen konnte.

Ich ließ den Blick über die Lübecker Bucht schweifen. Auf den blauen Wellen schaukelten Segelboote, die in schneller Fahrt nach Travemünde zogen. Warum ins Ausland reisen, dachte ich, wenn es in Deutschland so schöne Stellen wie das Brodtener Steilufer gab. Zwischen den Büschen konnte man die Steilwand hinab auf den Strand schauen. Das Steilufer wanderte. Jahr für Jahr brach ein Stück von ihm ab und fiel den Wellen zum Opfer. Der Wanderweg musste immer weiter landeinwärts verlegt werden. An einigen Stellen konnte man noch den alten Weg sehen. Warnschilder mit der Aufschrift „Vorsicht! Abbrechendes Steilufer! Betreten auf eigene Gefahr" säumten den Weg. Die Wellen gaben ihren Raub jedoch wieder her. Sie spülten den Sand an den Travemünder Strand, der dadurch immer breiter wurde.

Bis dorthin würden wir es heute nicht schaffen. Ich war zwar im Wandern geübt, Elisabeth aber nicht.

Ich ließ die anderen Teilnehmer des Spazierstock-Kurses an meinem geistigen Auge vorbeiziehen. Sie wirkten alle recht sportlich. Wir waren schnell beim Du gelandet. Die Mittsechzigerin hieß Hilde und die Rothaarige Johanne. Auch unser Alter verschwiegen wir nicht. Die Rothaarige war drei Jahre älter als ich. Womöglich hatte sie gelogen und war noch älter. Sie hatte nicht nur auf den Handrücken unzählige Altersflecken, sondern auch auf dem Dekolleté. Was sie nicht daran hinderte, die obersten vier Knöpfe ihrer Bluse offen zu lassen. Wahrscheinlich hoffte sie, dass man die Flecken für Sommersprossen hielt, aber ich ließ mich da nicht täuschen.

Willem kam aus Hamburg. Er schien einer dieser reichen Hamburger zu sein, die an der Strandpromenade ihre Wochenendvillen hatten. An seinem Schlüsselbund klimperten gleich zwei BMW-Schlüssel.

Johanne hatte Willem fast gefüttert. Dass sie ihm die Kuchenstücke nicht mit der Hand in den Mund geschoben hatte, war auch alles. Ihr gackerndes Lachen hatte den ganzen Raum gefüllt.

Wir erreichten die Hermannshöhe, ein Ausflugslokal auf halber Strecke zwischen Niendorf und Travemünde, und entschieden uns, drinnen zu sitzen. Die Käfer waren eine echte Plage. Ich hatte bis dahin nicht gewusst, dass Marienkäfer beißen konnten. Wie kleine Nadelstiche bohrten sie ihre Fänge in meinen Nacken. Ich wischte ständig über Arme und Beine, aber kaum hatte ich einen Marienkäfer abgeschüttelt, ließen sich drei oder vier neue nieder.

Elisabeth legte das aufgeklappte Buch auf den Tisch und beschwerte die Seiten mit einem Zuckerstreuer. So konnte sie gleichzeitig essen und lesen. Alle paar Minuten hob sie den

Zuckerstreuer, blätterte um, legte das Gefäß wieder ab, schob sich ein Stück Kuchen in den Mund, kaute – alles ohne den Blick zu heben.

Ein Käfer krabbelte über meinen Tellerrand. Ich fing an, diese Tiere zu hassen.

Am nächsten Morgen stand ich neben Hilde. Elisabeth war in der Ferienwohnung geblieben. „Mir passiert schon nichts", sagte sie, „und das Wichtigste kannst du mir ja zeigen."

Johanne stand neben Willem. Ihr Jackenärmel berührte seinen.

Herr Henschke lockerte sich. Er trug eine kurze Cargohose, seine Waden spannten sich, als er auf der Stelle auf und ab joggte.

„Durch einen Griff an die Nasenwurzel kann ein Angreifer wirksam abgewehrt werden", sagte er, ohne das Hüpfen zu unterbrechen.

„Genauso effektiv ist es, unter den Kehlkopf des Gegenübers zu drücken. Vor allem mit dem Spazierstock oder der Spitze eines Regenschirms ist das extrem schmerzhaft." Herr Henschke grinste.

Ein paar Damen kicherten. Sie stießen ihre Spazierstöcke mehrmals in den Rasen und vernichteten Grashalme und Marienkäfer.

„Vergessen Sie nicht, diese Techniken sind nur für den Notfall gedacht, man kann jemanden damit ernsthaft verletzen." Herr Henschke blieb stehen und dehnte die Waden.

„So, nun legen wir los." Er schob sich ein Lederkissen unter das T-Shirt und rückte es umständlich in Position. Sein Bauch war vollkommen haarlos. Diese Jungspunde rasierten sich überall und piekstes dann wahrscheinlich wie verrückt, wenn man auf oder unter ihnen lag. Da lobte ich mir doch ein bisschen weiche Wolle, nicht zu viel, gerade so, dass es gemütlich war.

Er sah auffordernd in die Runde. „Wer möchte als Erster?"

Johanne trat vor. Ich wunderte mich, dass sie sich von Willem losreißen konnte, aber dann wurde mir klar, dass sie ihm imponieren wollte. Sie baute sich vor Herrn Henschke auf, tat gelangweilt und stieß dann plötzlich mit ihrem Regenschirm in seine Brust. Er taumelte und fing sich erst nach mehreren Sekunden wieder. „Da staunen Sie, was?", sagte Johanne und stützte sich lässig auf den Schirm. Die Gruppe klatschte, Willem hielt die Hände beim Klatschen sehr hoch. Er nickte anerkennend.

Herr Henschke rieb sich die Brust. „Nun", sagte er, „nicht rohe Kraft ist bei der Handhabung des Stockes gefragt, sondern Präzision."

Ich frohlockte. Aber Johanne hörte ihn gar nicht. Sie ging mit wiegendem Gang auf Willem zu und wurde von ihm mit einer Umarmung empfangen.

„Wer möchte als nächster?"

Ich trat vor. Was sie konnte, konnte ich schon lange. Ich baute mich vor Herrn Henschke auf.

„Hier sehen wir einen typischen Fehler", sagte er. „Die Füße stehen zu dicht nebeneinander, die Knie sind durchgedrückt. Auf diese Weise kann man nicht das Gleichgewicht halten, man wird schnell zu Fall gebracht und zieht sich womöglich einen Oberschenkelhalsbruch zu." Er trat vor und legte die Hände auf meine Schultern. Als ich vor lauter Verwirrung nicht in die Knie ging, beugte er sich hinunter und half mit leichtem Druck gegen meine Kniekehlen nach, dann rückte er meine Hüfte in Position. „Sie müssen geerdet sein", sagte er. Ich war flammendrot. Hätte ich einen Kugelschreiber gehabt, ich hätte ihn angewendet.

Die Stunde wurde abgeschlossen mit einer Partnerübung. Wir sollten den schmerzhaftesten Punkt am Hals des Gegenübers suchen. Hilde hatte keinen schmerzhaftesten Punkt. Wahrscheinlich war sie zu übergewichtig. „Ich nehme Schilddrüsenhormone“, vertraute sie mir an. Tatsächlich war unter ihren Halsfalten ein leichter Kropf zu fühlen.

Aus den Augenwinkeln sah ich, wie Johanne an Willems Hals herumdrückte. Als er ihren Hals erkundete, streichelte er ihn mehr, als dass er nach schmerzhaften Punkten suchte.

Wenn ich mich nicht beeilte, war ich bald ganz aus dem Rennen.

Die Sonne brach durch die Baumwipfel, und mit ihr die Käfer. Sie schwirrten um unsere Köpfe, stießen im Sturzflug auf unsere Arme und Hälse und bissen sich fest. Schmerzhafte Punkte hatte nun jeder zu Genüge. Wir beendeten die Stunde vorzeitig.

Zuhause übte ich im Wohnzimmer. Ich schwang einen Stock über den Kopf und stieß gegen die Lampe, übte das breitbeinige Stehen und zerrte mir die Hüfte. Elisabeth hatte sich auf den Balkon zurückgezogen. Sie hatte die Idee gehabt, sich ein Moskitonetz zu kaufen. Unter dem saß sie nun und las. Sie war beim fünften Buch dieses Urlaubs. Die gelesenen Bücher stellte sie ordentlich in ein Regal. Sie schaffte es, in jedem Urlaub eine kleine Bibliothek anzulegen. „Ein Raum ohne Bücher hat keine Seele“, meinte sie.

Die Balkonbrüstung war nicht mehr weiß, sondern rot. Hunderte Käfer schoben sich über- und untereinander. Sie bewegten sich wie eine Lawine die Streben hinab. Ich wirbelte den Stock und traf noch einmal die Lampe. Von wegen falsche Beinhaltung, dachte ich. Ich stand so geerdet, dass nicht einmal die schwingende Lampe mich aus der Fassung brachte.

Elisabeth verschwand bald unter den Käfern. Sie turnten auf dem Netz herum. Aber um Elisabeth vom Lesen abzuhalten, musste man schon härtere Geschütze auffahren. Sie hatte schon immer gelesen. Nicht einmal ihr langjähriger Ehemann, der pünktlich um zwölf das Essen auf dem Tisch erwartete, hatte sie davon abhalten können. Elisabeth hatte eine Ehe wie aus einem vergangenen Jahrhundert geführt. Er der Pascha, sie das Dienstmädchen. Manchmal, wenn wir zusammen Kaffee tranken, hatte sie an ihrem Ehering gedreht, als wollte sie die Zeit zurückschrauben. Vor vier Jahren war ihr Mann gestorben. Bei der einzigen Arbeit, die er im Haushalt übernahm. Müll nach unten tragen.

Ich war dreimal verheiratet. Die Männer verließen mich oder ich verließ sie, so genau wollte ich das gar nicht mehr wissen.

„Habe ich etwas verpasst?", fragte Elisabeth plötzlich vom Balkon, als die Lampe zum wiederholten Mal klirrte.

„Den schmerzhaften Punkt", antwortete ich, „wir alle haben einen schmerzhaftesten Punkt am Hals. Außer Hilde."

Der Kurs bestand nur aus drei Einheiten, und am nächsten Morgen war schon das letzte Treffen. Einige Teilnehmer waren vorzeitig abgereist. Sie hielten die Käferplage nicht mehr aus. Andere tauschten Tipps aus, wie man des Angriffs der Käfer Herr werden konnte. Nelkenöl und Orangenöl kursierten, aber auf Elisabeths Idee, sich einfach ein Fensternetz überzuhängen, war niemand gekommen. „Warum beißen sie denn plötzlich", fragten mehrere. „Unsere Käfer zu Hause in Hamburg, in Ratingen, in Fürth tun das nicht."

Ein Glatzenträger erklärte, bei den Marienkäfermassen, die hier plötzlich aufträten, sei das Nahrungsangebot zu gering und deshalb würden sie sich an allem festbeißen, was ihnen in die Quere käme, um es auf Essbarkeit zu überprüfen.

Eine Frau hielt dagegen, dass sich womöglich eine asiatische Marienkäferart unter die heimische gemischt hätte, und diese asiatischen Exemplare seien bissig.

Ich schenkte eher der Theorie mit der zu geringen Beute Glauben. Schließlich entsprach das meiner täglichen Erfahrungswelt. Es gab einfach zu viele Marienkäfer und zu wenig Blattläuse. Ich sah Willem an, an dessen Hand Johanne hing. Sie war nicht abzuschütteln. Ihr Blick hatte etwas Berechnendes. Er wirkte wehrlos dagegen.

Herr Henschke hielt uns für versiert genug, um uns auf die Menschheit loszulassen, wie er augenzwinkernd bemerkte. „Aber vergessen Sie nicht“, sagte er, „es ist besser, einen Angriff zu vermeiden, als einen abwehren zu müssen. Darum gehen Sie mit Selbstbewusstsein durch die Straßen, und treiben Sie sich nicht unbedingt nachts in der Nähe von Geldautomaten herum.“ Er zwinkerte wieder.

Nach Abschluss der Stunde gingen wir mit noch erhobenen Häuptern auf das Alte Zollhaus zu. Selbstbehauptung zog Selbstbewusstsein nach sich, und wer Selbstbewusstsein ausstrahlte, wurde seltener Opfer eines Angriffs. Das zumindest sollte für menschliche Angreifer gelten, die Käfer interessierte unsere Körperhaltung nicht. Ihre Panzer prallten auf unsere Haut. Wir alle verhielten uns, als wären wir in der Sauna und würden uns den Schweiß abstreifen. Wir fuhren mit schnellen Bewegungen über Arme und Beine und man hörte das leise Klacken, mit dem die Käfer auf den Asphalt fielen. Einige Teilnehmer gingen dazu über, ihre Fußballen auf dem Boden zu drehen, als träten sie Zigarettenstummel aus.

Auf der Innenseite meiner Sonnenbrille krabbelten vier Käfer. Einer wühlte sich durch meine rechte Augenbraue. Das Kitzeln machte mich verrückt.

Willem und Johanne setzten sich zusammen ans Fenster, Hilde und ich quetschten uns in eine Ecke neben einen Holzstreben. Draußen saß niemand. Dort war das Reich der Käfer.

„Ich würde es ja zu gerne einmal im Ernstfall ausprobieren“, sagte Johanne, während sie in der Speisekarte blätterte.

„Du hast gehört, dass wir den Ernstfall durch unser Auftreten möglichst vermeiden sollen, Liebes“, antwortete Willem.

Mir fiel die Kinnlade nach unten. Liebes. So weit waren sie also schon gekommen.

„Du weißt, dass ich mich wehren kann, Schatz“, sagte Johanne, „hast du diesen albernen Kung-Fu-Meister japsen gesehen, als ich ihm die Schirmspitze in die Brust gerammt habe?“

„Das habe ich, Liebes." Willem tätschelte ihre Hand. „Aber ich lasse dich nachts natürlich nicht allein aus dem Haus." Er sah ihr tief in die Augen.

Hilde und ich teilten uns ein Stück Schwarzwälder Kirschtorte. Hilde wollte abnehmen und mir war der Appetit vergangen.

Elisabeths Bücherregal war auf sieben Bücher angewachsen. Sie las am Achten. „Was verpasst?", fragte sie kurz.

Ich schüttelte den Kopf. „Johannes Selbstbewusstsein wurde gestärkt", sagte ich dann. „Sie hat Herrn Henschke erledigt und dafür eine Umarmung von Willem erhalten."

Elisabeth sah auf. Das Netz verhüllte ihr Gesicht und ich konnte ihren Ausdruck nicht erkennen. „Vergiss ihn", sagte sie, „er wird Johanne in die Fänge gehen. Glatzköpfige Männer sind sensibler."

Sie wusste, wovon sie sprach. Ihr Ehemann hatte ausgesehen wie ein Monchichi und wahrscheinlich nicht einmal gewusst, wie man das Wort „sensibel" schrieb.

Ich stellte mich breitbeinig ins Wohnzimmer und übte Schwünge. Die Lampe hing deutlich höher als am Tag zuvor. Wahrscheinlich bekam Elisabeth doch mehr mit als ich dachte. Aber daran, das Fenster zu schließen, hatte sie in ihrer Lesesucht nicht gedacht.

Auf dem Teppich tummelten sich einige Käfer. Ich nahm den Wanderstock und schlug wie verrückt auf sie ein. Niemals zuvor hätte ich gedacht, dass ich absichtlich einen Marienkäfer umbringen würde. Aber alles, was in Massen auftrat, verlor an Attraktivität. Ich schlug, bis der Teppich orange war. Hoffentlich würde der Vermieter uns nicht schadensersatzpflichtig machen. Dann übte ich Schwünge, bis mir die Arme schmerzten. Ich war wie besessen. Ein paar Mal überprüfte ich meinen Stand im Schlafzimmerspiegel. Ehrlich gesagt, sah es lächerlich aus, einen mit Wappen gespickten Wanderstock durch die Luft zu schwingen. Mein grimmiger Gesichtsausdruck machte den Anblick auch nicht wieder wett.

Elisabeth hatte morgens, während ich beim Kurs war, Fisch am Hafen gekauft. Ich mied den Hafen um die Zeit, wenn die Boote mit dem Fischfang anlegten, weil ich befürchtete, dass mir eine Möwe auf den Kopf kleckste. Ihre Anzahl übertraf um die Zeit beinahe die der Marienkäfer. Sie flogen kreischend über die Schiffe und hofften, auf einfache Art an Futter zu kommen.

Wir brieten die Filets in der winzigen Küche und aßen auf dem Balkon, zusammengekauert unter Elisabeths Netz. „Ich mochte diese Viecher irgendwann einmal“, sagte ich. Elisabeth nickte.

Zu einem Verdauungsspaziergang ließ sie sich nicht überreden, sie wollte unbedingt noch das Buch zu Ende lesen. „Es ist gerade so spannend“, sagte sie, „man weiß nicht, ob sie sich kriegen.“

„Krieg lieber im wirklichen Leben einen“, sagte ich. Ich warf mir einen Pashmina über, der nicht so sehr die Kälte, sondern die Käfer abhalten sollte, und nahm den Spazierstock.

„Johanne ist nicht ehrlich“, sagte Elisabeth. „Sie hat es auf sein Geld, nicht auf sein Herz abgesehen. Genau wie die hier.“ Sie hielt einen Jane Austen-Band hoch.

Ich schüttelte den Kopf und nahm den Schlüssel von der Kommode. Elisabeth war ein wenig weltfremd und verwechselte das Leben oft mit Fiktion. Die Realität war kein Jane Austen-Roman, in dem jede Frau einen gutsituierten Mann brauchte. Frauen konnten heutzutage auf eigenen Füßen stehen. Ich ging nach draußen. Es dämmerte bereits. Wenn ich ehrlich war, hoffte ich, Willem und Johanne zu treffen. Er hatte schließlich gesagt, dass er sie nachts nicht alleine auf die Straße lassen würde. Mir hatte es anscheinend nicht gereicht, die beiden im Café turteln zu sehen, ich wollte mich noch weiter quälen. Sie würden händchenhaltend die Strandpromenade entlanggehen, und ich würde in gebührendem Abstand folgen und mir vorstellen, dass meine Hand in Willems läge und nicht die von Johanne.

Ich ging hinunter zum Strand. Zwei Schwäne schwammen auf dem Wasser. Sie waren kinderlos. Alle anderen Schwanenpaare, die ich in den letzten Tagen gesehen hatte, hatten drei bis fünf Junge. Die beiden schaukelten gemächlich auf und ab, steckten manchmal ihre langen Hälse ins Wasser, sahen dann wieder auf und drehten die Köpfe so, dass sie mich mit einem Auge fixieren konnten. Als ich näher trat, fauchten sie. Sie waren strahlend weiß, nur ihre Halsfedern schimmerten gelblich.

„Schwäne bleiben ihr Leben lang zusammen, nicht wahr?", sagte ich sehr leise. Ich wollte nicht gehört werden, wie ich mit Schwänen sprach. Sie legten die Köpfe schräg und starrten auf meine Hände. Wahrscheinlich waren sie nicht an solchen Fragen interessiert, sondern an Futter. Ich steckte eine Hand in die Hosentasche, schwang mit der anderen den Stock, was mir ein lautes Fauchen einbrachte, dann stapfte ich den Strand hinauf. Er war vollkommen leer. Offenbar war es doch schon später als ich gedacht hatte. Ich hatte beim Verlassen der Ferienwohnung nicht auf die Uhr gesehen. Im Sand und auf den Strandkörben lagen tote Marienkäfer. Ich wünschte ihnen alles Schlechte dieser Welt.

Als hätte er meine Gedanken gehört, landete ein Marienkäfer auf meinem Handrücken und biss sich fest. Ich schlug mit der anderen Hand mit aller Kraft zu. Den orangefarbenen Matsch streifte ich im Sand ab.

Als ich die Strandpromenade erreichte, fiel mir ein, dass ich nachmittags kein Geld geholt hatte. Ich war nach dem Erlebnis im Alten Zollhaus so aufgewühlt gewesen, dass ich nicht daran gedacht hatte.

„Treibt euch nachts nicht in der Nähe von Geldautomaten herum", fiel mir der Satz des Kung-Fu-Lehrers wieder ein. Aber das hier war Niendorf, nicht Frankfurt. An der Strandstraße war irgendwo eine Bank, wenn ich mich nicht täuschte.

Ich ging an der Apotheke vorbei und an der Villa Hansa, dem ersten Hotel am Ort, deren Fenster gemütlich und gleichzeitig herrschaftlich in die Dunkelheit leuchteten, dann sah ich das Schild der Bank flackern. Eine dunkel gekleidete Gestalt lief vor dem Gebäude entlang, sie trug einen schwarzen Stock. Ich zögerte. Sollte ich umkehren und die Promenade entlang nach Hause zurückgehen? Vielleicht war Niendorf doch nicht so sicher. Schließlich wohnten hier zur Zeit viele Urlauber, unter denen immer ein paar schwarze Schafe sein konnten. Dann erkannte ich sie. Es war Johanne, die dort vor der Bank entlang tigerte. Ohne Willem. Ich schlich mich leise näher. Den Stock hob ich an, um nicht das Straßenpflaster zu berühren. Johanne trug einen leichten Sommermantel, dessen eine Seite sich merklich beulte. Ein prall gefülltes Portemonnaie ragte aus ihrer Manteltasche. Sie hatte offenbar so viele Geldscheine dabei, dass sie kaum in die Geldbörse passten. Einige Scheine lugten hervor. Sie war wirklich eine schamlose Person.

Der Anblick musste jeden Taschendieb reizen.

Johanne legte es natürlich genau darauf an. Das hatte sie ja im Alten Zollhaus deutlich anklingen lassen.

Ich wickelte den Pashmina mehrmals um den Kopf, bis nur noch ein Auge frei war und ich aussah als trüge ich einen Tschador, dann nahm ich den Stock in beide Hände und pirschte mich heran.

Johanne hörte mich. „Es ist sehr schwierig, sich im Dunkeln unbemerkt an jemanden heranzuschleichen", hatte Herr Henschke uns anvertraut. Ein Teilnehmer hatte auf sein Hörgerät gedeutet und gemeint, das bezweifle er. Aber Johanne hörte mich auf jeden Fall, ihre Schultern spannten sich und sie griff den Stock fester. Ich sprang sie von hinten an, riss ihr den Stock aus der Hand – wir hatten schließlich gelernt, wie man einen Messer-Angreifer entwaffnete – und fasste an ihre Kehle, genau an den schmerzhaftesten Punkt, den Willem nicht gefunden hatte. Sie röchelte und riss die Augen angstvoll auf.

Mich verließ plötzlich der Mut. Ich wich einen Schritt zurück, aber dabei riss ich Johanne zu Boden. Sie lag wie ein Käfer auf dem Rücken und starrte mich panisch an. Der Tschador hatte sich gelöst und meine Nase schaute heraus. Ich wickelte ihn fester. Johanne rührte sich nicht. Ich streckte, ohne ein Wort zu sagen, eine Hand aus. Johanne verstand sofort. Sie fasste in ihre Manteltasche und händigte mir das prall gefüllte Portemonnaie aus. Ich nahm es und rannte davon, soweit es meine schlimme Hüfte zuließ. Die ganze Begegnung hatte nur wenige Sekunden gedauert. Mein Rennen ging langsam in ein humpelndes Stolpern über. Unter den Füßen knirschte es, überall lagen tote Marienkäfer. Sie stapelten sich zu Hunderten in den Rinnsteinen und verstopften die Abwasserkanäle. Ich humpelte am Café Süfke & Witzig und am Meerwasserhallenbad vorbei, bis ich an einer Häuserecke japsend innehielt. Was war nur in mich gefahren? Ich musste verrückt geworden sein. Johanne hatte bestimmt den Spazierstock wieder erkannt, er war schließlich ein Unikat mit den Wappen, was man von den schwarzen Einheitsstöcken nicht gerade behaupten konnte. Ich versuchte, mich zu beruhigen. Wenn sie mich anzeigte, würde ich einfach sagen, es wäre ein simulierter Überfall gewesen, auf den wir uns vorher geeinigt hatten. Dann würde Aussage gegen Aussage stehen. Hilde konnte ich vielleicht als Zeugin gewinnen. Sie hatte Johanne schließlich im Alten Zollhaus prahlen gehört.

Mein Herz schlug bis zum Hals. Für schweren Raubüberfall mit Körperverletzung konnte man meines Wissens bis zu drei Jahre in den Knast wandern. Plötzlich hob sich mein Magen und das Fischfilet kam nach oben. Ich erbrach es klatschend in den Rinnstein, wo es sich mit den toten Marienkäferkörpern vermischte und in einen Gully floss. Ich spuckte noch ein paar Mal, mir war schwindelig.

Mutlos und erschöpft schlich ich zur Ferienanlage zurück. Ich erwartete schon, einen Polizeiwagen mit Blaulicht vor der

Tür zu unserer Wohnung anzutreffen, aber das Haus lag still da, nur eine Leselampe brannte im ersten Stock.

Am nächsten Morgen klingelte es dann tatsächlich. In der ganzen Wohnung roch es nach dem Sekret, das Marienkäfer absondern, wenn sie Angst haben. Mein Hals brannte und ich hatte einen schlechten Geschmack im Mund.

„Ich mache auf", bot Elisabeth an. Sie schlurfte im Morgenmantel zur Tür, aus ihrer Manteltasche ragte ein zerfleddertes Exemplar von der Verwandlung des armen Gregor Samsa. Wahrscheinlich hatten die Käfer sie inspiriert.

Hilde stürmte herein. „Habt ihr es schon gehört?!", schrie sie. „Johanne ist überfallen worden! Sie hat es wirklich darauf angelegt!" Hilde ließ sich auf das Sofa plumpsen, das ächzend unter ihr nachgab, und schnappte nach Luft. „Sie hat es allerdings nicht geschafft, ihren Spezialschlag anzuwenden, mit dem sie Herrn Henschke außer Gefecht gesetzt hat."

Wir erfuhren, dass Willem und die Hälfte des Kurses im Alten Zollhaus saßen, um der armen Johanne Beistand zu leisten. Herr Henschke war schon abgereist. In anderen Orten warteten weitere Rentner auf ihn.

Hilde trieb uns an, ebenfalls mit ins Alte Zollhaus zu kommen. Mir war schon wieder schlecht. Wenn Johanne mich sähe, würde ihr der Wappenstock wieder einfallen. Sie würde mich vor allen bloßstellen und Willem würde mich zurechtweisen und hassen.

Elisabeth wollte nicht mit. „Ich kenne sie doch kaum", sagte sie. „Wenn sie unbedingt Kontakt zu Handtaschenräubern bekommen wollte, soll sie sich nun nicht beschweren, wenn es geklappt hat."

Hilde und ich gingen alleine. Die Marienkäferplage schien sich dem Ende zuzuneigen. Durch die Luft taumelten nur noch einige wenige, dafür waren die Gehsteige rot.

Im Alten Zollhaus hatten sich fast alle Kursteilnehmer eingefunden. Johanne saß in der Mitte, das Gesicht tränenüberströmt, Willem hielt ihre Hand. Ich versuchte, mich hinter den Holzbalken zu halten, um nicht direkt in ihr Blickfeld zu geraten. „Er war viel größer als ich", hörte ich sie sagen, „und hatte eine viel breitere Brust als Herr Henschke. Als er mich anfiel, blieb mir fast das Herz stehen, er war bis zur Unkenntlichkeit mit einer Sturmmaske vermummt, nur die irren Augen blitzten hervor." Willem tätschelte beruhigend Johannes Handrücken. „Aber ich habe mich wacker geschlagen." Johanne richtete sich auf. „Ich habe es sogar geschafft, ihm die Vermummung abzureißen, seine knollige Nase kam zum Vorschein. Bei einer Gegenüberstellung würde ich ihn erkennen!" Ich trat einen Schritt zurück, bis ich fast hinter dem Garderobenständer verschwand.

„Johanne ist noch nicht bei der Polizei gewesen, sie schämt sich zu sehr", teilte Willem uns mit. „Aber ich habe ihr gesagt, es ist keine Schande, von einem erheblich größeren und stärkeren Mann überwältigt zu werden. Spazierstockverteidigung hin oder her." Alle nickten zustimmend.

„Zweitausend Euro sind kein Pappenstiel", jaulte Johanne auf. Ich zuckte so zusammen, dass ich mir den Kopf am Garderobenhaken stieß. Das Portemonnaie! Das hatte ich vor lauter Angst und Übelkeit vergessen, als ich nachts nach Hause gekommen war. Es steckte immer noch in der Hose, die ich getragen hatte. Hoffentlich fand Elisabeth es nicht.

„Das macht doch nichts." Willem streichelte über Johannes Haartönung. „Das Geld kann ich verschmerzen. Hauptsache, dir ist nichts Schlimmes passiert."

Hilde sah mich vielsagend an. Dann setzte sie sich in den Kreis und ich beeilte mich, mir ebenfalls einen Stuhl zu greifen und Johanne wortkräftig zu bedauern. Ich konnte ihr nicht in die Augen sehen, aber sie war ohnehin so sehr mit sich beschäftigt, dass ihr das nicht auffiel. Ihr täte der Hintern weh, stöhnte sie, auf den sie unsanft gefallen sei, und ein Handgelenk sei geschwollen.

„Aber das ist alles nichts gegen den Schock, den ich erlitten habe", sagte sie. Mit den Worten floss ein Sturzbach an Tränen über ihr Gesicht. Willem beugte sich über sie und schirmte sie ab. „Ich glaube, wir gehen jetzt besser", sagte er. Er streckte eine Hand aus, als müsste er Johanne vor einem Ansturm von Fans und Reportern schützen.

Ich stand schnell auf und stieß dabei mit meinem Knie gegen Willems. Er sah mich ungehalten an. Dann führte er plötzlich die Hand, mit der er eben noch Johanne abgeschirmt hatte, zu meinem Gesicht. Ich schluckte. Er näherte sich einer Haarsträhne, die vor meinem rechten Auge hing, und entfernte einen Marienkäfer. Abrupt hielt Johanne im Schluchzen inne und verfolgte unsere Begegnung. Ihr Blick blieb an meiner Nase hängen. Sie sog hörbar die Luft ein.

Ich wich einen Schritt zurück. „Diese Käfer machen mich noch ganz verrückt", sagte ich schrill. Ich wedelte hektisch vor meiner Nase herum, vor der schon längst kein Käfer mehr baumelte.

Zum Glück missinterpretierte Willem den kurzen Austausch unserer Blicke und beeilte sich, die vermeintlich eifersüchtige Johanne wieder zu beruhigen. „Mein armer, armer Schatz", flüsterte er.

Ich verließ fluchtartig das Zollhaus.

Ich konnte es kaum erwarten, zurück in die Ferienwohnung zu kommen. Zweitausend Euro. Das war in der Tat kein Pappenstiel.

Hilde, die mir schnaufend aus dem Zollhaus gefolgt war, schlug vor, am Strand Wasser zu treten. „Das baut Fett ab", meinte sie, aber ich wehrte sie mit den Worten „bist du verrückt, da sind doch all die Käfer" ab und rannte im Laufschritt zur Ostseeallee.

Irgendetwas sagte mir, dass Johanne mich nicht anzeigen würde. Aber ich wusste selbst nicht genau, was es war. Wollte sie sich nicht die Blöße geben, einen Kampf gegen mich verloren zu haben? Oder hatte sie selber Dreck am Stecken? Wer trug schon so viel Geld mit sich herum?

Das Bücherregal hatte sich weiter gefüllt. Elisabeth saß auf dem Balkon und las. Immer noch mit Netz. Die Hose vom Vorabend hing zerknautscht über einer Sessellehne. Normalerweise legte ich Hosen ordentlich hin, ich faltete sie sogar ziemlich penibel. Wahrscheinlich war ich einfach nicht mehr zurechnungsfähig gewesen.

Ich fasste in die Seitentasche und atmete auf. Das Portemonnaie steckte noch dort. Allerdings lugten keine Scheine mehr hervor. Ich zog es heraus, drehte mich mit dem Rücken zur Balkontür, griff das ordentlich sortierte Bündel Geld und begann zu zählen. Johanne hatte ausnahmsweise nicht übertrieben, im Gegenteil, es waren sogar vierhundert Euro mehr. In einem Seitenfach steckte ein zerknickter Personalausweis. Ich zog ihn heraus. Ich hatte mich nicht geirrt. Johanne war noch vier Jahre älter als sie behauptet hatte. Das machte sie sieben Jahre älter als ich es war. Aber noch viel bemerkenswerter war ihr Name. Sie hieß nicht Johanne, sondern Arngard. Das Foto zeigte ganz eindeutig sie, und daneben stand der Name Arngard. Eine schöne Mogelpackung hatte Willem sich da an Land gezogen. Den Namen Arngard würde er bestimmt nicht so sanft säuseln können wie Johanne. Auf dem Passbild wirkte sie genauso alt wie sie war. Sie trug keine rotgefärbten Haare, sondern violette, und sah damit aus wie das Schreckgespenst von einer Rentnerin.

Eine Cousine aus Neuss hatte mir einmal von einer älteren und sehr erfolgreichen Heiratsschwindlerin erzählt. Wer weiß, auf wen Willem da hereingefallen war. Wenn Johanne ebenfalls eine Betrügerin war, erklärte das auch, warum sie nicht zur Polizei gehen wollte.

Ich holte eine Schere aus der Küchenschublade, zerschnitt

den Ausweis in kleine Stücke und spülte ihn die Toilette hinunter. Das Portemonnaie vergrub ich ganz unten im Müll. Die zweitausendvierhundert Euro steckte ich in meine eigene Geldbörse, die dabei fast aus allen Nähten platzte. Dann lehnte ich mich in die Balkontür und wartete, bis Elisabeth umblätterte. Sie wirkte wie eine gute Fee unter dem Schleier.

„Kauf mehr Bücher", sagte ich zu ihr, „wir bleiben länger."

Sie sah kurz auf und mir in die Augen. „Ich weiß", sagte sie, „diesen Kampf zumindest hast du gewonnen." Dann wandte sie sich wieder ihrer Lektüre zu.

Gunter Gerlach

Im Trittauer Forst

„Etwa so groß", sagt sie und hebt die Hand über sich hinaus wie ein welkes Blatt. „Und rötliches Haar."

Ein Schwall Blumenwiese erreicht mich aus ihrer Achselhöhle. Erst jetzt betrachte ich die Frau neben mir am Tresen meines Lieblingsgriechen. Etwa Ende zwanzig und mit einer Frisur wie ein umgedrehter Tulpenkelch, aber ganz in Schwarz. Eine Tulpe im Winter.

Die Mimik des Wirts ist mitleidig. Er versenkt den Kopf zwischen den Schultern und schwenkt ihn voller Sorgen. Dann kommt er wieder hoch. Ich bin ja auch noch da.

„Wie immer?", fragt er mich.

Ich nicke und suche mir einen Platz an einem der Tische mit den rot-weiß karierten Tischdecken. Ich mag diese Griechen, die nichts anderes sein wollen als eben typische Griechen mit all den Speisen, die sie erst für uns Deutsche erfunden haben.

Es ist mitten in der Woche, zweiundzwanzig Uhr, es sind kaum noch Gäste da. Trittau ist das Gefühl, in einer Winternacht unter dicken Federbetten zu liegen.

Obwohl ich immer dasselbe esse, lese ich gern die Speisekarte. Mit achtzehn war ich das erste Mal hier. Seit zwanzig Jahren kaum Veränderungen in der Karte. Es ist gut so, wenn die Dinge bleiben, wie sie sind.

„Und auch früher am Abend war er nicht hier?", fragt die Tulpe. Ihre Pupillen schwimmen ohne Rettungsring in einem Meer. Ihre Beuteltasche hat sie auf den Barhocker gestellt. Ein braunes Tier. Tödlich getroffen sinkt es in sich zusammen. Langsam öffnet sich das Maul. Es will Hilfe rufen, aber eine Brieftasche steckt zwischen den Zähnen, aus der das grüne Ohr eines Hunderters herausguckt.

Brieftaschen, Portemonnaies, Geldbörsen. Da bin ich Spezialist. Ich brauche nur einen dieser Geldbehälter anzugucken, und ich weiß, was für einen Menschen ich vor mir habe. Ein Blumenkind. In meiner eigenen Brieftasche zum Beispiel befinden sich Ausweise, Karten, Fotos, aber niemals Geld. Ich traue niemandem. Meine Geldscheine bewahre ich getrennt in der linken hinteren Hosentasche auf. Münzen rechts vorn. Vor Taschendieben wird gewarnt.

Ich weiß, wovon ich rede, denn ich komme gerade von einer Großveranstaltung. Ich arbeite da. Immer allein. Ist schwieriger, aber man muss nicht teilen. Wenn ich nach Feierabend mit dem Auto nach Hause fahre, mache ich immer in Trittau bei meinem Lieblingsgriechen Halt.

Die schwarze Tulpe zupft eine Packung Papiertaschentücher aus ihrer Handtasche, ihre Brieftasche fällt auf den Boden. Ich springe auf, gebe sie ihr. Sie sieht mich nicht, nimmt aber die Brieftasche.

„Bin wohl versetzt worden“, sagt sie zu sich selbst. „Oder zu spät gekommen.“

„Einen Ouzo?“, fragt der Wirt. „Aufs Haus natürlich.“

„Danke“, sagt sie jetzt zu mir. Und ich bekomme zum ersten Mal einen Blick wie gelber Blütenstaub.

„Bitte“, sage ich und zeige auf meinen Tisch.

Ihr Körper schwankt auf dem Weg zum Stuhl wie der Stängel einer einzelnen Blume – kein Halt mehr durch einen Strauß. Eine einzelne Blume geht nur als Rose. Eine Tulpe geht gar nicht. Mit einem leichten Stöhnen nimmt sie ihr Schicksal an.

Sechs Ouzos, zwei zarte Suvlaki und zwei Flaschen Rezina später weiß ich, dass sie Tanja heißt. Und ich weiß alles über diesen Kerl, den sie sowieso verlassen wollte. Eine Mutation: ein Bär mit Pferdehufen, oben einen Schweinekopf, auf dem Hörner sprießen. Das Herz trägt er in der Hose.

Sie geht aufs Klo, lässt aber ihre Handtasche zurück. Dieser Versuchung kann ich nicht widerstehen. Es sind fast fünfhundert Euro in der Brieftasche, aber noch lasse ich ihr das Geld.

Sie kommt duftend zurück. Ihre Tulpenblüte hat sich ein wenig geöffnet, die Blütenblätter biegen sich nach oben.

„Hübsch siehst du aus“, sage ich. Es ist dem Rezina und ihren Blütenstaubaugen geschuldet.

„Du bist betrunken“, bemerkt sie.

„Richtig.“

„Wo wohnst du, vielleicht können wir uns ein Taxi teilen?“, fragt sie.

„Ich fahre noch mit meinem Wagen.“ Mein Haus liegt in einem Dorf auf der anderen Seite des Trittauer Forstes, erkläre ich ihr. „Ich kenne die Waldwege und die Strecke ist auch nicht viel länger als auf der Bundesstraße.“

Sie grinst und nickt. Sie wohnt auch in einem Dorf auf der anderen Seite des Forstes, aber weiter nördlich. Wir fahren immer alle betrunken durch den Forst, da gibt es keine Polizeikontrollen.

„Eigentlich ist es doch kein großer Umweg, wenn du mich bei mir absetzt“, schlägt sie vor.

„Kein Problem, kenne jeden Weg im Forst.“

„Aber mach dir keine Hoffnung, dass ich dich noch zu einem Kaffee einlade.“

Wir zahlen getrennt, jeder seinen Teil.

Nach einem weiteren Ouzo aufs Haus gehen wir. In dem Moment, als wir die Tür öffnen, kommen zwei Jugendliche herein. Wir schwanken und stoßen mit den beiden zusammen. Was für ein schönes Alibi, denke ich. Ich werde sie daran erinnern. Wir kichern und halten uns aneinander fest. So schaffen wir es durch den Nieselregen bis zum Auto. Die Tropfen auf den schwarzen Tulpenblättern glitzern.

„Die Erste links“, sagt sie. „Ab in den Wald!“

„Nee“, sage ich, „da ist doch jetzt eine Schranke.“

„Wetten, die ist offen.“

Wir fahren bis zum Waldrand. Die Bäume sind in der Kälte zusammengerückt und haben den Weg noch schmaler gemacht. Tanja Tulpe steigt aus und dreht die Schranke zur Seite. Ich fahre durch und sie versperrt den Weg wieder hinter uns. Der Trittauer Forst ist eine dunkle Röhre aus dem Licht meiner Scheinwerfer.

„Schön gruselig“, sagt die Tulpe und lehnt sich an mich.

„Halt mal an“, sagt sie auf halber Strecke. Die Bäume trippeln ein wenig näher heran und zeigen mit knorrigen Ästen auf uns.

„Mach den Motor aus“, sagt sie. Ich denke, sie muss mal. Vielen Leuten geht es so, wenn sie in den Wald kommen, dann müssen sie. Ich öffne das Fenster einen Spalt breit. Wenn ich die Augen schließe, rauscht der Wald, als stünde ich am Strand der Ostseeküste.

„Hörst du das?“, frage ich.

„Das ist mein Herz, das so klopft“, sagt sie.

Dann wirft sie sich mit einem Schwung über mich, greift rechts neben mir zur Sitzverriegelung und schon werde ich nach hinten abgesenkt. Die Tulpe küsst mich und wir machen alles, was man nachts im Wald im Auto machen kann, wenn es draußen zu kalt ist. Und das ist eine ganze Menge. Bei dem Oben und Unten ist es kein Problem, die Finger lang zu machen. Ich angle ihre Brieftasche und schiebe sie unter den Beifahrersitz. Der Hunderter guckt immer noch heraus.

Draußen verbeugen sich die Bäume und sehen durch die Fenster, bis unser Atem sie blind macht. Ungeduldig klopfen sie mit den Zweigen gegen das Blech. Und plötzlich sehe ich, wie es schwarz von den Tulpenblättern tropft. Nicht echt, die Farbe.

In ihrem Dorf muss ich vor einem dunklen Haus halten. Es steht wie ein großer Maulwurfhaufen gegen den Nachthimmel.

Davor parkt ein türkisfarbener Mercedes aus den sechziger Jahren. Ich stelle mir die schwarze Tulpe hinterm Steuer vor. Was für ein passendes Bild, so sahen die Frauen damals aus. Sie bleibt sitzen, und deshalb laufe ich um den Wagen herum und öffne ihr die Tür.

„Und übermorgen beim Griechen?“, fragt sie.

„Aber sicher. Wie wär's mit 19 Uhr?“

„Perfekt.

„Ein Abschiedskuss wie ein vom Baum gefallenes feuchtes Blatt, das kurz auf der Wange kleben bleibt. Sie verschwindet schon in der Schwärze auf dem Weg zum Maulwurfshaufen.

Zu Hause angekommen fahre ich den Wagen in die Garage und taste unter dem Beifahrersitz ins Leere. Ich hole eine Taschenlampe, beleuchte den Boden des Wagens. Ergebnis: keine Brieftasche. Nur zwei Kupfermünzen finde ich. Die müssen mir aus der Tasche gefallen sein. Ich greife nach hinten links in die Hosentasche. Meine Scheine sind weg. Ich prüfe alle Taschen, mein Geld findet sich nicht. Ich durchsuche noch einmal den ganzen Wagen. Das Ergebnis ist dasselbe. Nichts.

Im Haus setze ich mich im Dunklen in einen Sessel und überdenke noch einmal alle Details des Abends. Dann fahre ich wieder los. Der Grieche hat geschlossen. Kein Licht mehr. Vor dem Haus suche ich den Parkplatz des Wagens ab. Dann fahre ich in den Wald, finde die Stelle, an der wir gehalten haben. Vielleicht hatte ich die Tür aufgemacht? Ich suche die Stelle ab. Nichts. Die Bäume amüsieren sich knarrend.

In ihrem Dorf fahre ich vor das finstere Maulwurfshaus. Meine Reifenspuren sind noch zu sehen. Ich entdecke exakt die Stelle, an der ich ausgestiegen und um den Wagen herumgelaufen bin. Aber es liegt keine Brieftasche, kein Geld auf dem

Boden. Nichts. Auch der türkisfarbene Mercedes steht nicht mehr vor der Tür.

Zwei Tage laufe ich herum wie ein Bär mit Pferdehufen und Schweinekopf, auf dem Hörner wachsen. Dann betrete ich Punkt 19 Uhr meinen Lieblingsgriechen.

„Wie immer?“, fragt er. Ich nicke und setze mich an einen freien Tisch mit der karierten Tischdecke. Natürlich ist die Tulpe nicht da. Die wäre ja auch blöd hierherzukommen.

Zehn Minuten später öffnet sich die Tür und eine gelbe Tulpe in einem grünen Mantel betritt das Lokal. Sie stürzt auf mich zu, greift nach meinen Ohren. „Bin ich zu spät?“

Ich komme hoch, staune über die leuchtenden Tulpenblätter und wickle sie aus dem grünen Stoff.

„Hübsch“, sage ich.

„Blond gefällt mir besser. Ich hoffe dir auch.“

Dann erst kommt der Kuss und der Wirt serviert dazu die beiden ersten Ouzos aufs Haus.

Nachdem wir getrunken haben, sagt sie: „Ich muss dir erzählen, was mir passiert ist. Du wirst es nicht glauben.“

Sie greift über den Tisch nach meinen Händen.

„Weißt du, als ich nach Hause kam, war mein gesamtes Geld weg.“

„Nein, wirklich! Meins war auch weg“, sage ich.

„Nein? Deins auch?“ Sie lacht, zieht mich über den Tisch zu sich heran und gibt mir einen Kuss.

„Wir sind bestohlen worden. Das waren bestimmt diese beiden Männer. Erinnerst du dich, als wir das Lokal verlassen haben, kamen uns doch zwei Männer entgegen und rempelten uns an.“

„Muss wohl.“ Jetzt benutzt sie auch noch mein Alibi!

Ich will mich zurücklehnen, aber sie lässt mich mit den Händen und den gelben Augen nicht los.

„Die arbeiten immer zu zweit. Der eine steckt dem andere die Beute zu." Die Tulpe neigt sich und steckt mir ihre Zungenspitze in den Mund, als wär's ein Blütenstempel.

„Mann und Frau wären viel unverdächtiger", flüstert sie. „Statt zwei Männer oder gar allein."

„Stimmt", sage ich. „Allein ist schwierig. Mann und Frau wären optimal."

Der Wirt bringt noch zwei Gläser Ouzo aufs Haus.

„Auf das junge Glück", sagt er. Seine Geldbörse hängt ihm aus der Hosentasche.

Wir haben unsere Finger fest ineinander verhakt. Die Tulpe lässt die Blütenblätter leuchten und wiegt sich im Wind.

Sandra Lüpkes

Back to Bad Oldesloe

Geraldine Stevenson gibt keinen müden Cent auf das Klischee. Anders ist nicht zu erklären, dass die millionenschwere Amerikanerin im pinkfarbenen Kostüm aus ihrer weißen Stretchlimousine steigt, sich das blondierte Haar hinter die chirurgisch angepassten Ohren schiebt und dann die ebenfalls grellrosa Schleife im Fell ihres Handtaschenhundes zurecht zupft.

In LA auf dem *Sunshine Boulevard* hätte sich vielleicht niemand nach ihr umgedreht. Auf dem Bad Oldesloer Marktplatz ist das anders. Die Bäckereifachverkäuferin tütet dem Bürgermeister aus Versehen ein Rosinenbrötchen ein, obwohl sie weiß, dass er jeden Morgen ein Schokocroissant essen möchte. Der Briefträger wird auf seinem gelben Rad so langsam, dass er umzukippen droht – was schlimm gewesen wäre, denn seine Tasche ist um diese Uhrzeit noch prall gefüllt und einige Einschreiben, Postkarten, Werbebroschüren und Briefe wären in den grauen Pfützen gelandet, die der Dauerregen der letzten Tage im Rinnstein hinterlassen hat. Zwei ABC-Schützen auf dem Weg zur Stadtschule bleiben stehen, staunen und werden heute wahrscheinlich den pünktlichen Beginn der Mathestunde verpassen.

Geraldine Stevenson weist ihren gemieteten Chauffeur zurecht, versenkt einen ihrer dramatischen Absätze in der Fuge zwischen zwei Pflastersteinen und flucht auf amerikanisch, ihr Slang ist breit und gezogen wie Kaugummi. Sie schaut auf die Uhr. Kurz vor acht. Dann geht sie auf das weiß verzierte Backsteinhaus zu, steigt die mittige Treppe empor, kontrolliert im gläsernen Eingangsbereich noch einmal den Sitz ihrer Frisur, zieht den Lippenstift nach – und tritt ein.

*

Dr. Renata Lax, Kulturbeauftragte der Stadt, ist auf den Besuch vorbereitet und an diesem Tag etwas eher zur Arbeit erschienen. Sie hat sich schon Gedanken gemacht, wie sie mit Geraldine Stevenson umgehen soll. So eine seltsame Person. So ein skurriles Anliegen. Kommt aus Amerika geflogen, bloß weil sie meint ... Nein, das kann man ja nicht laut erzählen, so extravagant klingt das Ganze. Den Bürgermeister hat sie erst gar nicht über die Details in Kenntnis gesetzt. Er ist ein Typ Mann, so trocken und sachlich wie die Verwaltungsberichte, die in den Aktenschränken seines Büros stehen. Eine Geschichte wie diese hätte er als lächerliche Zeitverschwendung abgetan. Und vielleicht hätte er damit sogar recht gehabt.

Und dann muss Dr. Lax sich tatsächlich zusammenreißen, als sie ihrem exotischen Gast im Büro das erste Mal gegenübersteht. Genau so hat sie sich die Person vorgestellt – und sich gleichzeitig für ihre Vorurteile gescholten.

„Welcome to Bad Oldesloe, Mrs. Stevenson", begrüßt Dr. Lax und hat ein bisschen Scheu, die Hand zu reichen, denn die Fingernägel der Angereisten sind sehr lang und spitz und pink. „Did you have a comfortable journey?"

„Thank you", kaut die Millionärin die Silben. „Wir können reden deutsch. Ik habe mik vorbereitet auf meine Mission und gelernt eure Sprake." Sie lässt sich erschöpft auf den Besucherstuhl fallen, als wäre sie die 9.000 Kilometer von der amerikanischen Westküste bis nach Schleswig-Holstein zu Fuß gelaufen. Der Handtaschenhund hechelt ebenfalls angestrengt. Eigentlich sind Tiere hier im Stadtarchiv verboten, aber Dr. Lax ist sich nicht sicher, ob es sich bei dem Ding mit der Schleife überhaupt um ein echtes Lebewesen handelt – und beschließt, die Regel großzügig auszulegen.

„Sie denken siker, ik bin eine verrückte Person", beginnt Stevenson das Gespräch und trifft damit im Grunde den Nagel auf den Kopf, doch das kann Dr. Lax natürlich so nicht laut sagen. Sie ist dafür zuständig, das Stadtarchiv zu verwalten und jedem, der sich für historische Dokumente interessiert, behilflich zu sein. Die Gründe für die Recherchen in der Vergangenheit gehen sie nichts an. Meistens brüten Ahnenforscher über den Jahrhunderte alten Büchern, manchmal Geschichtsstudenten oder Gelehrte, selten Schriftsteller. Eine esoterisch angehauchte Amerikanerin hatten sie hier zugegebenermaßen noch nie gehabt.

„Mein Therapeut hat gesagt, es ist wiktig, dass ik fahre nak Bad Oldesloe. Für meine Frieden in Seele, you know?“

Dr. Lax holt die Mappe hervor. Sie hat sich im Vorfeld die Mühe gemacht, die entsprechenden Unterlagen zusammenzustellen und zu kopieren, weil sie schon geahnt hat, dass Geraldine Stevenson nicht die Person ist, die sich mir nichts dir nichts in einem fremden Land in einem Staatarchiv zurechtfindet. „Hier finden Sie alles über Anna Heitmann. Prozessberichte, Anklageschrift, leider kein Urteil, zudem fehlt uns leider das Hinrichtungsdatum ...“

„Zweite Januar sekzehnhundertdreiundvierzig. Auf dem Marktplatz. Die ganze Stadt hat zugeschaut. Es war schrecklik!“

Dr. Lax hält die Luft an. Die Frau ihr gegenüber zuckt mit keiner Wimper, nimmt den braunen Pappumschlag entgegen, schlägt ihn ungeduldig auf. „Ik bin so nervös. Als ik schon bin angekommen in diese Stadt ik hatte Gefühl wie kommen nak Hause.“ Jetzt blickt sie noch mal auf, ihre Augen sind von pudrigem Lidschatten umrandet, doch sie sieht zum ersten Mal irgendwie menschlich aus. „Nak Hause kommen und Angst zusammen. Schrecklike Angst, you know?“

*

Inzwischen ist der Sommer auch in Bad Oldesloe angekommen. Die Pfützen auf dem Marktplatz sind getrocknet und in der Bäckerei stellen sie nun ein paar Stühle nach draußen.

Die Geschichte von der überdrehten Amerikanerin hat unter den gut 23.000 Einwohnern die Runde gemacht, war Thema auf dem Umzug zum Kindervogelschießen, wurde auch an den Stammtischen im „Elfmeter", im „Old Esloe" und in der „Klönstube" debattiert. Und dann wurde Geraldine Stevensons Auftritt wieder vergessen.

*

Deswegen weiß der Bürgermeister erst gar nicht, was dieser Brief bedeuten soll, der Mitte August vom Postboten per Einschreiben zugestellt wird. Er muss das juristische Schreiben mehrfach lesen, nicht nur, weil es in englischer Sprache verfasst ist, sondern weil der Inhalt ihm noch unverständlicher erscheint. Dann greift er zum Telefon und lässt sich ins Stadtarchiv durchstellen.

„Frau Dr. Lax, diese Amerikanerin, die im Frühjahr da war ..."

„Mrs. Stevenson, ja, ich erinnere mich gut."

„Sie hat uns verklagt!"

„Wen?"

„Die Stadt Bad Oldesloe – im Klartext also mich!"

„Wie bitte?" Dr. Lax' Stimme verrät echte Überraschung. „Weshalb?"

„Körperverletzung ..."

„Körperverle...?"

„Zudem Nötigung und Missachtung der Menschenwürde, wenn mein Langenscheidt das richtig übersetzt hat." Er muss tief durchatmen. „Ihr Anwalt fordert zehn Millionen Schmerzensgeld."

„Das ist jetzt ein Witz, oder?"

„Kennen Sie mich als jemanden, der gern Witze macht?", entgegnet der Bürgermeister scharf. „Kommen Sie sofort in mein Büro! Ich will wissen, was da passiert ist!"

Dann trommelt der Bürgermeister durch das Rathaus, lässt

den Justiziar antanzen, dann einen Verwaltungsmann, von dem er weiß, dass der exzellentes Englisch spricht, zuletzt sogar die Gleichstellungsbeauftragte, schließlich geht es hier um ein Frauenthema. Keine Viertelstunde später sitzen sie zu fünft im Besprechungszimmer und sind sprachlos.

„Damit kommen die nie durch!“, gibt sich der Justiziar fachmännisch, nachdem das Schweigen zu lange gedauert hat. „Das ist hirnverbrannt.“

„Im Land der unbegrenzten Möglichkeiten ist nichts unmöglich“, bemerkt der Englischkenner.

„Und diese Dame hat bestimmt genug Geld, uns durch sämtliche Instanzen zu klagen“, setzt die Gleichstellungsbeauftragte hinzu.

„Was genau ist denn bei dem Besuch damals passiert?“ Alle starren Dr. Lax an, als hätte sie sich in irgendeiner Weise schuldig gemacht. Fair ist das nicht, aber in solchen Situationen sucht man eben immer nach jemandem, dem man ein Fehlverhalten nachsagen kann, auch wenn es die Sache nicht besser macht.

„Mrs. Stevenson hatte ihren Besuch schriftlich angekündigt. Sie wollte sich über das Schicksal von Anna Heitmann informieren.“

„Die Hexe, nach der eine Straße benannt ist?“ Der Justiziar verschüttet seinen Kaffee vor lauter Schreck.

„Anna Heitmann war eine Bürgerin dieser Stadt, die für die damalige Zeit ein biblisches Alter erreicht hat. Im Siebzehnten Jahrhundert wurde selten jemand über neunzig. Das hat sie jedoch nicht davor geschützt, als Hexe angeklagt und gefoltert zu werden.“ Dr. Lax sieht in die ungläubigen Gesichter ringsherum. „Ich kenne die Geschichte gut, wir haben sie vor ein paar Jahren im Rahmen der Historischen Stadtführungen als Theaterszene aufführen lassen – allerdings mit einer Siebzehnjährigen statt einer Greisin in der Hauptrolle.“

Dies ist ein Thema für die Gleichstellungsbeauftragte: „Damit den Zuschauern optisch etwas geboten wurde: Leicht bekleidete Folterknechte quälen ein hübsches Mädchen ..."

Aber nun erinnert sich auch der Bürgermeister: „Diese Hexe, die einem kleinen Jungen einen Apfel geschenkt hat und dann das Pech hatte, dass dieser kurz darauf gestorben ist? War es nicht so, dass Anna Heitmann schon Töchter und Schwestern auf dem Scheiterhaufen verloren hat?"

Dr. Lax nickt. Wieder ist es still.

Der Justiziar schenkt sich neuen Kaffee ein. „Aber was hat das alles mit Mrs. Stevenson zu tun?"

„Sie ... naja, es klingt wirklich unmöglich, aber sie glaubt, in einem vorherigen Leben eben diese Anna Heitmann gewesen zu sein!"

Der Bürgermeister lacht schallend, die drei anderen auch, und erst als sie die weiterhin ernste Miene von Dr. Lax sehen, reißen sie sich zusammen.

Man sieht der Kulturbeauftragten an, dass es ihr nicht leicht fällt, die Haltung zu wahren. „Mrs. Stevenson leidet nach eigener Aussage schon seit ihrer Kindheit unter einer Pyrophobie ..."

„Pyro... was?", hakt der Englischkenner nach.

„Krankhafte Angst vor dem Feuer", klärt Dr. Lax auf. „Deswegen hat sie einen Therapeuten aufgesucht, der hat eine Rückführung mit ihr gemacht, sie also unter Hypnose in die Zeit vor ihrer Geburt versetzt. Und da muss irgendwie eine Erinnerung an Bad Oldesloe und den Scheiterhaufen aufgekommen sein ..."

„Aber das ist doch Hokuspokus, Abrakadabra, sonst nichts!" Der Bügermeister springt auf und fuchtelt mit den Armen. „Dass wir uns mit einem solch faulen Zauber beschäftigen müssen ..."

„Natürlich glaube ich auch nicht an Wiedergeburt", rechtfertigt sich Dr. Lax. „Aber als Mrs. Stevenson mich aufgesucht hat, war ich doch erstaunt über ihr Detailwissen. Sie kannte das Todesdatum, wusste die Namen der hingerichteten Angehörigen, hatte den Wortlaut ihres Richterspruchs noch im Ohr. Sie wollte mir sogar eine Narbe zeigen, die sich auf ihrem Rücken breit macht, wie von Peitschenhieben, obwohl sie sich in ihrem jetzigen Leben niemals derart verletzt hat ..."

„Simsalabim", macht der Bürgermeister. „Zehn Millionen. Wo soll ich die denn in Gottes Namen herbekommen?"

Der Justiziar lehnt sich entspannt zurück. „Sollen die doch klagen. Damit kommen die nie durch!"

*

Ein Dreivierteljahr später weiß der Bürgermeister es besser: Die Richter des 9. *United States District Court* haben Geraldine Stevenson in allen Punkten Recht gegeben und die Schadensersatzsumme um weitere zwei Millionen erhöht. Wer hatte damit rechnen können, dass das ehrenwerte Bundesbezirksgericht in diesem Fall von einem Richter vertreten wird, der sich selbst für die Wiedergeburt Immanuel Kants hält?

Der Bürgermeister bangt um seinen Etat, sieht die fest zugesagten Sanierungspläne für die Turnhalle der Stadtschule in Gefahr, weil das wenige Geld in den Bad Oldesloer Kassen nun im gierigen Rachen einer übergeschnappten Millionärin verschwinden soll. Und er ist bereit, alles zu tun, damit das Urteil im Berufungsverfahren anders ausfällt. Wirklich alles!

Doch jetzt gerade bereut er seine tollkühnen Worte. Das verwunschene Anwesen mitten im Brenner Moor hätte er unter normalen Umständen gar nicht erst betreten. Knorrige Birken links und rechts, der holprige Weg dazwischen bietet die passende Kulisse für diesen Spuk, von dem er sich gleich heimsuchen lassen würde. Dass es solche Orte überhaupt noch gibt, sogar in der Nähe von Bad Oldesloe! Er ist froh, dass Dr. Lax ihm als Protokollführerin zur Seite steht, so hat alles zumindest eine gewisse Ordnung und Sachlichkeit. Sie hat versprochen, kein Sterbenswörtchen über diese Aktion hier zu verraten, sollte das Ganze ein Fehlschlag werden – was der Bürgermeister mit ziemlicher Sicherheit erwartet.

Er stolpert fast über eine schwarze Katze, registriert Glaskugeln im Blumenkasten und hört die sphärischen Klänge der Windspiele. Zu guter Letzt nimmt er auch noch den Geruch des frühlingshaften Kräutergartens wahr. Die Erleichterung, dass aus der schief in den Angeln hängenden Tür kein buckeliges, rothaariges Weiblein tritt, welches ihn mit krummem Finger ins Verderben lockt, lässt ihn aufatmen. Hinter „C.G. Clausen – Naturheilpraxis" verbirgt sich ein Mann mit Halbglatze und Bauchansatz, der auch in der Verwaltung hätte arbeiten können.

„Claus Georg Clausen", stellt er sich vor und reicht ihnen die Hand wie ein ganz vernünftiger Mensch. „Gehen wir doch in das Therapiezimmer ..."

Das Eingangsgespräch verläuft zuerst erfreulich normal. Herz-Kreislauf-Probleme? Angststörungen? Sonstige chronische Erkrankungen von Leib und Seele? Da kann der Bürgermeister ganz gelassen abwinken, ihm geht es soweit gut.

Clausen hat bereits aus der Zeitung erfahren, worum es sich bei der Sache handelt. Ihn wundert es überhaupt nicht, dass Geraldine Stevenson sich für die Wiedergeburt einer Bad Oldesloer Hexe hält, nein, nicht im Geringsten, schließlich sind fast alle in der Gegenwart Lebenden schon einen Tod auf dem Scheiterhaufen gestorben, da kann er Statistiken vorzeigen noch und nöcher. Auch das Gerichtsurteil nimmt er ohne ein Fünkchen Ironie zu Kenntnis. „In Amerika sind sie schon viel weiter in diesen Dingen", gibt er zu bedenken. „Sie bieten dort inzwischen sogenannte Reinkarnationsversicherungen an. Das halte ich für eine vernünftige Sache."

Versicherungen sind immer vernünftig, denkt der Bürgermeister, bis er erfährt, welchen Fall die Police abdecken soll: „Sollten Sie in einem nächsten Leben eine schlechtere Existenz haben als jetzt, so können Sie sich mit einer heute eingezahlten Versicherungssumme den Lebensstandard aufbessern."

Der Bürgermeister kann nicht anders, er schüttelt den Kopf. „Und wie will man beweisen, dass man die Wiedergeburt der entsprechend versicherten Person ist?"

„Drei zertifizierte Therapeuten müssen es bestätigen." Clausen sagt das, als ginge es um einen gewöhnlichen bürokratischen Akt und dem Bürgermeister wird immer seltsamer zumute.

„Aber wenn man nun im Kaukasus wiedergeboren wird? Oder in Namibia, auf den Weihnachtsinseln, als Eskimo in Grönland oder Nacktschnecke im Schrebergarten?"

„Dann hat man wirklich Pech gehabt", lautet die lapidare Antwort. „Nun machen Sie sich mal nicht so viele Sorgen, ich will Ihnen keine Versicherung aufschwatzen. Ich will Ihnen nur zeigen, dass es keinen Grund zur Aufregung gibt. In anderen Ländern ist die Rückführung bereits eine etablierte Therapieform. Sie dürfen sich also entspannen."

Der Therapeut erhebt sich, dimmt das Licht herunter und macht deutlich, dass es nun ernst wird. „Nachher wird dann alles anders für Sie sein", prophezeit er und führt den Bürgermeister auf eine maisgelbe Cordcouch, die ungleich bequemer ist als der Drehstuhl im Rathaus. Das kleine Lämpchen an der Kamera leuchtet, links sitzt Dr. Lax mit einem Notizblock, rechts der Therapeut.

„Es wird sowieso nicht klappen", entgegnet der Bürgermeister. „Ich bin für so etwas nicht geeignet."

„Sollen wir anfangen?", fragt Clausen.

„Versuchen Sie Ihr Glück." Der Bürgermeister räkelt sich. Das wird hier nichts, da kann er drauf wetten. Aber immerhin liegt er wie in Abrahams Schoß. Mal ein bisschen Zeit zum Abschalten ist auch nicht schlecht. Er denkt an den Prozess in Amerika, an die nächste Stadtverordnetenversammlung, Umweltausschuss, Haushaltsdebatten, an die bevorstehende Kommunalwahl und ob er auf den Plakaten auch mal eine rote Krawatte tragen soll, so wie alle es tun. Dann fällt ihm seine Frau ein, das Einfamilienhaus im Drosselweg, in dem sie leben. Der Garten mit dem Teich und den Koikarpfen. Der Bachlauf plätschert. Warum denkt er daran? Es ist ihm egal. Warum ist er eigentlich Bürgermeister und nicht Schiffskapitän geworden, wie er es als Kind immer geträumt hat? Damals hat seine Mutter ihm Leberwurstbrote mit in die Schule gegeben, obwohl er sie nicht mochte und stets ungegessen wieder mit nach Hause genommen hat. Sein Großvater lächelt ihn an, der gestorben ist, als er noch kein Bürgermeister, sondern erst zwei Jahre alt war ...

Von ganz weit her hört er die Zahlen. Rückwärts. „... 3... 2... 1...“

Ihm ist schwindelig, der Boden schwankt hin und her, wie auf einem Schiff. Sturmnacht. Töpfe klappern gegeneinander. Dem Bürgermeister wird schlecht.

*

Ein Jahr nachdem Geraldine Stevenson zum ersten Mal in ihrem – jetzigen – Leben einen Fuß auf Bad Oldesloer Kopfsteinplaster gesetzt hat, passiert nun in Kalifornien etwas, das zwar keinen Passanten staunen lässt, weder die Hot-Dog-Verkäufer noch die Touristentruppen irritiert, aber dennoch unbedingt beachtenswert ist: Aus dem Taxi steigt ein im ordentlichen Zweireiher gekleideter deutscher Bürgermeister, rückt sich den roten Krawattenknoten zurecht, schwitzt unter der kalifornischen Sonne und steigt die Stufen zum Berufungsgericht empor. Ein imposantes Gebäude, doch ihn kann nichts mehr erschüttern. Und sein Justiziar hat ohnehin behauptet, die größte Schwierigkeit habe man bereits bewältigt, als man einen Termin zur mündlichen Anhörung im *Unites States Court Of Appeals* erwirkt hat. Der gute Mann hat ja keine Ahnung, denkt der Bürgermeister, der größten Schwierigkeit hat man sich auf einem maisgelben Cordsofa im Brenner Moor gestellt.

Zimmer 247, viele Treppen, aber das macht den Bürgermeister nicht nervös. Er ist sich seiner Sache sicher, da kann ihn weder das fremde Land noch die vielen englischsprachigen Hinweisschilder noch sonst irgendetwas aus der Ruhe bringen. Er ist eins mit sich und der Welt. Er klopft an.

Geraldine Stevenson ist bereits da. Diesmal sind sie und das Handtaschenhündchen in Apfelgrün gekleidet. Der Richter hingegen trägt eine schwarze Robe. Der Simultanübersetzer in seiner Kabine tarnt sich in Mausgrau. Der Bürgermeister nimmt Platz.

„Hiermit eröffne ich die Sitzung des Berufungsgerichts in der Sache Stevenson gegen Bad Oldesloe", übersetzt der Dolmetscher. „Anwesend sind die Klägerin sowie die beklagte Stadt in Vertretung durch den Bürgermeister." Der Richter schaut beide an. „Wie ich den Akten entnehme, sind von Seiten der Beklagten neue Beweise aufgetaucht, die eine Berufungsentscheidung erwirken könnten. Was haben Sie denn aus Ihrer Heimat mitgebracht?"

Der Bürgermeister gibt sich selbstbewusst. „Ein wasserfestes Alibi!"

„Sorry ... I think the translation was wrong. Did you say you've got a watertight alibi?" Der Richter beugt sich nach vorn. „The criminal act was commited in 1642!"

Der Übersetzer guckt etwas beleidigt, zu recht, schließlich hat er korrekt übersetzt.

„Ja, ich habe ein Alibi für das Jahr 1642! Ich war zu dem Zeitpunkt nicht in Bad Oldesloe, noch nicht einmal in der Nähe. Und da ich in diesem Prozess als Vertreter meiner Heimatstadt der Angeklagte bin, denke ich es ist nicht unwichtig zu erwähnen, dass ich im Jahr 1642 auf einem holländischen Schiff namens *Zeehaen* im Südpazifik unterwegs war, um Tasmanien zu entdecken."

Der Übersetzer spricht eher stockend. Es ist ihm anzumerken, dass er sich kaum traut, diese Geschichte dem ehrenwerten Richter aufzutischen. Ja, so wäre es dem Bürgermeister vor einigen Wochen auch noch ergangen, bis er es selbst erlebt hat. Die engen Kojen, der Gestank unter Deck, die Kommandos von Abel Tasman, der sie vorantrieb in unbekannte Gewässer. Der Bürgermeister weiß jetzt auch, warum er seinen Teich im Garten so liebt, aber gern festen Boden unter den Füßen verspürt.

„Das Ganze ist – nebenbei erwähnt – ordnungsgemäß protokolliert und aufgezeichnet. Ich habe die Unterlagen selbstverständlich dabei." Er tritt ans Richterpult, öffnet die Aktentasche und legt die von Dr. Lax handschriftlich verfasste Notiz und eine Videokopie auf das blank polierte Mahagoni. „Ich kann also unmöglich zu diesem Zeitpunkt Anna Heitmann der Hexerei beschuldigt und zum Tode verurteilt haben. Das war jemand anders. Und den müssen Sie finden."

Der Richter ist baff. Der Übersetzer auch.

Geraldine Stevenson kramt hektisch an ihrem Hund vorbei nach einem Taschentuch und tupft sich ein paar Tränen aus den Augenwinkeln. „Wie soll ik diese Menschen finden?", jault sie. „Es kann jeder sein auf der Welt. Sogar der ehrenwerte Rikter!"

Den letzten Satz hätte sie sich besser gespart.

*

Back in Bad Oldesloe, denkt der Bürgermeister erleichtert, als er nach seinem Ausflug über den großen Teich wieder daheim ist, an seinem ersten Arbeitstag durch die vertrauten Straßen spaziert, beim Bäcker ein Schokocroissant kauft und den Postboten grüßt. Der Etat ist gerettet. Die nächste Wahl so gut wie gewonnen. Die Schulkinder, die ihm gerade entgegenkommen, können sich auf die Sanierung ihrer Turnhalle freuen.

Zur Einweihung im Winter will der Bürgermeister mit Zylinder und Frack auftauchen und seinen samtbespannten Kasten mitbringen. Abrakadabra Simsalabim. So hatte dieser ganze Spuk letztendlich auch etwas Gutes. Hokuspokus – durch Geraldine Stevenson hat der Bürgermeister tatsächlich das Zaubern gelernt.

Er sieht Dr. Lax in ihrem Büro über alten Büchern brüten. Ihm zuliebe hat sie sich ein paar Exemplare über die holländische Seefahrt aus Amsterdam schicken lassen. Mal sehen, ob sich vielleicht auch etwas über einen Smutje namens Hinnerk herausfinden lässt.

Das Leben geht weiter, egal, das wievielte es gerade ist.

Regine Kölpin

Musik im Ohr

Der *Große Plöner See* liegt da wie ein Spiegel. Nicht eine Unebenheit zerstört die glatte Oberfläche, nichts verursacht einen Kreis, der weitere nach sich zieht. Im Osten des Sees streichelt die Sonne das Nass, ihre Strahlen tauchen aber nicht ein, sondern scheinen auf dem Wasserspiegel zu verharren.

Emily sieht das alles nicht. Sie hört weder das Klopfen des Buntspechts noch nimmt sie das erste Tschilpen der Spatzen wahr. Auch die Hand des Mannes, die sich schon vor Minuten auf ihre Schultern gelegt hat, erkennt sie nicht als Zuneigung. Es ist, als habe sie sich in einen Kokon zurückgezogen, der sich so schnell nicht wieder öffnen wird.

Die Hand verstärkt ihren Druck, Fingerkuppen krallen sich in die Haut. Die Hand schiebt Emily vor und zurück, sie passt sich ohne Gegenwehr dieser Bewegung an. Ihre Mimik bleibt davon unberührt.

„Siehst du die Vögel dort?“, hört sie. Der Tonfall ist warm, voll und umfängt sein Gegenüber. Normalerweise. Emily erreicht er nicht. Sie ist ganz woanders mit ihren Gedanken. Sie hätte nicht herkommen sollen. „Wäre schön, mal einen dieser Adler zu sehen“, sinniert die Stimme weiter. Sie gehört zu dem Mann. Er trägt das blonde Haar kurz geschnitten, die Kopfhaut schimmert rötlich hindurch. Der Körper ist schlank, durchtrainiert, kein Gramm Fett zu viel. Die gleichmäßig angeordneten Zähne blitzen beim Sprechen auf. Er merkt nicht, dass Emily mit ihren Gedanken in einer anderen Welt ertrinkt.

In der Nähe knackt die Tür eines Wohnwagens, ein Stück weiter ratscht der Reißverschluss eines Zeltes. In das Klappern von Geschirr mischt sich Kindergeschrei. Der Zeltplatz erwacht. Emily ist es egal. In ihrem Ohr dröhnt, seit sie hier in Plön sind, Musik, die nicht hierher gehört. Musik einer anderen Zeit. Emilys Zopf löst sich, wirres Haar umrundet das leblos wirkende Gesicht.

Sie hebt den Blick, streift die behaarten Beine des Mannes. Ihre Augen wandern über die blau gemusterte Badeshorts und verharren schließlich an seinem Nabel, der aus der Falte der Muskeln herauslugt. Er hat einen schönen Bauch. Goldgelber Untergrund für den kleinen Haarwald, der sich in feinen Locken darauf verteilt. Sie liebt ihn. Weil er so ist, wie er ist. Ihre Liebe ist anders als die von damals. Die, deren Musik sich hier, an diesem Ort, wieder in ihr Ohr eingenistet hat. Musik, die sie vergessen wollte.

Sie geht einfach nicht weg. Am liebsten würde Emily sich beide Hände ans Ohr drücken. Doch sie weiß, dass sie dann nur noch umso lauter wird. Sie reißt den Kopf herum, kneift die Augen zu einem Schlitz zusammen. Erst verschwimmen die Bilder, die zu den Tönen durch ihr Gehirn wabern, dann werden sie klarer und klarer ...

1979

Sie kennt die Jungs nur flüchtig. Sie haben sich am Nachmittag auf dem Campingplatz kennen gelernt und dabei viel Spaß gehabt. Ein bisschen Bier getrunken, Witze gerissen.

Emily ist mit der Schule hier. Jahrgangsfahrt. Eine Fahrradtour rund um den Jadebusen, dann über die Weser und den langen Weg weiter bis Plön. Drei Tage sind sie schon unterwegs. Campen am *Großen Plöner See.* Die letzte Strecke hierher ist anstrengend gewesen. Emily weiß jetzt, warum es Holsteinische Schweiz heißt. Solche Hügel zwischen den Meeren hat sie nicht erwartet. In Friesland, wo sie herkommt, ist alles flach. Eine andere Welt. Sie ist mit ihrer Gruppe als Schlusslicht angekommen, die Gangschaltung ist kaputt gegangen. Im dritten Gang die Steigungen hinaufzuradeln, war für sie eine Tortur. Gott sei Dank hat der Platz gute Sanitäranlagen, so dass sie jetzt duschen kann. Sie hält ihren Kopf in den Strahl.

ist froh über jeden Wassertropfen, der den Schweiß abspült. Als sie fertig ist, sitzen die Freundinnen schon bei den Jungs. Sie kommen aus Hamburg, wollten mal ein bisschen raus aus der Stadt. Einer hat kurze schwarze Haare, sieht verdammt gut aus. Andere sind eine Spur zu dick. Es ist warm, sie tragen keine Shirts, präsentieren ihre Bäuche. Aufgeblähte Ballons über zu knappen Badehosen. Meist uni, dezente Farben von Grün bis Blau. Manche baden auch lieber nackt. Die mit den langen Haaren. Und die Frauen, deren Brüste sich ein enges Stelldichein mit der Erdanziehungskraft liefern. Emily hat immer einen Bikini an. Oder einen Badeanzug. Von Adidas. Mit den drei Streifen. Sieht sportlich aus und betont die schmale Taille.

„Wir fahren rüber zur *Prinzeninsel*! Da ist es cool!" Niemand widerspricht, alle gehen zu ihren Rädern.

Es ist nicht weit. Emilys Fahrradkorb springt auf und ab, als sie die kleine Brücke zur Insel überqueren. Sie lacht. Es ist schön hier. Unwirklich.

Die ersten Bierflaschen klirren. Es zischt, als die Deckel mit dem Feuerzeug entfernt werden. Wenn sie im Gras landen, hört man kein Geräusch. Sie versinken einfach.

„Komm zu uns!", ruft der Dunkelhaarige. Er ist gewohnt, dass die Mädchen auf ihn fliegen. Emily erkennt es an der Art, wie er das Haar hinters Ohr streift, wie er die Beine lässig im Schneidersitz platziert. Sein Kehlkopf tanzt auf und nieder, als er trinkt. Emily setzt sich neben ihn, obwohl sie Typen wie ihn nicht mag. Sie hasst Oberflächlichkeit und der Dunkle hat davon absolut zu viel. Über den See schwimmen Enten und zahlreiche Vögel, die Emily nicht kennt. Einer erklärt, das komische Tier mit dem weißen Fleck auf dem Kopf sei eine Blessralle. Ein Kormoran stößt ins Wasser und fliegt mit einem Fisch im Schnabel davon. „Seeadler gibt es hier auch", sagt jemand. Der Dunkelhaarige redet jetzt mit Lara. Ihr scheint seine blöde Art nichts auszumachen. Sie sitzt auf der anderen Seite. Ihre beringte Hand liegt auf seinem Oberschenkel, gleitet mit einer sachten Berührung hin und her. Manchmal rutscht sie eine Spur zu hoch und Emily bemerkt, dass das den Jungen nicht kalt lässt. Trotzdem wendet er sich ihr zu, flüstert ihr ins Ohr, dass er Jörn heiße und auf dunkelhaarige Mädchen stehe.

Emily sagt nichts, starrt auf die Wölbung in der Badehose, die nicht sie, sondern die blonde Lara verursacht hat.

Er folgt ihrem Blick, streift mit dem Ellenbogen Emilys Brust. Sie durchfährt ein Ziehen. Sein Arm umklammert sie. Er riecht nach Schweiß. Die dunklen Spitzen aus seiner Achselhöhle kitzeln sie auf der Schulter.

Seine Augen haben einen merkwürdigen Glanz, der ihr Angst macht. Jörns Mund berührt ihr Haar. Der Biergeruch ist unverkennbar. Emily rückt ein Stück ab. Er lacht, zieht die Brauen hoch und gestikuliert in Richtung seiner Freunde. Er wirkt siegessicher. Lara knutscht jetzt mit dem Dicken. Ihre Finger vergraben sich in den Speckfalten, breite Lippen umschließen die ihren. Emily möchte lieber fort, sieht um sich herum nur lachende Gesichter. Sie weiß, dass sie albern ist. Alle haben Spaß. Es ist nichts dabei. Nur ein kleiner Flirt. Harmlos, normal in ihrem Alter. Trotzdem rückt sie ab, steht auf und geht zu den Bäumen. Ihre Knie zittern. Er ist toll, doch sie traut ihm nicht.

Jörn folgt ihr. Seine Berührung fühlt sich richtig an. Warm, selbstverständlich. Sie wehrt sich nicht, als seine festen Lippen ihre streifen. Sein Geschmack ist eine Mischung aus Bier und Tabak, die Zunge kräftig und dick. Ihr erster Kuss war anders gewesen. Zärtlicher, liebevoller. Aber er vermochte nicht diese Wallungen in ihr zu erzeugen wie dieser

Sie springt auf und rennt davon. Das Lachen der Jungs verfolgt sie. Emily ist hin- und hergerissen, schämt sich. Als sie sich umdreht, knutscht Lara noch immer mit dem Dicken. Er liegt halb über ihr, seine Hand hat sich unter das T-Shirt geschoben. Jörn schaut sauer und scheint sich zu ärgern, dass er Lara gegen Emily getauscht hat.

Emily spürt das Gefühl von Neid, weil ihre Freundin sich traut, so aus sich herauszugehen, sich zu nehmen, was sie will.

Die Gruppe hat einen dichten Kreis um Lara und den Dicken gebildet. Emily sieht den anderen Jungen ihre Regungen an. Enge Badehosen verbergen nichts. Jörn steht etwas abseits. Er kaut auf der Unterlippe. Dann geht er weg von der johlenden Truppe.

Emily will Jörn folgen. Dabei muss sie an der Gruppe vorbei. Keiner nimmt sie wahr. Durch eine Lücke ist zu erkennen, dass Lara und der Dicke immer noch wild knutschen. Jörn tut ihr leid. Weil sie ihn verspotten werden. Ihretwegen.

Sie sieht seinen Oberkörper im Erlenbruch verschwinden. Emily folgt ihm. Wegen des dichten Bodenbewuchses ist das Vorwärtskommen nicht einfach. Eine ungewöhnliche Stille macht sich breit, die nur vom gelegentlichen Hacken eines Buntspechtes unterbrochen wird. Die Sonnenstrahlen malen Streifen auf die Erde, lassen die Blätter in ihrem Licht tanzen. Zahlreiche Spinnweben schaukeln verwunschen in diesem Lichterspiel, reflektieren das Sonnenlicht. Emily muss sich oft bücken, um nicht eine der fetten Spinnen in ihrem Haar hängen zu haben.

Jörn steht am Schilfgürtel. Er blickt sich nicht einmal um, als er das Knacken hinter sich hört.

Emily umschlingt ihn mit ihren Armen. Jörn legt seinen Kopf auf ihre Schulter. Sie sei wunderschön und brauche keine Angst zu haben, sagt er. So wie Marc und Lara wolle er es bestimmt nicht. Mit Zuschauern und so. Liebe sei privat und dass ihr Weglaufen richtig gewesen sei. Es gehe schließlich niemanden etwas an, was sie miteinander machen. Aber bei ihm sei es Liebe auf den ersten Blick, und er habe einen solchen Augenblick noch nie bei einem Mädchen erlebt.

Emily schmilzt dahin. Ihr Herz beginnt zu klopfen. Als er sie jetzt küsst, findet sie die Zunge nicht mehr zu dick, sein Geschmack gleicht dem des Abenteuers. Als seine Fingerspitzen ihre Brüste berühren, entgleitet ihr ein wohliger Laut. Alles, was nun folgt, ist richtig und gut. Den befremdlichen Gedanken, mit welcher Selbstverständlichkeit er die Kondome aus der Hosentasche zieht, verdrängt sie. Auch, dass sich eine der fetten Spinnen genau in dem Moment auf eine kleine Fliege stürzt, nimmt sie nur noch aus den Augenwinkeln wahr.

Er streichelt hinterher lange ihre Wange und sagt, es sei das Beste, was er je erlebt habe. Sie gehen zurück. Die anderen trinken immer noch Bier. Lara und der Dicke knutschen nicht mehr.

Sie wollen jetzt was losmachen. „Soll eine Diskothek dort geben, *Bella Vista* oder so“, setzt sich ein Vorschlag durch. „Ist irgendwo beim Schloss.“

Emilys Fahrrad ist weg. Geklaut. Sie will sich jetzt keine Gedanken machen, wie sie nach Hause kommen soll. Alles ist nun anders.

Jörn schlägt ihr vor, zusammen auf einem Rad zu fahren. Sie setzt sich auf den Gepäckträger, die Hände hat sie um seine Hüften gelegt. Die Knochen stehen leicht hervor, Jörn ist sehr schlank. Emilys Finger arbeiten sich etwas höher, erspüren den feinen Bauchnabel, der fast keine Vertiefung hat. Sie schiebt das Shirt hoch und taucht ihre Nase in die Haut seines Rückens. Er fährt schnell, der Rest der Gruppe kann ihm nur schwer folgen.

Emily inhaliert seinen Duft.

Die Diskothek liegt unterhalb des Plöner Schlosses. Es ist noch nicht sehr voll, als sie hineingehen. Der Barkeeper hängt mit müden Augen hinter dem Tresen. Die Musik schwebt wie eine dunstige Wolke über den Köpfen der jungen Menschen. Kaum einer sagt etwas. Emily will tanzen.

Der DJ spielt Police. Die Diskoleuchten zucken jetzt nicht mehr ins Leere, sondern treffen auf bunte Leiber. Hocherhobene Hände im Schein der Diskoleuchte. Berührungen von unbekannten Menschen. Wärme an ihrem Körper, die sie nicht mag. Emily setzt sich wieder auf einen Stuhl, möchte lieber beobachten.

Jörns Hand klebt an ihrem Rücken, die Fingerkuppen kraulen ihre Wirbelsäule, krabbeln vorsichtig daran auf und nieder. Ein Finger verharrt in der Mitte, da wo normalerweise die BH-Schnalle sitzt. Es ist der Finger, dem sie vorhin mehr zugestanden hat, als je einem Jungen zuvor. Sie trägt keinen BH unter dem roten T-Shirt. Jetzt wissen es auch die anderen. Seine Gestik ist eindeutig. Sie spürt es eher, als dass sie es sieht.

Emily spürt die neidischen Blicke der anderen. Lara ist still geworden, als sei ihr die Aktion vom Nachmittag peinlich. Zumal sich der Dicke längst mit Manon beschäftigt.

Emily will nicht mehr tanzen. Jörn holt ihr ein weiteres Bier, möchte, dass sie sich mit ihm zu langsamer Musik bewegt.

„Morgen fahren wir mit dem Schiff über den See“, sagt er. „Man kann das weiße Schloss von dort sehr schön sehen.“ Er kuschelt sich an Emily heran. „Du bist nämlich meine Prinzessin.“

Er küsst sie. Wieder merkt Emily, dass sie dahinschmilzt. Ihr Herz klopft, ist völlig außer Takt. Sie liebt Jörn. Und er sie, hat er gesagt. Sie flüstert, dass sie lieber raus möchte aus der Disko, mit ihm allein sein. Weil er doch schon übermorgen nach Hamburg zurückfahre. Jörn sagt, er wolle erst noch tanzen. Danach lässt er sich hinter Emily auf den Stuhl fallen und seinen Finger wieder über ihren Rücken gleiten. Kein BH. Er hebt den Daumen in die Höhe, formt mit beiden Händen die Umrisse ihrer Brüste nach. Die Musik spielt einen weiteren Police-Song, *Message in a bottle.*

Die Töne schrauben sich in Emilys Gehörgang, klopfen dort mit unverminderter Härte weiter, drohen ihr Gehirn zu zersprengen.

Sonst mag sie den Song. Jetzt schmerzt er aber. Weil es nicht nett ist, was Jörn da tut. Niemand soll wissen, was sie darunter trägt. Niemand außer ihm.

Sie wendet ihren Kopf, zieht ihn zu sich heran. „Bitte nicht“, sagt sie. Doch es scheint zu leise, er reagiert gar nicht, starrt Emily nur mit glasigen Augen an, die ihr zeigen, dass er viel zu viel getrunken hat. Das Bier am Nachmittag, dann vorhin am Lagerfeuer und jetzt hier. Als er erneut auf die Tanzfläche entschwindet, bemerkt Emily sein Schwanken. Er verrenkt sich seltsam, es sieht nicht nach Tanz aus. Sein Gesicht wird von zahlreichen Fratzen entstellt, er scheint sich köstlich zu amüsieren. Der Dicke nähert sich, imitiert Jörns Bewegungen, aber das wirkt nicht besser, weil er selbst noch mehr getrunken hat als Jörn.

Jörn dreht immer rasantere Kreise. Er schiebt sein Becken vor und zurück, deutet mit dem Finger in Emilys Richtung, zeigt auf sich und hebt erneut den Daumen. Emily spürt die Blicke der anderen Jungs an ihr kleben. Sie bohren sich in ihre Haut, zerstechen sie. Sie dürfen ungehindert in ihr Innerstes eindringen.

Jörn lässt sie alle ein. Er bewegt sich nicht nur, er redet auch, lacht laut. Alle scharen sich um ihn. Nach jedem Satz gesellen sich weitere dazu. Sie lachen. Lauter. Lauter. Lauter. Emily kann es nicht hören, aber sie sieht es. An den aufgerissenen Mündern, an den zuckenden Bauchmuskeln

Sie sitzt auf ihrem Stuhl. Fühlt sich nackt. Als Jörn nach einer Weile zu ihr zurückkommt, schweigt sie. Ihre Miene ist still, sie verzieht sie nicht. Jörns Zunge sucht sich ihren Weg. Sie ist zu dick, zu fest, passt nicht in ihren Mund. Emily beißt darauf. Er schreit auf und klebt ihr eine. Dabei löst sich die Haarspange und Emilys Haar wallt über der Schulter. Auf ihrer Wange erscheint ein Tropfen. Er ist salzig, wohl eine Träne. Emily wischt sie ab, kann jedoch nicht verhindern, dass andere nachfolgen. Ihr Mascara verschmiert. Er ist nicht wasserfest.

Gleich werden alle noch mehr zu lachen haben. Warum über sie, warum nicht über Lara? Die knutscht wieder mit dem Dicken. Küssen darf man, aber nicht lieben. Liebe ist albern.

Das hat schon ihre Mutter immer gesagt. Dieses Gefühl gibt es nicht. Emily hat trotzdem daran geglaubt. Jörn liebt sie gar nicht. Wenn es verletzt, ist es keine Liebe, denkt sie. Er hat nur eins von ihr gewollt und ihr deshalb etwas vorgemacht. Damit sie nachgibt. Sie hat es ihm abgenommen. Und das Wertvollste verschenkt, was ein Mädchen hat. Nicht nur ihren Körper. Ihr Herz. Sie hat es geöffnet, Jörn hereingelassen und er hat es mit Füßen getreten.

„Geh weg", sagt sie, als er sich für die Ohrfeige entschuldigt. Ihre Wange brennt. Soll sie doch. Das Brennen überdeckt den Schmerz in ihrer Seele. Diesen Schmerz wird sie später noch lange fühlen. Viel zu lange. Obgleich sie noch nie eine solche Pein verspürt hat, gibt es nichts, was ihr klarer ist. Kein Entrinnen aus der Hölle. Sie war für einen Moment unüberlegt, hat alles gegeben und verloren.

Emily geht. *SOS* von Abba sprudelt ihr hinterher und dröhnt weiter in den Ohren, als sie auf der *Langen Straße* steht. Es hat zu regnen begonnen, die Lichter der Autos zerschneiden die Schnüre der Wassertropfen und gleiten über den lakritzfarbenen Asphalt, bis ihre Rücklichter von der Nacht verschluckt werden. Emily muss laufen. Den ganzen Weg bis zum Campingplatz. Die ganze Straße entlang. Es ist dunkel. Es regnet. Emily beginnt zu frösteln. Sie schlüpft aus ihren Schuhen, läuft barfuß. Es ist ihr egal, ob die Steine sich in die Fußsohlen bohren. Es ist egal, ob sie nachher wunde Ballen hat. Es geschieht ihr alles recht. Sie hat selbst Schuld, dass es ihr so schlecht geht. Wie kann man nur so blöd sein, sich mit einem fast fremden Jungen so tief einzulassen?

Emily stolpert los. Hin und wieder rauschen Wagen an ihr vorbei, kurbeln das Fenster herunter, rufen komische Sachen. Kein Wunder, ihr T-Shirt ist hoch gerutscht und sie trägt keinen BH. Wahrscheinlich sieht das jeder. Jörn hätte es in der Disko gar nicht herumposaunen brauchen. Sie hat selbst Schuld. Dumm wie sie ist.

Emily verlässt die belebte Stadt, es wird merklich dunkler. Ihre Füße sind halb abgefroren, sie spürt die Zehen nicht mehr. Es ist ihr egal. Sie will nur zurück in ihr Zelt, den Schlafsack über die Ohren ziehen und schlafen, nicht denken müssen.

Neben ihr hält ein weiteres Auto. Emily möchte etwas sagen, aber aus irgendeinem Grund versagt ihre Stimme. Es kommt kein Ton heraus.

Sie stolpert durch die Dunkelheit, schreckt hin und wieder zusammen, wenn sie im Gebüsch ein Tier aufscheucht. Es ist nicht mehr weit bis zum Campingplatz. Bestimmt hat sie es bald geschafft.

Hinter ihr ertönt ein Keuchen. Das Geräusch von dünnen Reifen auf nassem Asphalt drängt sich durch die Nacht. „Emily, warte doch! Bitte warte doch!“ Diese Stimme kennt sie. Es ist die, die ihr am Nachmittag noch nette Sachen ins Ohr gesäuselt und sie später in der Diskothek nach und nach entblättert hat. Bis sie ohne Schutz dastand.

„Warum haust du ab?“

Emily wendet sich um. Jörn ist pitschnass vom Regen. Sie selbst muss ebenfalls furchtbar aussehen. Aber das ist jetzt nicht wichtig.

„Ich glaube, du weißt weshalb. Frag nicht so blöd!“

Jörn zieht die Schultern hoch, grinst übers ganze Gesicht. „Hey, du hast doch nicht ernsthaft an die große Liebe geglaubt, oder? Ich kenn dich schließlich erst seit heute Nachmittag. Wie naiv muss man sein?“

Emily zuckt zurück. Sie flüstert: „Ich war Jungfrau!“

Jörn lacht. „Ich weiß. Doch das wusste ich vorher ja nicht.“ Er tritt einen Schritt heran und Emily duldet es. Einmal noch seine Gegenwart spüren, ihm ein einziges Mal nah sein. Glauben, dass er es wenigstens in dem Augenblick, in der einen Stunde, ein bisschen ernst mit ihr gemeint hat.

„Bin ich dir denn völlig egal?“ Emily hat Angst vor der

Wucht der Wahrheit, die vielleicht gleich aus seinem Mund strömt, sie überfluten und ersticken lassen wird.

„Natürlich nicht. Wenn du mir gleichgültig wärst, hätte ich das doch nicht getan. Nicht tun können." Jörn nähert sich noch ein Stück. Stellt das Rad ab. Es trennt sie lediglich ein Zentimeter. Emilys Haare stellen sich auf. Die Spitzen berühren seinen Unterarm. Es ist wie ein elektrischer Schlag. Sie liebt ihn, will einfach vergessen, was er in der Disko gemacht hat. Er ist betrunken, meinte das nicht so. „Du hast gesagt, dass du mich liebst." Emily senkt die Augen. „Es war so wunderschön mit dir."

„Mit dir ja auch, aber ...", Jörn hält inne, „von Liebe kann man doch noch gar nicht sprechen. Hey, das war eine tolle Stunde."

„Nicht für länger?"

Jörn schüttelt den Kopf. „Du bist mir natürlich wichtig, nur ...", er schluckt, kratzt mit der Schuhspitze über den nassen Asphalt, entdeckt dabei ihre nackten Füße, sagt nichts dazu.

„Nur was?"

Sein Blick wandert erneut nach oben, sucht ihre Augen.

„Du bist wunderschön, Emily, habe ich dir das schon gesagt?" Er wendet sich abrupt ab und übergibt sich gegen die Wurzel des Baumes, an den er das Rad abgestellt hat. Er würgt ein paar Mal.

Emily geht weiter. Er weicht ihr bei der entscheidenden Frage aus, möchte sie nicht beantworten.

Er hat seinen Willen bekommen und das war es. Emilys Schritte werden schneller. Nur weg von hier, weg von ihm, der ihr so unfassbar wehgetan hat. Es kommt ihr vor, als gleite sie lautlos in die Nacht. Als fliege sie über den Fahrradweg, über die kleinen Steine, die sie schon lange nicht mehr unter den Fußsohlen spürt. Es scheint doch noch ein Stück bis zum Campingplatz zu sein, nicht ein Licht bohrt sich durch die Dunkelheit. Emily fühlt sich leer. Wie eine Plastikflasche, die man nicht nur ausgetrunken, sondern zusätzlich zusammengedrückt hat.

Nach einer Weile ertönt das Sausen des Fahrradreifens ein zweites Mal. Emily läuft weiter, ignoriert Jörn. Sie will ihn nicht mehr sehen, kann seine Nähe nicht ertragen. Ihn scheint ihre Ablehnung nicht zu stören. Wieder lehnt er den Fahrradlenker gegen einen Baum. „Du hast mich gerade was gefragt."

Emily bleibt stehen. „Und du hast geschwiegen. Es ist aus, habe verstanden."

Jörn nestelt an seiner Jackentasche, fummelt sein Portemonnaie heraus. Er fingert an dem Leder, bis er etwas in der Hand hält. „Es ist gut, dass du es auch so siehst. Dass wir keine Zukunft haben." Er dreht jetzt ein Bild hin und her, kaut mit den Schneidezähnen auf der Unterlippe herum. „Ich habe nämlich eine Freundin in Hamburg." Er hebt die Hand. Emily kann das Gesicht auf dem Foto in der Dunkelheit kaum erkennen. Nur so viel: Das Mädchen ist wunderschön. Es rauscht in ihren Ohren, als er sie in den Arm nimmt. „Sei nicht böse! Es hat nicht sollen sein mit uns. Wir wohnen doch auch viel zu weit auseinander und ..." Er beginnt zu singen. „*Message in a bottle.* Lass das immer unser Song sein, kleine Prinzessin. Wir werden uns damit Botschaften schicken, und jedes Mal, wenn wir uns wieder sehen, dann lieben wir uns."

„Und deine Freundin?"

„Die merkt es ja nicht!" Er grinst, beginnt erneut zu summen. Emilys Herz klopft immer stärker. Sie setzt in das Gesumme mit ein. Dann singen sie den Text gemeinsam. Sein Atem riecht sauer, als sich der Mund dem ihren nähert. Sie dreht den Kopf weg. *Message in a bottle* kreischt es in ihrem Ohr.

Ein Auto nach dem anderen gleitet an ihnen vorbei. Sie nehmen es nicht wahr. Nur die Melodie der Zukunft und der Vergangenheit tanzt über sie hinweg. „Und sie wird es nicht merken?", fragt Emily, als die Musik für einen Augenblick verstummt.

„Nein“, bestätigt er.

Ein entferntes Brummen kündigt einen Lastwagen an, und schon durchschneiden zwei große Augen die Nacht. Sie hüpfen nur langsam auf und nieder. Jörn singt noch immer *Message in a bottle.* Emily öffnet den Mund, will etwas sagen. Doch es kommt kein Ton. Sie spürt nur diesen Schmerz, der nicht weichen will.

Er streichelt ihre Hand. Es sei doch gut so. Mit ihnen. Ab und zu.

Ein flüchtiges Grinsen streift über Emilys Mimik. „Sie liebt dich“, rutscht es ihr recht nüchtern heraus. „Und du machst es mit mir.“ Sie sieht ihn an. Das Wasser tropft über seine Wangen, die Augen wirken glasig, irgendwie unecht. Sie holt tief Luft. Er lächelt. Meint, was er gesagt hat. Liebe machen. Ab und zu. Nebenbei. Wenn es ihm passt.

Emily lässt ihn los. Vielleicht gibt sie ihm einen kleinen Stoß, so genau vermag sie es nicht zu sagen. „Ich will das so nicht“, hört sie sich sagen, während er Hals und Arme in die Höhe reißt. Jörn taumelt rückwärts auf die Fahrbahn. Er schaut Emily an, begreift nicht. Es quietscht.

Emily sieht, wie er von den zwei herannahenden Augen zerschnitten wird.

Sie geht weiter. Ganz dicht an der Berme, dort, wo die Lichter sie nicht erreichen. Sie ist durchnässt, als sie den Campingplatz erreicht. Keiner sieht sie. Sie duscht, wäscht den ganzen Dreck des Tages ab.

Die Hand liegt noch immer auf ihrer Schulter, strömt Wärme aus.

„Ich glaube, ich habe den Adler gerade gesehen, Emily!“ Der Mann hat den Blick zum Himmel gerichtet. Sein Gesicht strahlt. „Ich bin froh, dich zu haben.“

Emily öffnet die Augen. Die Musik wird leiser, schwingt nur noch von weitem durch ihren Gehörgang. Der Mann neben ihr deutet weiter auf die Vögel ringsumher. Er merkt nichts. Es ist gut so. Er weiß eben nichts von jener Nacht.

„Der Typ ist tatsächlich betrunken überfahren worden. Er wollte dir hinterherfahren. Hatte wohl ein schlechtes Gewissen", dröhnt Emily von Ferne noch Laras Stimme im Ohr. Dass sie froh sein solle, früh genug gegangen zu sein. Womöglich hätte es sie sonst selbst erwischt. „Stell dir vor, er hätte dich mitgerissen!"

Das „Mitgerissen" hallt es wie ein Echo, das in Emilys Kopf seit Jahren hin- und herspringt.

„Mitgerissen", dröhnt es wieder. Sie wird es aushalten. Wenn sie es recht überlegt, ist es schon ganz schön leise geworden.

„Hat er ja nicht. Ich sitze hier und lebe", sagt Emily laut und über ihr Antlitz gleitet der Anflug eines Lächelns.

„Was hat wer nicht?", fragt die warme Stimme des Mannes, aus der Liebe spricht.

„Ach nichts." Emily strahlt ihn an. „Lass uns gehen!" Sie schiebt ihre Hand in seine, hält sie ganz fest. „Ich habe noch nicht gefrühstückt."

Michael Koglin

Die Gespenster von Büdelsdorf

Weggefräst haben sie den alten Obereiderhafen. Die Speicher, die Gebäude, den alten Kampnagel-Kran ... alles weg. Da, wo Menschen geschuftet und die Säcke aus den Wänsten der Schiffe gehievt, sich den Schweiß aus dem Gesicht und dem Nacken gewischt haben, herrscht jetzt saubere Ödnis. Kein Platz mehr für Schrottfirma Ehrich und windschiefe Schuten. Für ölverschmierte Lappen und knirschende Seile an den Pollern. Der Hafen sieht aus wie ein Fassonschnitt von hinten. Zum Kotzen.

Soll jetzt alles besser zu den schicken Yachten passen, die sie hierher locken wollen. Und zu den Seniorenresidenzen!

Modern soll es werden, und wenn etwas so platt gemacht wird, dann passiert es, dass der alte Dreck nach oben kommt. Ist ein Naturgesetz. Müssen ja schließlich irgendwo ihre Stahlgerüste verankern. Im Morast, da halten sie nicht.

Und dabei ist es passiert. Sie haben ihn ausgebuddelt. Das heißt die Knochen, die von ihm übrig waren. Mit dem eingeschlagenen Schädel. Das Stück, das da fehlt, sieht aus wie der Umriss von Afrika. Aber Afrika gehört nun mal zu dieser Welt und ohne Afrika in der Schädeldecke kannst du auch nicht leben.

Immer, wenn ich als Kind mit meinen Angeln und meiner Dose Würmer rüber zur Eider bin, muss ich ihm auf den Kopf gelatscht sein. Hab die alte Geschichte mit Füßen getreten.

Dabei waren es von der alten Treidelstation, in der ich aufgewachsen bin, nur ein paar Meter Weg, na gut, das wird ihm auch nicht mehr wehgetan haben.

In seiner Knochenfaust hielt er immer noch das Medaillon. Hat sich all die Jahre dran festgehalten. An seiner großen Liebe.

„Sie graben alles aus“, hatte mein Vater mir in seiner krakeligen Handschrift auf eine Postkarte geschrieben. „Du musst es jetzt wissen.“ Und statt eines Grußes hatte er seine Nachricht mit einem „Komm!“ beendet, das keinen Widerspruch zuließ.

Als mich die Nachricht erreichte, war er schon eine Woche tot.

Jetzt saß ich also an der Eider und sah hinüber zu diesem hässlichen Etwas, dass so viele Jahre ein lärmender, kleiner Hafen gewesen war. Man hatte ihm die Seele aus dem Leib gerissen.

Neben mir im Gras lag das Bündel mit Briefen, die mein Vater geschrieben, an mich adressiert, aber nie abgeschickt hatte. Die Pflegerin aus dem Altenheim hatte sie mir zusammen mit der Brille, einem Anzug, seinem Ehering und der Uhr überreicht.

„Ist einfach tot geblieben“, hatte sie gesagt und war zurück in den Bereitschaftsraum gehuscht, in dem das Abendessen vorbereitet und die Medikamente zusammengestellt wurden.

Für einen Moment erwog ich, die Briefe in einem Karton verschwinden und die alten Geschichten ruhen zu lassen. Doch dieses „Komm!“ ging mir einfach nicht aus dem Kopf.

„Du musst die Gespenster besuchen, sonst besuchen sie dich“, hatte er immer wieder lachend gesagt, wenn ich mich als Kind gefürchtet hatte.

Ich sah hinüber zur Treidelstation, die immer noch auf dem Gelände der Betonfabrik stand. Die Besitzer hatten dem Haus einen neuen Anstrich verpasst. In den Jahren, in denen ich hier aufgewachsen war, hätte man sie am liebsten sofort abgerissen. Doch sie war das älteste Gebäude in Büdelsdorf und ein Wink mit dem Denkmalschutz hatte gewirkt.

Jetzt war das Dach neu gedeckt, die Balken gestrichen und in die Räume die Firmenleitung eingezogen. Die Holzverschläge, in denen mein Vater seine Kaninchen gezüchtet hatte, waren ebenso verschwunden wie der Anbau des Nachbarn, in dem er seine Tauben hielt.

Im hinteren Teil des Hauses lagen die Keller. Ehemalige Boxen, in denen einst die Treidelpferde versorgt worden waren, die an Seilen die Erz- und Holzfrachtschiffe die Eider heraufgezogen hatten.

In den oberen Kammern hatten die Schiffer und Matrosen gewohnt, bevor man die Räumlichkeiten zu vier Wohnungen umbaute.

„Besuche die Gespenster, sonst besuchen sie Dich."

Ich war in einem alten Hotel in der Rendsburger Königinstraße untergekommen. Um mich herum wimmelte es von einer illustren, adligen Tafelrunde, denn dieses Straßenviertel war nach der Sitzordnung des dänischen Königshauses benannt. Königstraße, Prinzenstraße, Ritterstraße ... Alles gruppierte sich um den Paradeplatz, denn Paraden, das war schon damals wichtiger als jedes fürstliche Essen oder was man sonst noch so am Hofe trieb, um die Zeit totzuschlagen. „Die müssen in den Königshäusern immer was zu tun haben", hatte mein Vater gesagt. „Polo spielen, Rennen fahren, sich scheiden lassen ... und all das ist besser, als wenn eine große Langeweile über sie kommt und sie mit dem Kriegspielen anfangen."

Doch was, um alles in der Welt, hatte mein Vater mit diesem Knochengerippe zu schaffen?

Auf die Umschläge der Briefe hatte er in der linken unteren Ecke jeweils eine fortlaufende Ziffer geschrieben. Weil mir nichts Besseres einfiel, begann ich mit der 1. Schon der erste Satz schlug in meinem Kopf ein wie ein Hammerschlag.

„Sie haben Deinen Vater ausgegraben."

Ich sprang vom Bett und glättete den Brief auf dem kleinen Schreibtisch. Dann goss ich mir Wein ins Glas und fuhr mit den Fingerspitzen über die Zeilen. Die Worte tanzten über das Blatt,

Druckbuchstaben wechselten mit Schreibschrift ab und ich sah vor mir die gewaltigen Pranken meines Vaters, die ihm während eines Lebens harter körperlicher Arbeit gewachsen waren.

„Wenn Du es gleich genau wissen willst, ich habe ihn umgebracht. Er hieß Dawid, stammte aus Krakau und ich habe ihn umgebracht.

Er war die große Liebe Deiner Mutter.“

Nie hatte ich am Verhalten meiner Mutter irgendeine Unstimmigkeit mit meinem ... ja, meinem Stiefvater erlebt. Sie waren etwas gewesen, was man unter den Umständen der fünfziger und sechziger Jahre als „ideales“ Paar bezeichnete.

Und meine Mutter sollte eine große Liebe gehabt haben, die mein Vater ... mein Stiefvater ...?

Sicher, mein Vater war schon eine eigene Type. Hatte Ecken und Kanten, doch senil war er keine Minute seines Lebens gewesen. Ja, er konnte sogar etwas wirklich Schlitzohriges haben. Doch dies hier hatte nichts mit Bauernschläue zu tun. Sie hatten mich mein Leben lang angelogen. Und jetzt hielt ich so etwas wie eine Lebensbeichte in den Händen.

„Deine Mutter ist mir nicht mehr aus dem Kopf gegangen. Und damals gab es nicht viel, das mir geholfen hätte, den Gedanken an sie zu verdrängen. Die Arbeit vielleicht. Und selbstgebrannter Korn. Es war im vorletzten Kriegsjahr. Wegen zweier Durchschüsse war ich frontuntauglich und als gelernter Eisengießer in die Carlshütte abkommandiert. Da wo wir einst Öfen und Wannen gegossen hatten, lief die Rüstungsproduktion auf Hochtouren. Frauen saßen an den Öfen und sortierten Schrauben. Und daneben Kriegsgefangene, die Panzerketten montierten.

Auch Dawid schaufelte das Eisenerz in die Öfen. Wenn die Menschen dreckverschmierte Gesichter haben, dann fällt dir jedes Lächeln auf. Und Deine Mutter lächelte Dawid zu. Wenn die

Zwangsarbeiter in ihrer zerrissenen Kleidung durch die Halle schlurften, dann drehte sie sich zu ihm um und ich konnte sehen, dass ich keine Chance bei ihr hatte. Nicht die Spur.

Eines Abends sah ich die beiden. Ich fuhr mit meinem Rad durch den Heckenweg. Gleich daneben in der Kampstraße waren die Zwangsarbeiter in einer Baracke untergebracht. Ich wusste zwar nicht, wie er es geschafft hatte, nach dem Verschluss das Gebäude zu verlassen, aber da standen sie im Schutz von zwei Bäumen. Hielten Händchen und lachten sich zu. Schmiedeten wahrscheinlich Pläne.

Ich war ein junger Mann. Und für mich stürzte eine Welt zusammen. Ich hätte die Schnauze halten sollen, aber ich fahre direkt in die Kneipe und kann das Maul nicht halten. Kann das Maul nicht halten."

Im Schein meiner Hotel-Nachttischlampe nahm ich den mit der Ziffer 2 versehenen Briefumschlag und faltete die Blätter auseinander.

All die Jahre hatte es nicht die geringste Andeutung gegeben. Ja, ich wusste noch nicht einmal, dass es in dem beschaulichen Büdelsdorf überhaupt so etwas wie ein Arbeitslager gegeben hatte. Das „Barackenlager" kannte ich allerdings schon. Während meiner Jugend waren dort die italienischen Arbeiter untergebracht gewesen, die auf der Carlshütte mit am deutschen Wirtschaftswunder geschuftet hatten. Eines Nachts wurde es abgefackelt.

Wilde Gerüchte hatten damals die Runde gemacht. Die einen hatten behauptet, die Italiener hätten selbst schuld. Das Feuer sei beim Spaghetti-Kochen auf einer der Elektroplatten entstanden. Die anderen hatten geschworen, dass es wohl jemandem zu bunt geworden sei, dass deutsche Mädchen jeden Abend vor der Baracke herumlungert und auf ihre „Gigolos" gewartet hätten.

Ich saß in einem kleinen Hotelzimmer und das Wirtschaftswunder war längst eine nach Bohnenkaffee und Sonntagsbraten riechende, verwehte Geschichte. Doch noch immer loderten in meiner Vorstellung die Flammen über dieser Baracke. Nach all den Jahren spürte ich die unglaubliche Hitze auf meiner Haut. Ich sah die Feuerwehrleute, die achselzuckend vor dem brennenden Gebäude standen und mehr aus Pflichtgefühl für die Schaulustigen zwei Wasserfontänen in die Flammen hielten.

Die Schrift meines Vaters wurde flüssiger. Die Buchstaben ordneten sich auf einer geraden Linie hintereinander.

„Lieber Marcel, ich kann mich an diese Nacht nicht erinnern. Auch nicht daran, wer mir alles Korn ins Glas füllte. Ich ertränkte meinen Liebeskummer und quatschte und hörte nicht mehr auf. Den nächsten Tag meldete ich mich krank.

Als ich dann einen Tag später die Fabrikhalle betrat, war Dawid bereits nicht mehr da. Auf meinem Stehpult lag ein Zettel, auf dem mir mitgeteilt wurde, dass Dawid Kitschansky nicht zur Arbeit erschiene.

Ich fragte den Meister, dann im Personalbüro und schließlich bei seinen Kollegen. Alle schüttelten den Kopf.

„Ist dir doch gerade recht!“, sagte mein Meister. Und genau in diesem Augenblick wurde mir klar, dass sein Verschwinden mit meiner verfluchten Quatscherei zu tun haben musste.

Ich sah hinüber zu Maria, doch ihre Augen waren starr und ausdruckslos.

Hatte ich den armen Kerl in meiner Liebeskrankheit endgültig ans Messer geliefert? War er auf dem Weg nach Neuengamme? Oder Auschwitz? Lebte er überhaupt noch? Saß er wegen ‚Rassenschande‘ in einem Gefängnis der Gestapo?

Ich nahm all meinen Mut zusammen und fragte Maria. Doch auch sie schüttelte den Kopf und beugte sich dann wieder stumm über ihre Stanzmaschine.

Noch in dieser Nacht klopfte es an meiner Tür. Klopfen! Es war, als wäre ein kraftloser Spatz gegen meine Tür geflogen.

Mit verweinten Augen stand Maria vor mir. Und sagte nichts.

Ich fragte, was passiert sei, doch sie sah mich nur an. Dann trat sie einen Schritt zur Seite und hinter ihr stand Dawid.

Ich war es, der ihn mit meiner blöden Quatscherei ans Messer geliefert hatte, und nun suchte er ausgerechnet bei mir Schutz!

Auch er blickte mich stumm an.

Eilig brachen wir die Verkleidung unten im Keller weg. Zum Vorschein kam ein kleiner Zwischendachboden, den ich vor vielen Jahren unten bei den alten Pferdeboxen entdeckt hatte.

Der Raum misst vielleicht sechs Quadratmeter, doch mit einer Matratze, Decken, frischem Wasser und Essen sollte er es eine Weile dort aushalten können.

Doch ich hatte nicht mit unserem Nachbarn Hansen gerechnet. Er wohnte mit seiner Mutter gleich neben meiner Bude. Einer, der immer gierig nach Anerkennung war.“

Ganz genau konnte ich mich an den Keller mit den Pferdeboxen erinnern, doch eine Luke an der Decke war mir nicht aufgefallen. Dabei glaubte ich bei meiner Suche nach einem legendären Silberschatz, der in der Treidelstation verborgen sein sollte, alles abgesucht zu haben.

„Besuche Deine Gespenster, sonst besuchen sie Dich.“

Das hatte mein Vater immer wieder gesagt, wenn ich mich fürchtete. Draußen war das heisere Signalhorn eines Schiffes zu hören, das am nicht weit entfernten Kanal mitten durch Schleswig-Holstein fuhr. Hundemüde schlief ich über den Briefen ein. Ich träumte von verwaisten Häusern, durch die der Wind fuhr und von der Angst, dass niemand mehr da sein könnte.

Wie mit einer Handkamera durchstreifte ich den Flur, den Keller, stieg die Treppen hinauf in die Wohnungen. Doch alle waren verschwunden.

Das Klopfen des Zimmermädchens trieb mich aus dem Bett.

Ich griff mir die Briefe und fuhr zum Café Riverside an der Eider. Drüben, auf der anderen Seite, stand die alte Treidelstation. Herausgeputzt und mit ihrem Büroleben hinter den Scheiben. Selbst von der anderen Seite der Eider erkannte ich noch das Flatterband der Polizei, dass das Grab umschloss, in dem mein leiblicher Vater all die Jahre gelegen hatte. Mit einem Medaillon in der knochigen Faust.

Das Haus ließ sich seine Geheimnisse nicht anmerken. Ich zog den vierten Brief aus seinem Kuvert.

„Mein Nachbar war ein Hund von Spitzel. Und mit seinem Rattengesicht schnüffelte er dort, wo selbst die Gestapo nicht hineinriechen mochte.

Vier Wochen ging alles gut. Maria huschte jeden zweiten Abend in den Keller und brachte etwas zu essen, dann flüsterten sie eine halbe Stunde miteinander und Dawid blieb wieder allein.

Beim Holzholen muss er ihn dann gehört haben.

Aus dem Küchenfenster sah ich, wie Hansen ihn mit der Schrotflinte vor sich hertrieb. Nein, er wollte sich den Triumph nicht nehmen lassen, er wollte ihn höchstpersönlich der Polizei übergeben.

Ich bin dann runter ...“

Hastig riss ich den fünften Brief auf, doch auf dem Bogen stand nur ein Satz: *„Besuche Deine Gespenster, sonst besuchen sie Dich.“*

Keine weiteren Erklärungen, keine persönlichen Grüße für mich. Nicht mal seine Unterschrift. Ich durchwühlte den Stapel mit den Briefumschlägen, öffnete jeden noch einmal, um mich zu überzeugen, dass ich nichts übersehen hatte.

Mir blieb nichts anderes übrig, als mir den Rest der Geschichte zusammenzureimen. Er war hinunter, hatte seinen Nachbarn zur Rede gestellt, es musste zu einem Handgemenge gekommen sein, bei dem mein leiblicher Vater starb. Und er musste aus einem Schuldgefühl heraus und aus Liebe meine Mutter geheiratet haben.

Aber warum schrieb er mir die Geschichte haarklein auf und endete dann mit dem Satz: „Besuche Deine Gespenster, sonst besuchen Sie Dich“?

Ich bestellte bei der Kellnerin eine Portion Sauerfleisch mit Bratkartoffeln und blickte hinüber zur Treidelstation. Gab es weitere Geheimnisse um den Toten, die mir mein Vater in seinen Briefen nicht anvertraut hatte? Vorn am Steg näherte sich eine Segelyacht. Mit lauten Befehlen versuchte der Skipper Frau und Tochter zu dirigieren. Sie hatten jeweils einen Fender und eine Leine in der Hand. Doch dann schabte das Boot gegen den Steg und der Freizeitkapitän begann, laut zu fluchen.

Ich sah hinüber zu der Ödnis, die einmal der Obereiderhafen gewesen war. Statt des alten Krans standen da nun ein paar Lampen, die an Hafenkräne erinnern sollten. Mir kam es so vor, als wollten die Planer über das städtebauliche Gemetzel, das dort veranstaltet worden war, nun auch noch ihren Spott ausgießen. Warum werden eigentlich keine Architekten für ihre Verbrechen an der Menschheit zur Rechenschaft gezogen? Ein paar Jahre in einem schmucken Bauhaus-Gefängnis würde dem einen oder anderen sicher gut tun.

Nein, das, was mein Vater mir kurz vor seinem Tod mitgeteilt hatte, konnte nicht alles sein. Ich wollte und ich konnte mich nicht mit diesen weißen Flecken abfinden.

In der Hohen Straße in Rendsburg kaufte ich mir eine Taschenlampe und in einem Baumarkt einen Kuhfuß, einen Satz Schraubenzieher und einen Bolzenschneider.

Gleich nach Einbruch der Dunkelheit schlich ich mich mit meinem Rucksack auf dem Buckel in das Haus.

Die hintere Tür war kaum gesichert. Trotz all der Umbauten, die die Treidelstation in den letzten Jahren hatte durchmachen müssen, roch es noch immer wie damals.

In unseren ehemaligen Kellern waren Kopierräume und kleine Lager untergebracht. Plötzlich kam mir mein Vorhaben absurd vor. Sie mussten bei den Umbauten das Versteck, in dem mein leiblicher Vater sich vier Wochen vor den Nazis versteckt hatte, doch entdeckt haben! Aber ich wollte mich selbst davon überzeugen.

Ich suchte die Decke ab, konnte aber keinen Eingang zu einem Dachversteck finden. In einem der Lagerräume fand ich einen Stuhl und rückte ihn dicht vor die hintere Tür. Dann stieg ich hinauf und klopfte mit dem Kuhfuß die Decke ab.

Ich fand die Dachluke nach einer halben Stunde. Mit einem großen Schraubenzieher kratzte ich den Putz ab. Dann entdeckte ich kaum sichtbare Ritzen in den Balken. Auf dem Boden sah ich den heruntergebröckelten Putz und ich hatte nicht die geringste Ahnung, wie ich das später erklären sollte.

„Besuche Deine Gespenster, sonst besuchen sie Dich."

Mit dem Kuhfuß hebelte ich die Platte herunter und durchtrennte dann mit dem Bolzenschneider die Kette, die das Ganze sicherte.

Modriger Geruch schlug mir entgegen. Vermischt mit dem Duft von Heu.

Ich schob zwei Schränke unter die Öffnung und kletterte hinauf.

Das Erste, was ich entdeckte, war der alte Richtkranz des Gebäudes. Seine Reste mussten seit der Einweihung Mitte des 18. Jahrhundert dort an einem Querbalken baumeln.

Wann das Heu, das in einer Ecke lagerte, hier hereingeschafft worden sein musste, war mir ein Rätsel. Mitten in dem vielleicht anderthalb Meter hohen Raum stand ein Tisch, darauf vier eingestaubte Bücher, eine Schreibunterlage und eine Petroleumlampe. Ein paar Fetzen von Kleidungsstücken lagen auf dem Boden. Auf einem Brett ein paar verrostete Konservendosen. Auch einen Topf, eine Bierflasche mit Bügelverschluss und Kerzenstummel konnte ich entdecken. Kein Zweifel, es sah aus wie das gerade eilig verlassene Versteck eines Menschen, der sich hier notdürftig eingerichtet hatte. Auch der von Insekten zerfressene Rest einer Matratze lag auf dem Boden.

Das seltsamste Teil dieser Notunterkunft aber stand etwas abseits. Eine Zinkbadewanne, die oben mit einem Deckel fest verlötet war.

Ich war fest entschlossen, mit Schraubenziehern und Kuhfuß ein Loch in den Deckel zu treiben, als ich plötzlich etwas sah, was so überhaupt nicht in diesen Raum passte.

Ein leuchtend roter Umschlag und auf ihm stand nur ein Wort: „*Marcel*".

Mit zittrigen Fingern öffnete ich im Schein der Taschenlampe den Umschlag.

„Nun besuchst Du sie also doch, die Gespenster. Ich werde Dir weitere Briefe schreiben und dir die Vorgeschichte schildern. Jedenfalls hast Du es zu ihm geschafft. Zu Deinem Vater.

Entschuldige, dass ich Dich wohl auf die falsche Fährte schicken muss, damit am Ende nicht ein Fremder dieses Versteck findet. Du wirst es schaffen, ich bin sicher.

Sieh dich um. Hier hat er sich versteckt. Und hier wurdest Du gezeugt. Sieh Dich um, ich habe alles so gelassen. Das Gerippe, dem du auf dem Kopf herumgetrampelt bist, war Hansen.

Ich habe rumerzählt, dass er nach Kiel gereist und dort wohl bei einem Bombenangriff ums Leben gekommen sei. Es waren besondere Zeiten damals.

Und Dein Vater? Hansen hat ihn erschossen, bevor ich den Dreckskerl mit meinem Spaten erschlagen konnte. In die Eider wollte ich den Spitzel nicht werfen, denn so ein Fluss behält so einen nicht bei sich. Ich habe ihm das Medaillon für den Fall in die Hand gedrückt, dass man ihn irgendwann finden würde.

Dein Vater ... ja, er ist hier. Er hat mit Dir unter einem Dach gewohnt. All die Jahre. Hat gesehen, wie Du aufgewachsen bist, eingeschult und dann konfirmiert wurdest und auch, als du das Haus verlassen hast. Das war ich ihm, das war ich Dir schuldig.

Und das war es, was ich Deiner Mutter zurückgeben konnte. Zugegeben, nicht viel."

Christiane Geldmacher

Killing Brigitte Bardot

Esther saß bei einer Tasse Ostfriesentee am Fenster ihres Hauses in Glücksburg und erinnerte sich daran, wie Brigitte Balthus – von Esther wegen ihrer langen, blonden Haare auch BB genannt – im Pausenhof des Flensburger Gymnasiums neben ihr gesessen und von ihrem Lover erzählt hatte. Hallo? Mit 46 noch einen Lover?, hatte Esther gedacht, und: Herrgott, BB, werde erwachsen! Esther hatte versucht, mit der Kollegin über die Jugendstilsammlung in Schloss Gottorf zu sprechen, die herausragenden Arbeiten aus dem schleswig-holsteinischen Kunsthandwerk zeigte. Sie vertrat die These, dass diesem Kunsthandwerk der gleiche Stellenwert eingeräumt werden müsste wie dem afrikanischen. Sowohl was die Sujets als auch die Farbwahl anging. Jugendstilkunsthandwerker hatten um 1900 die gleiche Brillanz wie ihre afrikanischen Kollegen erreicht – warum sie also niedriger einschätzen? Die Kunstgeschichte müsste neu geschrieben werden – wenn Esther nur mehr Zeit hätte.

Doch BB interessierten weder Esthers kunsthistorische Erörterungen noch die in der Welt einzigartige Jugendstilsammlung auf Schloss Gottorf. Sie interessierte nur, mit wem sie letzte Nacht gevögelt hatte. Esther war ganz abgestumpft, was das Thema betraf. BBs Lover wechselten acht bis zehn Mal im Jahr und Esther hatte es aufgegeben, sich all die Tims und Toms noch zu merken. Natürlich spielte es bei ihrer ablehnenden Haltung eine Rolle, dass sich bei Esther in dieser Hinsicht seit geraumer Zeit nichts mehr tat. Obwohl sie nicht unansehnlich war; sie hatte hübsche, ebenmäßige Gesichtszüge, so sagte man jedenfalls. Und sie hatte auch Freunde gehabt, ja, sie war sogar einmal verlobt gewesen. Heutzutage jedoch traf Esther nur noch wenige Männer, die es verstanden hätten, ihr Interesse zu wecken. In deren Hirn irgendwas klingelte, wenn sie etwa Schloss Gottorf erwähnte. Oder Wenzel Hablik, dem Maler, der sich 1908 in Itzehoe niedergelassen und so zauberhafte Stoffe und Wandbehänge entworfen hatte. Esther hatte schon alle Gründe rauf- und runterkonjugiert, warum es zwischen ihr und Männern nicht mehr klappte. Entweder sie waren zu alt oder zu jung, zu dick oder zu dünn, verheiratet oder schwul. Im Grunde war sie schon in Runde vier redundanter Männerbegegnungen angekommen. Letztens war sie wieder an einen Schwulen geraten, der nur auf der Suche nach einer mütterlichen Freundin gewesen war und das Treffen hatte sich als unkonzentriertes Fiasko erwiesen.

BB war übrigens völlig uneitel, das hätte Esther ihr zugute halten müssen. Stattdessen deprimierte es sie. BB trug nie Makeup und sah trotzdem fantastisch aus. Dabei hatte sie einen Zinken im Gesicht, der dem einer Barbara Streisand in nichts nachstand. Und ihre Lover waren immer jünger als sie. Dieser Tim im Moment zum Beispiel mindestens zehn Jahre. Ein Kind polnischer Aussiedler, Hedonist, klar an einem Wechsel ins bürgerliche Lager interessiert. Glaubte Esther jedenfalls, aber sie hütete sich, das BB auf die Nase zu binden. Sie war nicht prüde: BB sollte ihren Spaß haben. Sollte sich wie eine pubertierende Zwölfjährige benehmen. Hauptsache, Esther ließ sich nicht korrumpieren.

Trotzdem nervte es sie – bei aller Unkorrumpierbarkeit – wie sie Luft für Männer wurde, sobald BB den Pausenhof betrat. Egal, was für ein Thema Esther gerade aufgetan hatte: die Zweisprachigkeit an Flensburger Schulen, das Hin und Her in der schleswig-holsteinischen Landesregierung oder das Lebenswerk Thomas Manns: Esther wurde nur unverbindlich zugenickt, dann wurde sich BB gewidmet. Und zwar ausgiebig.

Anfangs trug Esther das noch mit Fassung, aber es war auf die Dauer ärgerlich zu beobachten, wie diese Kerle, mit denen sie sich gerade eben noch über ein leidlich sinnvolles Thema unterhalten hatte, sich in brunftige Hirsche verwandelten, kaum dass BB am Horizont auftauchte. Michael zum Beispiel. Esther mochte ihn eigentlich ganz gern. Der Sportlehrer hatte ein sympathisches Lachen und sie hatte schon überlegt, ob sie nicht versuchen sollte, aus dieser Geschichte mehr zu machen. Michael war zumindest kein solcher Narr wie die meisten seiner Geschlechtsgenossen. Er kannte sich zwar wenig mit Kunst aus – weswegen er auch jahrelang unter Esthers Radar weggetaucht war – dafür aber mit Geschichte. Er ordnete Martin Luther nicht spontan dem Wiener Kongress zu, das war doch schon mal was. Und er war charmant. Er ließ alles stehen und liegen, um Esther zu helfen. Sie brauchte ein Buch aus der Zentralen Hochschulbibliothek Flensburg? Er besorgte es. Sie hatte ihren Schlüssel im Wagen vergessen? Er kroch durch die Hecktür. Ihr Moderationskoffer lag in Glücksburg? Er lieh ihr seinen.

Eines Tages unternahmen BB und Esther einen Ausflug mit der Klasse. Hinaus in die freie Natur, Esther hatte sich nicht durchsetzen können mit ihrem Vorschlag, das Emil Nolde Museum in Seebüll zu besuchen. Sie war von der Klasse niedergeschrien worden, ohne dass BB eingegriffen hätte. Was Esther als zutiefst unkollegial empfunden hatte. Um sie zu befrieden, war BB ihr allerdings in der Wahl des Ortes entgegengekommen: Die Wanderung sollte von Glücksburg über den Solitüdestrand nach Flensburg gehen.

Morgens um zehn schleppte Esther sich also zum Treffpunkt ans Kurzentrum Glücksburg. Sie hatte miserabel geschlafen und kämpfte gegen eine mörderische Migräne an. Die Aussicht auf einen Tag mit BB verbesserte ihre Laune nicht. Als Willkommen klopfte BB ihr derb auf die Schulter, was Esther hasste. Nachdem sie ein paar Parolen an die Kinder herausgegeben hatten, liefen sie los. Die Kinder setzten sich, so schnell es ging, rennend und spielend von ihnen ab; Gelegenheit für BB, auf ihr Lieblingsthema zu kommen. Gott, wie ich diese ganzen verdammten Männergeschichten hasse, ich kann's nicht mehr hören, dachte Esther und trottete missmutig neben der quirligen Kollegin her. Aber Menschen änderten sich ja nicht, bloß weil sie eine Wanderung mit Esther unternahmen. Also erfuhr sie, dass BB eine erotische Anzeige im Flensburger Stadtmagazin Up2City geschaltet und damit offenbar einen durchschlagenden Erfolg gehabt hatte. Über hundert Zuschriften aus Flensburg und Umgebung hatten sie erreicht, prahlte BB, auch Schüler waren dabei gewesen. Einer von ihnen laufe da vorn gerade durch den Wald, aber BB sagte nicht welcher. Esther lief es kalt den Rücken runter. BB definierte ihre Verantwortung für Schutzbefohlene wirklich neu!

Der Text der Anzeige hatte gelautet:

Erotische Phantasien gesucht! Wenn sie mir gefallen, schicke ich euch meine!

BB hatte mit dem Synonym Brigitte Bardot unterschrieben und Esther beglückwünschte sich zu ihrer Menschenkenntnis. Brigitte Bardot = Brigitte Balthus schien ihr über den Himmel der Flensburger Förde geschrieben zu sein und kopfschüttelnd kickte sie einen Kiefernzapfen den Weg entlang. BB machte nicht den geringsten Hehl aus ihrer Erotomanie, sie war sogar noch stolz drauf. Sie schilderte all die erotischen Phantasien, die ihr zugeschickt worden waren. Etwas, das Esther im Moment wirklich nicht aufnehmen konnte. Hinter BBs Rücken schluckte sie eine Tablette gegen ihre mörderischen Kopfschmerzen. Esther störten nicht die Phantasien an sich – sie war wie gesagt nicht prüde – sondern mehr ihr erbärmliches Niveau. High heels, Strapse, Lackledermontur, Peitsche: Esther hatte das immer für Unterschicht gehalten. Aber BB behauptete, es wären auch Akademiker unter den Zuschriften gewesen.

Esther brüllte nach den Kindern, damit das leidige Thema beendet würde, aber sie waren alle schon weit weg. Sie rieb sich die Schläfen. Die verdammte Tablette half einfach nicht.

Immer tiefer ging es in den Wald hinein. Das blaue Wasser der Flensburger Förde leuchtete nur noch selten zwischen den Bäumen hervor. BB kannte die ausgedehnten Wälder zwischen Glücksburg und Flensburg wie ihre Westentasche, ihre Großmutter lebte in Mürwik. Immer wieder zeigte sie Esther Plätze, wo sie – na, was wohl? – Sex mit Männern gehabt hatte. Ein Hochsitz, ein Parkplatz, das Denkmal für die Gefallenen des Ersten Weltkriegs. Und immer wieder drehte BB sich nach Esther um, um ein erotisches Detail mit einer bedeutungsvollen Geste oder einem bedeutungsvollen Gesichtsausdruck zu unterstreichen. Esther nickte ihr höflich zu, ballte aber die Fäuste in den Taschen.

Hintereinander erklommen sie den schmalen Pfad neben einer Schlucht und Esther hatte BBs schaukelnden Hintern im Gesicht. Sie versuchte, Abstand zwischen sich und die Kollegin zu bringen, aber BB blieb stehen und wartete auf sie. Schließlich hakte sie sie sogar unter. BBs Parfüm stieg Esther in die Nase und ihre dumpfen Kopfschmerzen wurden stechend. Um BB loszuwerden, gab sie vor, auf dem nassen Laub auszurutschen. BB geriet dabei ins Straucheln und balancierte gefährlich nah am Rand des Abgrunds. Esther fehlte jeder Impuls, ihr zu helfen. Als BB nach ihr griff, ließ sie sich auf den Boden fallen. BB bekam Esthers Fuß zu fassen und Esther krallte sich an einer großen Baumwurzel fest. Einen Moment sahen sie sich in die Augen. Dann rief Esther „Entweder du oder ich!" und versetzte BB einen Tritt. BB verlor den Halt und stürzte mit einem Schrei in die Tiefe. Esther hörte, wie sie hart auf dem Boden aufschlug.

Minutenlang war Esther völlig unfähig, sich zu bewegen. Keuchend sah sie in den Himmel hoch. Sie setzte sich auf, robbte an den Abgrund und spähte hinunter. BB sah mit ihren blonden Haaren und dem babyblauen Anorak wie eine Plastikpuppe aus. Sie lag in einer unnatürlichen Haltung da, ganz verdreht. Esther zog ihr Handy aus der Jacke und wählte die 110.

Von den Schülern war nichts zu sehen. Esther schrie nach ihnen und erhielt ein paar Antworten. Humpelnd lief sie in die Schlucht hinunter. Sie hatte sich die ganze Seite geprellt. Innerhalb weniger Minuten war sie bei BB. Doch die Kollegin war nicht mehr zu retten, sie war sofort tot gewesen. Glatter Genickbruch.

Die Schüler kamen herangestolpert und betrachteten mit fassungslosem Entsetzen ihre tote Biologielehrerin. Esther stand unter Schock, erstens, weil sie noch nie einen Toten mit Genickbruch gesehen hatte, und zweitens, weil sie dafür die Verantwortung trug. Diesen schockierten Eindruck machte sie auch während der Vernehmung durch die Polizei, die zusammen mit einem Rettungswagen eine Viertelstunde später am Tatort eintraf. Sie betrachtete sich nicht als Mörderin. Sie hatte nicht die geringsten Tötungsabsichten gegenüber BB gehabt, als sie zu dem Ausflug losgezogen waren.

Als Esther abends nach Hause kam, googelte sie gleich die offizielle Rechtslage. Das Ganze war Totschlag, fand sie heraus. „Der Totschlag ist in § 212 StGB geregelt. Danach ist Totschläger, wer einen Menschen tötet, ohne Mörder zu sein." Genauso war es! Esther hatte BB getötet, ohne eine Mörderin zu sein! Ach, noch nicht mal das! Es war nur ein Affekt! Ein bedauerlicher Unfall! Ein Missverständnis! Warum hatte BB sie auch immer zu diesen Outdoorausflügen gezwungen? Im Emil Nolde Museum in Seebüll wäre das alles nicht passiert.

Esther wurde zu BBs Begräbnis auf den Friedenshügel eingeladen. Wie die ganze Schule. Beim Leichenschmaus an der Hafenspitze erzählte ihr BBs Mutter zahllose Geschichten über ihre herausragende Tochter und wie viel ihr ihre Freunde bedeutet hatten. Die Mutter rief Esther noch monatelang an, weil sie es gewesen war, die die letzten Minuten mit BB verbracht hatte. Wieder und wieder wollte sie wissen, worüber sie zuletzt gesprochen hatten. Esther musste sich sehr beherrschen, ihr nicht die erotischen Fantasien ihrer Tochter aufzutischen. Schließlich fauchte Esther: „Hören Sie, Frau Balthus, ich kannte Ihre Tochter überhaupt nicht. Wir haben uns nicht ein einziges Mal privat getroffen."

Danach hatte die Mutter sie nie mehr angerufen.

Natürlich war das Ganze der moralische Tiefpunkt in Esthers Leben gewesen. Trotzdem hatte es sich in gewisser Weise gelohnt für sie. Denn Michael und sie waren sich näher gekommen, er hatte sich in dieser schwierigen Zeit als wertvoller Freund erwiesen. Und sein Interesse an BB war weitaus oberflächlicher gewesen, als Esther zunächst gedacht hatte. Sie sprachen höchstens zwei, drei Mal über die furchtbaren Ereignisse, dann war die Sache für Michael erledigt und er konzentrierte sich auf ihre zart beginnende Liebesgeschichte.

Esther trank ihren kalt gewordenen Tee aus und sah auf die Uhr. Er würde gleich kommen, mittwochs hatte er immer die Basketball-AG.

Irgendwie, dachte Esther, war dieser Mord ein Volltreffer gewesen.

Für Esther nur natürlich. Für BB weniger.

Komisch. Jetzt hatte sie tatsächlich Mord gedacht.

Anke Clausen

Reden ist Silber, Schweigen der Tod

Energisch schob sie den vollgepackten Einkaufswagen über den Supermarktparkplatz bis zu ihrem kleinen Lieferwagen. Hatte sie an alles gedacht? Während sie die unzähligen Plastiktüten einlud, ging sie im Geiste noch einmal ihre Einkaufsliste durch. Wasser für die Gäste, Bier für die Männer von der Baustelle, Waschpulver, Putzmittel, Obst und Gemüse und Zutaten für das Mittagessen: Kalbfleisch, Champignons, Sahne. Kartoffeln für die Rösti hatte sie noch im Keller. Sie knallte die Heckklappe zu, setzte sich ans Steuer und startete den Motor. In Burg staute sich der Verkehr. Urlauber auf Parkplatzsuche, vermutete sie genervt, als sie langsam über das alte Kopfsteinpflaster der Breiten Straße fuhr. Den Charme der Inselhauptstadt nahm sie nicht wahr. Sie hatte keinen Blick für die fröhlichen Menschen, die von Geschäft zu Geschäft bummelten und dabei die alten Fachwerkbauten und Bürgerhäuser bestaunten. Die Restaurants und Cafés waren gut besucht und die Gäste genossen den Schatten der alten Linden an diesem sonnigen Tag. Während sie sich durch den Ort quälte, überdachte sie ihren weiteren Tagesablauf. Zurück auf dem Ferienhof würde sie das Mittagessen vorbereiten und anschließend mit dem Mercedes aufbrechen. So war der Plan. Das hatte sie mit ihrem Mann besprochen. Sie wollte ihre Schwester besuchen, nur für ein paar Tage. Sie trat auf das Gaspedal, nachdem sie das Ortschild passiert hatte. Wie oft war sie diese Strecke schon gefahren? Die Schönheit der Insel sah sie schon lange nicht mehr: die schiefen Bäume, die Felder und Wiesen, die alten Höfe, die wunderbaren Strände. Sie wusste, dass das alles sehr anziehend sein musste, denn sonst kämen nicht jedes Jahr die vielen Touristen, die ihr ständig versicherten, wie schön Fehmarn sei. Schön? Schönheit lag im Auge des Betrachters. Sie sah in erster Linie die ganze Arbeit. Seit dem frühen Morgen hatte sie sich wieder fast zerrissen, um alles zu erledigen. Der Vormittag war stressig gewesen. Die Tiere auf dem Hof versorgte sie selbst. Und es waren nicht wenige. Sie hatte drei Ferienappartements für die neuen Gäste vorbereiten müssen. Auch wenn sie eine Putzkraft hatte, musste sie alles kontrollieren. In den meisten Fällen fand sie doch noch Ecken und Winkel, in denen sie selbst Hand anlegen musste. Um die frischen Blumen und die Süßigkeiten für die kleinen Gäste kümmerte sie sich sowieso immer persönlich. Sie war das Herz des Ferienhofes „Meeresbrise" ihrem persönlichen Alcatraz.

Er setzte sich in den Bauwagen und trank mit gierigen Schlucken eine halbe Flasche Cola leer. Der Schweiß lief ihm über die Stirn. Mit dem Hemdsärmel wischte er ihn ab und fuhr sich dann mit seinen dreckigen spröden Händen durch das immer noch volle Haar. Seine Schläfen würden langsam grau, hatte seine Frau vor kurzem gemeint. Und sie hatte gesagt, so hätte er doch immerhin etwas gemeinsam mit George Clooney. Er war sich nicht sicher, ob sie ihm damit ein Kompliment gemacht hatte, er hatte auch nicht nachgefragt.

Gestern war er zu spät ins Bett gegangen und heute hatte der Wecker wieder um 5 Uhr in der Früh geklingelt. Den ganzen Morgen hatte er geschuftet wie ein Tier. Erst hatte er wie jeden Tag auf der Baustelle mitgearbeitet und dann hatte er sich um den Mercedes gekümmert. Seine Frau wollte heute mit dem Wagen nach Süddeutschland fahren. Sie hatte gejammert, dass sie ihre Schwester und die beiden Neffen viel zu selten sehen würde. Er hatte eingesehen, dass sie diesen Kurzurlaub dringend brauchte und ihr versprochen, den Mercedes von innen und außen zu säubern und vollzutanken. Er unterdrückte ein Gähnen und zwang sich, auf die Baupläne zu schauen. Doch, sie kamen gut voran. Er erneuerte ständig und baute Ferienhäuser dazu. Man musste der Konkurrenz die Stirn bieten. Auch auf der idyllischen Insel Fehmarn. Sein Ferienhof war einer der größten auf der Insel. Sie hatten die alten Stallungen zu schicken kleinen Appartements umbauen lassen und dann immer mehr auf Komfort gesetzt. Es gab nun sogar einen Spielplatz und einen Streichelzoo, natürlich auch ein paar Ponys. Allem gerecht zu werden machte viel Arbeit. Zumindest ging es ihm und seiner Frau finanziell gut, sehr gut sogar. Doch dass Geld nicht glücklich machte, hatte er auch gelernt. Das Erbe seiner Väter war für ihn zum Fluch geworden.

Sie stöhnte leise, als sie die schweren Tüten auf die Arbeitsplatte stellte. Natürlich hatte sie wieder viel zu viel eingekauft. Von dem ganzen Zeug würde sie kaum noch etwas essen. Sie sah aus dem Fenster. Zwei Ferienkinder rannten lachend über den Hof. Kinder. Sie hätte so gerne welche gehabt. Von einer halben Fußballmannschaft hatte sie geträumt, aber es hatte nicht geklappt. Zwei Fehlgeburten hatten sie die Hölle durchleben lassen. Sie trauerte noch immer um die zwei Seelen. Ihr Mann hatte es hingenommen und geschwiegen. Sie hatte über Adoption nachgedacht. Lange. Als sie ihm ihre Idee mitgeteilt hatte, hatte er sie nur skeptisch angeschaut. Nie wieder war das Thema angesprochen worden. Sie lebten ihr Leben weiter. Zu zweit. Alles lief in ruhigen Bahnen, routiniert und wahrscheinlich etwas langweilig, aber sorglos. Sie verstanden sich ohne Worte. Und wenn sie bei den Mahlzeiten zusammensaßen, redeten sie über die Gäste, die Baustelle oder kommende Feiertage. Am Abend saßen sie vor dem Fernseher, knabberten Erdnüsse und sahen sich Filme an, in denen Menschen von einem Abenteuer ins nächste stolperten, allen Widrigkeiten trotzten und am Ende ihre Ehre, Liebe oder die Regierung gerettet hatten. Sie ging davon aus, dass sich Liebe nach vielen Jahren freundschaftlich anfühlte und die große Leidenschaft eben abgekühlt war. Hatte es in ihrem Leben so etwas gegeben? Oder verwechselte sie Leidenschaft mit der Schwärmerei eines Teenagers, der seinen ersten Freund am Ende sogar viel zu jung geheiratet hatte? Sie lächelte, als sie sich eine Tasse Kaffee einschenkte. Seit einiger Zeit wusste sie, dass man einen Grund brauchte, um im Leben etwas zu verändern.

Er sah auf die Uhr. Es war langsam Zeit, ins Haus zu gehen. Seine Frau kochte jeden Mittag. An manchen Tagen, wenn sie mit dem Bau eines neuen Ferienhauses beschäftigt waren, passte ihm diese Unterbrechung gar nicht. Aber wie so oft hatte er keine Lust, das Thema anzusprechen. Ihr waren die gemeinsamen Mahlzeiten viel wichtiger als ihm. Sie hätte ihn wahrscheinlich gar nicht verstanden und schließlich brauchten seine Männer ja auch mal eine Pause. Sein Leben war bestens organisiert, seit er verheiratet war. Sie stritten sich selten, was sicher auch daran lag, dass er es immer zu vermeiden versuchte, über unangenehme Dinge zu reden. Er löste diese allein oder lebte einfach damit. Wahrscheinlich war dies das Geheimnis ihrer langen Ehe. Aber war das auch der Schlüssel zum Glück? Sie schien zufrieden zu sein und er war froh, wenn er seine Ruhe hatte. Die Gäste und die ständigen Umbauarbeiten und Neubauten ließen ihm sowieso kaum Zeit, über sich nachzudenken. Nur manchmal, in der Nebensaison, wenn er auch mal Muße hatte, einen über den Durst zu trinken, dann fielen ihm seine Träume wieder ein. Als Junge hatte er die Welt sehen wollen, Expeditionen machen und Dschungelindianer am Amazonas besuchen oder unbekannte Insekten finden. Er wollte studieren und mit dem Rucksack nach Südostasien reisen. Er wollte so viel ... und dann starb sein Vater, als er gerade 18 war. Alles hatte sich plötzlich geändert. Es war kein Platz mehr für Träume und Pläne. Wenige Jahre später lernte er sie kennen. Sie hatten sich ineinander verliebt und alles fühlte sich gut und richtig an. Die Heirat war der nächste logische Schritt gewesen. Seine Ehe war leider kinderlos geblieben, doch er hatte drei Brüder und dadurch genug Nichten und Neffen, die er aufwachsen sah und sehr lieb gewonnen hatte. Eigentlich fehlte ihm nichts, aber ganz tief in seinem Innersten bohrte dieser Stachel. Er hätte gern einen Erben für sein Lebenswerk gehabt. Was er auch baute und wie sehr er den Hof auch vergrößerte, die Frage war doch, wofür? Das letzte Hemd hat bekanntlich keine Taschen.

Eigentlich hatte sie erst die Lebensmittel verstauen wollen, doch sie hielt es nicht länger aus. Hatte er geschrieben? Sie lief in ihr kleines Büro. Mit zitternden Händen rief sie ihre E-Mails auf. Würde alles so bleiben, wie sie es geplant hatten? Ihr Herz klopfte bis zum Hals. Was, wenn er es sich anders überlegt hatte? Eine neue Mail. Er hatte sie in der Nacht geschrieben.

Nur noch wenige Wochen! Dann treffen wir uns in Bangkok. Du wirst doch kommen? Ich kann es kaum noch erwarten, dich endlich zu sehen. Harry

Oh ja, sie würde kommen. Nichts würde sie jetzt mehr aufhalten. Natürlich würden sie alle für verrückt erklären. Sie lebte doch einen Traum. Arbeiten, wo andere Urlaub machen. Fehmarn. Aber immer nur Fehmarn? Ihr ganzes Leben hatte sie auf der Insel verbracht. Ihre Freundin Maike hatte ein kleines Reisebüro. Immer wieder hatte sie Kataloge mitgenommen und von Zielen unter tropischer Sonne geträumt. Nur ab und zu mal raus. Nicht immer Ostseestrand. Ihr Mann hatte sich durchaus interessiert gezeigt. Aber über ein „toll, das machen wir mal, aber …“, war es nie hinausgekommen. Immer Arbeit. Der Ferienhof fraß sie lebendig auf. Nun würde sie den Schlussstrich ziehen, für immer. Seit Monaten chattete sie vor lauter Frust im Internet. Sie nannte sich Sally und war ein freier Mensch. Mit wem sollte sie denn sonst reden? Die Insel war zwar nicht klein, aber klein genug. Ihre Probleme würden schnell die Runde machen, wenn sie sich jemandem anvertrauen würde. Ihr Mann war immer beschäftigt. Und über Unangenehmes sprachen sie schon lange nicht mehr. Im Internet konnte sie sich alles von der Seele schreiben, und sie wurde verstanden. Besonders von einem: Harry. Seit fünf Monaten mailten sie sich regelmäßig. Sie konnte ihre Sorgen und ihre Träume mit jemandem teilen, ohne zuviel von sich preiszugeben. Sie war vorsichtig geblieben, doch irgendwann war es ganz klar: Er war der Richtige. Schnell kramte sie die Lebensmittel aus den Tüten – Kalbsfleisch, Sahne, Petersilie,

Champignons. Die anderen Pilze hatte sie bereits aus dem Keller geholt.

Er zog sich die dreckigen Gummistiefel vor der Tür aus und betrat auf Socken das Haus. Sie hantierte in der Küche. Er atmete tief durch und befahl sich zu lächeln, bevor er den Raum betrat.

„Hallo, mein Häschen."

„Hallo, mein Hase."

So begrüßten sie sich immer, seit über 15 Jahren. Hase? Lächerlich. Eines Tages würde er sich wahrscheinlich übergeben müssen, wenn er diese selten dämliche Begrüßung aussprach. Er war kein Hase, er hatte nie einer sein wollen. Wenn sie Hase sagte, lief ihm eine Gänsehaut über den Rücken. Und sie war bei Gott kein Häschen. Bei Häschen dachte er an Playboy-Bunnies. Heiße Frauen in sexy Wäsche. Seine Frau liebte es bequem. Baumwolle. Schlicht und weiß. Ihr schönes langes Haar hatte sie sich bereits vor vielen Jahren abscheiden lassen. Jetzt war es nur noch schulterlang und meistens zurückgebunden. Sie war auch so gut wie nie geschminkt. Es war nicht so, dass ihm Wimperntusche und Lippenstift wichtig waren, ihm war nur aufgefallen, dass sie sich früher mehr Mühe gegeben hatte, für ihn hübsch zu sein. Vielleicht hätte er es nie bemerkt, wenn er nicht plötzlich angefangen hätte, ihre Beziehung zu reflektieren. Alles war purer Zufall gewesen. Er hatte am Abend in seinem Büro gesessen und hatte im Internet Preise verglichen. Sie brauchten noch Fliesen und Gartenmöbel für die neuen Ferienhäuser. Irgendwie war er vor dem Computer hängen geblieben und hatte sich im World Wide Web verfangen.

„Hast du Hunger?"

Die Frage brachte ihn wieder zurück ins Hier und Jetzt. Zwei volle Supermarkttüten standen auf der Arbeitsfläche. Sie war gerade dabei gewesen, sie auszupacken, als er in die Küche gekommen war. Sie fragte ihn jeden Tag, ob er Hunger hatte.

Natürlich hatte er Hunger. Heute genauso wie jeden Tag der vergangenen 15 Jahre. Er war aufgeregt und nervös. Sein Leben würde sich bald ändern. Er musste so viel beachten. Auf keinen Fall durfte er einen Fehler machen.

„Wie läuft es auf der Baustelle?"

„Ja, läuft."

„Ich koche Zürcher Geschnetzeltes."

„Lecker. Wo ist denn die Tageszeitung?"

„Sie liegt genau vor dir."

Schon sehr bald würde sie diese sinnfreien Dialoge nicht mehr führen müssen. Vor Aufregung wurde sie ganz kribbelig. Sie mahnte sich still zur Vorsicht.

„Ich werde jetzt doch schon früher fahren. Sonst stecke ich bei Hamburg im Feierabendverkehr fest."

Er brummte kurz, ohne den Blick von der Tageszeitung abzuwenden. Sie würde sich darüber nicht mehr aufregen. Ihr Leben mit ihm war vorbei, er wusste es nur noch nicht. Sie hatte alles vorbereitet. Es führte kein Weg zurück. Sie würde sich zum ersten Mal in ihrem Leben in ein Abenteuer stürzen. Diesen Mut, ihr Leben radikal zu ändern, verdankte sie ihrer neuen Liebe. Harry war ein Mann mit Bildung. Er interessierte sich für Kunst, Musik, Filme und besonders fürs Reisen. Sie hatten sich unzählige Male Mails geschickt, über vieles geredet und irgendwann festgestellt, dass sie die gleichen Träume hatten. Sie hatten sich gegenseitig Mut gemacht, diese zu verwirklichen. Eine E-Mail hatte sie schließlich überzeugt.

Er hatte geschrieben: Wir werden uns die Welt ansehen und an dem schönsten Platz könnten wir uns niederlassen.

Sie hatte ihn gefragt, ob sie sich nicht vielleicht irgendwann langweilen würden?

Und er hatte ihr spontan geantwortet.

Wie wäre es mit einem kleinen Hotel? Nur ein paar Zimmer?

Ja, das wollte sie. Jeden Tag Menschen treffen, die etwas zu erzählen hatten. Die etwas erlebt hatten. Und sie würde ihnen den Aufenthalt so schön wie möglich machen. Exotische Blumen würden in den Zimmern duften. Nie wieder würde sie Tulpen in eine Vase stecken. Niemand würde sie verstehen. Zum Glück war ihre Mutter bereits gestorben. Alle anderen waren ihr egal. Sollten sie sie doch für durchgeknallt halten. Sie steckten ja auch nicht in ihrer Haut. Sie riss sich in Stücke, damit es den Gästen an nichts fehlte. Die Idylle kostete sie den letzten Nerv. Und ihr Mann baute ständig neue Ferienhäuser, damit sie es im Alter auch schön hatten. Alter? Wann würden sie denn in Rente gehen und das Leben genießen? Er konnte doch nie aufhören. Wahrscheinlich würden nur ein schwerer Schlaganfall oder ein Herzinfarkt ihn daran erinnern, dass das Leben irgendwann zu Ende war. Dann würde es aber auch keine Möglichkeit mehr geben, ein bisschen was von der Welt zu sehen. Sie rührte in der Pfanne. Die Zwiebeln waren glasig. Schnell das Fleisch anbraten und die Pilze dazugeben. Er war doch selbst schuld. Sie hatte gar keine andere Wahl. Sie musste jetzt handeln.

Er blätterte die Zeitung um, die er gar nicht las. Er versteckte sich hinter den Seiten, um in Ruhe nachdenken zu können. Sie würde also schon vor dem Essen fahren. Kein Problem. Der Wagen stand in der Auffahrt. Gut, dass er sich rechtzeitig um alles gekümmert hatte. Zum Glück redete sie heute nicht so viel. Meistens hatte sie beim Einkaufen eine Bekannte getroffen und teilte ihm den neusten Inselklatsch mit, der ihn nicht im Geringsten interessierte. Wahrscheinlich war sie mit ihren Gedanken schon in Süddeutschland bei ihrer Schwester. Quatschen und Shoppen. Das bedeutete nur, dass sie vorhatte, zu viel Geld für langweilige Klamotten auszugeben. Und wenn schon. Das spielte keine Rolle mehr. Sobald sie das Haus verlassen hatte, würde sein Leben neu beginnen. Er würde ganz neu anfangen. Bis jetzt lief alles nach Plan. Der Mercedes war vollgetankt und gesaugt. Er hatte sich wirklich Mühe gegeben. Nach dem Mittagessen würde er wieder auf die Baustelle gehen. Es gab genug zu tun. Wie immer würde er mit den Männern arbeiten. Sie würden zwischendurch ein paar flache Sprüche reißen und sich sicher auch ein Bierchen gönnen. Er durfte nicht vergessen zu erwähnen, dass er glaubte, einen Marder gesehen zu haben. Und während dieses augenscheinlich ganz normalen Tages auf dem Ferienhof „Meeresbrise" würde er auf einen wichtigen Anruf von der Polizei warten.

„Das muss hier noch mindestens zehn Minuten köcheln. Ich gehe mich umziehen."

Wieder hatte er nur gebrummt. Es störte sie nicht mehr. Schnell lief sie die Treppe hinauf ins Schlafzimmer und schlüpfte aus ihrer Jeans in den neuen Hosenanzug. So etwas Edles hatte sie vorher noch nie gekauft. Auf der Insel würde man auch vergeblich danach suchen. Sie hatte ihn im Internet bestellt. Und ein neues Parfum hatte sie sich auch zugelegt, aber das würde sie erst im Auto aufsprühen. Ihr neues Leben sollte einen frischen Duft haben. Jetzt ging es endlich los. Warum fühlte sie sich nicht schuldig? Müsste sie nicht schnell nach unten rennen und das Zürcher Geschnetzelte ins Klo kippen? Nein. Sie fühlte sich wunderbar. Endlich war sie frei. Sie hatte 15 Jahre lang geschuftet und nie hatte sie sich ein bisschen Luxus geleistet. Als ihr klar geworden war, dass sie ihn verlassen würde, war sie ins Grübeln gekommen. Sollte ihr denn gar nichts bleiben? Schließlich war es zur Hälfte ihr Verdienst, dass der Ferienhof so erfolgreich lief. Sicher könnte sie sich irgendwann scheiden lassen, aber dann müsste sie zurück in die alte Welt und einen Prozess anschieben, der ihr jetzt schon Magenschmerzen bereitete. Er würde sie sowieso nicht auszahlen können. Ihr gemeinsames Vermögen steckte in den Immobilien, den Ferienhäusern. Sie hatte sich zwischendurch gewünscht, er würde einfach gegen einen Baum fahren. Dann wäre alles klar. Zum Glück war ihr dann die Idee mit den Pilzen gekommen. Ihre eigene Großmutter hatte sie schon als Kind zum Pilze sammeln mit in die Holsteinische Schweiz genommen. Immer wieder hatte die Oma vor den giftigen gewarnt, wenn sie durch die Wälder gestreift waren. Da waren der hübsche Fliegenpilz, der Pantherpilz und vor allem der Knollenblätterpilz. Er war der giftigste von allen. Absolut tödlich. Sie war vielleicht nicht das hellste Mädchen unter der Ostseesonne, aber was sie als Kind gelernt hatte, hatte sie behalten. Sie hatte sich im Internet schlaugemacht und war sofort begeistert gewesen. Warum machten sich Mörder so viel Stress? Man musste keine illegalen Schusswaffen besorgen oder mit einer Axt ein unschönes Blutbad anrichten. In der Natur wuchs eine tödliche Waffe. Der Knollenblätterpilz war die Lösung. Nach etwa zehn Stunden würde er schlimme Magenschmerzen und starken Durchfall bekommen. Ihm würde übel werden und er würde sich übergeben. Sie kannte ihren Mann. Wegen so etwas ging er nicht zum Arzt. Und tatsächlich würde es ihm bald wieder besser gehen. Die Symptome würden verschwinden. Er würde sich weiter keine Gedanken machen, sondern auf der Baustelle nach dem Rechten sehen. Nach drei oder vier Tagen würden die Beschwerden zurückkehren. Und dann würde es für jede Hilfe zu spät sein. Seine Leber und seine Nieren würden versagen und er sicher sterben. Und dann könnte sie so schnell wie möglich den verfluchten Hof verkaufen und ihre Unabhängigkeit genießen. Sie zuckte mit den Schultern. Schön war das nicht. Aber war es ihre Schuld, dass es so weit kommen musste? Sie nahm ihren Koffer, sah sich ein letztes Mal um und lief hinunter. Das Geschnetzelte roch wie immer verführerisch. Sie hatte keinen Zweifel, dass er seine Henkersmahlzeit mit Genuss verzehren würde.

Er starrte an die Wand und träumte von der Zukunft. In wenigen Stunden würde er sich mit seiner neuen Liebe in Verbindung setzen und die weiteren Pläne besprechen. Er musste gar nicht wissen, wie sie aussah. Er machte sich nicht einmal Sorgen, dass sie bei der Beschreibung ihrer Figur eventuell gelogen haben könnte. Allein die witzigen Mails, die all ihren sarkastischen Humor zeigten, reichten ihm. Wie sie auch aussah, ob blond, ob braun, ob dick, ob dünn. Sie war eine Frau nach seinem Geschmack. Lustig und bereit für ein Abenteuer. So eine Frau war sexy. Endlich hörte er sie die Treppe herunterkommen. Er atmete tief durch und stand auf, als sie in die Küche kam, um sich zu verabschieden.

„Ich fahr dann jetzt. Und nimm das Essen vom Herd. Das ist jetzt fertig."

„Ja, und grüß schön."

Schicker Hosenanzug, dachte er. Der musste neu sein. Das Haar trug sie offen. Diese weichen Locken. Früher war er gern mit seinen Händen durch die goldenen Wellen gegangen und hatte sie im Nacken geküsst. Das mochte sie besonders.

Es krachte plötzlich. Ihr Handy war zu Boden gefallen und auf den Küchenfliesen zerschellt.

„Ach Mist! Egal. Meine Schwester wird ihr Telefon mitnehmen. Ich ruf dich an, dann hast du unsere Nummer."

Sie wirkte so fröhlich, so zielstrebig. Diese Seite hatte er lange an ihr vermisst. Eigentlich war sie nicht unattraktiv, stellte er verblüfft fest.

„Tschüss mein Hase." Sie drückte ihm einen Kuss auf die Wange. In diesem Moment hätte er sie gern umarmt, doch er tat es nicht. Die Würfel waren gefallen. Ohne sich noch einmal umzudrehen, verließ sie die Küche. Ja, der Hosenanzug stand ihr wirklich gut. Schade ums Geld. Das Häschen würde nämlich nicht weit kommen. Er hatte die Bremsleitungen manipuliert. In der vorigen Nacht, als auf dem Hof alles ruhig gewesen war, hatte er mit einem spitzen Gegenstand solange an den Leitungen gearbeitet, bis es einige winzige undichte Stellen gab. Danach hatte er einen toten Marder durch den Motorraum gerieben. Es würde bei einer genaueren polizeilichen Untersuchung alles auf einen tragischen Unfall hinauslaufen. Es kam nicht oft vor, dass Marder sich an den Bremsleitungen zu schaffen machten, aber hin und wieder passierte es eben doch. Früher oder später würden die Bremsen versagen und seine Frau auf der Autobahn die Kontrolle über das Fahrzeug verlieren. Sie fuhr immer zu schnell, obwohl sie wenig Fahrpraxis auf langen Autobahnfahrten hatte. Den Mercedes fuhr sie so gut wie nie. Sie kannte sich mit dem Wagen und der Gangschaltung nicht aus. Es musste schon mit dem Teufel zugehen, wenn sie lebend aus der Sache rauskommen würde. Er zwang sich, positiv zu denken. Sie durfte diesen Unfall auf keinen Fall überleben.

Sie knallte die Tür des Mercedes' zu und legte den ersten Gang ein. Sie musste sich ein Kichern regelrecht verkneifen. Wie genial, dass ihr noch eingefallen war, ihr Handy zu zerstören. Nun lag es an ihr, wann sie mit ihm reden wollte. Sie würde ihn morgen Abend aus einer Telefonzelle anrufen. Er würde über Übelkeit und Durchfall klagen. Sie würde ihn wie immer bemitleiden und ihn damit aufziehen, dass er wie jeder Mann immer davon ausging, er wäre dem Tod näher als dem Leben, wenn er mal ein bisschen krank sei. Sie würde ihm raten, gegen die Übelkeit ein bisschen Cola zu trinken und ihm noch mal erklären, wo genau sich in der Hausapotheke ein Medikament gegen Durchfall befand. Sie gab Gas. Der teure Kies flog durch die Luft, als sie von der Auffahrt fuhr. Nix wie weg! Auf sie wartete ein neues Leben. Ein Abenteuer. Sie war in ihrem Leben erst zweimal geflogen. Ihre Hochzeitreise hatten sie auf Mallorca verbracht. Und dann war sie mit ihrer Mutter in Wien gewesen. Endlich war mal was los. Sie würde mit ihrer Schwester durch den Schwarzwald fahren und dann natürlich auch irgendwann eine Telefonnummer angeben. Man würde sie anrufen und ihr mitteilen, dass er in die Klinik eingeliefert worden war. Selbstverständlich würde sie den Urlaub sofort abbrechen und scheinbar voller Sorge nach Hause eilen. Und dann, wenn sie die Beerdigung hinter sich gebracht hatte, würde sie den Hof zum Verkauf anbieten und für immer verschwinden. Sie würden sich in einem schicken Luxushotel in Bangkok treffen. Dort würden sie dann am Pool liegen, sich bunte Cocktails bestellen und sich rundum wohlfühlen. Am schönsten war der Gedanke, dass sie genug Geld haben würde, sich all das leisten zu können. Laut lachend drehte sie das Autoradio lauter und gab Vollgas.

Er sah aus dem Küchenfenster. Viel zu schnell donnerte sie die Ausfahrt entlang. Normalerweise würde er sich jetzt furchtbar aufregen. Sie hatten kleine Kinder unter den Feriengästen. Aber es war ja kein normaler Tag. Vielleicht ganz gut so. Es gab sicher Gäste, die ihren rasanten Abgang registriert hatten. Vielleicht würden sie einmal wichtige Zeugen sein. Früher oder später würde sich die Polizei mit ihm in Verbindung setzen und ihm mitteilen, dass seine Frau bei einem Autounfall ums Leben gekommen war. Im Kopf hatte er die Beerdigung schon geplant, er wollte sich nur keine schriftlichen Notizen machen. Und wenn sie unter der Erde war, würde jeder verstehen, dass er ohne sie nicht länger auf dem Hof leben wollte. Er fieberte dem Tag entgegen, an dem er nach Hamburg zum Flughafen fahren würde. Von Hamburg würde er über Frankfurt nach Bangkok fliegen. Und dann würde er sie endlich sehen, Sally, seine Traumfrau, und mit ihr ein neues Leben beginnen. Er atmete tief durch. Jetzt hieß es weitermachen wie immer. Bloß keinen Verdacht erregen. Mittagessen stand auf der Tagesordnung. Er würde ihr letztes Mittagessen genießen. Er nahm die warm gestellten Kartoffelrösti aus dem Backofen und gab zwei großzügige Kellen des Zürcher Geschnetzelten darüber. Dann setzte er sich in die gemütliche Sitzecke, die er noch nie hatte ausstehen können. Das Essen war großartig. Kochen konnte sie, seine Frau, besser, seine bald verstorbene Frau, das stand mal fest. Er zuckte mit den Schultern. Über so was durfte er sich keine Gedanken mehr machen. In ein paar Stunden begann sein neues Leben.

Horst Bieber

Jähzornig

Karin seufzte, als sie das Licht in der Diele einschaltete und dem vorwurfsvollen Blick ihrer Stiefmutter begegnete: „Ich hatte doch gesagt, dass es spät wird."

„Ja, das hast du."

„Bevor du fragst: Ja, ich war bei Holger."

„Das habe ich mir gedacht."

„Ingrid, ich bin zwanzig, volljährig ..."

„Karin, bitte, du weißt, dass ich dir keine Vorschriften mache."

„Nein, das tust du nicht." Sie setzte sich langsam und schaute ihre Stiefmutter mutlos an, bis Ingrid müde lächelte. In den vergangenen vier Jahren hatten sie sich aneinander gewöhnt, vielleicht sogar angefreundet, aber doch nicht zu einem wirklich herzlichen Ton gefunden. Dazu waren sie zu unterschiedlich, nicht nur äußerlich. Karin hatte alles von ihrer Mutter geerbt, das schwarze, glatte Haar, die dunklen Augen und den südlichen Teint, sie war zu einer großen, schlanken Schönheit herangewachsen, biegsam und bezaubernd trotz der leichten Schwermut, die sie nie verlor. Jeder wusste auf den ersten Blick, dass sie mit Ingrid nicht verwandt sein konnte, einer zierlichen Blondine mit großem Busen und schmalen Hüften, die vor Sex zu sprühen schien und doch mit ihrem faltenlosen Lausbubengesicht und den großen blauen Augen ein frechsüßer Kobold geblieben war. Dass Karin erst zwanzig und Ingrid schon vierzig sein sollte, glaubte niemand.

„Du magst Holger nicht."

„Nein."

„Er liebt mich."

„Ja, davon bin ich überzeugt. Aber kann er darüber je vergessen, dass er sich selbst am meisten liebt?"

„Er ist kein Mitgiftjäger."
„Nein, aber was tut er eigentlich?"
„Er studiert."
„Karin, er ist über dreißig und noch nicht fertig."
„Nicht jeder muss Karriere machen."
„Richtig, aber einmal muss jeder Mensch wissen, was er will. Nichts zu wollen ist kein ernsthafter Entschluss. Schlaf gut, Karin."
„Gute Nacht, Ingrid."

In Kappeln schienen viele Menschen viel Zeit zu haben, über ihre Nachbarn zu tratschen. Ingrid war mit großer Neugier empfangen worden, die rasch in gehässiges Lästern umschlug. Diese Sexbombe und dieser schweigsame Grauhaarige? Walter Gudow hatte an dem grausamen Krebstod seiner Frau schwer getragen, und auf der Fahrt von der Beerdigung drängte ihn ein betrunkener Raser kurz vor der neuen Schleibrücke von der Straße ab. Als er nach neun Monaten sein Haus wieder betrat, unter Schmerzen hinkend, war er ein anderer Mann. Seine freundliche Höflichkeit reichte gerade noch für die Bürostunden in der Firma in Kiel, daheim verfiel er in Grübelei, aus der ihn erst Ingrid wieder hervorzerrte.

„Walter Gudow erlebt seinen zweiten Frühling", lästerten die Nachbarn, und er bedankte sich an ihrem ersten Hochzeitstag mit dem Satz, dass sie ihm noch einen Herbst schenkte, auf den er nicht mehr gehofft hatte. Ingrid verstand, was er damit sagen wollte, sie war klüger, als die meisten Menschen ihr zubilligten. Karin hatte sich für ihren Vater gefreut, dass die Stiefmutter ins Haus kam, und nie Eifersucht verspürt. Sie wollte keine zweite Mutter und keine ältere Freundin, und weil Ingrid beide Rollen nie zu spielen versuchte, respektierten sie sich. Holger war der erste Misston in ihrer Beziehung. Karin hatte sich einmal von ihm zu Hause abholen lassen und sofort gemerkt, wie Ingrid nach einem einzigen scharfen Blick auf Distanz ging.

Abends sagte Ingrid kurz: „Es war gut, dass Vater ihn nicht gesehen hat."

Karin wollte aufbrausen, schluckte aber herunter, was ihr auf der Zunge lag. Denn Ingrid hatte nur ausgesprochen, was sie die ganze Zeit über gedacht hatte.

„Sie mag mich nicht, das habe ich gleich mitgekriegt", behauptete Holger wütend. „Wahrscheinlich denkt sie, ich sei nur hinter deinem Geld her, ein fauler Kerl, der sich's bequem machen will." Er konnte nicht vertragen, dass Menschen ihn nicht leiden mochten.

Karin schüttelte den Kopf: „Nein, tut sie nicht. Aber sie meint, dass ein Mensch mit dreißig wissen muss, was er will. Und du hast dich noch nicht entschieden."

Darauf antwortete er nicht, sondern holte wortlos Zigaretten und Feuerzeug. Solche Gespräche schätzte er nicht, überhaupt wich er allem aus, was seine Privatsphäre berührte, und sie hatte sich heute zum ersten Mal gefragt, was er sonst noch alles für sich behielt. Ein großartiger Liebhaber war er, dass stimmte, aber Sex betrieb er wie Leistungssport, ausdauernd und perfekt, heute fand sie ihn abstoßend. Dabei zweifelte sie keine Sekunde, dass er neben ihr auch noch andere Freundinnen hatte, obwohl er das leugnete. Sie überlegte sich ernsthaft, ob er seinen Kopf, sein Denken, sein Fühlen nicht immer für sich behalten würde, weil ihm nie der Gedanke kommen würde, zu einer echten, dauerhaften Beziehung gehöre auch Vertrauen.

„Ich muss gehen", sagte sie nervös und sprang aus dem Bett.

Er hielt sie nicht zurück. Der Abend hatte seinen Höhepunkt gehabt, deshalb trennte er sich ohne Bedauern von ihr. „Kommst du morgen?"

„Ich weiß noch nicht. Ich ruf' dich an."

„Gudow."

„Karin? Hier ist Holger. Warum rufst du untreue Tomate ...?"

„Entschuldigung, Herr Treberg, hier ist Ingrid Gudow. Die Stiefmutter."

„Au, Verzeihung, das ist mir aber peinlich, Frau Gudow."

„Keine Ursache. Wenn Sie Karin sprechen wollen, haben Sie leider Pech. Sie ist nicht da."

„Ver ... flixt. Ich müsste sie aber ... könnten Sie mir bitte einen Gefallen tun?"

„Ja, natürlich."

„Würden Sie Karin bitte ausrichten, sie solle mich sofort anrufen? Es ist dringend."

„Ja, das werde ich tun."

„Vielen Dank, Frau Gudow."

„Keine Ursache, Herr Treberg, auf Wiederhör'n." Sie legte auf und drehte sich zu Karin um, die verlegen lächelte: „Danke, Ingrid."

„Du sollst ihn sofort anrufen, es sei dringend."

„Ich kann mir schon denken, was er von mir will." Ihr Gesicht wurde so verschlossen, dass Ingrid schwieg. Seit einer Woche ging Karin nicht ans Telefon und hatte ihr Handy ausgeschaltet, wollte Holger weder sehen noch sprechen, sondern dachte viel nach. Ingrid schaute sie prüfend an. Sie stellte keine Fragen, sie wartete, und beide wussten, dass sie nicht jetzt, aber bald über Karins Gründe reden würden. Es eilte nicht, Vertrauen wuchs langsam.

„Daran ist nur diese verdammte Stiefmutter schuld, nur die." Holger brabbelte, er hatte zuviel getrunken, und Ingo grinste hässlich. Die Natur hatte ihm nicht Holgers Aussehen geschenkt, er war klein und schmächtig und verbarg seinen brennenden Ehrgeiz hinter einer Maske selbstloser Geschäftigkeit. Dass Holger ihn verachtete, wusste er, doch es störte ihn nicht, weil er Holger ausnutzte, von ihm profitierte wie der Putzerfisch von dem großen Räuber. Manche Freundin, von Holger plötzlich vor die Tür gesetzt, hatte sich bei ihm ausgeweint,

Trost gesucht und nicht nur den gefunden. Einige hatten krakeelt und Schwierigkeiten gemacht, Ingo war auch in solchen Fällen hilfreich eingesprungen und hatte bei solchen Samariterdiensten nicht zugezahlt. In zehn Jahren Nichtstun war er zum perfekten Abstauber geworden, zum Mann, der Trinkgelder nahm und gebrauchte Hemden auftrug.

„Woher kommt diese Stiefmutter eigentlich?"

„Weiß ich doch nicht", maulte Holger. Nie hätte er erwartet, dass eine Frau ihm den Laufpass gab, bevor er ihrer überdrüssig geworden war. Was bildete sich diese Ziege von Karin eigentlich ein? Wenn die glaubte ... nein, nicht mit ihm. Das ließ er sich nicht bieten. Außerdem hatte dieses blöde Weib überall verbreitet, dass sie Holger in die Wüste geschickt hatte, das war nicht nur gemein, das grenzte an Rufschädigung, erschwerte seine Anpumpmanöver.

Ingo bestellte noch eine Runde. Das Mädchen hinter der Bar hatte seinen Wink schon verstanden, in seinen Whisky schüttete sie sehr viel mehr Wasser als in Holgers Glas. Abrechnen würde er mit ihr später, es brachte nicht viel, zumal er mit ihr teilen musste, aber es läpperte sich.

„Sollen wir uns diese komische Stiefmutter nicht einmal näher ansehen?"

„Warr ... umm denn das?"

„Also, das hätte ich nicht von dir gedacht!"

„Was nich ... cht?"

„Dass du dich von zwei Frauen wie ein Stück Dreck behandeln lässt. Doch nicht du, Holger."

„Da has' ... hast du recht. Nicht mit mir!"

Ingo brummte mitfühlend. Weiter traute er sich nicht vor, schließlich kannte er Holgers blinden Jähzorn. Wenn der Playboy einmal die Beherrschung verlor, war alles möglich. Dass er Ingo um sich duldete, hatte sicher auch mit seinen beiden Vorstrafen wegen Körperverletzung zu tun. Ingo war einer der wenigen Menschen, die davon wussten, und Ingo hielt den

Mund, solange es sich für ihn lohnte. Manche Frauen wussten gar nicht, welches Glück sie gehabt hatten, wenn sie sich von Holger trennten. Wie diese Karin zum Beispiel! Natürlich beachtete ein Mädchen wie Karin ihn nie, für ihn war sie so unerreichbar wie der Mond. Aber als er sie vor Holgers Haus ansprach, weil sie so eilig herausgestürmt kam, dass er dachte, Holger habe sie vor die Tür gesetzt, hätte sie ihn nicht so verächtlich von oben bis unten mustern sollen. Nicht ihn! Auch er ließ sich nicht alles gefallen!

„Was hast du eigentlich früher gemacht?"

Ingrid lachte leise. „Ich war beim Film."

„Was?"

„Ja, beim Film. Aber anders, als du denkst. Keine Schauspielerin, dazu hat's nicht gereicht. Ein Freund von mir arbeitete in einem Studio und hat mich mal mitgenommen. Da hatte ich natürlich noch Flausen im Kopf. Zum Glück nicht lange, ich bin dann Mädchen für alles geworden, vom Scriptgirl bis zur Hilfsinspizientin. Und wenn die Hauptdarstellerin immer wieder auf den Saum ihres Kleides trat, hab' ich's über Nacht kürzer genäht."

„Hat dir das Spaß gemacht?"

„Zu Anfang ja. Später war's ein Beruf wie jeder andere."

„Du hast nie vor der Kamera gestanden? Bei deinem Aussehen?"

„Doch, doch. Neugierige am Unfallort, da war ich die zweite von links. Oder im Restaurant das Garderobenmädchen. Oder im Flugzeug die Stewardess, die dem Traumpaar die Sitze anwies. Große Auftritte, du meine Güte, ich glaube, mein Rekord sind acht verschiedene Rollen in einem Film. Und acht Mal Gage, je fünfzig Mark. Zusätzlich, zu meinem Gehalt."

Karin nickte heiter. Sie schätzte Ehrlichkeit und die Fähigkeit, sich selbst nicht ernst zu nehmen, vielleicht, weil es ihr so schwerfiel. Das Café über dem See war gut besucht, und der kleine Mann mit der Kamera, der pausenlos knipste, schien nicht auf seine Kosten zu kommen; keiner blieb stehen, um eine Aufnahme zu bestellen. Nur die verstohlenen Blicke der Männer an den anderen Tischen störten sie. Diesen Photographen hatte sie schon einmal gesehen, aber wo? Sie schaute den Mann scharf an, aber der drehte rasch den Kopf weg. Es war auch nicht wichtig.

Der Fünfziger tat Ingo weh, aber die griesgrämige Alte in der Agentur starrte ihn verächtlich an und schwieg so demonstrativ, dass er die Investition riskierte: „Sie kommt mir so bekannt vor, ich bin sicher, dass ich sie schon mal in einem Film gesehen habe, aber glauben Sie, ich käme noch auf den Namen?"

Den Schein steckte sie ungeniert ein, bevor sie sich herabließ, die Bilder zu betrachten. Zwei Frauen in einem Café, eine dunkel, eine blond.

„Welche meinen Sie denn?", knurrte sie.

„Die Blondine." Wenn er nervös wurde, sabberte er; die Alte warf ihm einen angewiderten Blick zu: „Solche Filme solltest du gar nicht kennen."

Das „Du" ärgerte ihn, aber er ließ sich nichts anmerken. Wenn er sich das Duzen verbat, würde sie ihn glatt vor die Tür setzen, und seine fünfzig Euro war er dann auch los. Warum die Leute ihn wie eine Ratte behandelten, begriff er nicht. Aber sie taten es.

„Sie nannte sich Inga, Inga Carlsson. War natürlich ein Künstlername. Der Geier mag wissen, wie sie richtig hieß."

„Was heißt ... äh ... hieß?"

„Die ist schon lange nicht mehr im Geschäft."

„Was aus ihr geworden ist, können Sie nicht sagen?"

„Die sitzt bestimmt irgendwo und wartet nur auf dich!", höhnte die Alte und griff nach ihrer Zeitschrift. Als er die Tür der „Künstler“-Agentur schloss, hatte sie ihn schon vergessen. Auch das passierte ihm häufig.

„Gudow.“

„Guten Tag, Frau Gudow, hier ist Holger Treberg.“

„Guten Tag, Herr Treberg. Sie möchten sicher Karin sprechen?“

„Nein, heute ausnahmsweise nicht. Ich würde mich gerne einmal mit Ihnen unterhalten.“

„Mit mir?“

„Na ja, nicht unbedingt mit Ingrid Gudow. Eher schon mit Inga Carlsson.“

„Wer ist das?“

„Wer das ist? Das wissen Sie doch am besten.“

„Da muss ich Sie enttäuschen. Ich kannte einmal eine Inga Carlsson, aber die ist vor vielen Jahren schon gestorben. Guten Tag, Herr Treberg.“ Sie fröstelte, als sie auflegte, weil sie in der heiseren, flüsternden Stimme den unbändigen Hass gespürt hatte.

Im Arbeitszimmer brannte nur die Schreibtischlampe, und Ingo fühlte sich unbehaglich bei dem starren Blick des alten Mannes. Er hatte sich das ganze Geschäft anders vorgestellt, aber Walter Gudow war kühl geblieben: „Wenn Sie Schweinehund Geld wollen, kommen Sie in mein Haus, ich will sehen, wie ein schmieriger, feiger Erpresser aussieht.“

„Ich denke nicht daran! Stecken sie das Geld in einen Umschlag und ...“

Das Telefon hatte geklickt, und so stand er hier in Gudows Haus und spürte, wie ihn der Mut verließ.

„Wie heißen Sie?“

„Treberg, Holger Treberg.“ Den Teufel würde er tun, seinen richtigen Namen zu nennen, diesem Fanatiker traute er alles zu.

„Sie waren doch mit meiner Tochter befreundet?“

„Ja.“

„Seltsam, ich hätte Karin einen besseren Geschmack zugetraut. Zweitausend, mehr gibt es nicht, und bevor Sie jetzt auf dumme Gedanken kommen: Das Haus ist mit einer Videokamera gesichert, die Sie aufgenommen hat, ich kenne jetzt Ihr Gesicht, und wenn ich noch einmal was von Ihnen höre oder Sie sich nicht an das Geschäft halten, werde ich dafür sorgen, dass man Sie aus dem Verkehr zieht.“

„Ich habe mich abgesichert“, sagte Ingo, doch Gudow lachte nur: „Möglich. Es nutzt Ihnen nur nichts. Und jetzt verschwinden Sie, ich kann den Gestank nicht länger ertragen.“

Ingo beeilte sich und wurde auf der Fahrt das dumpfe Gefühl nicht los, einen Fehler begangen zu haben.

Walter Gudow drehte die Bilder hin und her. Ihm war eiskalt, er empfand weder Zorn noch Ekel, es war, als geschehe das alles einem anderen Mann und er sei nur Zuschauer. Zwei schreckliche Bilder, schmutzig, abstoßend, widerlich. Wie konnte sich eine Frau dazu herablassen?

Ingrid nahm ihm die Bilder ab und konnte nicht einmal mehr seufzen. Ihre Vergangenheit hatte sie also eingeholt, zehn Jahre hatte sie gehofft, dass sei alles gestorben, vergangen, vergessen, und nach zehn Jahren hatte sie nicht mehr den Mut zu einer Beichte gefunden. Auf der Rückseite stand in Druckbuchstaben: „Was würden wohl Ihre Freunde und Nachbarn sagen? Wie viel ist Ihnen mein Schweigen wert?“

„Das bist doch nicht du“, röchelte er.

„Doch“, sagte sie müde. „Ich war ein Pornostar, zehn Jahre lang. Es gibt noch schlimmere Szenen als diese.“

„Warum hast du mir nie gestanden ...?“

„Ich wollte nicht gestehen“, unterbrach sie ihn leise. „Ich habe nichts zu gestehen. Das ist Vergangenheit, längst vorbei, das hat nichts mit uns zu tun.“

„Nichts zu tun?", schrie er. „Nichts mit uns zu tun? Und wenn er diese Bilder an unsere Freunde und Nachbarn schickt?"

„Sie werden mich sofort erkennen", gab sie zu. „Ich habe mich nicht sehr verändert. Als wir uns kennenlernten, warst du stolz, dass ich noch so jung aussehe."

„Ich wünschte, ich hätte dich nie getroffen", brüllte er, und in seinem Zorn bemerkte er nicht, dass seine Worte sie nicht erschreckten, nicht einmal trafen. Wortlos verließ sie das Zimmer, bevor er sie aus dem Haus weisen konnte. Die Bilder nahm sie nicht mit, die brauchte er, um sie aus seiner Erinnerung zu tilgen. Dass er bei aller Zuneigung für sie nie über seinen Schatten springen würde, hatte sie immer gewusst, das warf sie ihm nicht vor.

Karin lief hinter ihr her, als sie die Koffer zum Auto trug: „Warte, Ingrid, ich muss mit dir reden."

„Worüber?"

„Über die Bilder, über deine ... Filme."

„Da gibt es nicht viel zu reden, Karin. Es stimmt alles so, wie's dir dein Vater gesagt hat, ich war ein Hardcore-Pornostar. Fast zehn Jahre lang. Und zehn Jahre habe ich danach gehofft, es sei vergessen. Das war ein Irrtum, meine Vergangenheit holt mich ein. Was gibt's darüber zu reden?"

„Darüber wenig, Ingrid. Aber viel über die Gegenwart."

„Dass mich dein Vater verstößt, wenn er die Wahrheit erfährt? Nein, damit habe ich immer gerechnet."

„Und wer hat Vater die Bilder geschickt?"

„Holger. Er hat mich angerufen, als du nicht da warst, er kannte meinen ... Künstlernamen."

„Und von Vater wollte er Geld?"

„Ich denke, da wird er sein blaues Wunder erlebt haben."

„Und wohin fährst du jetzt?"

„Ich weiß es noch nicht."

„Nimmst du mich mit?"

Sie schauten sich lange an, bis Karin verlegen lächelte: „Ich habe mich in Holger getäuscht und bin von Vater enttäuscht. Vielleicht muss ich doch noch viel lernen."

„Ja, das kann sein, aber entscheide dich nicht jetzt, lass dir Zeit, Karin."

„Nein, Vater, ich verstehe dich nicht. Warum hast du Ingrid wegschicken müssen?"

„Ich habe sie nicht weggeschickt."

„Dann meinetwegen gehen lassen. Warum?"

„Hast du diese ... diese Bilder einmal gesehen?"

Sie verbarg ihr Erschrecken, so schlimm hatte sie es sich nicht vorgestellt, es waren obszöne, widerliche, entwürdigende Aufnahmen, und Ingrid war auf allen gut zu erkennen.

„Jetzt habe ich sie gesehen, Vater. Warum hast du Ingrid verstoßen?"

„Sollte ich eine Frau im Hause behalten, die so was getan hat? Gegen Geld? Vor vielen Menschen im Wissen, dass noch mehr Menschen es sehen werden?"

„Du hast nur Angst, dass es die Nachbarn erfahren."

„Nicht nur, meine Tochter. Nicht nur. Ich bin maßlos entsetzt und maßlos belogen worden."

„Was hattest du erwartet? Eine Frau ohne Vergangenheit? Die nur auf dich gewartet hat?"

„Ich hatte auf eine anständige Frau gehofft."

„War sie das nicht, solange sie hier lebte?"

„Es gibt keine Gegenwart ohne Vergangenheit."

„Nein, da hast du ausnahmsweise recht." Karin seufzte. „Es gibt aber auch keine Zukunft ohne Vergangenheit, Vater."

Der alte Mann lachte nur höhnisch, und sie verließ das Zimmer mit gesenktem Kopf.

„Ich habe Karin lange nicht mehr gesehen", sagte Ingo vorsichtig und schaute dabei intensiv in sein Glas. Holger brummte.

Das Thema schmeckte ihm nicht, Karin hatte sich nie wieder gemeldet, was ihn kränkte. Und noch mehr ärgerte ihn, dass Ingo jetzt darauf anspielte. Nicht, dass er sie wirklich vermisste, er konnte sich leicht mit einer anderen trösten, das war nicht das Problem. Sein Ruf als unwiderstehlicher Casanova hatte Schaden genommen, und damit sein Einkommen.

„Ist sie krank? Oder verreist?“ Ingo wusste selbst nicht, was ihn auf dieses gefährliche Terrain lockte, vielleicht war es der Stolz, seine Schulden bezahlt zu haben und für Wochen nicht mehr schnorren zu müssen.

„Weiß ich nicht.“

„Hast du dich schon mal erkundigt?“

„Nee!“, sagte Holger und schielte auf die Rothaarige am anderen Ende der Theke, die sich gerade mit ihrem Begleiter stritt. „Kein Interesse.“

„Warum hat Holger das getan, Ingrid? Hast du eine Erklärung dafür?“

„Nein. Wenn er sich an dir rächen wollte, warum hat er mich getroffen?“

„Ich kann mir das nur so erklären, dass er glaubt, du hättest mich gegen ihn aufgehetzt. Und deswegen wollte er dir einen Denkzettel verpassen.“

Ingrid unterdrückte einen Seufzer. Das alles interessierte sie nicht mehr. Aber Karin wollte Gewissheit, für sie mussten Beziehungen noch ohne Rest aufgehen, auch Trennungen. Sie wusste, dass es Gemeinheiten gab, aber sie wollte sie noch nicht akzeptieren. Und der Gedanke, mit einem solchen Menschen ein Verhältnis gehabt zu haben, belastete sie.

„Willst du mit ihm reden?“

„Soll ich?“

„Wenn du meinen Rat hören willst ... nein. Was immer er vorbringen wird, es ändert nichts an seiner Handlungsweise. Hass entsteht erst, wenn sich zwei Menschen nicht voneinander lösen können, und ich denke, dass Verachtung leichter zu ertragen ist als Hass."

Nach langem Zögern nickte Karin. Sie kam jetzt oft zu Ingrid in die kleine Dachwohnung. Freundinnen waren sie immer noch nicht geworden, aber das lag auch daran, dass Ingrid sich weigerte, das Verhalten ihres Mannes zu kritisieren. Sie wollte keinen Keil zwischen Vater und Tochter treiben, die Scheidung würde noch hässlich genug werden.

„Das ist nicht dein Ernst!"

„Doch, Vater. Ich besuche sie oft."

„Wie kannst du nur ..."

„Sie ist deine Frau. Und meine Stiefmutter. Was hat sie dir getan, dass du sie wie ein Stück Dreck behandeln musst?"

„Sie hat mich belogen und getäuscht."

„Nein. Das hat sie nicht. Sie hat dir etwas verschwiegen, weil sie genau wusste, dass du ihr das nicht verzeihen konntest."

„Nein, so war das nicht. Ich hätte nie einen Pornostar geheiratet, und sie wollte sich in das gemachte Nest setzen. Sie hat mich hinters Licht geführt, von der ersten Begegnung an, und sich heimlich über mich lustig gemacht."

„Und das kannst du nicht ertragen?"

Gudow schwieg verbissen. Musste er sich vor seiner Tochter rechtfertigen? Entschuldigen, seinen Entschluss begründen? Nein, nein und nochmals nein. Zwanzig Jahre hatte er sich bemüht, seiner Tochter einen Begriff von Ehre anzuerziehen, und jetzt verriet sie ihn, ihr Haus, ihre Herkunft.

„Ich verbiete dir, Ingrid zu besuchen."

„Das kannst du nicht, Vater."

„So, kann ich nicht?"

„Nein. Aber das wirst du auch noch lernen." Sie ging langsam aus dem großen Zimmer, in das die Sonne schien und das doch so düster war. Trotz allen Zornes tat er ihr leid.

„Das ist ja 'ne Überraschung!" Holger blinzelte, sah aber nicht so aus, als freue er sich über ihren Besuch.

„Kann ich dich einen Moment sprechen?"

„Muss das sein?"

„Ja", sagte sie kurz und schob ihn zur Seite. Wenn eine andere Frau im Bett lag, würde sie das nicht aufregen. Sie hatte allen Mut zusammengenommen und wusste nicht, ob er für einen zweiten Versuch reichte. Im Zimmer saß ein kleiner Mann mit wieselflinken Augen, der bei Karins Anblick bleich wurde und so zusammenzuckte, dass sie aufmerksam wurde.

„Guten Tag", grüßte sie unfreundlich. „Kennen wir uns nicht?"

„Nei ... ein", log Ingo ungeschickt. Hinter ihr lachte Holger verächtlich: „Das ist Ingo. Ein Bekannter."

„Aber natürlich kennen wir uns! Sie haben mich mal unten vor der Haustür angesprochen."

„Nein", leugnete Ingo zu eilig, und Holger fragte gleichzeitig drohend: „Was?"

„Sicher." Plötzlich wusste sie, wo sie diesen Fiesling das zweite Mal gesehen hatte. Als sie mit Ingrid im Café am See saß und er die Gäste photographierte. Schon damals hatte sie ihn scharf angesehen, und er hatte sich schnell unsichtbar gemacht. „Haben Ihnen die Bilder etwas genutzt?"

„Wel ... welche Bil ... der?"

„Die Aufnahmen, die Sie von meiner Stiefmutter und mir gemacht haben." Es fiel ihr entsetzlich schwer, aber sie konnte lachen und sich zu Holger umdrehen. „Weißt du, was dein lieber Bekannter getan hat?"

„Wer? Ingo?"

„Ja, dieser Stinker da. Er hat sich alte Filmbilder von meiner Stiefmutter besorgt und damit meinen Vater erpresst. Und weißt du auch, welchen Namen er dabei benutzt hat?"

Ingo stand auf und versuchte sich unauffällig Richtung Tür zu verdrücken.

„Er hat sich Holger Treberg genannt. Was mein Vater natürlich geglaubt hat."

„Das ist nicht ... nicht wahr!", protestierte Ingo verzweifelt, weil Holger ihm in den Weg trat. Sie hätte nie gedacht, dass sie so hasserfüllt flüstern konnte: „Doch, lieber Holger. Mein Vater hat dich angezeigt, wegen Erpressung. Und ein paar von deinen älteren ... Freundinnen überlegen, ob sie dasselbe tun sollen. Ingo hat viel von dir herumerzählt. Du wirst endlich den Ärger bekommen, den du schon lange verdient hast."

Die ganze Treppe hinunter hörte sie Ingos Schmerzensschreie.

Als Ingrid die Tür aufschloss, rief Karin vergnügt aus der Küche: „Das Abendessen ist sofort fertig."

„Großartig. Ich sterbe vor Hunger."

Die Arbeit war anstrengend und schlecht bezahlt, und seit den Zeitungsberichten wusste sie, dass sie sich eine neue Stelle suchen musste. Das widerliche Grinsen des Büroleiters kannte sie zu gut, vor solchen abschätzigen wie abschätzenden Blicken war sie viele Jahre geflohen.

„War's schlimm?"

„Ja, sehr", antwortete Ingrid müde.

Karin kam ins Zimmer und trocknete sich die Hände an einem Küchentuch ab. „Ich habe einen Brief von Vater bekommen."

„So? Was schreibt er denn?" Zu der Frage musste sie sich regelrecht zwingen.

„Er hat sich bereiterklärt, mir mein Erbe auszuzahlen. Das reicht für uns beide, Ingrid."

„Ich kann nicht auf deine Kosten leben."

„Sollst du auch nicht." Sie kniete vor ihrer Stiefmutter nieder. „Ich will ja auch weg, Ingrid."

„Warum du?"

„Ich bin schuld, dass Holger diesen Ingo umgebracht hat."

„Nein, das bist du nicht."

„Doch, Mutter. Ich habe immer geahnt, dass Holger jähzornig ist, und als ich ihm vorgelogen habe, Vater hätte ihn wegen Erpressung angezeigt, habe ich gehofft, dass er diesen Ingo zusammenschlägt."

„Zusammenschlagen ist nicht erschlagen." Zu acht Jahren war Holger verurteilt worden, und bei der Verhandlung war alles zur Sprache gekommen. „Ingrid Gudow früher als Inga Carlsson mehr berüchtigt als berühmt ..." Auch Journalisten wollten leben, sie war zu ausgebrannt, noch Zorn oder Ekel zu empfinden. Aber Karin hatte sie „Mutter" genannt.

„Nein, damit hatte ich nicht gerechnet. Das wollte ich auch nicht. Aber es ist geschehen. Wie deine Filme."

Ja, wie ihre Filme, und zehn Jahre hatten sie von dem Makel nicht reingewaschen. Eine Frau mit Vergangenheit. Im Zeugenstand hatte sie sich dazu bekannt, und obwohl er es ihr nie glauben würde: Walter Gudow hatte ihr leidgetan.

„Meinst du, dass wir es gemeinsam schaffen? Irgendwo, wo uns keiner kennt?"

Sie mussten es versuchen. Ingrid lächelte mühsam und strich Karin über das Haar: „Ja, das werden wir."

Max Bleykind

Lost in Lübeck

Alles ist weg. Einfach verschwunden. Kein Wer? Kein Wo? Kein Wann? Ausgelöscht. Verloren.

Nur Stille und Dunkelheit.

Ich liege. Es schmerzt in der Brust. Am Kopf. Und in den Beinen.

Meine Hand fühlt sich feucht an. Sie riecht nach Blut. Ich lecke sie vorsichtig ab. Blut. Frisches, rotes Blut.

Ich erschrecke so sehr, dass ich meine Augen schließe. Dabei ist es finstere Nacht. Kein Lichtschein. Kein Mond. Alles in Schwärze gehüllt.

Ich ertaste den Boden. Stein. Kopfstein. Hart und uneben. Wer zum Teufel bin ich?

Diese verfluchten Schmerzen.

Ich berühre mich. Da, wo es weh tut. Wieder rieche ich Blut.

Mein Geruchssinn funktioniert also. Eine Ausnahme. Mein Kopf spielt Memory. Nichts passt aufeinander. Wo bin ich nur?

Ich richte meinen Oberkörper auf. Würde schreien vor Schmerz. Doch es kommt kein Ton.

Meine Augen beginnen zu sehen. Konturen, mehr nicht. Immerhin.

Häuser. Zu allen Seiten kleine Augen. Und ein tiefer Rachen.

Was, wenn ich verblute?, durchfährt es mich. Wer hat mich verletzt?

Ich stemme mich hoch. Will aufstehen.

Das Blut pulsiert in den Beinen. Will ausbrechen. Neue Bahnen erkunden.

Es brennt wie Hölle.

Trotzdem: Ich stehe fast. War schon immer eine Kämpferin. Kam immer wieder zurück.

Moment, Moment! Woher weiß ich das?

Endlich auf beiden Füßen. Doch alles wackelt. Mir wird schlecht.

Ich setze einen Fuß vor den anderen. Bedächtig. Denke nach.

Vergebens.

Der Nebel vor meinem Auge wird wieder dichter. Die vielen Augen verschwinden.

Meine Kehle trocknet aus. Die Lunge staubt. Aber es ist kalt.

Das Blut klebt. Ist schmierig und süß.

Es muss eine Stadt sein, denke ich. Zu viel Beton. Zu wenig weich.

Ich spüre meine Füße. Jetzt erst. Sie sind nackt. Warum kann ich nicht schreien?

Die Schmerzen sind unerträglich. Das Blut tropft auf den Boden. Oder sind es Tränen?

Ein paar Schritte vor. Ein paar zurück. Ich stoße an Wände. Alles ist mir fremd.

Ich will mich setzen. Ausruhen. Luft holen. Den Schmerz vergessen. Doch es geht nicht.

Ob ich sterben muss?

Plötzlich geht ein Licht an. So grell. Gleißend. Scheinwerfer.

Dann Schreie. Gepolter. Dumpfe Schritte.

Jemand packt mich. Rüttelt. Zerrt. Ich sehe Schemen.

Männerstimmen drängen in mein Ohr. Imperative. Das kenne ich.

Ich zittere. Und lache. Hysterisch.

Schlage die Männer. Sie drücken mich zu Boden. Sind aggressiv. Das alte Spiel.

Die Sicht wird besser. Ich lache noch immer. Weiß plötzlich, was ich sehen werde. Und lache weiter.

Vier Männer über mir. Heben mich hoch. Es klickt hinter meinem Rücken.

Jeder weiß Bescheid. Ich auch. Wieder.

Ich schaue. Und sehe.
Ganghäuser. Fenster. Kopfstein. Mein Leben.
Ein letzter Blick.
Da liegt er. Der Mann. Mein Mann. Mein Tod.
Hass. Mehr nicht. Mehr kann nicht sein.
Überall Blut. Der süßliche Geruch.
Bis zur Unkenntlichkeit verstümmelt.
Von mir.
Zu Recht.

Die Autoren

Eva Almstädt lebt und arbeitet als freie Autorin in Schleswig-Holstein. Nach einer handwerklichen Ausbildung in den Fernsehproduktionsanstalten des Studio Hamburg studierte sie Innenarchitektur in Hannover und war im Bereich der Küchen- und Wohnraumplanung tätig. Ihr erster Kriminalroman ‚Kalter Grund" erschien 2004. Er wurde zum Auftakt einer Serie um die Lübecker Kriminalkommissarin Pia Korittki. Im März 2010 kommt Eva Almstädts neuer Krimi „Ostseeblut" heraus. (www.eva-almstaedt.de)
Originalbeitrag, © beim Autor.

Horst Bieber, geboren 1942 in Essen, studierte Geschichte, Philosophie und Germanistik. Er ist als Redakteur und Autor tätig. Veröffentlichungen: zwei Tatorte, zwanzig Kriminalromane, Kurzgeschichten und zwölf Kriminalhörspiele sowie Sachbücher. Für seinen Krimi „Sein letzter Fehler" wurde er mit dem Deutschen Krimipreis ausgezeichnet.
Originalbeitrag, © beim Autor.

Dietmar Bittrich veröffentlichte im Pendragon Verlag sein erfolgreichstes Buch: „Das Gummibärchen Orakel". Seither ist der Hamburger Autor häufig in Schleswig-Holstein gewesen, ist dabei dem schwarzen Humor der Einwohner begegnet und hat sich ihre durchtriebenen Geschichten erzählen lassen. Zuletzt: „Altersglück – Vom Segen der Vergesslichkeit". (www.dietmar-bittrich.de)
Originalbeitrag, © beim Autor.

Max Bleykind ist ein deutscher Autor. „Lost in Lübeck" ist seine erste Kurzgeschichte. Er arbeitet an seinem Thrillerdebüt.
Originalbeitrag, © beim Autor.

Katja Brügger wurde 1959 in Hameln geboren. Nach ihrer Ausbildung zur Schauspielerin an der Hamburger Hochschule für Musik und Darstellende Kunst spielte sie an verschiedenen Theatern und in diversen Fernsehproduktionen. Als Synchronsprecherin lieh sie zum Beispiel Edie Falco (Die Sopranos) und Ally Walker (Profiler) ihre Stimme. 2009 erschien ihr erster Kriminalroman „Liebestöter".
(www.welbat.com)
Originalbeitrag, © beim Autor.

Anke Clausen, Jahrgang 1970, lebt mit ihrem Mann und ihren zwei Kindern in Hamburg Uhlenhorst. Seit 20 Jahren arbeitet sie als Kamerafrau, Bildmischerin und Regisseurin für Nachrichten, Magazine und Talkshows. Mit dem Kriminalroman „Ostseegrab" startete sie im Herbst 2007 ihre Serie um die ebenso hübsche wie neugierige Hamburger Klatschreporterin Sophie Sturm. 2009 erschien „Dinnerparty", der zweite Fall. „Reden ist Silber, Schweigen der Tod" ist ihr erster Kurzkrimi.
Originalbeitrag, © beim Autor.

Christiane Geldmacher, geboren 1959, veröffentlichte zahlreiche Kurzgeschichten in verschiedenen Anthologien. Sie wurde mehrfach mit Literaturpreisen ausgezeichnet, u.a. beim Krimiherbst Wiesbaden 2004, Krimi-Literaturwettbewerb für Medienjournalisten der Zeitschrift „TV Hören und Sehen" 2006 und Krimiwettbewerb Mordstalent, Hamburg 2008.
Originalbeitrag, © beim Autor.

Nina George, Jahrgang 1973, arbeitet seit 1992 als freie Journalistin und Schriftstellerin. Sie schreibt Romane (zuletzt „Die Mondspielerin", 2010), Science- und Öko-Thriller („Ein Leben ohne mich", 2008, unter ihrem Pseudonym Nina Kramer), kulinarische Reportagen, erotische oder kriminelle Kurzgeschichten sowie Kolumnen, etwa für das Hamburger Abendblatt. Unter ihrem Pseudonym Anne West erschienen bislang

13 charmante Sachbücher über Liebe, Leidenschaft und Sex. (www.ninageorge.de)
Originalbeitrag, © beim Autor.

Gunter Gerlach, geboren 1941 in Leipzig. Ausbildung an der Hochschule für Bildende Künste in Hamburg. Veranstalter der kürzesten Lesung der Welt, des Literatur-Quickies, jeden Mittwoch in der Bar „439" in Hamburg. Veröffentlichung einer Reihe von Romanen und Krimis. Mehrere Literaturpreise (Deutscher Krimipreis, Friedrich-Glauser-Preis). Die letzte Buchveröffentlichung: „Jäger des Alphabets", Roman 2008.
(www.gunter-gerlach.de)
Originalbeitrag, © beim Autor.

Frank Göhre, geboren 1943, hat als Buchhändler, Bibliothekar und Lektor gearbeitet. Seit 1981 lebt er als Roman- und Drehbuchautor für Film und Fernsehen in Hamburg. Sein Roman „St. Pauli Nacht" wurde von Sönke Wortmann verfilmt. Für das Drehbuch wurde er mit dem „Deutschen Drehbuchpreis" ausgezeichnet. 2009 erschien von ihm der Band „Seelenlandschaften – Annäherungen. Rückblicke".
(www.frankgoehre.de)
Originalbeitrag, © beim Autor.

Henrike Heiland, Jahrgang 1975, lernte Klavier und studierte Neuere Englische Literatur. Sie arbeitete für Rundfunk, Presse, Theater und Film im In- und Ausland. Sie veröffentlichte als Heinrike Heiland eine Krimireihe mit Rostock als Schauplatz. Zur Zeit veröffentlicht sie als Zoë Beck Thriller, die in Schottland spielen. 2010 erscheint der erste Teil einer Chicklit-Reihe mit dem Titel „Von wegen Traummann". Sie rezensiert außerdem regelmäßig Krimis für Focus Online und titel-magazin.de.
(www.henrikeheiland.de)
Originalbeitrag, © beim Autor.

Regine Kölpin, geboren 1964 in Oberhausen, lebt mit ihrer Familie in Friesland. Sie schreibt Kurzgeschichten und Romane. Einige ihrer Kurztexte sind mit Preisen ausgezeichnet worden. Zuletzt war sie nominiert für den Kärntner Krimipreis 2008. Sie arbeitet außerdem als Dozentin für kreatives Schreiben mit dem Schwerpunkt in der Kinder- und Jugendarbeit und schreibt für diese Altersgruppe unter ihrem Mädchennamen Regine Fiedler. (www.regine-koelpin.de)
Originalbeitrag, © beim Autor.

Michael Koglin, geboren 1955, lebt seit über dreißig Jahren in Hamburg. Neben Krimis veröffentlichte er Kurzgeschichten, Theaterstücke, Dreh-, Kinder- und Sachbücher. Verfasst wurden von ihm auch die drei Bände „Dinner for one – Killer for Five", „Dinner for one auf der Titanic" und „Dinner for one mit Al Capone". 2008 veröffentlichte er den Krimi „Der du bist dem Vater gleich". 2010 erscheint der Thriller „Bluttaufe". (www.michael-koglin.de)
Originalbeitrag, © beim Autor.

Carmen Korn war Redakteurin beim „Stern", als ihr erster Roman „Thea und Nat" herauskam und verfilmt wurde. Ihre Kriminalerzählung „Der Tod in Harvestehude" erhielt den Marlowe, für „Unter Partisanen" bekam sie 2004 den Glauser-Preis. In ihrer Reihe um die Heldin Vera Lichte wurde der fünfte Band, „Tod eines Heimkehrers", 2008 veröffentlicht. Ihr Kriminalroman „Die Katzenfreundin" erschien im September 2009. „Herzensjunge", ein Roman für Frauen ab zwölf, folgte im November.
Originalbeitrag, © beim Autor.

Sandra Lüpkes, geboren 1971, wohnt in Münster, wo sie als freie Autorin und Sängerin arbeitet. Die wunderbare Mischung aus Literatur und Musik macht bei ihren Lesungen einen ganz besonderen Reiz aus. Caren Miosga sagte im Kulturjournal N3:

„Sandra Lüpkes kann es – und sie kann es gut!" Sandra Lüpkes hat bereits neun Romane veröffentlicht, zuletzt: „Die Blütenfrau" und „Die Inselvogtin". 2009 erschien unter dem Titel „In Hermanns Schatten" ein Band mit Kurzkrimis.
(www.sandraluepkes.de)
Originalbeitrag, © beim Autor.

Michael Mehrgardt, Jahrgang 1953, lebt mit Ehefrau und zwei seiner vier Kinder in Lübeck. Dort arbeitet er als Psychotherapeut in eigener Praxis. Neben wissenschaftlichen Veröffentlichungen schreibt er Gedichte, Kurzgeschichten und Glossen, von denen zahlreiche unter seinem Pseudonym Achim Wiese in den Lübecker Nachrichten erschienen sind. In Anthologien hat er bisher zwei Kurzgeschichten veröffentlicht. Sein erster Kriminalroman erschien 2007 unter dem Titel „Zwei auf einem Stuhl".
(www.luebeck-krimi.de)
Originalbeitrag, © beim Autor.

Susanne Mischke, Autorin von „Der Tote vom Maschsee" und „Tod an der Leine" hat mehr als ein Dutzend Romane veröffentlicht, vorwiegend Kriminalromane sowie drei Jugendkrimis und eine große Anzahl von Kurzgeschichten. Sie schrieb zwei Serien-Drehbücher und ein Kriminalhörspiel und arbeitet derzeit am dritten Band ihrer Hannover-Krimiserie um den kauzigen Kommissar Bodo Völxen und seine Schafe.
Sie ist hauptberuflich Schriftstellerin und lebt in Hannover.
(www.susannemischke.de)
Originalbeitrag, © beim Autor.

Renate Niemann, freiberufliche Autorin, wurde 1966 in Bremen geboren. Nach Lehr- und Wanderjahren in Spanien und Portugal lebt sie heute in einem lothringischen Dorf. 2008 erschien mit „Der Graumacher" ihr erster Kriminalroman. 2009 folgte unter ihrem Pseudonym Renée Pleyter „Tödlicher Hermannslauf". Zuletzt erschien von Renée Pleyter der Krimi „Der Mann vom Jahrmarkt" (2010).

Sandra Niermeyer wurde 1972 geboren. Für einen Auszug aus ihrem Roman erhielt sie den Würth-Literaturpreis der Tübinger Poetik-Dozentur. 2004 und 2006 wurde sie für den Glauser Kurzkrimipreis nominiert. 2007 bekam sie den Marlen-Haushofer-Literaturpreis der Stadt Steyr. Ihre Kurzgeschichten sind in zahlreichen Anthologien, Zeitschriften und Zeitungen erschienen.

Heinrich Stefan Noelke wurde 1955 in Versmold geboren. Er ist studierter Betriebswirt und lebt heute mit seiner Familie in Osnabrück. 2006 hat er seinen ersten Roman „Das Schwanken am Rande der Welt" veröffentlicht, eine Abenteuergeschichte aus dem eiskalten Norden. Im August 2008 folgte „Das Kind im Glas", ein Kriminalroman zwischen Ostwestfalen und dem spanischen Salamanca.
(www.hsnoelke.de)

Hannes Nygaard, wurde 1949 in Hamburg geboren. Er lebt und arbeitet heute auf der nordfriesischen Insel Nordstrand, wo er mit Regionalbezug schreibt. Die Handlung spielt überwiegend in Schleswig-Holstein. Neben der Husumer Kriminalpolizei lässt Nygaard in anderen Romanen den notorischen Einzelgänger Kriminalrat Lüder Lüders vom LKA Kiel ermitteln. Seit 2009 jagt auch die aus den Hinterm-Deich-Krimis hervorgegangene Frauke Dobermann Verbrecher für das LKA Hannover.
(www.hannes-nygaard.de)

Gisa Pauly lebt mit ihrer Familie in Münster. Seit 1994 ist sie freie Schriftstellerin, Journalistin und Drehbuchautorin, nachdem sie ihren erlernten Beruf aufgab: Sie war 20 Jahre Berufsschullehrerin. Gleich ihr erstes Buch wurde ein Bestseller: „Mir langt's! Eine Lehrerin steigt aus". Neben ihrer erfolgreichen Sylt-Krimi-Serie mit Mamma Carlotta veröffentlicht sie Romane, zuletzt 2009 „Die Frau des Germanen". Außerdem schreibt sie regelmäßig Drehbücher für die ARD-Serie „Sturm der Liebe". (www.gisa-pauly.de)
Originalbeitrag, © beim Autor.

Reinhard Pelte ist Diplommeteorologe und war im öffentlichen Dienst tätig. Mehrere Jahre in Portugal lebend, hat er die Welt durch zahlreiche Fahrten zur See kennen gelernt (Amerika, Afrika, Arabien, Mittelmeer, Karibik, u. a. auf dem Segelschulschiff Gorch Fock). Er ist verheiratet, hat zwei erwachsene Kinder, ist Weinliebhaber und raucht hin und wieder eine gute Zigarre. Sein Debut hatte er mit „Inselkoller", erschienen im Juli 2009. „Kielwasser" heißt sein zweiter Krimi, der 2010 folgen wird.
Originalbeitrag, © beim Autor.

Monika Schillinger, Jahrgang 1969, veröffentlichte mit 14 Jahren ihre erste Kurzgeschichte. Von der Einzelhandelskauffrau zur Vorstandssekretärin entschied sie sich für die berufliche Unabhängigkeit als Mobile Sekretärin. 2008 machte sie als Standfotografin bei Dreharbeiten („Piraten Jenny") erste Erfahrungen am Set. An der ARD- und ZDF-Medienakademie erwarb sie 2009 den Abschluss als Drehbuchautorin. Ihre ersten beiden Kurzkrimis „Hängen im Schacht" und „Schutt und Asche" erscheinen 2010.
Originalbeitrag, © beim Autor.

Jobst Schlennstedt wurde 1976 in Herford geboren. 21 Jahre blieb er der Stadt treu, seit Anfang 2004 lebt er in Lübeck. Zwei Jahre später erschien sein erster Kriminalroman, der den Auftakt zu einer Kriminalreihe um den Lübecker Kommissar Birger Andresen bildete. Zuletzt erschien der vierte Fall „Der Teufel von St. Marien“. Hauptberuflich ist er als Projektmanager in einem Hamburger Beratungsunternehmen tätig. 2010 erscheint sein erster Westfalen-Krimi, 2011 sein erster Bayreuth-Krimi.
(www.jobst-schlennstedt.de)
Originalbeitrag, © beim Autor.

Kirstin Warschau wurde 1965 in Kiel geboren. Sie studierte Archivwissenschaften in Marburg und arbeitete lange Jahre als Diplomarchivarin. Später begann sie ein Studium der Pädagogik und Psychologie und ging nach Berlin. Dort schrieb sie ihre erste Kurzgeschichte, die bald darauf im Deutschland-Radio Berlin zu hören war. Weitere Kurzgeschichten folgten, die seit 2001 in Anthologien und Zeitschriften veröffentlicht wurden. Im November 2008 erschien ihr erster Kriminalroman mit dem Titel „Fördewasser“.
Originalbeitrag, © beim Autor.

Klaus-Peter Wolf, geboren 1954, lebt als freier Schriftsteller und Drehbuchautor in Norden (Ostfriesland).
Seine Fernsehfilme wurden oft zu Einschaltquotenhits. Für sein Drehbuch zum Fernsehfilm „Svens Geheimnis“ erhielt er 1996 den Erich-Kästner-Preis, sowie 1998 den Magnolia Award Shanghai für das beste internationale Drehbuch. Den Anne-Frank-Preis erhielt er 1985 für Buch und Film „Die Abschiebung“. Seine Bücher wurden in 24 Sprachen übersetzt und über 8 Millionen mal verkauft. Zuletzt erschien von ihm der Krimi „Samstags, wenn Krieg ist“.
(www.klauspeterwolf.de)
Originalbeitrag, © beim Autor.